Hanna Aline Pohle

Grenzenlos verschmelzen

Hanna Aline Pohle

Grenzenlos verschmelzen

Die Richtlinie zur grenzüberschreitenden Verschmelzung von Kapitalgesellschaften

Tectum Verlag

Hanna Aline Pohle

Grenzenlos verschmelzen.
Die Richtlinie zur grenzüberschreitenden Verschmelzung von Kapitalgesellschaften
Zugl.: Friedrich-Schiller-Universität Jena, Univ. Diss. 2010
ISBN: 978-3-8288-2561-1
Umschlagabbildung: © AntiMartina | iStockphoto.de
Umschlaggestaltung: Heike Amthor | Tectum Verlag

Besuchen Sie uns im Internet
www.tectum-verlag.de

Bibliografische Informationen der Deutschen Nationalbibliothek
Die Deutsche Nationalbibliothek verzeichnet diese Publikation in der Deutschen Nationalbibliografie; detaillierte bibliografische Angaben sind im Internet über http://dnb.ddb.de abrufbar.

Vorwort

Die vorliegende Arbeit wurde im Sommersemester 2009 von der Rechtswissenschaftlichen Fakultät der Friedrich-Schiller-Universität Jena als Dissertation angenommen. Literatur und Rechtsprechung wurden bis April 2009 berücksichtigt.

Mein Dank gilt zunächst meinem Doktorvater Herrn Prof. Dr. *Walter Bayer* für die umfassende und persönliche Betreuung. Er verstand es, mir bei der Bearbeitung des Themas die nötige Freiheit zu lassen, den Abschluss der Arbeit aber stets ins Blickfeld zu rücken. Danken möchte ich ferner Herrn Prof. Dr. *Torsten Körber* für die zügige Erstellung des Zweitgutachtens.

Die Arbeit entstand während meiner Tätigkeit als Wissenschaftliche Mitarbeiterin am Institut für Internationales Privatrecht, Internationales Zivilverfahrensrecht und Rechtsvergleichung von Herrn Prof. Dr. *Helmut Grothe*. Ihm bin ich zu Dank verpflichtet, da er mir nicht nur die wissenschaftliche Beschäftigung mit einer Reihe bereichernder und komplexer Fragen in seinem Institut ermöglichte. Er ließ mir auch den nötigen Freiraum, um mich voll dieser Arbeit widmen zu können. Meinen Kollegen verdanke ich, dass ich die Zeit aufgrund der angenehmen Arbeitsatmosphäre in guter Erinnerung behalten werde.

Bedanken möchte ich mich auch bei einigen treuen Wegbegleitern für ihre moralische Unterstützung, insbesondere bei meiner Schwester *Sünje Pohle* und bei meinen alten Freunden *Sabine Mischke, Eugenia Tseggelidis, Carolin Sedlmayr* und *Astrid Kleiner.* Frau Dr. *Ann Sophie Schröder* war mir in all den unausweichlichen Schaffenskrisen stets Vorbild. Mein Dank gilt ferner meinem Freund Herrn *Sebastian Faehte* und seinem Talent, es selbst in schwierigen Zeiten immer zu schaffen, mich mit seiner humorvollen Art zum Lachen zu bringen.

Mein größter Dank gebührt meinen Eltern *Ursula und Dr. Gerhard Pohle,* die mir mit ihrer unerschöpflichen liebevollen Unterstützung und den unzähligen inspirierenden Gesprächen stets zur Seite standen. Dieser Rückhalt auf all meinen Wegen und Umwegen ermöglichte mir erst meinen beruflichen Werdegang. Ihre Herzlichkeit beeindruckt mich. Ihnen ist diese Arbeit gewidmet.

Berlin, im August 2010 *Hanna Aline Pohle*

Meinen Eltern

Inhaltsverzeichnis

A. Einleitung

I Einführung in das Thema

Die Globalisierung steigert das unternehmerische Interesse an grenzüberschreitenden Verschmelzungen und macht diese zu entscheidenden Faktoren im Wettbewerb. Das belegen aktuelle Zahlen. Laut einer Studie der Wirtschaftsprüfungsgesellschaft KPMG ist der weltweite Markt für Fusionen bzw. Übernahmen im Jahr 2005 im Vergleich zum Vorjahr um 19% angestiegen[1]. Im ersten Halbjahr 2006 stieg die Anzahl der angekündigten Fusionen und Übernahmen in Europa um weitere 13% an[2].

Zwar gehört es zu den Kernzielen der EU, die Flexibilität und Mobilität von Unternehmen innerhalb von Europa zu stärken, vgl. Art. 293 EGV, jedoch waren lange Zeit grenzüberschreitende Verschmelzungen in Deutschland dadurch verhindert worden, dass die neu gegründeten Unternehmen nicht zur Eintragung ins Handelsregister zugelassen wurden. Man bezog sich entweder auf § 1 Abs. 1 UmwG, dessen Wortlaut nur auf "Rechtsträger mit Sitz im Inland" begrenzt bliebe, auf das Analogieverbot des § 1 Abs. 2 UmwG oder auf den historischen Willen des Gesetzgebers, der die grenzüberschreitenden Umwandlungen aus dem Regelungsbereich ausgeklammert hätte.

Die bisherige Praxis wurde schon länger von einigen Stimmen der Literatur im Hinblick auf die Niederlassungsfreiheit gemäß Art. 43, 48 EGV kritisiert[3]. Die Unternehmen wichen auf komplizierte und kostspielige Umwege und Hilfskonstruktionen aus oder blieben immerhin davon bedroht, dass die Registergerichte ihre aufwändige Fusion letzten Endes nicht eintragen würden[4].

Genau das sollte durch zwei Ereignisse geändert werden: Im Dezember 2005 fiel der EuGH die Entscheidung zur Rechtssache SEVIC[5] und nach jahrelangen Verhandlungen wurde schlussendlich die Richtlinie zur grenzüberschreitenden Verschmelzung von Kapitalgesellschaften verab-

---

1 Vgl. Pressemitteilung vom 12.12.2005, www.kpmg.at/de/files/KPMG_PA_121205.pdf, abgerufen am 16.01.2009.

2 Vgl. Pressemitteilung vom 30.7.2006, http://www.kpmg.de/Presse/3019.htm, aufgerufen am 16.01.2009.

3 *Lutter/Drygala*, in Lutter, 3. Aufl. 2004, § 1, Rn. 14 ff; *Lawall*, IStR 1998, 345, 346 m.w.N. (Fn. 27); *Wenglorz*, BB 2004, 1061, 1062. Diese Diskussion wird ausführlicher dargestellt auf S. 24 ff.

4 Siehe u.a. *Hirte/Mock*, EWiR 2003, 595; *Stengel*, in Semler/Stengel, 1. Aufl. 2003, Anh. § 77, Rn. 67 ff; sowie die Praxisberichte von *Dorr/Stukenborg*, DB 2003, 647 und *Rixen/Böttcher*, GmbHR 1993, 572.

5 EuGH v. 13.12.2005 ("Sevic") – Rs. C-411/03 = NJW 2006, 425.

schiedet[6]. Während die Richtlinie ein umfassendes Regelwerk für die grenzüberschreitende Verschmelzung von Kapitalgesellschaften bereithält, eröffnet das SEVIC- Urteil die Verschmelzung mit Bezug auf die europäische Niederlassungsfreiheit gemäß Art. 43, 48 EGV wohl auch für Personengesellschaften aus verschiedenen Mitgliedsstaaten[7]. Die Richtlinie soll vor allem kleinen und mittleren Kapitalgesellschaften helfen, die über die Grenze hinaus tätig sein wollen, nicht aber unionsweit[8]. Aber auch für große Kapitalgesellschaften stellt sie eine rechtssichere Alternative dar, sich vor allem rechtsformunabhängiger grenzüberschreitend zu verschmelzen, denn neben der AG steht diese Möglichkeit auch der GmbH und anderen Kapitalgesellschaftsformen zu[9].

II Vorhaben

In einem ersten Schritt wird im Folgenden die Ausgangssituation vor Inkrafttreten der Richtlinie und vor Verkündung des SEVIC-Urteils dargestellt. Mit Hilfe von grenzüberschreitenden Verschmelzungen wollen Unternehmen ihre Effizienz steigern und schließlich ihre Position im Wettbewerb stärken. Daneben steht außerdem die europäische Wunschvorstellung, den Wirtschaftsraum in Europa für die Unternehmen flexibel zu gestalten und ihrem Bedürfnis zur grenzüberschreitenden Umstrukturierung und Kooperation[10] nachzukommen. Letztlich soll das den europäischen Binnenmarkt stärken. Außerdem sind adäquate europäische Unternehmensgrößen durch externes Wachstum ein wichtiges Gegengewicht zu den großen Märkten der USA und Japans (siehe S. 17 ff.).

---

6 Richtlinie 2005/56/EG des Europäischen Parlaments und des Rates vom 26.10.2005 über die Verschmelzung von Kapitalgesellschaften aus verschiedenen Mitgliedstaaten, ABl. EU L-310 v. 25.11.2005, 1.

7 Siehe hiezu die Ausführungen auf S. 235.

8 Siehe die Begründung der Kommission zum Richtlinienvorschlag vom 18.11.2003, KOM (2003) 703, 2.

9 Siehe beispielsweise die geplante Verschmelzung von der ZSG Deutschland Vermögensverwaltung GmbH mit Sitz in Mannheim auf die Zucker Invest GmbH mit Sitz in Wien (bekannt gemacht gem. § 122d UmwG am 19.12.2007 unter der Registernummer HRB 9903 des Amtsgerichts Mannheim), bzw. die Verschmelzung der Ajinomoto Foods Deutschland GmbH mit Sitz in Hamburg auf die Ajinomoto Foods Europe SAS mit Sitz in Paris (eingetragen am 20.12.2007 unter der Registernummer HRB 9585 des Amtsgerichts Hamburg). Interessant der Ausblick von *Maul/Teichmann/Wenz*, BB 2003, 2633, 2641. Leider sind die Personengesellschaften aus dem Anwendungsbereich der Richtlinie ausgeklammert, siehe hierzu Abschnitt C.

10 Siehe den Erwägungsgrund (1) der Richtlinie 2005/56/EG v. 26.10.2005, ABl. EU L-310 v. 25.11.2005, 1.

Trotz des Bedürfnisses der Unternehmen, sich grenzüberschreitend zu verschmelzen, wurde die Eintragung der transnationalen Fusion in Deutschland bislang von der Rechtsprechung – entgegen vieler Stimmen der Literatur – größtenteils abgelehnt (siehe S. 26 ff.). Die Unternehmen entwickelten daher sehr kreative Sonderkonstruktionen und Umwege, um im Ergebnis dennoch eine grenzüberschreitende Fusion mit ihren Vorteilen zu erreichen (siehe S. 32 ff.).

Durch die Darstellung der Motive der Unternehmen für eine grenzüberschreitende Verschmelzung und der Rechtslage bis zum Dezember 2005 soll die Strahlkraft der Neuerungen aufgezeigt werden. Die Wirtschaft atmete auf angesichts dieses "Meilensteins bei der Schaffung eines europäischen Binnenmarktes"[11]. Die Einleitung schließt dann mit der historischen Entwicklung bis zum Inkrafttreten der Richtlinie zur grenzüberschreitenden Verschmelzung und der Verkündung des Urteils zur Rechtssache SEVIC.

Der Hauptteil der Dissertation soll das Verfahren aufzeigen, welches die Richtlinie für die grenzüberschreitende Verschmelzung bereithält. Dessen Grundbausteine, die man auch "Grundstrukturen eines europäischen Gesellschaftsrechts" nennen könnte[12], sind schon seit der 3. Richtlinie betreffend innerstaatliche Fusionen bekannt: Plan, Bericht, sachverständige Prüfung und Beschluss. Dennoch lohnt sich aufgrund einiger Abweichungen eine aktuelle Analyse der Regelungen.

Einer genaueren Betrachtung unterzogen wird dabei unter anderem der Anwendungsbereich der Richtlinie und innerhalb dessen insbesondere das transnationale Element. Denn Art. 1 der RL setzt voraus, dass mindestens zwei der an der Verschmelzung beteiligten Gesellschaften dem Recht verschiedener Mitgliedstaaten unterliegen. Es soll der Frage nachgegangen werden, ob es sinnvoll ist, bei der Ermittlung des auf die Gesellschaften anwendbaren Rechts an dieser Stelle mehrfach anzuknüpfen, anstatt sich zur Bestimmung der Mehrstaatlichkeit auf die Anknüpfung an Satzungs- oder Verwaltungssitz zu beschränken[13].

Innerhalb des jeder Fusion zugrunde liegenden Verschmelzungsplans wird die Frage genauer untersucht werden, ob der Katalog an Angaben, welchen Art. 5 der RL für den Inhalt des Plans zur Verfügung stellt, abschließend ist, oder ob die Mitgliedstaaten in der Umsetzung der Richtlinie weitere Angaben verlangen dürfen (siehe S. 108 ff.).

---

11 *Bayer/Schmidt*, NJW 2006, 401, 406.

12 So *Bayer*, BB 2006, Heft 7, Die erste Seite.

13 Siehe S. 62 ff.

Außerdem gilt ein Hauptaugenmerk dem Minderheitenschutz (siehe S. 169 ff.). Zwar ermächtigt der Art. 4 II 2 der Richtlinie die Mitgliedsstaaten zum Erlass von Schutzvorschriften. Jedoch setzt ein Verfahren zur Kontrolle und Änderung des Umtauschverhältnisses oder der Höhe der Abfindung (sog. Spruchverfahren) die Zustimmung der anderen Gesellschaft voraus, falls ihr Heimatrecht ein solches nicht kennt, S. Art. 10 III der Richtlinie. Das System entspricht dem Minderheitenschutz bei der Europäischen Aktiengesellschaft[14]. Kritiker schlagen einige Korrekturen bei der Umsetzung der Vorschriften vor, die untersucht werden sollen. Die Änderungsvorschläge sollen das Schutzsystem widerspruchsfreier und praktikabler machen, da es sonst ins Leere laufen könnte[15]. Ein Schwerpunkt soll bei der Betrachtung des Minderheitenschutzes auch auf der Frage liegen, wo in Fällen der Durchführung des Spruchverfahrens die internationale Zuständigkeit liegt[16]. Denn aus der Sicht der ein Spruchverfahren anstrebenden deutschen Aktionäre ist es sowohl unter Kosten- als auch unter psychologischen Gesichtspunkten von großer Bedeutung, ob man im In- oder Ausland um das Umtauschverhältnis oder die Höhe der Abfindung kämpfen muss.

Ausgespart wurde aus der Untersuchung der komplizierte Kompromiss zur Arbeitnehmermitbestimmung, wie er in Art. 16 der RL Eingang gefunden hat. Denn zum einen könnte der Rahmen der Arbeit diesem hochkomplexen Themengebiet nicht gerecht werden, und zum anderen wurde das schon zu SE entwickelte System bereits andernorts eingehend untersucht[17].

Den Abschluss der Arbeit bildet ein Ausblick (Teil C), in welchem Überlegungen zu der Problematik zu finden sind, ob und nach welchem Recht

---

14 § 25 Abs. 3 Satz 1 SE-VO.

15 So für die SE schon *Teichmann*, ZGR 2002, 383, 428; *derselbe*, ZGR 2003, 367, 385 ff; bezogen auf die Richtlinie *Bayer*, NJW 2006, 401, 406; *derselbe*, BB 2006, Heft 7, Die erste Seite. Die Vorschläge sehen u.a. ein kontradiktorisches Verfahren vor, in dem sich das Umtauschverhältnis auch verschlechtern könne. Außerdem sollen statt des Barausgleichs auch zusätzliche Anteile gewährt werden können, und es wird eine Gleichberechtigung aller Anteilseigner der beteiligten Unternehmen gefordert. *Oechsler* stellt Überlegungen darüber an, ob die ausländische Gesellschaft ihre Zustimmung von einem schuldrechtlichen Kostenerstattungsanspruch abhängig machen könnte, S. *Oechsler*, NZG 2006, 161, 164.

16 Siehe S. 189 ff.

17 *Köstler*, in Theisen/Wenz, 331; *Schwarz*, Einleitung Rn. 232 ff; siehe weitergehende Nachweise bei *Schmidt*, 59 (Fn. 57); vor allem speziell zur Regelung in der Richtlinie: *Behrens*, 177 ff.

sich künftig die aus der Richtlinie ausgeklammerten Personengesellschaften grenzüberschreitend verschmelzen können.

III Motive für grenzüberschreitende Umstrukturierungen

In den letzten Jahren wurden vermehrt grenzüberschreitende Unternehmenszusammenschlüsse angestrebt[18]. Diese wurden aufgrund der Ablehnung der grenzüberschreitenden Verschmelzung durch die deutsche Rechtsprechung über verschiedene Sonderkonstruktionen und Umwege erreicht[19]. Es ist bekannt, dass bei grenzüberschreitenden Zusammenschlüssen der wirtschaftliche Erfolg sich in vielen Fällen nicht eingestellt hat[20] und oftmals Probleme bei der Implementierung entstanden, die sogar regelmäßig zur Reduzierung des Shareholder Values führten[21]. Welche Gründe leiten die Unternehmen, sich dennoch grenzüberschreitend zusammenzuschließen[22]? Der Hinweis auf die zunehmende Globalisierung der Wirtschaft ist zwar sicherlich grundsätzlich zutreffend, aber alleine stehend zu pauschal[23]. Die Motive der Unternehmen für eine grenzüberschreitende Verschmelzung sind vielfältig und rangieren von rein ökonomischen bis hin zu ganz pragmatischen Überlegungen, wobei sich die Gründe im Ergebnis wahrscheinlich alle auf das Ziel der Steigerung der Wettbewerbsfähigkeit reduzieren lassen.

---

18 Unter anderem Daimler Benz und Chrysler zu DaimlerChrysler; Rhône-Poulenc und Hoechst zu Aventis; Deutsche Bank mit Bankers Trust; Hypo Vereinsbank mit Bank Austria; Mannesmann mit Vodafone; E.ON und Powergen; Barilla und Kamps; Procter & Gamble und Wella. Zwar ist der Markt für grenzüberschreitende Fusionen im ersten Halbjahr 2001 eingebrochen (Pressemitteilung vom 25.06. 2001), hat sich im Jahre 2004 (Pressemitteilung vom 12.12 2004) aber wieder erholt. Die genannten Pressemitteilungen von KPMG sind zu finden unter http://www.kpmg.de/959.htm, abgerufen am 16.01.2009.

19 Siehe hierzu unter i.IV2.

20 *Horn*, ZIP 2000, 473, 474 m.w.N. (Fn. 8).

21 Vgl. die KPMG-Studie "Transaktionen deutscher Unternehmen reduzieren regelmäßig Shareholder Value", vom 21.5.2002 (zu finden unter http://kpmg.de/about/press_office/12638_256.htm, abgerufen am 17.01.2009).

22 Zu den ökonomischen Gründen siehe *Kloster*, 55 ff, zu weiteren Gründen außerdem *Bücker*, in Hirte/Bücker, 106 ff.

23 Vgl. *Kloster*, 56. Wirtschaftliche Globalisierung definiert *Horn*, ZIP 2000, 473, 474 als Internationalisierung der wirtschaftlichen Abläufe, Märkte, Kapitalflüsse und Unternehmensstrategien sowie der entsprechenden Vernetzung der zugrunde liegenden Informationstechniken. Internationale Fusionen werden dadurch erleichtert.

1. Steigerung der Wettbewerbsfähigkeit

In der in Deutschland etablierten sozialen Marktwirtschaft herrscht durch die Handlungs- und Wahlfreiheit des Wirtschaftssubjekts ein belebender Wettbewerb zwischen den Unternehmen. Nur das effizient wirtschaftende Unternehmen kann sich langfristig gegenüber der Konkurrenz durchsetzen.

Nun ergibt sich durch das zunehmende Ineinandergreifen der Wirtschaftsbeziehungen, was durch den Katalysator Internet bis zum Endverbraucher durchdringt und durch die EU gerade in Europa gefördert wird, dass der Wettbewerb der Unternehmen mehr und mehr auf eine grenzüberschreitende Ebene erweitert wird[24]. Ein Unternehmen muss sich mit seinem Produkt am Markt nicht nur mit nationaler Konkurrenz messen, sondern auch mit ausländischer, die durch das Internet vereinfacht an den Verbraucher herantreten kann, wenn es nicht schon in der Nachbarstraße eine Niederlassung hat. Ein Unternehmen kann durch den Zusammenschluss mit einem ausländischen Konkurrenten auch auf dessen Markt präsent sein und einem anderen internationalen operierenden Unternehmen mehr entgegensetzen. Ein internationaler Wettbewerb fordert eine internationale Unternehmensstruktur.

a) Wachstum

Viele der transnationalen Unternehmensumstrukturierungen dürften sich durch das Ziel der Erweiterung der Geschäftstätigkeit des Unternehmens erklären lassen, was durch die Erschließung neuer Absatzmärkte entscheidend gefördert wird[25]. In der von der Deutschen Industrie- und Handelskammer (DIHK) veröffentlichten Umfrage "Going International 2007"[26] geben 95 % der Befragten als Hauptmotiv für ein Auslandsengagement die Erschließung eines neuen Marktes an, wobei sich für 78 % dieser Unternehmen ihre Erwartungen erfüllt haben[27]. Das

---

24 *Maucher*, in Siegwart/Baudenbacher, 39, 42 ff; *Koch*, 18, 89 ff. Der Vorstandsvorsitzende der Allianz, Michael Diekmann, sagte zu der geplanten – und am 13.10.2006 wirksam gewordenen – Verschmelzung mit der italienischen RAS zu einer SE: " Wer in der ersten Liga der internationalen Finanzdienstleister mitspielen will, braucht eine starke Ausgangsposition in seinem Heimatmarkt. Unser Heimatmarkt ist Europa." (http://www.sueddeutsche.de/wirtschaft/artikel/359/60299/, abgerufen am 16.01.2009).

25 Vgl. *Bücker*, in Hirte/Bücker, 110 f.

26 Die Auswertung dieser Umfrage ist zu finden unter http://www.ihk.de/, abgerufen am 16.01.2009.

27 Vgl. die Auswertung der Umfrage, 24 f. (http://www.ihk.de/).

am zweithäufigsten genannte Motiv (84 % der Befragten) ist die bessere Wettbewerbssituation oder der spezielle Markt für das Produkt[28].

Ferner ist die Internationalisierung der Unternehmensstruktur auch im Hinblick auf den Kapitalmarkt zu betrachten. Das Management einer börsennotierten AG wird nicht nur von den Anteilseignern kontrolliert, sondern auch durch den Börsenkurs. Bei Unzufriedenheit der Investoren fallen die Börsenkurse und vereinfachen wiederum so genannte feindliche Übernahmen[29]. Die Gefahr der Übernahmen zwingt die Geschäftsführer, positive Ergebnisse zu erzielen, Umsatz und Gewinn zu maximieren. Denn dadurch steigt der Kurs des Unternehmens, was eine Übernahme kostspieliger macht und die Interessenten abschreckt[30]. Ein grenzüberschreitender Zusammenschluss verstärkt die Unternehmensgröße erheblich, was gegenüber der Konkurrenz die potentielle Gefahr der Übernahme verringert[31]. Gerade europäischen Unternehmen dient die erweiternde Umstrukturierung der Erhaltung der Wettbewerbsfähigkeit gegenüber den US-amerikanischen Unternehmen.

Für manche Unternehmen stellt außerdem das externe Wachstum die einzige oder beste Möglichkeit dar, ihre Wirtschaftlichkeit zu optimieren. Manche Gesellschaften in älteren und reiferen Wirtschaftszweigen haben schon alle internen Umstrukturierungsmöglichkeiten ausgeschöpft. Ihnen verbleibt dann die Möglichkeit, ihr Tätigkeitsfeld grenzüberschreitend auf andere Märkte auszudehnen (oder auf ein anderes Geschäftsfeld), um ein fortgesetztes Wachstum zu erreichen[32]. Findet man keinen geeigneten Fusionspartner im Inland, blickt man ins Ausland. Die

---

[28] Siehe die Auswertung der Umfrage, 24 f. (http://www.ihk.de/), wobei zu beachten ist, dass 73 % dieser 84 % angaben, dass ihre diesbezüglichen Erwartungen erfüllt wurden.

[29] Denn nach der Übernahme könnte durch das Ersetzen des möglicherweise uneffektiven Managements der Börsenkurs wieder nach oben gehen. Ein Verkauf der übernommenen Aktien brächte dann einen schnellen Gewinn, siehe *Schäfer/Ott,* 657 ff.

[30] *Grundmann,* § 13, Rn. 478. Die Steigerung des Wertes kann natürlich auch den gegenteiligen Effekt haben und dazu führen, dass die feindlichen Übernahmen trotzdem statt finden, gerade weil das Objekt dann so gut da steht.

[31] *Wenz,* AG 2003, 185, 187 ff; *Kloster,* 64.

[32] Wobei zu sagen bleibt, dass wenn die Wirtschaftlichkeit schlecht ist, Fusionen selten aushelfen. Denn zum einen kosten sie eine Menge Geld und zum anderen bergen sie ein großes Risiko. Außerdem lädt man sich eine enorme Komplexität auf, die es gilt, in Griff zu kriegen

grenzüberschreitende Verschmelzung stellt dabei das zentrale Mittel des externen Wachstums dar[33].

b) *Effizienzsteigerung*

Die Entscheidung zur Umstrukturierung kann der Steigerung der Effizienz dienen, was letztlich zu einer Steigerung des Gewinns führen kann. Es können zum Beispiel die Entscheidungswege verkürzt werden und Kosten gespart werden, indem Tochtergesellschaften eingegliedert und deren Verwaltung, Führung, usw. eingespart werden[34]. Gerade für komplizierte Konzernstrukturen verspricht eine Verschmelzung der Unternehmen internes Wachstum. Die erzielte Gewinnmaximierung wiederum steigert die Attraktivität des Unternehmens im Wettbewerb um das für weitergehendes Wachstum begehrte Investitionskapital[35].

Ferner können Geschäftsbereiche koordiniert werden, um Kosten zu sparen[36] und positive Synergien zu erzielen. Die Umstrukturierung ermöglicht es den Unternehmen, ihr Wirtschaftspotential zu verknüpfen und ihre Produktionsfaktoren zusammen zu reorganisieren[37]. Diese Vorteile wirken sich wiederum positiv auf die ökonomische Effizienz und dadurch auf die Wettbewerbsfähigkeit aus.

c) *Standortvorteile*

Die Verlagerung der Produktion eines Unternehmens kann darauf zurückzuführen sein, dass Standortvorteile wie z.B. Niedriglöhne, staatliche Subventionen oder längere Arbeits- oder Maschinenlaufzeiten genutzt werden sollen. Einen Vorteil kann es auch darstellen, geographisch in der Nähe der potentiellen Ressourcen oder der potentiellen Abnehmer zu sein. Letzteres gaben immerhin 81 % der Befragten in der Umfrage "Going International 2007" als Grund für ihr Auslandsengagement an, wobei sich auch für 76 % ihre diesbezüglichen Erwartungen erfüllt haben[38].

---

33 *Grundmann*, § 26, Rn. 895.

34 *Wenz*, AG 2003, 185, 187.

35 *Kloster*, 59 ff.

36 Kostenargumente sind gemäß der Umfrage "Going International 2007" interessanterweise nur an fünfter Stelle genannt und fallen mit 60 % klar hinter den Hauptmotiven zurück.

37 *Kraft/Bron*, IStR 2006, 26 m.w.N.

38 Siehe die Auswertung der Umfrage, 24 ff. (http://www.ihk.de/).

(1) Steuern

Die grenzüberschreitende Umstrukturierung eines Unternehmens wird oftmals auch steuerliche Gründe haben. Motiv für ein Unternehmen, sich ins Ausland zu orientieren, könnte beispielsweise sein, unter das dort geltende und eventuell günstigere Steuerrecht zu fallen. Für operative Gesellschaften kann ein ausländisches Steuersystem aufgrund von niedrigeren Steuersätzen oder günstigeren Bemessungsgrundlagen reizvoll sein. Auch die Abzugsfähigkeit von Finanzierungsaufwendungen und grenzüberschreitende Verlustverrechnung sind Maßstäbe für Unternehmensleitungen bei der Entscheidung für oder gegen einen internationalen Standortwechsel[39]. Für Holdinggesellschaften kommt es hingegen darauf an, dass Dividenden und Veräußerungsgewinne nicht erneut versteuert werden müssten.

Auch wenn das ausländische Steuerrecht nicht primäres Motiv einer Entscheidung ist, dann wird die Unternehmensleitung zumindest darauf bedacht sein, dass die Umstrukturierung sich nicht steuerlich nachteilig auswirkt. So ist bei einer grenzüberschreitenden Verschmelzung relevant, dass sie steuerneutral durchgeführt werden kann, die stillen Reserven also nicht versteuert werden müssen[40].

(2) Bessere staatliche Rahmenbedingungen

Teilweise existieren im Ausland flexiblere Rahmenbedingungen für die Verfolgung unternehmerischer Zwecke (z.B. längere Arbeits- oder Maschinenlaufzeiten). In Betracht kommen die Bereiche Gesetzgebung, Verwaltungsverfahren und die laufende Aufsicht durch staatliche Behörden[41]. Die Tatsache zum Beispiel, dass unterschiedliche Aufsichtsphilosophien in den Finanzaufsichtsbehörden der Staaten herrschen, führt zu divergierenden Handlungsspielräumen für die Unternehmen. Auch die staatliche Subventionspolitik kann zu einem enormen Standortvorteil führen. Ferner sind im Ausland oft die umweltpolitischen Voraussetzungen laxer, die die Gesellschaften beispielsweise in den Bereichen Immissions- und Bodenschutz erfüllen müssen. In der Umfrage der DIHK "Going International 2007" bilden die besseren Rahmenbedingungen aber mit knapp 56 % das Schlusslicht der von den befragten

---

39 *Bücker*, in Hirte/Bücker, 111.

40 *Nagel*, NZG 2006, 97, 99.

41 *Bücker*, in Hirte/Bücker, 111.

Unternehmen angegebenen Motive für ein Auslandsengagement[42]. Einen zentralen Faktor für die Entscheidung zur Herausverschmelzung werden auch geringere Lohnnebenkosten im Ausland spielen. Niedrigere Personal- und Sachkosten werden von 60 % der Befragten als Motiv zur Umstrukturierung ins Ausland angegeben[43].

(3) Gesellschaftsrecht

Ein weiterer Grund für ins Ausland strebende Unternehmen könnte auch in dem dort geltenden Gesellschaftsrecht liegen. Zwar sind viele Bereiche bereits durch europäische Richtlinien harmonisiert worden[44], jedoch herrscht dennoch ein harter Wettbewerb zwischen den nationalen Rechtsordnungen.

Um ein Beispiel zu nennen sind die Rechte der Aktionäre auch innerhalb von Europa noch unterschiedlich ausgestaltet. In den Niederlanden und im Vereinigten Königreich sind die Aktionärsrechte sehr flexibel und lassen sich sehr differenziert ausgestalten. Auch die Aktionärskultur ist in Deutschland sehr kritisch mit der Hauptversammlungspraxis und der Anfechtungsmöglichkeit von deren Beschlüssen. Ferner werden die kritischen Aktionäre mittlerweile professionell in Szene gesetzt. Das engt die Handlungsfähigkeit des Unternehmens ein und schreckt oftmals ausländische Investoren ab[45].

Schließlich kann auch die Organisationsstruktur der Unternehmensspitze eine Rolle spielen. In Deutschland sind die Leitungsebenen der Aktiengesellschaften dualistisch organisiert in einem System aus Aufsichtsrat und Vorstand. Der Vorstand trifft die unternehmerischen Entscheidungen und wird in der Geschäftsführung vom Aufsichtsrat kontrolliert, welcher für Aktiengesellschaften in Deutschland gesetzlich vorgeschrieben ist (§§ 95 -116 AktG). Das im angloamerikanischen Rechtsraum herrschende "one-tier-system" (Board-System) übt demgegenüber eine

---

42 Siehe die Auswertung der Umfrage, 24 ff. (http://www.ihk.de/). Dabei muss man aber beachten, dass von diesen 56 % nur 25 % angaben, dass ihre diesbezüglichen Erwartungen erfüllt wurden.

43 Siehe die Auswertung der Umfrage, 24 ff. (http://www.ihk.de/). Dabei gaben lediglich 38 % an, dass ihre diesbezüglichen Erwartungen erfüllt wurden.

44 Siehe die "Publizitätsrichtlinie" (68/151/EWG), die "Zweigniederlassungsrichtlinie" (89/666/EWG), die "Kapitalrichtlinie" (77/91/EWG), die "Verschmelzungsrichtlinie" (78/855/EWG), die "Spaltungsrichtlinie" (82/891/EWG), die "Jahresabschlussrichtlinie" (78/660/EWG), die Siebente Richtlinie (83/349/EWG), die "Abschlussprüferrichtlinie" (84/253/EWG) und die "Einpersonengesellschaftsrichtlinie" (89/667/EWG).

45 Siehe dazu *Bücker*, in Hirte/Bücker, 112 ff.

starke Anziehungskraft aus. In diesem Modell sind die Leitungs- und die Überwachungsfunktion nicht institutionell getrennt, sondern in einem Gremium vereint, dem "board of directors". Als Vorteil wird zum einen die durch die Offenlegungspflichten erhöhte Transparenz für Investoren gewertet. Zum anderen wird der dem Board vorstehende "chief executive officer", der gegenüber dem Vorstandsvorsitzenden der deutschen AG eine größere Machtfülle besitzt, als Standortvorteil gesehen. Er hat weitreichende Kompetenzen, das Unternehmen zu vertreten. Ist er gleichzeitig noch Vorsitzender (chairman) des board of directors, kann er deren bei wesentlichen Unternehmensentscheidungen nötige Zustimmung in seinem Sinne beeinflussen. Der Vorstandsvorsitzende der deutschen AG hat demgegenüber nur die Stellung des Primus inter Pares, die Geschäftsführung (§ 77 AktG) und Vertretung (§ 78 AktG) unterliegt dem Vorstand gemeinschaftlich. Zusätzlich mindert auch die Überwachung durch den Aufsichtsrat die Flexibilität der Unternehmensführung[46]. Prominentester Vertreter der Bedenken gegen das dualistische System war Josef Ackermann in der Diskussion um die Führungsstruktur der Deutschen Bank AG im Jahre 2002[47].

Ein großes Thema ist darüber hinaus das schwerfällige deutsche System der Mitbestimmung im Aufsichtsrat einer Aktiengesellschaft. Manch ein Unternehmen würde sicherlich die grenzüberschreitende Umstrukturierung gern dazu nutzen, sich der im Entscheidungsprozess manchmal "hinderlichen" Unternehmensmitbestimmung der Arbeitnehmer zu entledigen, um die Konkurrenzfähigkeit des Unternehmens international zu stärken[48]. Die meisten Rechtsordnungen kennen ein solches System

---

46 *Martin*, NZG 2003, 948 ff ist der Ansicht, dass eine Anpassung der deutschen Corporate Governance Struktur an die angloamerikanische nicht zwingend erstrebenswert ist. Zwar seien die Offenlegungspflichten und der Grundsatz der Information positiv zu werten, jedoch würde diese Idee in den USA "durch Überinformation konterkariert" (*Martin*, NZG 2003, 948, 952). Es sei nicht die Rechtsform, welche den Erfolg oder Misserfolg eines Unternehmens ausmache, sondern die Glaubwürdigkeit der Personen, welche die Rechtsform ausfüllten. Anlass des Aufsatzes waren u.a. die Skandale um Enron und Worldcom, welche das Vertrauen in das Management amerikanischer Unternehmen erschütterten.

47 Der Spiegel überschreibt seinen Bericht zu der Diskussion am 17. 1. 2002 mit "Radikale Schrumpfkur im Vorstand" (zu finden unter http://service.spiegel.de/digas/archiv, aufgerufen am 17.12.2007); die Frankfurter Allgemeine Zeitung titelt am 29. 1. 2002 mit "Konflikte bei der Deutschen Bank zugespitzt" und "Führerprinzip im Aktienrecht" (zu finden unter http://fazarchiv.faz.net/FAZ.ein, aufgerufen am 17.12.2007).

48 Siehe die Diskussion über die "Mitbestimmung im Aufsichtsrat – Fluch oder Segen": Vorträge von Prof. Gerd Krieger und Dr. Roland Köster,

nicht[49]. Auf ausländische Investoren wirkt diese Praxis trotz der bekannten Vorteile der Zusammenarbeit weitgehend abschreckend. Das liegt wohl unter anderem daran, dass im Gegensatz zum deutschen dualistischen System im europäischen Ausland größtenteils das Board-System praktiziert wird. Die Mitbestimmung der Arbeitnehmer ist auf die Kontrollfunktion begrenzt, die Arbeitnehmervertreter sitzen im Aufsichtsrat, nicht im Vorstand. In dem monistischen System würde eine Arbeitnehmerbeteiligung im board of directors demgegenüber einer Mitbestimmung an unternehmerischen Entscheidungen gleich kommen[50].

2. Soft Factors

Zusätzlich zu den oben aufgeführten Beweggründen für den Drang, sich international neu zu platzieren, können auch sogenannte soft factors, also "weiche" Motive die Entscheidung beeinflussen. Ein Unternehmen könnte beispielsweise sein überwiegend national geprägtes Image modernisieren, bzw. der ökonomischen Realität anpassen wollen[51]. Oder es möchte mit einem Unternehmensarm an einem für die Branche zentralem Ort an der "Business Community" unmittelbar teilnehmen[52]. Teilweise spielt in die unternehmerische Entscheidung auch mit hinein, an einem anderen Standort eventuell mehr qualifizierte Führungskräfte gewinnen zu können, sei es durch die Erhöhung der Lebensqualität am Standort

---

(http://www.jura.uni-duesseldorf.de/institute/iur/neu/101104.aspx, abgerufen am 16.01.2009); Frankfurter Allgemeine Zeitung vom 29.09.2006: "Der Reformdruck in der Mitbestimmung wächst"; Frankfurter Allgemeine Zeitung vom 12.07.2005: "Veraltete Mitbestimmung"; Frankfurter Allgemeine Zeitung vom 22.01.2005: "Warnung vor zu viel Mitbestimmung" (zu finden unter http://fazarchiv.faz.net/FAZ.ein, aufgerufen am 17.12.2007).

49 Das dualistische System wird in den Rechtsordnungen von Deutschland, Österreich und den Niederlanden praktiziert. In Frankreich (Art. 225-57 C. comm. 2000) und Italien (Art. 2380 ff. c.c.) kann man zwischen dem monistischen und dem dualistischen wählen. Das restliche Europa kennt überwiegend nur das Board-System.

50 *Wiesner*, DB 2005, 91, 93.

51 Dies war einer der Gründe für die Allianz AG, die Verschmelzung mit der RAS Holding S.p.a. zu einer SE anzustreben. So erklärte der Vorstandsvorsitzender der Allianz Michael Diekmann am 16.10.2006 in einem Interview: "Unser Heimatmarkt ist stetig über Deutschland hinaus gewachsen und umfasst nun ganz Europa." Siehe die Pressemitteilung unter http://www.allianz.com/de/allianz_gruppe/presse/news/unternehmensnews/standpunkte/news1.html, abgerufen am 16.01.2009.

52 Z.B. Mode in Mailand, Investment banking in London oder Rückversicherungen in Zürich.

oder aufgrund von besseren steuerlichen Voraussetzungen[53]. Die Auswertung der Umfrage "Going International 2007"[54] zeigt, dass 55 % der Befragten die bessere Verfügbarkeit von qualifiziertem Personal im Ausland motiviert. Das Motiv bildet somit das Schlusslicht der Auflistung. Die Umfrage zeigt auch, dass von diesen 55 % ein großer Teil (86 %) in seinen Erwartungen diesbezüglich enttäuscht wurde.

3. Fazit

Die Gründe, welche die unternehmerische Entscheidung bewirken, sich ins Ausland hinein umzustrukturieren, sind vielfältig. Der Hinweis auf die zunehmende Globalisierung der Wirtschaft mag ein wichtiger Grund sein, da die Unternehmen gezwungen werden, sich international gegenüber starker Konkurrenz durchzusetzen. Die Internationalisierung des Wettbewerbs führt aus den genannten ökonomischen Gründen zu immer internationaleren Unternehmen. Im Einzelfall werden viele der genannten Motive zusammen in die Entscheidung mit einfließen, die meisten lassen sich aber wohl letztendlich unter das Hauptziel der Steigerung der Wettbewerbsfähigkeit subsumieren.

Nimmt man zum Beispiel die Verschmelzung der Allianz AG mit der Riunione Adriatica di Sicurta S.p.a. (RAS) zu einer Europäischen Aktiengesellschaft, dann sieht man die Vielseitigkeit der Entscheidungsgründe[55]. Zum einen sollte die Ausgangsposition der Allianz in Europa gestärkt werden, um die "Wettbewerbsfähigkeit für die Zukunft zu sichern"[56]. Wichtiges Motiv war zudem, das nationale Image des Unternehmens zu "europäisieren", was aufgrund der europäischen Verflechtung des Konzerns eine Anpassung an die Realität bedeutete[57]. Außerdem sollten die Geschäftsaktivitäten in Italien gebündelt werden, um damit Profitabilität und Kundenservice zu erhöhen und Kosten zu minimieren. Die Allianz AG hielt vorher 55,4 % an der RAS. Ein weiteres Ziel war es, die Strukturen des Konzerns zu vereinfachen, die Bürokratie zu minimieren und das Unternehmen flexibler zu machen. Zusätzlich sollte zwar das zweistufige Leitungs-System bestehend aus Vorstand und Aufsichtsrat beibehalten werden, die Führungsstruktur sollte aber vereinheitlicht, der Aufsichtsrat verkleinert und Arbeitnehmer auch aus dem

---

53 "Going International 2007", 24 ff. (http://www.ihk.de/).

54 "Going International 2007", 24 ff. (http://www.ihk.de/, abgerufen am 16.01.2009).

55 Gut dokumentiert bei *Schwimbersky*, 47.

56 So Michael Diekmann, zu finden in dem Pressebericht "Allianz AG künftig Europäische Gesellschaft (SE)" vom 11.9.2005.

57 In dem Fall war die SE daher die passende Zielform der Umwandlung.

europäischen Ausland miteinbezogen werden. Die Umwandlung zur SE wurde am 13.10.2006 wirksam.

IV Rechtlicher Status quo bis Dezember 2005

Ein Überblick über die Rechtslage vor Inkrafttreten der Richtlinie und Veröffentlichung des EuGH-Urteils zur Rechtssache SEVIC soll die erhebliche Bedeutung der Neuerungen klar machen. Nicht nur herrschte Streit zur grundsätzlichen Zulässigkeit grenzüberschreitender Verschmelzungen mit Bezug auf § 1 UmwG. Auch mussten die Unternehmen, die sich transnational umstrukturieren wollten, eine hohe rechtstechnische Kreativität aufbringen, um das angestrebte Ergebnis zu erzielen, welches dann letztlich dennoch auf wackeligen Füßen stand. Betrachtet man den erheblichen Kostenaufwand einer grenzüberschreitenden Umwandlung und die "Signalwirkung auf den Aktienkurs"[58], dann versteht man, dass ein rechtsunsicherer Weg der direkten Verschmelzung vor Erlass der Richtlinie und ihrer Umsetzung für Unternehmen nur selten in Betracht kommen konnte.

1. Streit zum § 1 UmwG

Der Streit über die Zulässigkeit grenzüberschreitender Verschmelzungen entbrannte nach Inkrafttreten des Umwandlungsgesetzes von 1994[59]. Vorher waren die Normen der Umwandlung lediglich vereinzelt auf Rechtsträger im Inland begrenzt[60]. Daher konnte man im Rückschluss davon ausgehen, dass aufgrund der fehlenden Beschränkungen in den restlichen Vorschriften Umwandlungen grenzüberschreitend grundsätzlich möglich sein sollten[61]. In § 1 Abs. 1 UmwG 1994, der den Anwendungsbereich des Umwandlungsgesetzes regelt, wurde im Gegensatz dazu ausdrücklich von "Rechtsträgern mit Sitz im Inland" gesprochen.

§ 1 UmwG stellt keine Kollisionsnorm dar[62]. Die Norm kann demnach nur herangezogen werden, wenn deutsches Recht für den Sachverhalt Anwendung findet. Ist deutsches Recht anwendbar, dann sind sich die Stimmen in der Literatur sehr uneinig, ob § 1 UmwG nun die grenzüberschreitende Umwandlung verbietet oder nur aus dem Anwendungsbereich des § 1 UmwG ausklammert.

---

58 *Walter,* JuS 2003, 206, 207.

59 Gesetz v. 28.10.1994, BGBl. I S. 3210, 1995 I S. 428.

60 § 1 Abs. 2 UmwG 1969 (§ 319 AktG).

61 Vgl. *Kindler,* in MüKo, IntWR, 4. Aufl. 2006, IntGesR, Rn. 867; *Großfeld/Jasper,* RablesZ 1989, 52, 63 ff. und den Praxisbericht einer erfolgreichen Hineinverschmelzung bei *Rixen/Böttcher,* GmbHR 1993, 572.

62 *Kindler,* in MüKo, IntWR, 4. Aufl. 2006, IntGesR, Rn. 840.

a) Unzulässigkeit von grenzüberschreitenden Umwandlungen

In der Literatur wurde nach der Neuregelung des UmwG von 1994 zahlreich die generelle Unzulässigkeit von grenzüberschreitenden Umwandlungen vertreten[63]. Dem § 1 Abs. 1 UmwG entnahmen die strengsten Vertreter dieser Ansicht ein generelles Verbot für transnationale Umwandlungen. Vor allem wurde auf der Basis des Wortlauts "mit Sitz im Inland"[64] argumentiert, der nur rein innerstaatliche Vorgänge erfasse. Hingewiesen wurde außerdem auf § 3 UmwG, der einen abschließenden "numerus clausus" für verschmelzungsfähige Rechtsträger enthält, und keine ausländischen Rechtsformen mit umfasst. Setzte man diese Aus-

---

63 *Kindler*, in MüKo, IntWR, 4. Aufl. 2006, IntGesR, Rn. 872 ff; *Spahlinger/Wegen*, in Spahlinger/Wegen, Rn. 509; *Sagasser*, in Sagasser/Bula, Rn. B 27; früher *Lutter*, ZGR 1994, 87, 91, aber ausdrücklich aufgegeben durch *Lutter/Drygala*, in Lutter, 3. Aufl. 2003, § 1, Rn. 6, Fn. 2; *Kallmeyer*, ZIP 1994, 1746, 1752; *derselbe*, in Kallmeyer, §1, Rn. 10, welcher jedoch über die Niederlassungsfreiheit gem. Art. 43, 48 EGV dennoch zu einer analogen Anwendung des UmwG kommt (*Kallmeyer*, in Kallmeyer, § 1, Rn. 13ff); *Kloster*, 303 ff; *Louven/Dettmeier/Pöschke/Weng*, BB-Spezial 2006, Nr. 3, 1, 2; *Schaumburg*, GmbHR 1996, 501, 502; *Hoffmann*, NZG 1999, 1077, 1079.

64 Natürlich kommt es dann wiederum darauf an, wie man den "Sitz" an dieser Stelle versteht. Die Definition des "Sitzes" ist sehr umstritten. Nach einer Meinung ist in § 1 Abs. 1 UmwG der Satzungssitz gemeint (so *Kallmeyer*, in Kallmeyer, § 1, Rn. 11; *Lutter/Drygala*, in Lutter, 3. Aufl. 2003, § 1, Rn. 7; *Triebel/von Hase*, BB 2003, 2409, 2416 m.w.N.). Das würde sich zum einen an die Terminologie des UmwG anlehnen, zum anderen an die Funktion des deutschen Sachrechts im Gegensatz zum Kollisionsrecht. Außerdem würden die in §§ 3 Abs. 1, 191 Abs. 1 und 2 UmwG genannten Rechtsformen ihren juristischen Sitz im Inland haben müssen. Andere gehen mit Bezug zur Sitztheorie davon aus, dass Sitz in § 1 Abs.1 UmwG Verwaltungssitz bedeute, wie *Großfeld*, AG 1996, 302 m.w.N; *Hoffmann*, NZG 1999, 1077, 1083. Je nachdem, ob man nun der Sitztheorie oder der Gründungstheorie folgte, kam man teilweise dazu, manchen Konstellationen ausnahmsweise die Umwandlungsfähigkeit zuzusprechen. So würde beispielsweise in Anwendung der Gründungstheorie ein Unternehmen, welches in Deutschland gegründet wurde, seinen Verwaltungssitz aber ins europäische Ausland verlegte, dennoch nicht als aufgelöst betrachtet und nach deutschem Recht beurteilt werden. Geht man nun davon aus, dass der Sitz in § 1 Abs. 1 UmwG den statuarischen Sitz meint, wäre eine grenzüberschreitende Umwandlung mit einem in Deutschland ansässigen Unternehmen in diesem Ausnahmefall grundsätzlich möglich (vgl. *Triebel/von Hase*, BB 2003, 2409, 2416; *Sagasser*, in Sagasser/Bula, Rn. B 34). Folgt man der Sitztheorie, können der Verwaltungs- und der Satzungssitz nicht auseinander fallen. Der Grundfall, in welchem sich ein im Ausland gegründetes und ansässiges Unternehmen mit einem in Deutschland gegründeten und ansässigen Unternehmen verschmelzen will, wäre nach der hier (i.IV1.a) beschriebenen Ansicht nicht zulässig, unabhängig davon, wie man den Sitz in § 1 Abs. 1 UmwG versteht und ob man der Gründungs- oder der Sitztheorie folgt.

sage nun in Verbindung mit dem Analogieverbot des § 1 Abs. 2 UmwG, wo die Zulässigkeit der Umwandlungen nur auf die im UmwG geregelten Fälle begrenzt wird, dann gelangten die Vertreter dieser Ansicht zu der Schlussfolgerung, dass grenzüberschreitende Umwandlungen nicht zulässig sein sollten[65].

Weiterhin wurden systematische Argumente angeführt. § 1 Abs. 1 UmwG hätte den Charakter einer *autolimitierenden* Sachnorm[66], die weder eine eigenständige kollisionsrechtliche Regelung enthält, noch einen Verweis auf das allgemeine Kollisionsrecht. Denn der Gesetzgeber hätte in einem nicht der Regel entsprechenden Fall eine eindeutigere Formulierung gewählt. Er wollte die grenzüberschreitende Verschmelzung nicht regeln, weder kollisions-, noch sachrechtlich.

Ferner bezog man sich auf den historischen Willen des Gesetzgebers. Denn in der Gesetzesbegründung heißt es: " Die Beschränkung der Umwandlungsmöglichkeiten auf Rechtsträger mit Sitz im Inland entspricht in fast allen Fällen dem geltenden Recht. Angesichts der Bemühungen der Europäischen Gemeinschaften um eine Regelung grenzüberschreitender Vorgänge, insbesondere der internationalen Fusion, sollte eine Regelung dieses Komplexes zurückgestellt werden. Überdies würde die Ausdehnung des Gesetzes auf internationale Fälle politisch wie rechtstechnisch erhebliche Probleme aufwerfen."[67] Die grenzüberschreitende Verschmelzung sei demzufolge nicht zulässig, da vom Anwendungsbereich des Umwandlungsgesetzes ausgeschlossen[68].

Außerdem wurde betont, dass eine Rechtsunsicherheit bezüglich dieser Fragestellung einem Verbot der grenzüberschreitenden Verschmelzung

---

65 *Kindler*, in MüKo, IntWR, 4. Aufl. 2006, IntGesR, Rn. 874; *Sagasser*, in Sagasser/Bula, Rn. B 31.

66 *Louven/Dettmeier/Pöschke/Weng*, BB- Spezial 2006, Nr. 3, 1, 2; *Spahlinger/Wegen*, NZG 2006, 721; *Kindler*, in MüKo, IntWR, 4. Aufl. 2006, IntGesR, Rn. 840; Zwar betonen *Lutter/Drygala*, in Lutter, 3. Aufl. 2003, § 1, Rn. 6 auch den Charakter der Autolimitierung, dennoch kommen sie zu dem gegensätzlichen Ergebnis, dass die grenzüberschreitende Umwandlung außerhalb des UmwG möglich sei.

67 BR-Drucks. 75/94, S. 71, 80.

68 So *Kindler*, in MüKo, IntWR, 4. Aufl. 2006, IntGesR, Rn. 872; *Semler/Stengel*, in Semler/Stengel, 1. Aufl. 2003, Einleitung A, Rn. 112 ff, welche dem Gesetzgeber die Regelungskompetenz für transnationale Verschmelzungen abstreiten, da dieser Alleingang den Bemühungen des Europäischen Gesetzgebers vorgreife. A.A. *Triebel/von Hase*, BB 2003, 2409, 2416 stellen bei § 1 UmwG auf den Satzungssitz ab, da in ihren Augen das UmwG nicht für ausländische Gesellschaften gelten sollte. Der Satzungssitz müsse sich demnach im Inland befinden, während der Verwaltungssitz durchaus im Ausland sein könnte.

gleich komme[69]. Denn das Risiko, dass der Fusionsbeschluss als Auflösungsbeschluss bewertet werde und die immensen Aufwendungen ergebnislos getätigt werden würden, könne nicht hingenommen werden.

Eine Ausnahme der Nichtzulässigkeit der transnationalen Fusion wurde zum Teil angenommen, wenn das ausländische Recht den Vorgang als rein national bewertet und das deutsche Umwandlungsgesetz nicht herangezogen werden muss. Die grenzüberschreitende Verschmelzung müsse in diesem Fall zulässig sein[70].

b) Zulässigkeit von grenzüberschreitenden Umwandlungen

Die Vertreter der Gegenansicht hingegen gingen davon aus, der § 1 Abs. 1 UmwG verhalte sich indifferent, würde also die grenzüberschreitende Umwandlung weder positiv noch negativ regeln, sie stattdessen aus ihrem Anwendungsbereich ausklammern[71]. Daraus wurde geschlossen, dass grenzüberschreitende Verschmelzungen nach deutschem Recht nicht untersagt seien, sondern nur aus dem Anwendungsbereich des UmwG herausgenommen worden sind. Außerhalb des Umwandlungsgesetzes seien sie durchaus möglich.

Argumentiert wurde auch hier mit dem Willen des Gesetzgebers. Denn die grenzüberschreitende Fusion sollte aus dem Regelungsbereich herausgenommen werden, da den Bemühungen auf europäischer Ebene, die bereits unternommen wurden[72], nicht vorgegriffen werden sollte. Die Nichtregelung sollte also keine Unzulässigkeit darstellen[73].

Auch das Analogieverbot des § 1 Abs. 2 UmwG stehe der Zulässigkeit der grenzüberschreitenden Fusion nicht entgegen. Denn das Verbot beziehe sich nicht auf die Nationalität der beteiligten Rechtsträger, sondern auf die Umwandlungsarten selber. § 1 Abs. 2 UmwG solle nicht die

---

[69] *Hoffmann*, NZG 1999, 1077, 1079.

[70] *Semler/Stengel*, in Semler/Stengel, 1. Aufl. 2003, Einleitung A, Rn. 113; *Lutter*, in Lutter, 3. Aufl. 2003, § 2, Rn. 35.

[71] *Lutter/Drygala*, in Lutter, 3. Aufl. 2003, § 1, Rn. 6; *Dorr/Stukenborg*, DB 2003, 647, 648; *Bungert*, AG 1995, 489, 502; *Semler/Stengel*, in Semler/Stengel, 1. Aufl. 2003, § 1, Rn 41, Einleitung A, Rn. 104 und 112ff; *Kronke*, ZGR 1994, 26, 35f; *Wenglorz*, BB 2004, 1061, 1062f; *Bermel*, in Goutier/Knopf/Tulloch, § 1, Rn. 16.

[72] Siehe dazu *Neye*, ZIP 1994, 917, 919f.

[73] A.A. *Louven/Dettmeier/Pöschke/Weng*, BB- Spezial 2006, Nr. 3, 1, 2, welche der Ansicht sind, der gesetzgeberische Wille würde auf diese Weise unterlaufen werden.

grenzüberschreitenden Umwandlungen, sondern die privatautonome Kreation zusätzlicher Umwandlungsmöglichkeiten verbieten[74].

Ferner wurde auch bei den Vertretern dieser Ansicht der Wortlaut als Auslegungsmaßstab angelegt. Die Beschränkung auf Rechtsträger mit Sitz im Inland würde sich erkennbar nur auf das UmwG beziehen[75]. Daher spräche nichts dagegen, außerhalb des UmwG eine Zulässigkeit der grenzüberschreitenden Umwandlung anzunehmen. So wollten *Lutter/Drygala* die erforderlichen Verfahrensregelungen aus den "allgemeinen Grundsätzen für Strukturentscheidungen sowie aus den Grundsätzen und Regeln der 3. und 6. RL" [76] entwickeln. Andere wiederum wollten das UmwG dennoch unmittelbar[77] oder analog[78] zur Anwendung gelangen lassen[79].

Andere argumentieren, das deutsche UmwG sei zwar auf deutsche Rechtsträger beschränkt. Das bedeute aber lediglich, dass für den deutschen Rechtsträger deutsches UmwG gelte, für den ausländischen Rechtsträger dessen Heimatrecht [80]. Die grenzüberschreitende Verschmelzung wäre demnach zulässig.

c) *Europarechtlicher Einfluss*

Manche Autoren haben schon länger angeführt, dass die Niederlassungsfreiheit gemäß Art. 43 und 48 EGV die Zulässigkeit der grenzüberschreitenden Umwandlung gebiete [81]. Denn mit der Verschmelzung zweier Gesellschaften ginge immer ein Ortswechsel eines Unternehmens einher. Auch könne man wirtschaftlich die Verschmelzung mit der Sitzverlegung vergleichen[82].

---

74 *Wenglorz*, BB 2004, 1061, 1063; *Triebel/von Hase*, BB 2003, 2409, 2417.

75 *Hörtnagl*, in Schmitt/Hörtnagl/Stratz, § 1, Rn. 23.

76 *Lutter/Drygala*, in Lutter, 3. Aufl. 2003, § 1, Rn. 28.

77 *Kallmeyer*, in Kallmeyer, § 1, Rn. 12ff; *derselbe*, ZIP 1996, 535 ff; *Wenglorz*, BB 2004, 1061, 1062.

78 *Dorr/Stukenborg*, DB 2003, 647, 648f; *Beul*, IStR 2003, 737, 738; *Kallmeyer*, in Kallmeyer, § 1, Rn. 17.

79 *Spahlinger/Wegen*, in Spahlinger/Wegen, Rn. 512.

80 *Triebel/von Hase*, BB 2003, 2409, 2416. Mit dieser Konstruktion spielt auch die Vereinigungstheorie, siehe S. 97.

81 *Lutter/Drygala*, in Lutter, 3. Aufl. 2003, § 1, Rn. 14; *Lennerz*, 66 ff; *Dorr/Stukenborg*, DB 2003, 647; *Kallmeyer*, in Kallmeyer, § 1, Rn. 14; *derselbe*, ZIP 1996, 535, 537; *Hörtnagl*, in Schmitt/Hörtnagl/Stratz, § 1, Rn. 25; *Beul*, IStR 2003, 536; *Engert*, in Eidenmüller, § 4, Rn. 80 ff; a.A. *Kindler*, in MüKo, IntWR, 4. Aufl. 2006, IntGesR, Rn. 878; zu dem Meinungsstand ausführlich *Frenzel*, 33 ff.

82 *Lutter/Drygala*, in Lutter, 3. Aufl. 2003, § 1, Rn. 14.

Dies wäre nach einer Ansicht sowohl bei der Herein-Verschmelzung der Fall, da die aufnehmende inländische Gesellschaft eine Zweigniederlassung im Ausland gründen würde, als auch bei der Heraus-Verschmelzung, wobei der ausländische Rechtsträger eine Niederlassung im Inland begründen würde[83]. Teilweise wurde die Verschmelzung demgegenüber unter Bezugnahme auf die Daily-Mail-Rechtsprechung des EuGH[84] nur für Hinein-Verschmelzungen zugelassen[85]. Teilweise wurde die Verschmelzung durch Neugründung aus dem Schutzbereich der Niederlassungsfreiheit ausgeklammert, da die Niederlassungsfreiheit des neu gegründeten Rechtssubjektes erst nach der Gründung verletzt werden könne, und der übertragende Rechtsträger nicht beabsichtige, nach seinem "corporate suicide" eine eigene wirtschaftliche Tätigkeit im Ausland zu entfalten[86].

Eine andere Meinung hingegen lehnte den Vergleich mit der grenzüberschreitenden Sitzverlegung ab[87]. Als Argument wurde zum einen herangeführt, dass die übertragende Gesellschaft bei einer Verschmelzung über die Grenze hinweg schon im bisherigen Sitzstaat ihre Existenz einbüßt. Zum anderen sei eine Diskriminierung der ausländischen Gesellschaft gegenüber der inländischen gestattet, da der Wegzug nach Daily-Mail nicht über die Niederlassungsfreiheit geschützt werde. Somit liege kein Verstoß gegen das Diskriminierungsverbot nach Art. 12 Abs. 1 EGV vor.[88]

d) *Die deutsche Rechtsprechung*

Die deutsche Rechtsprechung ging bis zum Dezember 2005 grundsätzlich von der Unzulässigkeit der grenzüberschreitenden Verschmelzung aus. Sie erlaubte die Hineinverschmelzung nicht[89] und betrachtete den He-

---

83 So *Kallmeyer*, in Kallmeyer, § 1, Rn. 13f.

84 EuGH v. 27.9.1988 ("Daily Mail") – Rs. C-81/87 = NJW 1989, 2186.

85 *Beul*, IStR 2003, 536; a.A. *Herrler*, EuZW 2007, 295, 298 f.

86 Siehe mit weiteren Argumenten *Lennerz*, 77; a.A: *Bron*, 39 ff. (gute und knappe Darstellung des Streitstandes).

87 *Semler/Stengel*, in Semler/Stengel, 1. Aufl. 2003, Einl. A, Rn. 114; *Kindler*, in MüKo, IntWR, 4. Aufl. 2006, IntGesR, Rn. 836 und 878.

88 A.A. *Triebel/von Hase*, die keinen sachlichen Grund für eine Ungleichbehandlung deutscher Gesellschaften mit Geschäftsleitung im Inland gegenüber denen mit Geschäftsleitung im Ausland sehen.

89 OLG Zweibrücken v. 27.6. 1990 – 3 W 43/90 = NJW 1990, 3092; BayOblG v. 26.8. 1998 – 3 Z BR 78/98 = NJW-RR, 1999, 401.

raus-Beschluss als Auflösungsbeschluss[90]. Die unmittelbare Anwendung der Art. 43, 48 EGV wurde abgelehnt[91].

Auch die Eintragung der geplanten Verschmelzung der luxemburgischen Security Vision Concept SA auf die deutsche Sevic Systems AG mit Sitz in Neuwied ist vom zuständigen Registergericht (Amtsgericht Neuwied) unter Hinweis auf den Wortlaut des § 1 Abs. 1 Nr. 1 UmwG verweigert worden. Das aufgrund der Beschwerde der Sevic Systems AG angerufene LG Koblenz legte diese Rechtsfrage daraufhin dem EuGH im Wege einer Vorabentscheidung vor. Dieser sollte schlussendlich klären, ob die von den deutschen Gerichten bis dato vorgenommene Auslegung des § 1 Abs. 1 UmwG mit der Niederlassungsfreiheit des Art. 43, 48 EGV vereinbar sei[92].

e) Fazit

Die Unternehmen, welche vor Dezember 2005 an einer grenzüberschreitenden Verschmelzung interessiert waren, sahen sich einer unklaren Rechtslage gegenüber gestellt. Während in der Literatur teilweise vertreten wurde, dass eine grenzüberschreitende Verschmelzung erlaubt sei, gingen andere vom Gegenteil aus und sahen in dem § 1 UmwG ein Verbot des Vorgangs. Die einen leiteten aus der europarechtlichen Niederlassungsfreiheit eine Zulässigkeit ab, andere wiederum lehnten den Vergleich mit der Sitzverlegung und die Ausdehnung des Schutzbereiches der Art. 43, 48 EGV auf die transnationale Fusion ab. Die Rechtsprechung hat eine Eintragung einer grenzüberschreitenden Verschmelzung größtenteils abgelehnt. Aufgrund der gegebenen Rechtsunsicherheit kam der Versuch einer Verschmelzung über die Grenze für die meisten Unternehmen aufgrund des hohen Risikos nicht in Frage.

2. Umwege und Sonderkonstruktionen

Obwohl in der Vergangenheit vereinzelt grenzüberschreitende Umwandlungen zugelassen wurden[93], musste man aufgrund der gängigen

---

90 BayObLG, v. 7.5. 1992, 3 Z BR 14/92 = JZ 1993, 372 mit Anm. *Ebenroth/Auer*; OLG Hamm v. 30.4. 1997 – 15 W 91/97 = ZIP 1997, 1696.

91 OLG Hamm v. 30.4. 1997 – 15 W 91/97 = ZIP 1997, 1696; BayObLG v. 26.8. 1998 – 3 Z BR 78/98 = DB 1998, 2318.

92 LG Koblenz v. 16.9. 2003 – 4 HK.T 1/03 = ZIP 2003, 2210.

93 Zu erfolgreichen Hereinverschmelzungen: *Rixen/Böttcher*, GmbHR 1993, 572 (Französische S.A. und deutsche GmbH); *Behrens*, RIW 1986, 590 ff. (Luxemburgische GmbH auf deutsche GmbH); zuletzt *Dorr/Stukenborg*, DB 2003, 647, 648 (bezüglich der Verfügungen vom AG Düsseldorf vom 5.3.2002 und vom 25.3.2002).

Gerichtspraxis doch größtenteils mit einer Ablehnung der Eintragung rechnen, oder man war zumindest auf die "wohlwollende Ermessensausübung"[94] des zuständigen Registergerichts angewiesen.

Die Vorbereitung einer transnationalen Fusion bedeutet einen erheblichen Zeit- und Kostenaufwand. Potentielle Fusionspartner müssen gesucht werden. Es müssen Berechnungen angestellt werden, ob eine solche Umstrukturierung für beide Unternehmen wirtschaftlich sinnvoll ist, was oftmals von externen Unternehmensberatern durchgeführt wird. Juristen müssen beauftragt werden, die rechtlichen Möglichkeiten zu klären und die Verträge auszuhandeln. Es wird mit Investmentbanken verhandelt. Anteilsinhaber müssen informiert und befragt werden. Eventuell werden auch Spezialisten für Public Relations befragt. Das Risiko, dass eine auf diesem Wege vorangetriebene Verschmelzung letzten Endes dennoch an der Ablehnung des Registergerichtes scheitert, war vielen Unternehmen daher zu groß. Entweder entschied man sich, mit der Umstrukturierung bis zur Verabschiedung der Richtlinie zur grenzüberschreitenden Verschmelzung zu warten, was aber aufgrund der jahrzehntelangen Verhandlungen eine enorme Geduld erforderte. Oder man suchte andere Wege, die gewünschte grenzüberschreitende Umorientierung zu erreichen[95]. Im Folgenden soll ein Überblick über die Möglichkeiten der Sonderkonstruktionen geboten werden. Anstatt jedoch einen Anspruch auf Vollständigkeit zu erheben, soll lediglich exemplarisch auf einige Varianten eingegangen werden, um das grenzüberschreitende Engagement der Unternehmen zu verdeutlichen.

a) Einzelübertragung

Eine Möglichkeit bot sich zum Beispiel in der Einbringung eines Unternehmens oder Unternehmensteiles, und zwar durch Einzelübertragung der Aktiva und Passiva oder Einbringung von Anteilen unter anschließender Liquidation bzw. Kapitalherabsetzung[96]. Dieser Vorgang konnte kollisions- und gesellschaftsrechtlich auch grenzüberschreitend durchgeführt werden. Beachtet werden musste dabei das Gesetz zur Beibehaltung der Mitbestimmung beim Austausch von Anteilen und der Ein-

---

Zu einer erfolgreichen Herausverschmelzung: *Wenglorz,* BB 2004, 1061 ff. (deutsche GmbH auf österreichische GesmbH).

94 So *Dorr/Stukenborg,* DB 2003, 647, 653.

95 Zu den verschiedenen Modellen siehe *Samson/Flindt,* NZG 2006, 290; *Martens,* in FS Peltzer, S. 279 ff; *Heckschen,* in Widmann/Mayer, § 1, Rn. 321 ff; *Stengel,* in Semler/Stengel, 1. Aufl. 2003, Anh. § 77, Rn. 67 ff.

96 *Kallmeyer,* in Kallmeyer, § 1, Rn. 19; *derselbe,* ZIP 1994, 1746, 1752 f; *von Busekist,* GmbHR 2004, 650, 653 ff.

bringung von Unternehmensteilen, die Gesellschaften verschiedener Mitgliedstaaten der EU betreffend[97].

b) Anteilstausch

Zum anderen konnten grenzüberschreitende Umstrukturierungen im Wege des Anteilstausches vollzogen werden[98]. Dafür existieren mehrere Variationen: 1) Die "übernehmende" Gesellschaft (erhöht ihr Kapital und) bietet den Anteilsinhabern der "übertragenden" Gesellschaft Anteile zum Tausch an. Dadurch hat die (kapitalerhöhende) Gesellschaft die mehrheitliche Beteiligung an der übertragenden Gesellschaft inne, deren ehemalige Aktionäre wiederum an der neuen Muttergesellschaft beteiligt sind[99]. Diesen Aktientausch nennt man "Share Deal", oder ab einer bestimmten Schwelle des angestrebten Kapitalanteils "feindliche" oder "freundliche Übernahme" – je nachdem, ob mit oder ohne Konsens der Verwaltung der Zielgesellschaft. 2) Die Aktionärskreise können aber auch ohne Umtauschangebot zusammengeführt werden, indem ihnen Aktien einer Drittgesellschaft angeboten werden. Diese in Deutschland nicht mögliche Methode ist zum Beispiel in den USA als reverse triangular merger bekannt[100]. 3) Eine dritte Möglichkeit besteht darin, dass eine dritte Gesellschaft den Aktientausch initiiert, in dessen Folge die fusionswilligen Gesellschaften beide Töchter der dritten – wohl oft neu gegründeten – Gesellschaft sind.

Eine Mischform nutzen die Unternehmen Daimler- Benz AG und Chrysler Corp. für ihren Zusammenschluss[101]. Zunächst wurde die Oppenheim AG umfirmiert in DaimlerChrysler AG. Anschließend wurden die Anteile der Chrysler Inc. mit Hilfe einer neu gegründeten Chrysler Merger Sub im Wege eines reverse triangular merger an die DaimlerChrysler AG überführt. Der Daimler-Benz AG hat die DaimlerChrysler AG ein öffentliches Umtauschangebot übermittelt, welches von 98,2 % der Daimler-Benz-Aktionäre angenommen wurde. Daraufhin hielt die DaimlerChrysler AG 100 % der Anteile an Chrysler Corp. und 98,2 % der Anteile der Daimler-Benz AG. In einem letzten Schritt wurde dann die

---

97 MitbestBeiG vom 23.8.1994, BGBl. I 1994, S. 2228. Dadurch, dass der Gesetzgeber die Beachtung der Mitbestimmung geregelt hat, wurde diese Möglichkeit von ihm mittelbar anerkannt. So auch *Lutter/Drygala,* in Lutter, 3. Aufl. 2003, § 1, Rn. 34.

98 *Semler/Stengel,* in Semler/Stengel, 1. Aufl. 2003, Einl. A, Rn. 120 und Anh. § 77, Rn. 103 ff; *Horn,* ZIP 2000, 473, 478.

99 So geschehen bei den Zusammenschlüssen von Vodafone/Mannesmann und Rhône-Poulenc/Hoechst (siehe dazu *Hoffmann,* NZG 1999, 1077ff).

100 Diese Methode nutzen Vodafone und AirTouch.

101 Siehe dazu *Walter,* JuS 2003, 206 ff.

Daimler-Benz AG auf die DaimlerChrysler AG nach Maßgabe des UmwG verschmolzen – vereinfacht aufgrund der §§ 319, 320 AktG. Im Ergebnis stellt sich die DaimlerChrysler AG als eine deutsche Aktiengesellschaft mit einer 100 %-igen amerikanischen Tochter dar[102].

Beim einseitigen Aktientausch besteht die Gefahr, dass die Öffentlichkeit den Zusammenschluss als feindliche Übernahme (miss-) versteht. Der beiderseitige Tausch ist demgegenüber sehr viel kostenintensiver und komplexer in der Durchführung. Ferner hat die Methode des Anteilstausches oft steuerliche Nachteile. So musste die DaimlerChrysler AG Grunderwerbssteuer auf die im Vermögen der Daimler-Benz AG befindlichen Immobilien zahlen[103].

c) *Synthetische Zusammenschlüsse*

Möglich waren auch so genannte synthetische Zusammenschlüsse[104]. Dabei verlieren die fusionswilligen Unternehmen ihre rechtliche Selbständigkeit nicht, obwohl sie ihre Geschäftsbereiche zusammenfügen. Verfolgt wird dabei das Konzept der Gleichstellung, indem sich die Rechte der Aktionäre an den Muttergesellschaften in den wirtschaftlichen Verhältnissen widerspiegeln sollen, die für den Zusammenschluss vereinbart wurden. Die synthetischen Zusammenschlüsse können in unterschiedlichen Formen erfolgen: Als Combined Group Structure[105], als Separate Entities Structure[106] oder als Twinned Share Structure/Stapled Stock[107].

Bei dem Modell der Combined Group Structure werden die Betriebsvermögen der Unternehmen in eine oder mehrere Tochtergesellschaften eingebracht. Es entstehen Holdinggesellschaften, wobei die Geschäftsaktivitäten in einer gemeinsamen Joint Venture-Gesellschaft koordiniert werden. Während die Muttergesellschaften die Stimmrechte an der Joint

---

102 Im Ergebnis entstand demnach eine asymmetrische Konzernstruktur, obwohl ein Zusammenschluss unter Gleichen angestrebt war. Diese Diskrepanz wurde aber durch einen Vertrag über den Zusammenschluss (und der Tatsache, dass alle Aktionäre nun solche der neuen Obergesellschaft wurden) aufgefangen, siehe *Horn*, ZIP 2000, 473, 478.

103 *Fleischmann*, DB 1998, 1883.

104 Siehe *Samson/FLindt*, NZG 2006, 290, 295 f; *Stengel*, in Semler/Stengel, 1. Aufl. 2003, Anh. § 77, Rn. 68 ff.

105 Diese Form wurde beispielsweise bei folgenden Zusammenschlüssen gewählt: Royal Dutch/Shell, 1907; Dexia, 1996; BAT/Zurich, 1998.

106 Zum Beispiel Unilever, 1929 und RTZ/CRA, 1995.

107 So bei EuroTunnel, 1989 und "Rothmans/Vendộme", Restructuring, PLC 1993 IV (8) 11f.

Venture-Gesellschaft besitzen, ist diese die Eigentümerin des Betriebsvermögens der Gruppe.

Demgegenüber bleiben bei einer Separate Entities Structure die Geschäftsbereiche der Unternehmen jeweils in deren Eigentum, nach außen hin handeln sie aber als Einheit. Dies lässt sich in den meisten Fällen über Gleichstellungs- oder Beteiligungsvereinbarungen erreichen, auch equalisation oder sharing agreement genannt[108].

Im letzten Fall, der Twinned Share Structure, werden die Anteilsinhaber der rechtlich selbständigen Unternehmen so behandelt, als wären sie Beteiligte einer einzigen Gesellschaft. Um dieses Ziel zu erreichen, werden an Kaufinteressenten nur Aktienpakete veräußert, die gekoppelte Aktien beider Gesellschaften enthalten. Die Dividendenausschüttung wird dann aber nur von einer Gesellschaft veranlasst, wodurch die Nachteile der grenzüberschreitenden Mehrfachbesteuerung überwunden werden sollen.

Dem Vorteil der synthetischen Zusammenschlüsse von Unternehmen, dass zur Freude des Anteilseigners nur geringfügige Strukturänderungen nötig sind, stehen gewichtige Nachteile gegenüber. Denn es kann nach dem Zusammenschluss keine Vereinigung der Aktionärsbasen und keine Neugewichtung der Aktionärsindizes erfolgen, was eine Steigerung der Nachfrage bewirken würde. Des Weiteren können die zusammengeschlossenen Unternehmen nur mittelbar kontrolliert werden, es mangelt an einer funktionierenden Corporate-Governance-Struktur. Vor allem aber kann ein Unternehmen mit synthetischer Struktur nur erschwert seine Aktien als Akquisitionswährung einsetzen. Denn es müssten immer Aktien beider Muttergesellschaften ausgegeben werden.

d) Gründung einer Tochtergesellschaft, Errichtung einer Zweigniederlassung

Eine weitere typische Konstellation ist die Gründung einer Tochtergesellschaft im Ausland. Möglich ist auch die Gründung einer gemeinsamen Tochtergesellschaft zwecks Unternehmenszusammenführung. Der Vorteil dieses Modells ist, dass die neu gegründete Gesellschaft einen eigenen Marktauftritt im Ausland besitzt und eine eigene Rechtspersönlichkeit, bei der sich die Haftung beschränken lässt. Der Nachteil gegenüber einer unmittelbaren Fusion mit einer bestehenden ausländischen Gesellschaft liegt auf der Hand. Anstatt von der bereits bestehenden Struktur eines konsolidierten Unternehmens und dessen Kundenstamm

---

108 Vgl. *Bücker*, in Hirte/Bücker, 117.

zu profitieren, muss die Tochtergesellschaft neu aufgezogen werden mit hohen Investitionen im Bereich Marketing und für die Etablierung der Strukturen.

Die ausländische Tochtergesellschaft könnte aber wiederum mit einer ausländischen Gesellschaft verschmolzen werden. Andersherum könnte eine deutsche Gesellschaft problemlos nach dem UmwG mit einer deutschen Tochtergesellschaft eines ausländischen Unternehmens verschmolzen werden[109].

Daneben ist die Errichtung einer Zweigniederlassung seltener anzutreffen. Eintragung und Fortführung der Registerführung sind hierbei ungleich komplizierter und aufwendiger. Auch lässt sich die Haftung nicht auf die lokale Niederlassung begrenzen. Dieses Modell ist hauptsächlich bei Kreditinstituten und Versicherungen anzutreffen[110].

e) *SE oder Umweg über die SE*

Seit dem Inkrafttreten der Verordnung über das Statut der Europäischen Gesellschaft (SE-VO)[111] am 8.10. 2004, welche ergänzt wurde durch die Richtlinie über die Beteiligung der Arbeitnehmer (SE-RL)[112], konnten verschmelzungswillige Aktiengesellschaften in Europa als Variante auch den Weg über die Europäische Aktiengesellschaft (SE) nehmen. Abgesehen von der Möglichkeit, sich endgültig zu einer SE zusammenzuschließen[113], konnten zwei Unternehmen sich durch den Zwischenschritt einer SE-Gründung auch auf eine der ursprünglichen Rechtsformen verschmelzen. Aktiengesellschaften im Sinne des Anhang I SE-VO, welche ihren Satzungssitz und Verwaltungssitz in einem EU-Staat haben, können gemäß Art. 2 Abs. 1 SE-VO eine SE gründen, wenn sie dem Recht verschiedener Mitgliedsstaaten unterliegen[114]. Die Verschmelzung kann gemäß Art. 17 Abs. 2 SE-VO entweder durch Aufnahme oder durch Neugründung erfolgen. Der Sitz der SE kann in einem der Heimatländer

---

109 Siehe dazu *Samson/Flindt*, NZG 2006, 290, 292 m.w.N.

110 Zu den Gründen siehe *Bücker*, in Hirte/Bücker, 116.

111 Verordnung (EG) Nr. 2157/2001 des Rates vom 8.10.2001, ABl. EG L-294 v. 10.11.2001, 1 ff.

112 Richtlinie 2001/86/EG v. 8.10.2001, ABl. EG L-294 v. 10.11.2001, 22 ff.

113 Siehe die Vor- und Nachteile bei *Wenz*, AG 2003, 185 ff.

114 Abgesehen davon bietet die SE-VO noch andere Umwandlungsformen zu einer SE, wie zum Beispiel die Gründung einer Holding-SE, die auch der GmbH offen steht, den Formwechsel in eine SE, die Gründung einer Tochter-SE. Siehe zu den Einsatzmöglichkeiten der SE *Wenz*, AG 2003, 185; *Kallmeyer*, AG 2003, 197.

der Verschmelzungskandidaten liegen, aber auch in einem beliebigen dritten Mitgliedstaat[115].

Wählen die Unternehmen beispielsweise Deutschland als Sitz für die neu gegründete oder durch Aufnahme umgewandelte SE, so kann in einem zweiten Schritt die SE problemlos auf eine deutsche Gesellschaft gleich welcher Rechtsform verschmolzen werden. Denn als europäische Kapitalgesellschaft mit Sitz im Inland scheitert eine Umwandlung nach dem UmwG nicht an der Voraussetzung "mit Sitz im Inland" gemäß § 1 Abs. 1 UmwG[116]. Eine SE kann zudem auch in Bezug auf den numerus clausus des § 3 UmwG an einer Verschmelzung nach nationalem Recht beteiligt sein. Zwar wird die SE in der abschließenden Aufzählung des § 3 UmwG nicht ausdrücklich erwähnt. Gemäß Art 9 Abs. 1 lit. c (ii) SE-VO unterliegt die SE jedoch bezüglich der Teilbereiche, die in der SE-VO nicht oder nicht vollständig geregelt werden, den Regelungen der Mitgliedstaaten, die auf eine nach dem Recht des Sitzstaates der SE gegründete Aktiengesellschaft Anwendung finden würden. Die Aktiengesellschaft ist laut § 3 UmwG verschmelzungsfähiger Rechtsträger. Demnach kann die SE sowohl übertragende als auch übernehmende Gesellschaft einer Verschmelzung nach UmwG sein[117].

Diesen Weg nutzen wohl die Allianz AG und die luxemburgische International Reinsurance Company S.A[118]. In einem ersten Schritt verschmolz

---

115 Dieses lässt sich zum einen aus Art. 22 S. 1 SE-VO folgern, der anordnet, dass ein Gericht oder eine Verwaltungsbehörde "des Mitgliedsstaats, dessen Recht eine der sich verschmelzenden Gesellschaften oder die künftige SE unterliegt", Sachverständige bestellen können. Man kann die Annahme zum anderen aber auch e contrario aus Art. 7 SE-VO ableiten, der für den Sitz einer SE lediglich voraussetzt, dass er in dem Mitgliedsstaat liegen muss, in welchem sich auch die Hauptverwaltung befindet. Umstritten ist in diesem Zusammenhang, ob bei der Verschmelzung durch Aufnahme der Sitz der SE im Mitgliedsstaat der aufnehmenden Gesellschaft liegen muss, so *Schäfer,* in MüKo, AktG, Art. 17 SE-VO, Rn. 10, Art. 20 SE-VO, Rn. 13; ebenso *Ihrig/Wagner* BB 2004, 1749, 1752; a.A. *Kallmeyer* AG 2003, 197, 198; *Scheifele,* 153.

116 Es kommt natürlich wiederum darauf an, ob man den "Sitz" hier als Satzungs- oder Verwaltungssitz versteht. Art. 7 SE-VO jedoch bestimmt generell, also sowohl für die Variante der SE durch Neugründung als auch durch Aufnahme, dass der Sitz der SE in demselben Mitgliedsstaat wie deren Hauptverwaltung liegen muss. Sitz in Art. 7 SE-VO kann nur Satzungssitz meinen (*Oechsler*, MüKo, AktG, Art. 7 SE-VO, Rn. 3). Daher ist ein Gleichlauf der Sitze vorausgesetzt, weshalb der Streit bezüglich des Sitzverständnisses in § 1 UmwG nicht relevant ist.

117 *Lutter/Drygala,* in Lutter, § 3, Rn. 14.

118 *Bayer/Schmidt,* ZIP 2006, 210, 212; *Schwimbersky*, 64.

sich die luxemburgische S.A. auf die deutsche AZ-Argos 16 AG[119]. Diese Verschmelzung wurde am 30.08. 2005 ins Handelsregister München eingetragen[120]. Noch am gleichen Tag wurde daraufhin die so gegründete SE auf die Allianz AG verschmolzen[121].

Ein Vorteil der endgültigen Gründung einer SE liegt beispielsweise darin, dass die Unternehmen wählen können, welche Form der Unternehmensleitung der Zielgesellschaft vorstehen soll – eine Entscheidung zwischen monistischem und dualistischem System[122]. Positiv kann auch die Herausbildung einer europäischen Corporate Identity hervorgehoben werden, ein unter dem Stichpunkt Public Relations wertvolles Zugpferd für die Zielgesellschaft, um die regional unterschiedlichen Eigenheiten ausgleichen zu können[123]. Auch ist die SE dem europäischen Durchschnittsverbraucher gegenüber gut zu vermitteln, bietet also Imagevorteile beispielsweise gegenüber den als negativ empfundenen Übernahmen. Ein Nachteil des Modells, die SE nur als Zwischenschritt zu nutzen, ist sicherlich, dass es schwierig sein könnte, die Anteilsinhaber von der Notwendigkeit und den Vorteilen eines komplizierten und damit durch den Planungsaufwand auch kostspieligen Umwegs zu überzeugen.

f) Fazit

Die Umwege, welche die an einer grenzüberschreitenden Umstrukturierung interessierten Unternehmen gehen mussten, haben alle ihre Vor- und Nachteile. Die Alternativmodelle boten zwar ein höheres Maß an Rechtssicherheit gegenüber der grenzüberschreitenden Verschmelzung, was aber mit zeitlichem und/oder finanziellem Mehraufwand sowie einer eingeschränkten Flexibilität der Unternehmensführung einherging[124]. Besonders für konzerninterne Konzentrationsprozesse waren die Modelle nicht geeignet. Strebte man eine "echte" Zusammenführung der Aktionärskreise an, dann war die direkte grenzüberschreitende Verschmelzung die effektivste – bislang aber nicht durchführbare – Möglichkeit. Die Richtlinie zur grenzüberschreitenden Verschmelzung von

---

119 *Bayer/Schmidt,* ZIP 2006, 210, 212 vermuten in der AZ-Argos 16 AG eine Vorratsgesellschaft.

120 Siehe Registernummer HRB 157598, abrufbar unter http://handelsregister.sueddeutsche.de.

121 Siehe Neueintragung HRB 158517 im Handelsregister München, abrufbar unter http://handelsregister.sueddeutsche.de.

122 Siehe zu dem Wahlrecht bei der SE *Schmidt,* 471 ff.

123 *Schmidt,* 115.

124 *Louven/Dettmeier/Pöschke/Weng,* BB- Spezial 2006, Nr. 3, 1, 3.

Kapitalgesellschaften und das SEVIC-Urteil haben daher für die Unternehmen herausragende Bedeutung.

V Historische Entwicklung des europäischen Gesellschaftsrechts

Bereits der historische Ursprung der EU – die Europäische Gemeinschaft für Kohle und Stahl ("Montanunion") – basierte auf einem Zusammenschluss zur Förderung der europäischen Wirtschaft. Die Montanunion wurde von dem französischen Außenminister *Robert Schumann* und dessen Mitarbeiter *Jean Monnet* entwickelt und der sog. "Schumann-Plan" daraufhin in einer Regierungserklärung vom 9.5.1950 bekannt gegeben. Dieser Zusammenschluss wurde von Schumann aber ausdrücklich nur als "erste Etappe der Europäischen Föderation" beschrieben[125] und war lediglich der Beginn eines Prozesses überstaatlicher europäischer Integration. Ergänzt wurde die Montanunion 1957 durch die Gründung der "Europäischen Wirtschaftsgemeinschaft" (EWG) und der "Europäischen Atomgemeinschaft" (EAG) aufgrund der Römischen Verträge vom 25.3.1957, welche am 1.1.1958 in Kraft traten. Durch den Fusionsvertrag vom 1.7.1967 erfolgte ein Zusammenschluss der drei Organe zu den sog. "Europäischen Gemeinschaften". Bereits der ursprüngliche EWG-Vertrag von 1957 beinhaltete auch die Niederlassungsfreiheit für die Gesellschaften, vgl. Art. 52 und 58 EWG-Vertrag (heute Art. 43 und 48 EGV). Durch die Einheitlichen Europäischen Akte (EEA) vom 18.02.1986, in Kraft getreten am 01.07.1987, wurde in den EWG-Vertrag das Ziel aufgenommen, einen Binnenmarkt zu etablieren[126]. Es sollte ein Raum ohne Binnengrenzen entstehen, in dem der freie Waren-, Kapital-, Dienstleistungs- und Personenverkehr gewährleistet ist, vgl. Art. 7 a EWGV (heute Art. 14 EGV). Mit der Verordnung (EWG) Nr. 2137/85 des Rates vom 25. Juli 1985[127] wurde die Europäische wirtschaftliche Interessenvereinigung (EWIV) geschaffen, eine EU-Rechtsform zur Erleichterung und Förderung der grenzüberschreitenden Zusammenarbeit von Unternehmen.

Die europäische Einigung wurde auf dem wirtschaftlichen Sektor konsequent weiter betrieben, da man sich erhoffte, dass die wirtschaftliche Integration automatisch eine bis dato erfolglose politische Integration nach sich ziehen werde. Diesen Vorgang nannte man "Spill-over-

---

125 Siehe Auszüge aus der Regierungserklärung bei *Oppermann*, § 1, Rn. 19.

126 Art. 7a EWG-Vertrag (heute Art. 14 EGV), hierzu *Oppermann*, § 1, Rn. 34. ABl. EG L-199, 1. Siehe auch die *Van Gend en Loos*-Entscheidung des EuGH v. 5.2.1963, Rs. C-26/62, Slg. 1963, 3, 24.

127 ABl. EG L-199, 1.

Effekt"[128]. Und tatsächlich wurde durch den Maastrichter Vertrag vom 9./10.2.1992, in Kraft getreten am 1.11.1993, die Europäische Union gegründet. Die Europäische Union sollte gemäß Art. 1 Abs. 3 EU als Dachorganisation die weiter bestehenden Europäischen Gemeinschaften, die in der EPZ institutionalisierte Gemeinsame Außen- und Sicherheitspolitik und die neu eingeführte Zusammenarbeit in den Bereichen Justiz und Inneres aufnehmen.

Einen großen Schritt in die Richtung eines europäischen Binnenmarktes ging die Verabschiedung der Verordnung (SE-VO) über das Statut der Europäischen Aktiengesellschaft (Societas Europaea = SE)[129] und die dazugehörige Richtlinie betreffend die Mitbestimmung der Arbeitnehmer (SE-RL)[130]. Die Europäische Gesellschaft wurde nach jahrelangen ergebnislosen Verhandlungen schlussendlich möglich aufgrund des völlig unerwarteten Kompromisses zur Mitbestimmung im europäischen Rat von Nizza Ende 2000. Zielsetzung der SE war die "Vollendung des Europäischen Binnenmarktes sowie des EWR auch im Bereich der Rechtsformen zur Realisierung insbesondere von rechts- und organisationsformspezifischen Effizienzsteigerungen aufgrund verminderter Transaktions- und Organisations(form)kosten"[131]. Prominentester Nutzer der SE der ersten Tage ist die Allianz AG, die sich mit der italienischen RAS S.p.a. zu einer SE mit Sitz in München zusammenschloss, eingetragen ins Handelsregister München am 16.10.2006[132].

1. Zehnte Gesellschaftsrechtliche Richtlinie

Die Entwicklung bis zur Verabschiedung der Zehnten Gesellschaftsrechtlichen Richtlinie zog sich über Jahrzehnte. In Art. 220 EWG-Vertrag (heute Art. 293 EGV) wurde sogar ausdrücklich die Möglichkeit für Verhandlungen der Mitgliedstaaten über grenzüberschreitende Verschmelzungen statuiert. Umstritten ist, ob Art. 220 (Art. 293 nF) eine Absichtserklärung[133] oder eine Mussvorschrift[134] darstellt, hinsichtlich bestimmter

---

128 *Streinz*, Rn. 20.

129 Verordnung (EG) Nr. 2157/2001 des Rates v. 8.10.2001 über das Statut der Europäischen Gesellschaft (SE), ABl. EG L-294 v. 10.11.2001, 1-21.

130 Richtlinie 2001/86/EG des Rates zur Ergänzung des Statuts der Europäischen Gesellschaft hinsichtlich der Beteiligung der Arbeitnehmer v. 8.10.2001, ABl. EG L-294 v. 10.11.2001, 22-32.

131 *Wenz*, AG 2003, 185, 186. Siehe auch die Erwägungsgründe für die SE-VO Nr. 1, 4, 8, siehe ABl. EG L-294 v. 10.11.2001, 1 f.

132 Zu finden unter http://handelsregister.sueddeutsche.de.

133 *Geiger*, Art. 293 EGV, Rn. 1.

Materien im Falle der Nichtregelung durch die Europäischen Institutionen völkerrechtliche Abkommen zu schließen. Ziel soll es jedenfalls sein, durch eine Regelung die Rechtsstellung der eigenen Staatsangehörigen in den jeweils anderen Mitgliedstaaten zu verbessern, bzw. die Staatsangehörigen und Gesellschaften aller Mitgliedstaaten in bestimmten Beziehungen rechtlich gleichzustellen. Art. 220 EWG-Vertrag (Art. 293 nF) sollte nicht Maßnahmen der Gemeinschaft zur Rechtsvereinheitlichung aufgrund Art. 94 EGV (Richtlinien) ausschließen, sondern lediglich die Verwirklichung der Freiheiten des Binnenmarktes erleichtern[135].

Über den Entwurf zu einem Übereinkommen auf Grundlage des Art. 220 EWG-Vertrag (Art. 293 nF) wurde ab 1965 unter dem Vorsitz des französischen Gesellschaftsrechtlers *Goldman* beraten[136]. 1972 wurde der Entwurf schließlich vorgelegt[137], die Beratungen führte man aber noch bis 1980 ergebnislos fort. Die Idee eines Übereinkommens wurde dann nach der Verabschiedung der Dritten Gesellschaftsrechtlichen Richtlinie[138] aufgegeben, und die Kommission schlug hingegen vor, auch die Harmonisierung der grenzüberschreitenden Verschmelzung durch eine Richtlinie zu regeln[139].

1985 wurde dann ein entsprechender Text für eine Richtlinie gestützt auf die Rechtsgrundlage des Art. 53 EWG-Vertrag (Art. 44 nF) vorgelegt[140]. Bei den Verhandlungen über eine Stellungnahme des Europäischen Parlaments trat jedoch eine Meinungsverschiedenheit zutage, deren Grundsätzlichkeit den Rat abschreckte, die Beratungen über den Richtlinienvorschlag überhaupt aufzunehmen. Grund für den Streit waren die er-

---

134 *Schwartz/Mölls,* in Groeben/Schwarze, Art. 293, Rn. 24 ff; *Schweitzer,* in Grabitz/Hilf, Art. 293 EGV, Rn. 5 m.w.N. Ein Argument der Vertreter dieser Ansicht ist, dass die Mitgliedstaaten ohnehin solche Verhandlungen aufnehmen können, auch ohne eine gesonderte Klarstellung. Die Vorschrift wäre demnach ohne Sinn, wenn sie nicht eine Verpflichtung zur Regelung dieser bestimmten Bereiche enthielte. Außerdem würden im Sprachgebrauch des Vertrages Verpflichtungen wie hier im Indikativ Präsens ausgedrückt. Ferner bedeute "soweit erforderlich" nicht etwa, dass das Bedürfnis einer Regelung bestehen muss, sondern stellt lediglich die Subsidiarität dieses völkerrechtlichen Vertrags fest. Die Frage ist demnach, ob schon ein Abkommen vorhanden ist, der EG-Vertrag die Materie regelt oder eine Richtlinie oder Verordnung erlassen wurde.

135 EuGH v. 5.11. 2002 – Rs. C-208/00 = ZIP 2002, 2037.

136 *Neye,* ZIP 2005, 1893.

137 Vgl. die Beilage 13/73 zum Bulletin der EG.

138 Richtlinie zur Harmonisierung der innerstaatlichen Verschmelzung von Aktiengesellschaften v. 9.10.1978 – L 295/36, ABl. EG v. 20.10. 1978.

139 *Neye,* ZIP 2005, 1893.

140 Veröffentlicht im ABl. EG C-23 v. 25.1.1985, 11.

heblichen Differenzen zwischen den Mitgliedstaaten in punkto Mitbestimmung der Arbeitnehmer[141]. Staaten mit einer strengen Mitbestimmung fürchteten eine Flucht aus der Mitbestimmung, während Staaten mit einem laxeren Mitbestimmungsniveau den Import der strengen Regelungen verhindern wollten[142]. Da die grundsätzlichen Unterschiede der Mitgliedstaaten in dieser Frage nicht überbrückt werden konnten, standen die Verhandlungen lange Zeit still[143].

Erst durch das "Wunder von Nizza"[144] konnte diesem Zustand Abhilfe geschaffen werden. Im Dezember 2000 gelang es den EG-Regierungschefs überraschend, sich auf einen Mitbestimmungskompromiss zu einigen, der die Verabschiedung der SE-VO[145] zur Folge hatte – ein weiteres Projekt, welches einen langen Stillstand hinter sich hatte. Nach der Beilegung dieses zähen Streits sind auch wieder die Verhandlungen für eine Richtlinie zur grenzüberschreitenden Verschmelzung aufgenommen worden. Der Vorschlag von 1985 wurde offiziell zurückgenommen und eine Expertengruppe unter der Leitung des Niederländers *Jaap Winter* beauftragt, Reformüberlegungen zum Gesellschaftsrecht zu erarbeiten. Die so genannte "High Level Group of Company Law Experts" (sog. "Wintergruppe") erarbeitete unter umfassender Hinzuziehung des Sachverstands nationaler Stellen einen Leitfaden zur Modernisierung des Gesellschaftsrechts in Europa. Die Experten legten im November 2002 schlussendlich ihren Abschlussbericht vor, in welchem sie nachdrücklich eine Verabschiedung von Vorschriften zur grenzüberschreitenden Ver-

---

141 Vgl. zu der Mitbestimmungsproblematik *Wiesner*, DB 2004, 91 ff.

142 *Pluskat*, EWS 2004, 1, 2.

143 Der Vorschlag von 1985 sah einen Nichtanwendungsvorbehalt für Mitgliedstaaten vor, deren Unternehmen bei Anwendung der RL nicht mehr die Voraussetzungen für die Vertretung der Arbeitnehmer in den Unternehmensorganen erfüllen würden. Diese Klausel hätte aber zu einem Wettbewerbsnachteil der Mitgliedstaaten mit strengem Mitbestimmungsniveau geführt. Hierzu und zu den folgenden Alternativlösungen siehe *Pluskat*, EWS 2004, 1, 3 m.w.N.

144 *Nagel*, NZG 2006, 97.

145 Verordnung (EG) Nr. 2157/2001 des Rates v. 8.10.2001 über das Statut der Europäischen Gesellschaft (SE), ABl. EG v. 10.11.2001, L-294/1.

schmelzung empfohlen[146]. Diese Einschätzung wurde wenig später von der Europäischen Kommission bestätigt[147].

Am 18.11.2003 legte die Europäische Kommission daraufhin einen neuen Vorschlag für eine Richtlinie über die grenzüberschreitende Verschmelzung von Kapitalgesellschaften aus verschiedenen Mitgliedstaaten vor[148]. Unter dem Vorsitz der irischen und niederländischen Regierung entfaltete sich bis zum November 2004 eine ungewöhnlich schnelle Einigung im Rat über den Inhalt der Richtlinie[149]. Am 25.11.2004 erfolgte die Einigung im Rat für Wettbewerbsfähigkeit[150]. Dem zuständigen Berichterstatter im Rechtsausschuss des Europäischen Parlaments, dem deutschen Abgeordneten *Lehne*, gelang es daraufhin, das Parlament auf die Linie des Rates einzuschwören. Ziel war es, ein zeitraubendes Vermittlungsverfahren zwischen Rat und Parlament zu vermeiden. Auf der Grundlage des Berichtes von *Lehne*[151] verabschiedete das Parlament schließlich den nur geringfügig geänderten Ratstext schon Anfang Mai 2005 in erster Lesung[152]. Der Rat stimmt am 19.9.2005 dieser geänderten Version der Richtlinie zu.

Die endgültige Verabschiedung erfolgte dann am 26.10.2005. Veröffentlicht wurde die Richtlinie am 25.11.2005 im Amtsblatt der Europäischen Union[153]. Sie trat laut Art. 20 der RL am 15.12.2005 in Kraft. Die Umsetzung durch die Mitgliedstaaten in nationales Recht muss nach Art. 19 Abs. 1 der RL bis zum 31.12.2007 erfolgen.

---

146 "Report of the High Level Group of Company Law Experts on a modern regulatory framework for Company Law in Europe, Brussels" vom 4.11.2002, veröffentlicht unter http://ec.europa.eu/internal_market/company/docs/modern/presscomm-group_en.pdf zur grenzüberschreitenden Mobilität von Gesellschaften siehe Kapitel VI 1, abgerufen am 16.04.2009.

147 Im Aktionsplan "Modernisierung des Gesellschaftsrechts und Verbesserung der Corporate Governance in der Europäischen Union" vom 21.5.2003, veröffentlicht unter http://eur-lex.europa.eu.

148 Vgl. Dok. 2003/0277 = Ratsdokument 15305/03 = BR-Drucks. 915/03. Den "procedure file" über den Verlauf der Verhandlungen auf europäischer Ebene findet man unter http://www.europarl.europa.eu/oeil/search.jsp.

149 Ratsdokument 15315/04.

150 Die Richtlinienfassung dieser Einigung ist zu finden unter http://register.consilium.eu.int.

151 Dokument A6 0089/2005.

152 Ratsdokument 8728/05.

153 RL 2005/56/EG v. 26.10. 2005, ABl. EG L-310 v. 25.11. 2005, 1.

2. SEVIC

Die grenzüberschreitende Verschmelzung wurde von den deutschen Gerichten trotz all der europarechtlichen Überlegungen größtenteils nicht zugelassen[154]. Dennoch schlossen im Jahre 2002 die Unternehmen Sevic Systems AG mit Sitz in Deutschland und Security Vision Concept SA mit Sitz in Luxemburg einen Verschmelzungsvertrag, welcher die Auflösung der Security Vision Concept SA ohne Abwicklung und die Übertragung ihres Vermögens als Ganzes auf die Sevic Systems AG vorsah. Das zuständige AG Neuwied wies den Antrag auf Eintragung der Verschmelzung in das Handelsregister mit der Begründung zurück, dass § 1 Abs. 1 Nr. 1 UmwG nur die Verschmelzung von Rechtsträgern mit Sitz in Deutschland vorsehe. Die Sevic Systems AG (im Folgenden Sevic genannt) erhob hiergegen Beschwerde beim Landgericht Koblenz.

Das Landgericht war der Ansicht, dass für seine Entscheidung zur Zulässigkeit der Eintragungsverweigerung die Auslegung der Art. 43 und 48 EGV erheblich sei[155]. Daher entschied es, das Verfahren auszusetzen und gemäß Art. 234 EGV den EuGH im Wege der Vorabentscheidung anzurufen. Die Vorlagefrage war, ob die Art. 43 und 48 EGV so auszulegen sind, dass die Eintragungsverweigerung der Verschmelzung einer ausländischen europäischen Gesellschaft auf eine deutsche Gesellschaft mit Berufung auf den Wortlaut von § 1 Abs. 1 Nr. 1 UmwG im Widerspruch zur Niederlassungsfreiheit steht.

Schon in den Schlussanträgen[156] kommt der Generalanwalt *Tizzano* zu dem Ergebnis, dass § 1 Abs. 1 Nr. 1 UmwG in seinem Wortlaut und der gegenwärtigen Auslegung durch die deutsche Rechtsprechung gegen die Niederlassungsfreiheit gemäß Art. 43, 48 EGV verstößt. Der EuGH folgt in seiner Entscheidung vom 13.12.2005 der Auffassung des Generalanwalts und bestätigt, dass grenzüberschreitende Verschmelzungen durch die europäische Niederlassungsfreiheit (Art. 43, 48 EGV) geschützt seien[157]. Die in Deutschland übliche *generelle* Verweigerung der Eintragung einer grenzüberschreitenden Verschmelzung stelle im Hinblick darauf, dass innerdeutsche Fusionen nach deutschem Recht möglich sind, eine nicht gerechtfertigte Beschränkung der Niederlassungsfreiheit gem. Art. 43, 48 EGV dar. Denn die grenzüberschreitende Verschmelzung sei als tatsächliche Teilnahme am Wirtschaftsleben anderer Mitgliedsstaaten

---

154 Siehe unter i.IV1.d).

155 LG Koblenz v. 16.9.2003 – 4 HK.T 1/03 = ZIP 2003, 2210.

156 EuGH-GA v. 7.7.2005 – Rs. C-411/03 = ZIP 2005, 1227; dazu *Drygala*, ZIP 2005, 1995.

157 EuGH v. 13.12.2005 – Rs. C-411/03 = ZIP 2005, 2311; zu der Entscheidung siehe *Weng*, 88 ff.

eine Ausübungsform der Niederlassungsfreiheit. Zwar könnten nationalstaatliche Beschränkungen der Niederlassungsfreiheit gerechtfertigt sein, wenn zwingende Gründe des Allgemeininteresses berührt sind. Eine grundsätzliche Eintragungsverweigerung unabhängig von etwaigen Schutzrechten, wie sie in Deutschland üblich war, ist aber nicht zulässig.

Zwar trat fast zeitgleich die Richtlinie zur grenzüberschreitenden Verschmelzung von Kapitalgesellschaften in Kraft, jedoch verliert das Urteil dadurch keinesfalls seine Relevanz. Denn durch die Richtlinie werden nur Kapitalgesellschaften erfasst. Aus dem SEVIC-Urteil hingegen folgt auch die Zulässigkeit der transnationalen Fusion von Personengesellschaften im Hinblick auf die Niederlassungsfreiheit[158]. Der Auslegung des § 1 UmwG dahingehend, dass die grenzüberschreitende Verschmelzung nicht vom UmwG umfasst sein sollte, ist damit ein Riegel vorgeschoben worden.

VI Zwischenergebnis

Die Situation vor dem Inkrafttreten der Richtlinie zur grenzüberschreitenden Verschmelzung und vor dem Urteilsspruch in der Rechtssache SEVIC stellte sich wie folgt dar: Zwar war in der Literatur die Nichtzulassung der grenzüberschreitenden Verschmelzung sehr umstritten, die Gerichte entschieden jedoch weitgehend auf dieser restriktiven Linie. Auf der anderen Seite bestand aber aus ökonomischen und einer Vielzahl von anderen Gründen ein starkes Bedürfnis, sich international umzustrukturieren. Der Aufwand, der von manchen Unternehmen wie die Daimler Benz AG und die Chrysler Corp. in die Konstruktion eines Modells gesteckt wurde, um das Unternehmen international neu zu platzieren, zeigt dieses Bedürfnis umso deutlicher. Angesichts dieser Ausgangslage lässt sich das Aufatmen der Wirtschaft erklären, welches im Dezember durch Europa ging.

---

158 *Bayer/Schmidt*, ZIP 2006, 210, 212. Denn unter Gesellschaften im Sinne von Art. 48 Abs. 2 EGV fallen auch die einen Erwerbzweck verfolgenden und rechtlich konfigurierten Personengesellschaften.

B. Die Richtlinie zur grenzüberschreitenden Verschmelzung von Kapitalgesellschaften

Im Folgenden sollen die Regelungen der 10. Richtlinie in ihrer verabschiedeten Fassung dargestellt und analysiert werden. Dabei soll zum einen der Diskussionsweg hin zu den verabschiedeten Normen miteinbezogen werden, zum anderen soll die Umsetzung im deutschen Gesetz aufgezeigt werden. Dem Gesetz zur Umsetzung der Richtlinie liegt das Konzept zugrunde, die Sonderregelungen zur grenzüberschreitenden Verschmelzung in einem eigenen 10. Abschnitt zusammenzufassen. Darüber hinaus wird an der Grundstruktur des UmwG nicht gerüttelt, was auch durchaus als sinnvoll erscheint, da diese bereits der Umsetzung der 3. Richtlinie entspringt, und auch die 10. Richtlinie deren Struktur folgt (Plan, Bericht, Prüfung, Beschluss)[159].

I Zielsetzung der Richtlinie

Das Europäische Parlament stellt in seinen Erwägungsgründen fest, dass die europäischen Kapitalgesellschaften ein Bedürfnis zur Umstrukturierung und Kooperation haben[160]. Dieses Bedürfnis besteht aufgrund der Globalisierung der Wirtschaft (und den weiteren unter III aufgeführten Gründen) auch grenzüberschreitend und soll aufgrund des Strebens nach einem europäischen Binnenmarkt besonders unterstützt werden. Gerade im Hinblick auf die großen Märkte der USA und Japans sind adäquate europäische Unternehmensgrößen durch externes Wachstum wichtig, um konkurrenzfähig zu bleiben. "Die Verschmelzung als Mittel der Konzentration stand also [von Beginn an] im Vordergrund"[161].

Zielsetzung der Richtlinie war es daher, "eine wichtige Lücke im Gesellschaftsrecht zu schließen"[162] und die grenzüberschreitende Verschmelzung von Kapitalgesellschaften zu erleichtern, indem über die zahlrei-

---

159 *Bayer/Schmidt*, NZG 2006, 841; *Bayer*, in Lutter, § 122a, Rn. 6.

160 Erwägungsgrund (1) der Richtlinie 2005/56/EG v. 26.10.2005, ABl. EG L-310 v. 25.11.2005, 1.

161 *Grundmann*, § 25, Rn. 848 f. m.w.N. *Grundmann* argumentiert rechtstechnisch, nämlich dass der Bereinigung von Konzernstrukturen nur Spezialvorschriften bereitgestellt werden, jedoch nicht die Kernregelung. Er führt zudem an, dass Hauptanlass der 3. Richtlinie zur Harmonisierung der internen Fusion von Aktiengesellschaften war, damit die Verhandlungen für die 10. Richtlinie voranzubringen.

162 So der Bericht des Rechtsausschusses v. 25.4.2005, Dok. A6-89/2005, 36 (Berichterstatter Klaus-Heiner Lehne). *Grundmann*, § 22, Rn. 747 betrachtete die Lücke sogar als die "gewichtigste (...) im Europäischen Gesellschafts- und Unternehmensrecht".

chen rechtlichen und administrativen Schwierigkeiten in den Mitgliedstaaten hinweggeholfen wird[163]. Es geht um eine Reduzierung der rechtlichen und wirtschaftlichen Anforderungen, was sich im Ergebnis auch positiv auf die Beschäftigung und die Wettbewerbsfähigkeit der Unternehmen auswirken soll[164]. Es soll zwar gem. Art. 4 Abs. 1 lit. a der RL keinem Mitgliedstaat die grenzüberschreitende Verschmelzung aufgezwungen werden, welchem das Rechtsinstitut der Verschmelzung gänzlich unbekannt ist[165]. Jedoch sollen jene, welche innerstaatlich die Form der Umwandlung kennen, auch eine grenzüberschreitende zulassen, um eine Diskriminierung zu vermeiden[166].

Es geht außerdem darum, ein Funktionieren des Binnenmarktes durch eine EU-weite Harmonisierung des Gesellschaftsrechts zu erreichen[167]. Die Angleichung der Rechtsvorschriften über die Kooperation von Gesellschaften ist besonders wichtig vor dem Hintergrund der EU-Erweiterung, da zahlreiche Staaten mit wiederum divergierenden Regelungen hinzukommen und der komplizierte Pool an Varianten dadurch erneut erweitert wird[168]. Problematisch ist auch, dass in einigen Ländern der EU eine grenzüberschreitende Verschmelzung erlaubt ist (so in Italien, Luxemburg, Spanien, Portugal und GB), in anderen wiederum nicht (in Schweden, den Niederlanden, Irland, Deutschland, Dänemark, Österreich, Griechenland, Finnland).

Die Schaffung eines Binnenmarktes wird auch über eine Vermehrung der Zusammenschlüsse gefördert werden. Dies ist insbesondere für die kleinen und mittleren Unternehmen (KMU) interessant. Bei diesen Unternehmen handelt es sich in Deutschland wegen ihrer Größe und der geringen Kapitalausstattung[169] in der Regel um Gesellschaften mit be-

---

163 Erwägungsgrund (1) der Richtlinie 2005/56/EG v. 26.10.2005, ABl. EG L-310 v. 25.11.2005, 1.

164 Richtinienvorschlag, KOM (2003), 703, 18.

165 Das gilt auch für verschiedene Kombinationsformen der transnationalen Fusion, vgl. *Bayer*, in Lutter, § 122a, Rn. 4.

166 Erwägungsgrund (2) der Richtlinie 2005/56/EG v. 26.10.2005, ABl. EG L-310 v. 25.11.2005, 1.

167 S. auch *Bayer*, in Lutter, § 122a, Rn. 2.

168 Siehe die Stellungnahme des Europäischen Wirtschafts- und Sozialausschusses zum Vorschlag über die Richtlinie 2005/56/EG, ABl. EG C-117 v. 30.4.2004, 43.

169 Richtinienvorschlag, KOM (2003), 703, 17. Unter KMU versteht die EU gemäß offizieller Definition Betriebe mit weniger als 250 Mitarbeitern. Ihr Jahresumsatz darf außerdem nicht mehr als 50 Millionen Euro betragen, ihre Bilanzsumme nicht mehr als 43 Millionen Euro (http://ec.europa.eu/enterprise/smes/facts_figures_de.htm, aufgerufen am 17.12.2007).

schränkter Haftung. Die KMU sind in Europa die sozial und wirtschaftlich vorherrschende Unternehmensgröße, stellen 99 % der Gesellschaften dar, bieten ca. 75 Millionen Menschen einen Arbeitsplatz[170] und auf sie entfällt ein Fünftel der Wertschöpfung in der Europäischen Union[171]. Sie sind eine entscheidende Triebkraft für Innovation in der EU, da sie eine erhöhte Anpassungsfähigkeit an Konjunkturentwicklung und zyklische Krisen besitzen. Aufgrund dieser starken Marktposition werden die KMU und deren Wettbewerbsfähigkeit durch die EU besonders gefördert. Das geschieht auf der einen Seite durch die Unterstützung beim Zugang zu häufig begrenztem Kapital. Auf der andern Seite ist die Bildung von Zusammenschlüssen mit anderen Rechtsformen für die KMU eine wichtige Stärkung ihrer internationalen Wettbewerbsfähigkeit[172]. Betrachtet man die Zahlen der von der Deutschen Industrie- und Handelskammer (DIHK) angestrebten Umfrage "Going International 2007"[173] ist der Internationalisierungsgrad nicht nur bei den Global Playern sehr hoch: Typische Mittelständler sind durchschnittlich bereits auf 16 Auslandsmärkten aktiv. Und selbst kleine Unternehmen mit einem Jahresumsatz bis zu 500.000 Euro bearbeiten gemäß der Umfrage durchschnittlich sieben Märkte[174]. Bezüglich der Form der Aktivität hat sich in der Umfrage außerdem ergeben, dass insbesondere bei kleineren und mittleren Unternehmen im verarbeitenden Gewerbe sowie im Dienstleistungssektor das Auslandsgeschäft über einen Kooperationspartner besonders ausgeprägt ist[175]. Interessant ist, dass unter den ersten auf der Basis der 10. Richtlinie durchgeführten Verschmelzungen zwei Herausverschmelzungen deutscher GmbHs zu finden sind[176].

---

170 Die Quelle der statistischen Zahlen ist Eurostat (Mitteilung der Kommission über moderne KMU-Politik für Wachstum und Beschäftigung 2005), veröffentlicht auf der Homepage der Europäischen Kommission, http://ec.europa.eu/enterprise/smes/facts_figures_de.htm, aufgerufen am 17.12.2007.

171 Richtinienvorschlag, KOM (2003), 703, 17.

172 Stellungnahme des Europäischen Wirtschafts- und Sozialausschusses zum Vorschlag über die Richtlinie 2005/56/EG, ABl. EG C-117 v. 30.4.2004, 45.

173 Die Auswertung der Umfrage findet man unter http://www.ihk.de/.

174 Siehe die Auswertung der Umfrage, 7 (http://www.ihk.de/)

175 Vgl. die Auswertung der Umfrage, 20 (http://www.ihk.de/)

176 Siehe die Verschmelzung der ZSG Deutschland Vermögensverwaltung GmbH mit Sitz in Mannheim auf die Zucker Invest GmbH mit Sitz in Wien (bekannt gemacht gem. § 122d UmwG am 19.12.2007 unter der Registernummer HRB 9903 des Amtsgerichts Mannheim), bzw. die Verschmelzung der Ajinomoto Foods Deutschland GmbH mit Sitz in Hamburg auf die Ajinomoto Foods Europe SAS

Aus diesem Grund ist der Anwendungsbereich der Richtlinie gegenüber dem Vorschlag von 1985[177] über die AG hinaus auf alle Kapitalgesellschaften erweitert worden[178] und der GmbH ist die grenzüberschreitende Verschmelzung eröffnet worden. Der volkswirtschaftlichen Bedeutung, welche die GmbH in manchen Ländern – wie Deutschland – hat, soll auf diese Weise Rechnung getragen werden. Denn der GmbH steht die Möglichkeit, sich direkt zu einer SE zu verschmelzen nicht offen[179]. Abgesehen davon werden kleinere und mittlere Unternehmen seltener unionsweit operieren wollen, sondern nur in einzelnen ausländischen Märkten. Für diese Umstrukturierungen wird die Richtlinie den KMU eine Möglichkeit bieten[180], gerade auch da die SE angesichts ihrer Größe und Kapitalausstattung mit mindestens 120 000 € gemäß Art. 4 Abs. 2 SE-VO für die KMU wahrscheinlich nicht interessant ist[181]. Neben den KMU soll die grenzüberschreitende Verschmelzung aber auch für große Kapitalgesellschaften eine rechtssichere und rechtsformunabhängige Verschmelzungsmöglichkeit darstellen.

II Rechtscharachter der Regelungen

Gegenüber dem Richtlinienvorschlag der Kommission, der als Ermächtigungsgrundlage lediglich Art. 44 Abs. 2 lit. g) EGV zitiert, stützt sich die verabschiedete Richtlinie auf Art. 44 EGV insgesamt. Mit umfasst wird daher auch Art. 44 Abs. 1 EGV. Die Richtlinie soll demnach nicht nur zur Koordinierung von Schutzbestimmungen dienen, welche den Gesellschaften im Interesse der Gesellschafter sowie Dritter vorgeschrieben sind, um diese Bestimmungen gleichwertig zu gestalten, vgl. Art. 44 Abs. 2 lit. g) EGV. Es geht also nicht um die bloße faktische Erleichterung von Gründung und Leitung von Unternehmen[182], wie es für die 3. Richtlinie galt, sondern um die Verwirklichung der Niederlassungsfreiheit[183].

---

mit Sitz in Paris (eingetragen am 20.12.2007 unter der Registernummer HRB 9585 des Amtsgerichts Hamburg).

177 Im Vorschlag von 1985 beschränkte sich der Anwendungsbereich noch auf die Aktiengesellschaft, S. ABl. EG C-23 v. 25.1.1985, 11.

178 Siehe die Stellungnahme des Europäischen Wirtschafts- und Sozialausschusses zum Vorschlag über die Richtlinie 2005/56/EG, ABl. EG C-117 v. 30.4.2004, 43.

179 Die GmbH kann aber eine Holding-SE gründen. Vgl. *Köstler,* in Kluge/Stollt, 17 f.

180 Begründung der Kommission zum Richtlinienvorschlag, KOM (2003), 703, 2.

181 *Pluskat,* EWS 2004, 1, 4.

182 *Geiger,* Art. 44, Rn. 12.

183 Der Anwendungsbereich der Richtlinie konkretisiert nach *Spahlinger/Wegen*, NZG 2006, 721, 725 die Niederlassungsfreiheit, solange er keine mit ihr unvereinbaren Beschränkungen enthält. Die Niederlassungsfreiheit sei in der Richtlinie jedoch nicht abschließend geregelt, denn die Verschmelzung von Personengesellschaften

Diese Zielsetzung liegt damit auf einer Linie mit der SEVIC-Entscheidung des EuGH[184] und spiegelt sich auch in den Erwägungsgründen wieder[185]. Nicht nur heißt es in Erwägungsgrund (2), dass die grenzüberschreitende Fusion nur für die Staaten verpflichtend ist, denen eine innerstaatliche Fusion nicht unbekannt ist, was in Richtung Diskriminierungsverbot des Art 12 EGV geht, welches auch in Art. 43 EGV konkretisiert wird[186]. Erwägungsgrund (3) nimmt in einer auf einen Ergänzungswunsch des Europäischen Parlaments zurückgehenden Regelung direkten Bezug auf die Niederlassungsfreiheit, indem er für die in der Richtlinie nicht geregelten Bereiche auf nationale Vorschriften verweist, die aber der Niederlassungsfreiheit nicht entgegenlaufen dürfen. Die Ergänzung wurde zur Klarstellung mit Bezug zu der Rechtsprechung des EuGH eingefügt[187].

Anschaulich ist aber vor allem der Erwägungsgrund (15), welcher feststellt, dass die Richtlinie nicht gegen das in Art. 5 EGV niedergelegte Subsidiaritätsprinzip verstößt, indem sie nicht über das hinaus geht, was auf Gemeinschaftsebene besser hätte erreicht werden können[188]. Gemäß diesem Erwägungsgrund war das Entwickeln von Normen auf Gemeinschaftsebene nötig, um vereinheitliche Regelungen zur grenzüberschreitenden Verschmelzung durchzusetzen. Auf der Ebene der Mitgliedstaaten wäre dieses Ziel laut dem Erwägungsgrund aufgrund des Umfanges und der Auswirkungen nicht ausreichend verwirklicht worden. Aufgrund des grenzüberschreitenden Charakters war ein eigenständiges Normgefüge auf europäischer Ebene notwendig[189]. Die vom Europä-

---

etwa falle natürlich nicht aus dem Schutzbereich heraus, nur weil die Richtlinie sie ausklammere. Problematisch ist laut *Meilicke/Rabback*, GmbHR 2006, 123, 126 die Regelung in Art. 16 VI und VII der RL.

184 EuGH v. 13.12.2005 –Rs. C-411/03 =AG 2006, 80.

185 *Kallmeyer/Kappes*, AG 2006, 224, 227.

186 *Kraft/Bron*, IStR 2006, 26 f; *Geiger*, Art. 43, Rn. 8.

187 Vgl. den Bericht des Rechtsausschusses v. 25.4.2005, Dok. A6-89/2005, 8 (Berichterstatter Klaus-Heiner Lehne).

188 Siehe hierzu auch *Koppensteiner*, Der Konzern 2006, 40, 51.

189 *Maul/Teichmann/Wenz*, BB 2003, 2633, 2634; *Kallmeyer/Kappes*, AG 2006, 224, 227. Am Beginn der Verhandlungen zur Regelung einer grenzüberschreitenden Verschmelzung war sogar die Form des Übereinkommens auf der Basis von Art. 220 EWG-Vertrag (Art. 293 nF) vorgesehen. *Kallmeyer/Kappes*, AG 2006, 224, 227 ziehen daraus die Schlussfolgerung, dass die Regelungen der Richtlinie Höchstvorschriften sind, welche für die Mitgliedstaaten in jeder Hinsicht verbindlich sind. Nur innerhalb von Bereichen ohne Regelung können die Mitgliedstaaten eigenständige Regelungen treffen. Sonstige Lücken in geregelten Abschnitten seien europarechtlich aufzufüllen. *Kallmeyer/Kappes* gelangen aufgrund dieser Annahme

ischen Parlament im Vorschlag besprochenen Auswirkungen der Richtlinie machen deutlich, dass ein Mitgliedstaat nicht in der Lage ist, "Fusionsvorgänge, die über seine Landesgrenzen hinausgehen, in allen Aspekten zu regeln."[190]

Im Sinne des Subsidiaritätsprinzips ist, dass die Richtlinie für Bereiche, in denen sie keine Regelung trifft, auf die nationalen Rechtsordnungen verweist, vgl. Art. 4 Abs. 1 lit. b der RL[191]. Die Richtlinie bietet ein notwendiges übernationales Grundgerüst für ein Verfahren der grenzüberschreitenden Verschmelzung, welches von den mitgliedstaatlichen Regelungen ergänzt werden soll. Ein rein koordinativer Inhalt der Richtlinie hätte diesem Ziel daher nicht genügt[192].

III Umsetzung

Art. 19 Abs. 1 der RL lässt den Mitgliedstaaten eine Umsetzungsfrist bis zum Dezember 2007. Die am Umsetzungsprozess beteiligten deutschen Ministerien, das Bundesjustizministerium und das Ministerium für Arbeit und Soziales, waren aber erfolgreich bemüht diese Frist nicht ganz auszureizen. Schon am 17.2.2006 lag der Referentenentwurf eines Zweiten Gesetzes zur Änderung des Umwandlungsgesetzes vor[193], der der Umsetzung des gesellschaftsrechtlichen Teils der 10. Richtlinie dient. Die mitbestimmungsrechtlichen Fragen sollten durch das Gesetz zur Umsetzung der Regelungen über die Mitbestimmung der Arbeitnehmer bei einer Verschmelzung von Kapitalgesellschaften aus verschiedenen Mitgliedstaaten (MgVG)[194] ins deutsche Recht eingefügt werden.

Die Umsetzung der Richtlinienvorschriften findet man in einem gesonderten 10. Abschnitt des UmwG, welcher im Aufbau der Struktur der

---

auch zu einer unmittelbaren Anwendung der Richtlinie bereits vor ihrer Umsetzung.

190 KOM (2003), 703, 17.

191 *Bayer*, NJW 2006, 401, 402; *Bayer*, in Lutter, § 122a, Rn. 5.

192 *Kallmeyer/Kappes*, AG 2006, 224, 227. Kritik an der Verweisungstechnik der Richtlinie äußert *Behrens*, 40 ff. Seines Erachtens hat sie Schwachstellen an den Punkten, wo das nationale Recht nicht harmonisiert ist (abseits des Anwendungsbereichs der 3. Richtlinie).

193 Siehe zum Ablauf des Gesetzgebungsprozesses: http://dip21.bundestag.de/dip21/gesta/16/Sachregister.pdf. Den Referentenentwurf findet man unter http://www.bmj.bund.de/files/-/1449/RefE_Umwandlungsgesetz.pdf (abgerufen am 16.01.2009).

194 MgVG v. 21.12.2006, BGBl. I v. 21.12.2006, Nr. 62, 3332 ff.

Richtlinie folgt[195]. Auch die Regelungstechnik ist an diejenige der Richtlinie angelehnt, indem die Normen des 10. Abschnitts dem speziell grenzüberschreitenden Charakter Rechnung tragen sollen, während im Übrigen auf die Regelungen für innerstaatliche Fusionen verwiesen wird, solange sich aus den Regelungen des 10. Abschnitts "nichts anderes ergibt", s. § 122a Abs. 2 UmwG[196]. Zu Recht wurde eine Umsetzung der Richtlinie in einem gesonderten Gesetz außerhalb des UmwG in der Literatur abgelehnt, da die Richtlinie im wesentlichen auf die Regelungen der im UmwG umgesetzten 3. RL aufbaut und darüber hinaus als Ergänzung oftmals auf die nationalen Verschmelzungsregelungen verweist[197]. *Bayer/Schmidt* betonen außerdem, dass die Regelungstechnik "der generellen Konzeption des Umwandlungsgesetzes" entspricht[198].

Darüber hinaus kann man überlegen, ob die Umsetzung in einem gesonderten Abschnitt 10 als sinnvoll anzusehen ist, oder ob man die Vorschriften der RL nicht direkt hätte integrieren können. Eigene Regelungen nur für die grenzüberschreitende Verschmelzung schaffen eine Art Sonderrecht, welches die Gefahr der Abschottung[199] und Rechtszersplitterung[200] mit sich bringt. Dem ist jedoch entgegenzuhalten, dass sich die Unterscheidung von grenzüberschreitenden und innerstaatlichen Fusionen aufgrund von einigen Abweichungen als durchaus sachgerecht darstellt[201]. So ähnlich sich die 3. und 10. Richtlinie in der Regelungssystematik auch sind, so sind doch einige Änderungen in letzterer vorgenommen worden, nicht zuletzt um dem grenzüberschreitenden Charakter gerecht zu werden. Die schlichte Öffnung des UmwG für grenzüberschreitende Verschmelzungen hätte daher die Richtlinie nicht konform umgesetzt[202].

---

195 Drinhausen/Keinath, BB 2006, 725.

196 Vgl. dazu *Krause/Kulpa*, ZHR 171 (2007), 38, 53; *Drinhausen/Keinath*, BB 2006, 725; *Rubner*, NJW-Spezial 2007, Heft 5, 219; *Bayer*, in Lutter, § 122a, Rn. 30, der betont, dass sich eine abweichende Sonderregelung ausdrücklich oder aus Telos und Systematik ergeben kann (mit Beispielen).

197 So *Bayer/Schmidt*, NJW 2006, 401; *dieselben*, NZG 2006, 841; *Kiem*, WM 2006, 1091, 1092, *Bayer*, in Lutter, § 122a, Rn. 14.

198 *Bayer/Schmidt*, NZG 2006, 841.

199 *Kallmeyer*, GmbHR 2006, 418, 419.

200 So zumindest bezüglich der Satzung als Inhalt des Verschmelzungsplans *Bayer/Schmidt*, NJW 2006, 401, 402.

201 *Kiem*, WM 2006, 1091, 1092.

202 *Kallmeyer*, GmbHR 2006, 418, 419 hingegen befürwortet die Öffnung der §§ 1 und 3 UmwG. Der § 1 UmwG könne seiner Ansicht nach auch ohne Miteinbeziehung des noch nicht entwirrten grenzüberschreitenden Formwechsels geöffnet werden,

Nachteilig an einer gesonderten Umsetzung erscheint auf den ersten Blick, dass sprachlich in der 10. Richtlinie teilweise Formulierungen genutzt wurden, welche von der Diktion des UmwG abweichen[203]. Bei wortlautnaher Umsetzung der Richtlinienvorschriften kommt es daher an manchen Punkten trotz inhaltlicher Übereinstimmung der Verfahrensschritte zu unterschiedlichen Begrifflichkeiten (beispielsweise Verschmelzungsplan und –vertrag)[204]. Andererseits ist es aber unersetzlich, bei der Umsetzung der Richtlinie Missverständnissen zwischen den Mitgliedstaaten vorzubeugen, um die Durchführung der grenzüberschreitenden Verschmelzung nicht zu erschweren. Diesem Ziel kommt es entgegen, sich bei der Umsetzung der Richtlinie eng an ihrem Wortlaut zu orientieren und in den Bereichen, wo die Verschmelzungspartner zusammenarbeiten müssen, wie z.B. bei der Erstellung des Verschmelzungsplans, die Regelungen der Richtlinie eins zu eins umzusetzen[205]. Ein weiterer Nachteil sind außerdem die auftretenden Redundanzen und einige Streitfragen, welche sich durch die Ergänzung der §§ 122a ff. UmwG mit den allgemeinen Verschmelzungsvorschriften ergeben[206].

Ein Vorteil dieser Regelungstechnik ist sicherlich, dass die Gesellschaften für die transnationale Fusion größtenteils auf die ihnen vertrauten Regelungen des UmwG zurückgreifen können[207]. Außerdem kann sich der deutsche Gesetzgeber bei der Umsetzung auf die Einfügung des neuen Abschnittes beschränken, während die Alternative eine deutlich umfangreichere Umformulierung des UmwG mit sich bringen würde[208]. Im Ergebnis ist daher die Umsetzung in einem abgeschlossenen Regelungs-

---

indem formuliert werde, dass *mindestens* ein Rechtsträger mit Sitz im Inland beteiligt sein müsse.

203 *Vetter*, AG 2006, 613, 615.

204 *Haritz/von Wolf*, GmbHR 2006, 340 sind der Meinung, dass zu diskutieren sein wird, ob der abweichende Wortlaut in den §§ 122a ff. UmwG als abschließend zu sehen ist, was dazu führen würde, dass eine Ergänzung durch die Regelungen für die nationale Verschmelzung nicht möglich wäre. A.A. wohl *Vetter*, AG 2006, 613, 615, welcher darüber hinaus betont, dass bei sprachlichen Abweichungen innerhalb der Auslegung von Bestimmungen nicht zwangsläufig von einem abweichenden Inhalt ausgegangen werden muss.

205 Siehe *Vetter*, AG 2006, 613, 615. Andersherum sei eine Anpassung der deutschen Vorschriften an den Sprachstil der Richtlinie zu aufwendig.

206 *Bayer*, in Lutter, § 122a, Rn. 14, § 122g, Rn. 6; *Heckschen*, § 122a, Rn. 94, 98.

207 *Müller*, NZG 2006, 286, 287; *Krause/Kulpa*, ZHR 171 (2007), 38, 53.

208 *Müller*, NZG 2006, 286, 287.

abschnitt von den meisten Autoren richtigerweise als durchaus sinnvoll angesehen worden[209].

Es fällt auf, dass der Referentenentwurf laut Begründung[210] neben der Umsetzung der 10. Richtlinie auch den Anforderungen der Sevic-Entscheidung[211] dienen sollte, aber leider nur für die Fusion von Kapitalgesellschaften gilt. Gleiches formuliert der Regierungsentwurf, der aber darüber hinaus in seiner Begründung noch erklärt, dass anstelle der Kodifizierung eines nationalen Sachrechts für die grenzüberschreitende Fusion von Rechtsformen und Umwandlungsarten, welche nicht von der Richtlinie erfasst werden, auf eine EU-Verordnung hingearbeitet werden und ersatzweise ein kollisionsrechtlicher Lösungsansatz gewählt werden soll[212].

Zu guter Letzt ist noch einmal hervorzuheben, dass die Vorschriften des UmwG zur grenzüberschreitenden Verschmelzung nur für solche beteiligte Gesellschaften Anwendung finden, die dem deutschen Recht unterliegen[213]. Nur der Teil der Fusion untersteht der Regelungskompetenz des deutschen Gesetzgebers[214]. Der ausländische Verschmelzungspartner muss das für ihn anwendbare Heimatrecht einhalten, wiederum inklusive dessen Umsetzungsvorschriften der 10. Richtlinie. Das kommt im Ergebnis der Vereinigungstheorie gleich, nach welcher kollisionsrechtlich bei einer grenzüberschreitenden Fusion für jeden Verschmelzungspartner

---

209 *Kiem*, WM 2006, 1091, 1092; *Vetter*, AG 2006, 613, 615; *Müller*, NZG 2006, 286, 287; *Bayer/Schmidt*, NZG 2006, 841; a.A. *Kallmeyer*, GmbHR 2006, 418, 419; eine Verweistechnik bezüglich des Inhalts des Verschmelzungsplans auf § 5 UmwG bevorzugt der DNotV in seiner Stellungnahme zum RefE eines Zweiten Gesetzes zur Änderung des UmwG v. 28.4.2006, 9b, zu finden unter www.dnotv.de, Rubrik Stellungnahmen (abgerufen am 16.01.2009); ebenso bzgl. § 5 UmwG *Müller*, NZG 2006, 286, 287.

210 Siehe Begründung zum RefE (www.bmj.bund.de), 1.

211 EuGH v. 13.12.2005 – Rs. C-411/03 = AG 2006, 80.

212 Begründung zum RegE, BR-Drs. 548/06, 20. Siehe auch den Vorschlag des Deutschen Rates für Internationales Privatrecht, in *Sonnenberger/Bauer*, Beilage zu RIW 4/2006, 21, auf welchen in der Begründung Bezug genommen wird. Hierfür auch *Müller*, NZG 2006, 286, 290; begrüßend auch *Bayer/Schmidt*, NZG 2006, 841, welche aber zusätzlich eine Regelung auf nationaler Ebene fordern; ähnlich bezogen auf Personengesellschaften *Vetter*, AG 2006, 613, 616. Siehe zur Verschmelzungsfähigkeit der Personengesellschaften den Ausblick auf S. 235 ff.

213 Vgl. Begründung zum § 122a Abs. 2 des Regierungsentwurfs, 29.

214 *Bayer*, in Lutter, § 122a, Rn. 16; *Marsch-Barner*, in Kallmeyer, § 122a, Rn. 2.

grundsätzlich das (nach Umsetzung der Richtlinie weitgehend harmonisierte) Heimatrecht maßgeblich ist[215].

IV Anwendungsbereich der Richtlinie

1. Art. 1 und 2 der RL

Der Anwendungsbereich der Richtlinie wird in Art. 1 der RL für Verschmelzungen von Kapitalgesellschaften eröffnet, wenn diese nach dem Recht eines Mitgliedstaats gegründet wurden und ihren Satzungssitz, ihre Hauptverwaltung oder ihre Hauptniederlassung innerhalb der EU haben. Die Richtlinie greift damit den Wortlaut des Art. 48 EGV auf, in welchem die Niederlassungsfreiheit der Gesellschaften geregelt ist. Das ist konsequent, da die Richtlinie, welche sich auf Art. 44 EGV beruft[216], die Verwirklichung der Niederlassungsfreiheit anstrebt[217]. Es sollen demnach sowohl Gesellschaften, welche in einem Drittstaat gegründet wurden und identitätswahrend in einen Mitgliedstaat zogen, als auch solche, welche zwar in einem Mitgliedstaat gegründet wurden, aber mittlerweile in einen Drittstaat verzogen sind, nicht von der Richtlinie erfasst werden[218] – in Übereinstimmung mit dem Schutzbereich der Niederlassungsfreiheit für Gesellschaften (Art. 48 EGV). Voraussetzung ist weiterhin, dass mindestens zwei der beteiligten Gesellschaften dem Recht verschiedener Mitgliedstaaten unterliegen. Art. 1 der RL beinhaltet damit auch eine Legaldefinition für den Begriff der "grenzüberschreitenden Verschmelzung". Die Begriffe "Kapitalgesellschaft" und "Verschmelzung" werden in Art. 2 der RL näher bestimmt.

a) Gesellschaften aus verschiedenen Mitgliedstaaten

(1) Transnationales Element

Art. 1 der RL setzt voraus, dass mindestens zwei der an der Verschmelzung beteiligten Gesellschaften dem Recht verschiedener Mitgliedstaaten unterliegen. Mit dieser Klausel stellt die Richtlinie sicher, dass lediglich grenzüberschreitende Verschmelzungen geregelt werden. Der Europäische Richtliniengeber wählte damit das anwendbare Recht als Anknüpfungspunkt. Nicht zwingend erforderlich ist, dass die Gesellschaften

---

215 *Drinhausen/Keinath*, BB 2006, 725, 726; *Krause/Kulpa*, ZHR 171 (2007), 38, 53; siehe zur Vereinigungstheorie S. 97.

216 Siehe RL 2005/56/EG v. 26.10.2005, ABl. EG L-310 v. 25.11.2005, 1.

217 *Maul/Teichmann/Wenz*, BB 2003, 2633, 2635.

218 Vgl. bezüglich der nahezu wortgetreuen Umsetzung in § 122 b Abs. 1 UmwG *Haritz/von Wolf*, GmbHR 2006, 340, 341; *Kiem*, WM 2006, 1091, 1093; *Müller*, NZG 2006, 286, 287; *Krause/Kulpa*, ZHR 171 (2007), 38, 54 f.

ihren Sitz in unterschiedlichen Mitgliedstaaten haben[219]. Denn bei Anknüpfung an das Gründungsrecht der Gesellschaften wäre das transnationale Element auch gegeben, wenn eine britische limited, welche mit einer deutschen AG verschmilzt, ihren Sitz in Deutschland hat, da sie noch nach britischem Recht behandelt werden muss[220].

(a) "NewCo-Fälle"

Der Sinn und Zweck dieser Voraussetzung ist darin zu sehen, dass Überschneidungen oder Kollisionen mit der geplanten Sitzverlegungsrichtlinie[221] vermieden werden sollten[222]. *Grundmann* ist im Gegensatz dazu der Meinung, dass der Wortlaut auch eine grenzüberschreitende Verschmelzung durch Neugründung zulässt, wenn zwar die beteiligten Gesellschaften dem Recht desselben Mitgliedstaats unterliegen, jedoch die neu zu gründende Gesellschaft einem anderen[223]. Das würde bedeuten, dass das von der Richtlinie geforderte transnationale Element noch nicht in den ursprünglichen Rechtsträgern angelegt sein müsste, sonders dass es ausreichend ist, dass die Zielgesellschaft einem anderen Recht unterliegt, als die Verschmelzungspartner. Er führt weiter aus, dass de facto zwei Gesellschaften desselben Rechts im Wege der Verschmelzung durch Neugründung ihren Sitz verlegen können, auch wenn die Sitzverlegungsrichtlinie noch nicht verabschiedet ist[224].

Als Argument hierfür wird der Wortlaut der Richtlinie herangezogen. Denn anstelle der Formulierung "zwei der an der Verschmelzung beteiligten Gesellschaften" hätte es auch wie folgt heißen können: "...sofern mindestens zwei der *fusionierenden* Gesellschaften dem Recht verschie-

---

219 *Müller*, NZG 2006, 286; *Bayer*, in Lutter, § 122a, Rn. 23.

220 Siehe alleine BGH, NZG 2005, 508 ff. Grundlage des Wandels zur Gründungstheorie waren einige Urteile des EuGH: EuGH, NZG 2002, 1164 (Überseering); EuGH, NJW 2003, 1064 (Inspire Art); vgl. nur *Bayer*, in Lutter, § 122a, Rn. 23..

221 Vgl. Vorschlag über Vierzehnte Richtlinie über die Verlegung des Sitzes einer Gesellschaft in einen anderen Mitgliedstaat mit Wechsel des für die Gemeinschaft maßgeblichen Rechts, ZIP 1997, 1721. Im Februar 2004 fand hierzu eine öffentliche Konsultation statt. Das Ergebnis wurde u.a. veröffentlich unter http://www.bdi-online.de/Dokumente/Anlage_1.pdf, aufgerufen am 16.01.2009.

222 Vgl. *Oechsler*, NZG 2006, 161, 162, auch m.w.N. zu dem Subsidiaritätsprinzip, welches teils als Zweck der Parallelregelung des Art. 2 SE-VO gesehen wird.

223 *Grundmann*, § 26, Rn. 901. Zustimmend *Müller*, NZG 2006, 286, 287; für eine analoge Anwendung *Beutel*, 152 f.

224 *Grundmann*, § 26, Rn. 901. Er hält sogar eine Sitzverlegung eines Unternehmens über die Grenze auf der Basis der Richtlinie zur grenzüberschreitenden Verschmelzung für möglich. Ebenso *Frischhut*, EWS 2006, 55, 56; *Müller*, NZG 2006, 286, 287.

dener Mitgliedstaaten unterliegen"[225]. In diesem Fall wäre klar, dass schon die an der Fusion beteiligten ursprünglichen Unternehmen dem Recht verschiedener Staaten unterliegen müssen.

Auf der anderen Seite wird auch das Gegenteil vertreten, wonach eine solche Quasi-Sitzverlegung nicht vom Anwendungsbereich der Richtlinie erfasst sein sollte, da das transnationale Element schon bei den fusionswilligen Gesellschaften vorhanden sein muss[226].

Betrachtet man alleine den Wortlaut, so kann er nicht dahingehend verstanden werden, dass das transnationale Element auch lediglich in der neu zu gründenden Gesellschaft liegen kann. Es heißt in Art. 1 der RL: "Diese Richtlinie gilt für Verschmelzungen von Kapitalgesellschaften (...), sofern mindestens zwei der Gesellschaften dem Recht verschiedener Mitgliedstaaten unterliegen." Der letzte Satzteil bezieht sich daher vielmehr auf die schon am Anfang erwähnten Kapitalgesellschaften, welche sich verschmelzen wollen (also die Ausgangsgesellschaften)[227]. Die ursprüngliche Fassung des Kommissionsentwurfs von 2003 sprach noch von den "beteiligten Gesellschaften", hätte daher wohl auch die "NewCo-Fälle" erfasst[228]. Dies wurde aber auf den Vorschlag des Rechtsausschusses des Europäischen Parlaments geändert[229]. Die Voraussetzungen des Art. 1 der RL sollen demnach allesamt die fusionswilligen Kapitalgesellschaften erfüllen und nicht das Fusionsprodukt.

Es wäre sicherlich ein Vorteil der Ansicht *Grundmanns*, den Kapitalgesellschaften auf diese Weise schon vor Verabschiedung der Sitzverlegungsrichtlinie die Sitzverlegung zu ermöglichen. Und die Zielsetzung entspräche auch dem Willen des Europäischen Gesetzgebers, der grenzüberschreitende Fusionen insgesamt vereinfachen wollte[230]. Sinn und Zweck der Voraussetzung sprechen allerdings – wie schon dargestellt –dafür, dass das transnationale Element schon zwischen den verschmelzenden Gesellschaften vorliegen muss, um der Sitzverlegungsrichtlinie, für die die Vorarbeiten parallel liefen, nicht vorzugreifen. Nimmt man an, die Gesellschaften hätten noch andere gleich effektive Wege, sich sitzverlegend über die Grenze zu verschmelzen, dann wäre solch eine ex-

---

225 Vorschlag von *Frischhut*, EWS 2006, 55, 56.

226 *Spahlinger/Wegen*, NZG 2006, 721, 722; *Bayer*, in Lutter, § 122a, Rn. 25; *Weng*, 185 ff..

227 *Bayer*, in Lutter, § 122a, Rn. 25; *Beutel*, 152 f.; *Frenzel*, 128; *Weng*, 186.

228 Vgl. KOM (2003), 703, 11; *Bayer*, in Lutter, § 122a, Rn. 25.

229 Vgl. den Bericht des Rechtsausschusses v. 25.4.2005, Dok. A6-89/2005, 16 (Berichterstatter Klaus-Heiner Lehne).

230 So auch *Bayer*, in Lutter, § 122a, Rn. 25, der aber im Ergebnis eine solche grenzüberschreitende Verschmelzung durch die "NewCo" ablehnt.

tensive Auslegung des Wortlauts nicht mit dem billigenswerten Ziel zu rechtfertigen.

Eine Auslegung des Art. 1 der RL bestätigt das Ergebnis, dass bereits die Ausgangsgesellschaften dem Recht verschiedener Mitgliedsstaaten unterliegen müssen. Denn eine vor der Fusion nicht existente (Ziel-)Gesellschaft kann auch nicht vom Anwendungsbereich der Niederlassungsfreiheit umfasst sein[231].

Schließlich legt auch ein Vergleich mit der Rechtslage bei der SE ein Ausklammern der NewCo-Fälle aus der 10. Richtlinie nahe. Denn die neue SE kann zwar ihren Satzungssitz in einem Drittstaat haben[232], die Gründungsgesellschaften einer Verschmelzung zur SE müssen aber ebenfalls dem Recht verschiedener Mitgliedstaaten unterliegen[233].

(b) (Quasi-) Sitzverlegung

Im Schrifttum wird teilweise eine grenzüberschreitende (Quasi-) Sitzverlegung eines Unternehmens auf der Basis der 10.Richtlinie für möglich gehalten, indem eine neue Gesellschaft im Ausland als Vehikel gegründet und die alte auf diese verschmolzen wird[234]. Das "Zwischenstaatlichkeitserfordernis"[235] des Art. 1 der RL ("dem Recht verschiedener Mitgliedstaaten unterliegen") bildet dann kein unüberwindbares Hindernis mehr bei der Verschmelzung durch Aufnahme. Als Argument hierfür wird auch der Vergleich zu Art. 2 Abs. 2 lit. b, Abs. 3 lit. b und Abs. 4 SE-VO herangezogen. Dort wird u.a. für die Gründung der Holding-SE (Partner= Tochtergesellschaft) ausdrücklich gefordert, dass zwischen der Gründung des Partners und der Strukturmaßnahme eine gewisse Zeit vergehen muss (in der Regel zwei Jahre). Die Quasi-Sitzverlegung wird demnach innerhalb der SE-VO vorausgesetzt und erlaubt, aber nur mit zeitlichen Auflagen. Die Verschmelzungsrichtlinie enthält demgegenüber keine Abstandsfristen zwischen Gründung der Zielgesellschaft und Durchführung der Fusion, was im Umkehrschluss darauf schließen lassen kann, dass der Quasi-Sitzverlegung durch die Gründung einer Gesellschaft im Ausland nichts entgegen gesetzt werden sollte. Denn der europäische Richtliniengeber hat die Aufnahme durch eine neu gegrün-

---

231 *Weng*, 186.

232 So die h.M, vgl. nur *Bayer*, in Lutter/Hommelhoff, Se-Komm, Art. 17, Rn. 3 m.w.N.

233 *Bayer*, in Lutter, § 122a, Rn. 25.

234 So *Grundmann*, § 26, Rn. 901; *Oechsler*, NZG 2006, 161, 162; *Müller*, NZG 2006, 286, 287; *Spahlinger/Wegen*, NZG 2006, 721, 724; *Beutel*, 152.

235 *Oechsler*, NZG 2006, 161, 162.

dete Gesellschaft nicht beschränkt, obwohl das viel kritisierte[236] Schlupfloch bekannt war (die SE wurde vor der Richtlinie erlassen).

Zwar nimmt diese Möglichkeit schon die Sitzverlegungsrichtlinie zum Teil vorweg, jedoch ist die Rechtsfolge im Ergebnis zugunsten der Niederlassungsfreiheit gemäß Art. 43 und 48 EGV billigenswert. Die EU will die Flexibilität der Unternehmen innerhalb von Europa fördern[237]. Das war sowohl das Motiv für den Erlass der Richtlinie zur grenzüberschreitenden Verschmelzung, als auch für den Vorschlag zur Sitzverlegungsrichtlinie. Man kann daher das Schlupfloch – so überflüssig es auch nach Erlass der Sitzverlegungsrichtlinie sein mag – nicht als europarechtswidrig ansehen. Auch kann man aufgrund der i.E. wünschenswerten Rechtsfolge nicht davon ausgehen, dass es gegen den Willen des europäischen Gesetzgebers existiert. Diese Form der Quasi-Sitzverlegung ist demnach im Rahmen der Richtlinie zulässig.

Denkbar wäre darüber hinaus sogar, dass die im Ausland anlässlich der Verschmelzung gegründete Gesellschaft lediglich eine leere Rechtshülle darstellt, ohne einer wirtschaftlichen Tätigkeit nachzugehen[238]. Würde sich die Verteilung der Anteile nicht verändern, käme der Vorgang im Ergebnis einem Wechsel der Rechtsform gleich, da die übertragende Gesellschaft mit einer leeren Hülle ohne wirtschaftlichen Inhalt verschmilzt, um in der ausländischen Rechtsform weiter zu agieren. Es lässt sich weder dem Wortlaut, noch den Begründungserwägungen etwas Gegenteiliges entnehmen. *Forsthoff* argumentiert zudem, dass ein Missbrauch der Gestaltungsmöglichkeiten der Richtlinie nicht in Betracht kommt, da ein solcher eindeutigere Angaben in den Begründungserwägungen voraussetzen würde, welche den Zweck der Richtlinie diesbezüglich klarstellen würden. Das Ergebnis entspricht auch der Niederlassungsfreiheit, da diese allgemein die Gründung von Unternehmen gewährleisten will und nicht bloß die ernsthaft angestrebte Aufnahme der Erwerbstätigkeit[239].

Eine englische Muttergesellschaft könnte somit beispielsweise ihre deutsche Tochtergesellschaft auf eine für diesen Vorgang gegründete

---

236 Siehe die Nachweise für die Kritik zur Regelung bei der SE in Fußnote 14 bei *Oechsler*, NZG 2006, 161, 162.

237 Siehe *Bayer*, BB 2004, 1, 11: "Zu unterstützen sind nachdrücklich alle Bestrebungen zur Beseitigung wohlfahrtshemmender Mobilitätshindernisse. Unternehmen müssen sich innerhalb der EU frei umstrukturieren dürfen und auch mit ihrem Sitz umziehen können."

238 *Forsthoff*, DStR 1006, 613, 614; *Krause/Kulpa*, ZHR 171 (2007), 38, 53; *Beutel*, 152.

239 *Beutel*, 152 m.w.N.

englische Tochtergesellschaft verschmelzen lassen, um sie in eine ihr bekannte Rechtsform wechseln zu lassen[240]. Die Frage ist nur, ob davon neben der zentralen Möglichkeit, die ausländische Tochter up-stream auf die Mutter zu verschmelzen Gebrauch gemacht werden wird.

Aufgrund dieser Möglichkeiten, schon auf Basis der Richtlinie sitzverlegend zu fusionieren, ist die Ansicht von *Grundmann* abzulehnen, dass es für den von der RL geforderten grenzüberschreitenden Sachverhalt genügen würde ("NewCo-Fälle"), dass zwei Gesellschaften aus der gleichen Heimat sich auf eine neu gegründete Zielgesellschaft im Ausland verschmelzen[241]. Das transnationale Element für das Ziel aus den Angeln zu heben, den Unternehmen eine Möglichkeit der Sitzverlegung zu bieten, verliert seine Notwendigkeit, wenn eine Quasi-Sitzverlegung auf anderen Wegen möglich ist.

(2) Anwendbares Recht gemäß Art. 1

Die Richtlinie bestimmt in Art. 1 der RL, dass die beteiligten Gesellschaften dem Recht verschiedener Mitgliedstaaten unterliegen müssen, aber lässt offen, wie das für die Gesellschaften maßgebliche Recht zu ermitteln ist. Sind die beteiligten Gesellschaften in verschiedenen Mitgliedstaaten gegründet und nie von dort hinaus verlegt worden, dann ist unproblematisch davon auszugehen, dass die Gesellschaften jeweils ihrem "Heimatrecht" unterliegen, da Sitz und Gründungsstaat dabei zusammenfallen[242]. Damit wäre das Erfordernis der Verschiedenartigkeit

---

240 *Forsthoff*, DStR 1006, 613, 614 geht sogar davon aus, dass eine deutsche GmbH eine britische limited gründen kann, um dann im Wege der down-stream-Verschmelzung auf diese zu fusionieren. Dann würde die limited nicht nur für Gesellschaftsgründer von enormer Bedeutung sein, sondern auch für alteingesessene deutsche Unternehmen. Als Motiv könnte die Flucht aus der deutschen Mitbestimmung gelten, was *Forsthoff*, DStR 2006, 613, 615 wiederum für möglich hält.

241 *Beutel*, 153 kommt zum gegensätzlichen Ergebnis und geht aufgrund der Umgehungsmöglichkeit von einer Zulässigkeit der NewCo-Fälle aus.

242 Wenn die Umstände der deutschen Gesellschaft gar keinen internationalen Bezug aufweisen, dann muss das deutsche Kollisionsrecht gar nicht zum Zuge kommen und es ist unstreitig deutsches Recht auf die Gesellschaft anwendbar. Es könnte sich ein internationaler Bezug aber, abgesehen von einem Sitzwechsel, auch durch andere Umstände ergeben, wie z.B. einer Tochter- oder Muttergesellschaft im Ausland, Betriebsvermögen oder Produktion im Ausland. Man muss dann zwar mangels einer Kollisionsnorm eine Anknüpfung mittels der Sitz- und Gründungstheorie machen, aber wenn der Sitz der Gesellschaft immer noch im Gründungsstaat liegt, dann ist der Streit unproblematisch, da beide Theorien zum gleichen anwendbaren Recht führen.

der für die Gesellschaften maßgeblichen Rechtsordnungen erfüllt. Problematisch könnte aber der Fall sein, bei dem eine der Gesellschaften ihren Sitz zwischenzeitlich über die Grenze verlegt hat. Der alte Streit zwischen der Gründungs- und der Sitztheorie könnte erneut aufkommen – also zwischen der Anknüpfung an das Gründungsrecht oder an das Recht des Staates, in welchem sich der Verwaltungssitz befindet.

(a) Exkurs: Streit zwischen Sitz- und Gründungstheorie

Die zentrale Frage des internationalen Gesellschaftsrechts ist, nach welchem Recht man einen gesellschaftsrechtlichen Sachverhalt beurteilt, wenn er einen grenzüberschreitenden Bezug aufweist. Es geht hierbei hauptsächlich um Gesellschaften, welche ihren Verwaltungssitz über die Grenze hinweg verlegen oder von Beginn an in einem anderen als ihrem Gründungsstaat haben.

Die europäischen Mitgliedstaaten spalteten sich bei der Frage in zwei Lager, nach welchem Recht man diese Gesellschaften beurteilte[243]. In Deutschland und zahlreichen weiteren kontinentaleuropäischen Staaten wurde lange Zeit die "Sitztheorie" vertreten, die bezüglich des Personalstatutes einer Gesellschaft darauf abstellte, wo sich ihr tatsächlicher Verwaltungssitz[244] befand. Verlegt eine in Deutschland gegründete Gesellschaft ihren inländischen Verwaltungssitz ins Ausland, folgte nach dieser Ansicht ein Statutenwechsel und es kam ihrer Auflösung gleich[245]. Eine ausländische Gesellschaft wiederum, welche ihren Verwaltungssitz ins Inland verlegte, wurde nicht mehr als ausländische akzeptiert. Ursprünglich wurde ihr die Rechtsfähigkeit im Inland aberkannt, später aber

---

243 Zum Streit siehe *Bayer*, BB 2003, 2357, 2358 f. m.w.N; *Hirte*, in Hirte/Bücker, 2 ff; *Grothe*, 77 ff.

244 Gemeint ist damit laut *Triebel/von Hase*, BB 2003, 2409 im Gegensatz zum Satzungssitz "der Tätigkeitsort der Geschäftsführung und der dazu berufenen Vertretungsorgane (...), also der Ort, wo die grundlegenden Entscheidungen der Unternehmensleitung effektiv in laufende Geschäftsführungsakte umgesetzt werden." BGHZ 97, 269, 272.

245 BGHZ 78, 318, 334 = NJW 1981, 522, 525; BGHZ 97, 269, 271 f. = ZIP 1986, 643, 644; BayObLGZ 1992, 112 = ZIP 1992, 842; OLG Hamm NJW-RR 1998, 615 = ZIP 1997, 1696; OLG Düsseldorf ZIP 2001, 790 = NJW 2001, 2184; OLG Hamm ZIP 2001, 791, 792 f. = NJW 2001, 2183. Die Rechtsprechung ging von einem ungeschriebenen Fall der Auflösung einer Gesellschaft aus. So auch *Birk*, IStR 2003, 469, 471.

sah man sie zumindest als rechtsfähige Personengesellschaft an in Anwendung der §§ 105 ff HGB, bzw. §§ 705 ff BGB[246].

Demgegenüber erlaubte die im anglo-amerikanischen Rechtskreis verbreitete Gründungstheorie eine identitätswahrende Verlegung des Verwaltungssitzes über die Grenze hinweg. Denn die Gesellschaft wird nach dieser Ansicht nach dem Recht des Staates beurteilt, in welchem sie gegründet wurde, unabhängig davon, wo sich ihr Verwaltungssitz befindet[247].

Die Verlegung des satzungsmäßigen Sitzes einer Gesellschaft über die Grenze hinweg war bislang in Deutschland nicht möglich[248]. Der Zuzug einer ausländischen Kapitalgesellschaft erfordert eine Neugründung in Deutschland, der Wegzug einer inländischen kommt einer Auflösung gleich.

Einen Meilenstein im internationalen Gesellschaftsrecht stellten daher einige aufeinander folgende EuGH-Entscheidungen dar: Daily-Mail, Centros, Überseering und Inspire Art. In der Daily-Mail-Entscheidung[249] ging es um die steuerlich motivierte Verlegung des Verwaltungssitzes einer nach englischem Recht gegründeten und dort auch ansässigen Gesellschaft in die Niederlande. Das britische Schatzamt verweigerte die Wegzugsgenehmigung, was der EuGH als eine im Hinblick auf die Niederlassungsfreiheit zulässige Beschränkung des Wegzugsstaates bewertete. Die Vertreter der Sitztheorie deuteten das überwiegend als Bestätigung ihrer Ansicht[250].

Die Entscheidung Centros[251] betraf einen Fall, bei dem in Dänemark die Registrierung der Zweigniederlassung einer als "Briefkastenfirma" in England gegründeten private limited company von den Behörden abgelehnt wurde. Argument war, dass sich von Beginn an die ausschließliche Geschäftstätigkeit im Inland entfalten sollte, daher auch die rechtlichen

---

246 "Modifizierte Sitztheorie" BGHZ 151, 204 = NJW 2002, 3539. Durch diese "Umdeutung" in eine Personengesellschaft ging der ausländischen Gesellschaft aber die Haftungsprivilegierung verloren.

247 Innerhalb der EU galt die Gründungstheorie u.a. in England (Bank of Ehtiopia v. National Bank of Egypt (1937) Ch. 513; Banco di Bilbao v. Sancha (1938) 2 K.B. 176; Carl Zeiss Stiftung v. Rayner & Jeeker Ktd, (No.3) (1970) Ch. 506, 544), dem Fürstentum Liechtenstein (Art. 232 PGR idF von 1997), den Niederlanden (siehe *Kindler,* in MüKo, IntWR, 4. Aufl. 2006, IntGesR, Rn. 487 m.w.N.) und Ungarn (Art. 18 Abs. 2 IPRG 1979).

248 Siehe *Bayer*, BB 2003, 2357, 2359 m.w.N.

249 EuGH v. 27.9.1988 – Rs. 81/87 = NJW 1989, 2186.

250 Siehe *Bayer*, BB 2003, 2357, 2360 m.w.N. (Fn. 36, 37).

251 EuGH v. 9.3.1999 – Rs. C-212/97 = NJW 1999, 2027.

Voraussetzungen des dänischen Rechts beachtet werden müssten. Der EuGH hielt die Eintragungsverweigerung für europarechtlich unzulässig, da der Schutz der Niederlassungsfreiheit auch für eine Auslandsgesellschaft gelten müsse, die nur zur Umgehung der inländischen Grundvoraussetzungen gegründet wurde. Diese Entscheidung wurde weitgehend als Hinwendung zur Gründungstheorie gedeutet[252]. Der EuGH unterließ es aber in seinen Ausführungen, sich ausdrücklich von der Daily-Mail-Entscheidung zu distanzieren.

Es folgte am 5.11.2002 das Urteil Überseering[253]. Bei der Vorlage durch den BGH[254] ging es um die zentrale Frage, ob einer niederländischen BV nach der Verlegung ihres Verwaltungssitzes nach Deutschland die Rechtsfähigkeit abzuerkennen sei – wie in Deutschland bis dato üblich. Der EuGH lehnte dies als eine "Negierung der Niederlassungsfreiheit"[255] ab. Zwar könnten zwingende Gründe des Allgemeinwohls im Einzelfall Beschränkungen der Niederlassungsfreiheit rechtfertigen, aber nicht generell, wie es die deutsche Rechtsprechung annahm. In Überseering stellte der EuGH den bislang unterlassenen Bezug zu seinem Daily-Mail-Urteil her. Er interpretierte Daily-Mail dahingehend, dass es dort im Gegensatz zum aktuellen Fall nur um Wegzugsbeschränkungen des Gründungsstaats ging, welche nach wie vor europarechtlich zulässig wären[256].

In der Entscheidung Inspire Art ging es um eine Scheinauslandsgesellschaft in der Form der englischen private company limited by shares, welche eine Zweigniederlassung in den Niederlanden hatte. Der EuGH hatte zu entscheiden, ob die in den Niederlanden speziell für solche "Briefkastenfirmen" erlassenen Vorschriften des WFBV[257] auf die Gesellschaft Inspire Art anzuwenden seien. Er kam zu dem Ergebnis, dass die Vorschriften des WFBV die Niederlassungsfreiheit von Inspire Art ungerechtfertigt beschränke.

Seit Inspire Art – möglicherweise auch schon seit Überseering[258] – kann die Sitztheorie in Deutschland zugunsten der Gründungstheorie für

---

252 *Neye*, EWiR 1999, 259 f.

253 EuGH v. 5.11.2002 – Rs. C-208/00 = NJW 2002, 3614.

254 BGH, BB 2000, 1106 = ZIP 2000, 967.

255 EuGH v. 5.11.2002 – Rs. C-208/00, NJW 2002, 3614, 3616.

256 EuGH v. 5.11.2002 – Rs. C-208/00, NJW 2002, 3614 ff.

257 Wet ob de formeel buitenlandse vennootschappen vom 17.12.1997, Staatsblad 1997, Nr. 697.

258 So *Bayer*, BB 2003, 2357, 2363 mit dem Argument, der EuGH spreche schon in Überseering davon, eine Gesellschaft nach dem Recht zu respektieren, welches diese "nach dem Recht ihres Gründungsstaats besitzt" (EuGH, v. 5.11.2002 – Rs.

europäische Sachverhalte nicht mehr angewendet werden. Ungeklärt ist aber noch die durch Daily-Mail bestätigte Wegzugsbeschränkung, denn es bleibt die Frage, ob der Wegzug trotz Beschränkung zum Verlust der Rechtsfähigkeit führe[259]. Die Entscheidung des EuGH zur Rechtssache "de Lasteyrie du Saillant"[260] brachte keine klare Abkehr von den Daily-Mail-Grundsätzen. Denn in der Saillant-Entscheidung musste der EuGH nur die – seiner Meinung nach unzulässige – steuerliche Wegzugsbeschränkung von natürlichen Personen im französischen Recht bewerten. Die Entscheidung ist aber trotz der Gleichstellung von Gesellschaften mit natürlichen Personen (Art. 48 EGV) nicht ohne weiteres auf Kapitalgesellschaften übertragbar[261]. Fraglich ist weiterhin, ob die "Daily-Mail-Doktrin" nach dem SEVIC-Urteil bezüglich der einen Wegzug der übertragenden Gesellschaft beinhaltenden Hinausverschmelzung aufrechterhalten werden kann[262].

Am 7. Januar 2008 wurde vom Bundesjustizministerium ein Referentenentwurf für ein Gesetz zum Internationalen Privatrecht der Gesellschaften, Vereine und juristischen Personen veröffentlicht[263], nach welchem gem. § 10 Abs. 1 S. 1 RefE EGBGB für Gesellschaften, Vereine und juristische Personen des Privatrechts das Recht des Staates gilt, in dem sie in ein öffentliches Register eingetragen sind.

Für Gesellschaften, Vereine und juristische Personen[264] ist damit die Gründungstheorie kodifiziert und zwar auch, wenn sie in Staaten gegründet wurden, die nicht der Europäischen Union oder dem Europä-

---

C-208/00, NJW 2002, 3614, 3617). Außerdem nenne er die in den Niederlanden gegründete Überseering eine "Gesellschaft niederländischen Rechts"(EuGH, v. 5.11.2002 – Rs. C-208/00, NJW 2002, 3614, 3616). A.A. *Birk*, IStR 2003, 469, 473; *Kindler*, in MüKo, IntWR, 4. Aufl. 2006, IntGesR, Rn. 109 ff. m.w.N.

259 *Bayer*, BB 2003, 2357, 2363 f.

260 EuGH v. 11.3.2004– Rs. C-9/02.

261 So *Triebel/von Hase*, BB 2003, 2409, 2410. *Franz*, EuZW 2004, 270, 271 unterscheidet die steuerlichen Wegzugsbeschränkungen mit den gesellschaftsrechtlichen. Ist eine Gesellschaft – wie in Deutschland – schon durch das Gesellschaftsrecht am Wegzug gehindert, dann stelle sich die Frage der Besteuerung gar nicht.

262 Hierzu siehe *Kallmeyer/Kappes*, AG 2006, 224, 226; *Geyrhalter/Weber*, DStR 2006, 146, 150; *Forsthoff*, DStR 2006, 613, 617; *Bayer/Schmidt*, ZIP 2006, 210, 211; *Drygala*, ZIP 2005, 1995, 1998; *Wenglorz*, BB 2004, 1061 ff.

263 Der Referentenentwurf ist veröffentlich worden unter www.bmj.de.

264 Laut Begründung zum RefE EGBGB (www.bmj.de), 9 ist der Begriff der genannten Rechtsformen aber "untechnisch zu verstehen" und umfasst sämtliche Gesellschaften des Bürgerlichen Rechts und des Handelsrechts, Genossenschaften, Stiftungen und auch nicht rechtsfähige Vereine.

ischen Wirtschaftsraum angehören[265]. Der Verweis auf das Gründungsrecht ist eine Sachnormverweisung aus der Überlegung hinaus, dass die Wahl des Registrierungsstaates einer Rechtswahl nach Art. 4 Abs. 2 EGBGB gleich kommt[266]. § 10 Abs. 2 RefE EGBGB enthält zusätzlich eine Aufzählung von Rechtsbereichen, welche ausdrücklich unter das Gründungsrecht fallen, soll aber nicht als abschließend begriffen werden[267].

Durch den Referentenentwurf wird letzten Endes ein "Gesellschaftsstatut" in das Kollisionsrecht explizit aufgenommen: das Recht des Gründungsstaates der Gesellschaften[268].

(b) Ermittlung der Anknüpfung für Art. 1 der RL

Es ist zu klären, zu welchem Ergebnis man bei der Ermittlung des anwendbaren Rechts kommt. Einige Vertreter der Literatur sind der Meinung, der EU-Kommission sei in den Erläuterungen zum Richtlinienentwurf "ein Bekenntnis zur Gründungstheorie entschlüpft"[269]. Denn in der Erläuterung zu Art. 3 des RL-E 2003, welcher den Inhalt des Verschmelzungsplans bestimmte, hieß es: "Welchem Recht die neue Gesellschaft unterliegt, bestimmt sich nach dem Ort des Satzungssitzes."[270] Dies sollte als Begründung dafür dienen, dass die Angabe des künftigen Satzungssitzes im Verschmelzungsplan von enormer Bedeutung ist. Die Bedeutung ist aber auch unabhängig vom anwendbaren Recht zu sehen. Denn der Satzungssitz hat auch eine große praktische Bedeutung für die Gesellschaft. Die Gesellschafterversammlung, welche dem Verschmelzungsplan nach Art. 9 Abs. 1 der RL zustimmen muss, soll sich darüber einig sein, von welchem Ort die Gesellschaft in Zukunft agieren soll. Jedenfalls entfalten die Erläuterungen der EU-Kommission zu ihrem Richtlinienvorschlag keinesfalls bindende Wirkung für die Ausgestaltung des Internationalen Gesellschaftsrechts der Mitgliedstaaten[271].

---

265 Begründung zum RefE EGBGB (www.bmj.de), 7 f.

266 Begründung zum RefE EGBGB (www.bmj.de), 9.

267 Begründung zum RefE EGBGB (www.bmj.de), 9.

268 Begründung zum RefE EGBGB (www.bmj.de), 8 f. Zu beachten ist, dass Art. 10 Abs. 1 RefE EGBGB eine Sachnormverweisung darstellt, da laut Begründung die Wahl des Registrierungsorts als Rechtswahl gem. Art. 4 Abs. 2 EGBGB angesehen werden kann.

269 *Maul/Teichmann/Wenz*, BB 2003, 2633, 2635.

270 Kom (2003), 703, 6.

271 *Halász/Kloster*, DStR 2004, 1324; *Maul/Teichmann/Wenz*, BB 2003, 2633, 2635, welche vorschlagen, dass der Satz in künftigen Fassungen abgemildert werden sollte. Anstelle der Feststellung wäre eine empirische Angabe i.S.v. "häufig" oder "in der

Auf der anderen Seite wird auch vertreten, dass sich der Streit zwischen der Sitz- und Gründungsanknüpfung hier erübrigt. Abgesehen davon, dass aufgrund der neueren EuGH-Rechtsprechung ein Vertreten der Sitztheorie für europäische Sachverhalte ohnehin fraglich geworden ist und im Falle des Inkrafttretens des RefE EGBGB in Deutschland ganz hinfällig wäre[272], könnte eine ausdrückliche Festlegung auf eine der Theorien in Art. 1 der RL zugunsten einer Mehrfachanknüpfung hinfällig sein[273]. Denn im Gegensatz zur grenzüberschreitenden Verlegung des Verwaltungssitzes führt die grenzüberschreitende Verschmelzung zu keinem Statutenwechsel[274]. Auf der einen Seite geht die übertragende Gesellschaft unter. Auf der anderen Seite steht entweder die übernehmende Gesellschaft, die ihrem Statut "treu bleibt", oder eine neu gegründete, für die ein Statutenwechsel gar nicht in Frage kommt.

Unter einer Mehrfachanknüpfung[275] versteht man, dass zwei Anknüpfungen nebeneinander stehen, da die kollisionsrechtliche Interessenabwägung nicht zwingend zu einer einzelnen führt. Man kann aber zwei Rechtsordnungen nur zugleich anwenden, wenn sie sich nicht inhaltlich widersprechen. Liegt eine Divergenz vor, dann muss man sich wiederum für eine Regelung entscheiden. Hierfür gibt es zwei Möglichkeiten: Entweder man wendet lediglich die Rechtsfolgen an, welche in beiden Rechten vorgesehen sind (kumulative Anknüpfung) und erhält damit ein Minimal-Ergebnis über den kleinsten gemeinsamen Nenner. Oder man lässt entweder die eine oder die andere Rechtsfolge zur Anwendung kommen (alternative Anknüpfung), wodurch sich das stärkere Recht durchsetzt und man ein Maximal-Ergebnis erhält. Betrachtet man die Argumentation für eine Mehrfachanknüpfung, nämlich, dass man den Anwendungsbereich der Richtlinie nicht unsachgemäß einschränken will, dann ist es sinnvoll, sich für die Maximal-Lösung der alternativen Anknüpfung zu entscheiden.

Als Argument für eine Mehrfachanknüpfung wird außerdem angeführt, dass auf diese Weise Spielräume für zukünftige Entwicklungen in diesem Bereich offen gelassen werden. Es sei nicht sinnvoll, dass aufgrund einer Änderung der EuGH-Rechtsprechung oder zum Beispiel aufgrund der

---

Regel" sinnvoll, da diese selbst für Staaten zutreffen würde, die der Sitztheorie folgen.

272 Siehe S. 62 ff.

273 So *Leutner/Wagner*, GPR 2006, 32, 33; *Halász/Kloster*, DStR 2004, 1324; a.A. mit Hinweis auf die Ablösung der Sitztheorie *Behrens*, 17 ff.

274 So bereits *Behrens*, ZGR 1994, 1, 13 f.

275 Zur Mehrfachanknüpfung ausführlich bei *Kegel/Schurig*, 319.

Verabschiedung der Sitzverlegungsrichtlinie der europäische Gesetzgeber wieder korrigierend aktiv werden muss[276].

(c) Stellungnahme

In Art. 1 der RL wird die Eröffnung des Anwendungsbereiches davon abhängig gemacht, dass ein grenzüberschreitender Sachverhalt vorliegt. Der europäische Richtliniengeber wollte nicht in das innerstaatliche Verschmelzungsverfahren eingreifen. Er entschied sich daher dafür, die Anwendung der Richtlinie auf Verschmelzungen zu beschränken, bei denen mindestens zwei der beteiligten Gesellschaften dem Recht verschiedener Mitgliedstaaten unterliegen. Wie man das anwendbare Recht ermitteln soll, dazu enthält die Richtlinie keine ausdrückliche Regelung. Man könnte daher meinen, der Richtliniengeber wollte das vollständig dem Kollisionsrecht der Mitgliedstaaten überlassen. Nach deutschem Kollisionsrecht würde man seit der klaren EuGH-Rechtsprechung hierzu die Gründungstheorie anwenden (s. auch § 10 Abs. 1 S. 1 RefE EGBGB) und somit alle in Deutschland gegründeten Gesellschaften deutschem Recht zuordnen[277].

Die Frage ist nun, ob man im deutschen Kollisionsrecht aufgrund einer richtlinienkonformen Auslegung des § 10 Abs. 1 S. 1 RefE EGBGB ausnahmsweise an diesem Punkt des Verfahrens eine Mehrfachanknüpfung zulassen sollte. Das könnte europarechtlich geboten sein, um bestimmte Konstellationen, welche nach Sinn und Zweck unter die Richtlinie fallen sollten, nicht auszuklammern.

Probleme ergeben sich nur, wenn eine der Verschmelzungspartner ihren Sitz bereits vor der Verschmelzung mindestens einmal über die Grenze verlegt hatte[278]. Verlegen zum Beispiel zwei in Frankreich gegründete Gesellschaften ihren Sitz, eine nach Spanien, eine nach England[279], oder eine von zwei in Deutschland gegründeten Aktiengesellschaften verlegt ihren Sitz nach England. In Anwendung der Gründungstheorie wäre die Richtlinie im Falle eines Verschmelzungswunsches der Gesellschaften mangels Verschiedenartigkeit der Rechtsordnungen nicht anwendbar, da für beide Gesellschaften französisches, bzw. deutsches Recht als Gründungsrecht maßgeblich wäre. In diesem Fall müsste die Verschmelzung der Gesellschaften über die Anknüpfung an die Gründungstheorie nach

---

276 *Halász,/Kloster*, DStR 2004, 1324, 1325. Auch die Schaffung eines EPR könnte nochmalig Änderungen provozieren.

277 Vgl. *Heckschen*, in Widmann/Mayer, § 122a, Rn. 75 ff.

278 Siehe auch *Behrens*, 17 f.

279 *Ziegler*, 11.

französischem, bzw. deutschem Recht ablaufen. Man musste sich dann früher im zweiten Beispiel mit dem Problem auseinandersetzen, ob die Formulierung des § 1 UmwG "Rechtsträger mit Sitz im Inland" die grenzüberschreitende Verschmelzung ausschließe. Strittig war in diesem Zusammenhang auch, ob mit Sitz der Verwaltungs- oder der Satzungssitz gemeint ist[280]. Ging man vom Verwaltungssitz aus, dann wäre das UmwG für die Verschmelzung der Aktiengesellschaften nach ehemals herrschender Meinung nicht anwendbar, da § 1 UmwG nicht für grenzüberschreitende Fusionen anwendbar war.

Man könnte nun meinen, dass sich diese Ansicht seit der EuGH-Entscheidung zur Rechtssache SEVIC erledigt hätte[281]. Denn in dieser stellt der EuGH fest, dass die *generelle* Ablehnung der Eintragung einer grenzüberschreitenden Verschmelzung durch die deutschen Registergerichte gegen die Niederlassungsfreiheit gemäß Art. 43, 48 EGV verstößt, da darin eine ungerechtfertigte unterschiedliche Behandlung zwischen ausländischen und inländischen Gesellschaften zu sehen ist. In Zukunft kann demnach in Deutschland nicht mit Bezug auf den Wortlaut in § 1 UmwG die grenzüberschreitende Fusion zweier Gesellschaften grundsätzlich abgelehnt werden. Dies gilt ebenso für andere Mitgliedstaaten, da der Auslegungsmaßstab, den der EuGH im Wege der Vorabentscheidung begründet hat, von den Gerichten aller Mitgliedstaaten in ähnlichen Fällen zugunsten einer die Einheit des Gemeinschaftsrechts wahrenden Rechtsfortbildung respektiert werden muss[282].

Dieses müsste auch für eine Fusion zwischen zwei Gesellschaften gleichen Rechts gelten, die ihren Sitz jeweils in unterschiedlichen Staaten haben. Laut der SEVIC-Entscheidung des EuGH fallen unter die Niederlassungsfreiheit "alle Maßnahmen, die den Zugang zu einem anderen Mitgliedstaat als dem Sitzmitgliedstaat und die Ausübung einer wirtschaftlichen Tätigkeit in jenem Staat dadurch ermöglichen oder auch nur erleichtern, dass sie die tatsächliche Teilnahme der betroffenen Wirtschaftsbeteiligten am Wirtschaftsleben des letztgenannten Mitgliedstaats unter denselben Bedingungen gestatten, die für die inländischen Wirtschaftsbeteiligten gelten"[283]. Die Verschmelzung würde also ähnlich einer Sitzverlegung über die Grenze oder der Gründung einer Zweitnieder-

---

[280] Siehe hierzu S. 62 ff.
[281] EuGH v. 13.12.2005 ("Sevic") – Rs. C-411/03 = NJW 2006, 425.
[282] Oppermann, 235.
[283] EuGH v. 13.12.2005 ("Sevic") – Rs. C-411/03 = NJW 2006, 425.

lassung in den Anwendungsbereich der Niederlassungsfreiheit fallen[284]. Auch für diese Konstellation wäre eine ungerechtfertigte Beschränkung der Umstrukturierung demnach ein Verstoß gegen die Niederlassungsfreiheit der Gesellschaften, vgl. Art. 43, 48 EGV.

Das bedeutet, dass in keinem Mitgliedstaat eine generelle Ablehnung der Eintragung einer grenzüberschreitenden Verschmelzung (bei gleichzeitiger Zulässigkeit der nationalen Fusion) erfolgen kann, da diese gegen die Niederlassungsfreiheit verstoßen würde. Auch wenn im Einzelfall eine Verschmelzung eventuell aus zwingenden Gründen des Allgemeininteresses verhindert werden könnte[285], so kann festgehalten werden, dass eine Verschmelzung über die Grenze auch für solche Konstellationen grundsätzlich möglich sein muss, welche mangels Verschiedenartigkeit der Rechtsordnungen nicht unter die 10. Richtlinie fallen, wenn nach den Heimatrechten der Gesellschaften eine inländische Fusion möglich wäre. Daraus folgt, dass bei Zulässigkeit der nationalen Verschmelzung auch die grenzüberschreitende möglich sein muss – entweder in Anwendung der Richtlinie oder gestützt auf die SEVIC-Entscheidung des EuGH. Es scheint daher nicht unbedingt nötig zu sein, den Anwendungsbereich weit auszulegen.

Dies widerspräche aber möglicherweise dem materiell-rechtlichen Regelungsbedarf für diese Konstellationen[286]. Eine restriktive Beschränkung des Anwendungsbereiches war wohl nicht im Sinne des europäischen Gesetzgebers. Denn Sinn und Zweck der Richtlinie war es unter anderem, die Mobilität der Gesellschaften innerhalb von Europa zugunsten einer verbesserten Marktposition mit viel Spielraum zu erweitern, indem man die Verschmelzung über die Grenze erlaubte[287]. Ein reiner Inlandssachverhalt sollte nicht mitgeregelt werden[288]. Denn einmal genügte dort das inländische Recht, wenn es die Verschmelzung als Rechtsinstitut kennt. Außerdem sollte dem inländischen Recht keine Verschmelzung aufgezwungen werden, wenn es diese nicht kannte, vgl. Art. 4 Abs. 1 lit. a der RL. Insofern war die Richtlinie nur für grenzüberschreitende Sachverhalte gedacht. Die Auslegung der Richtlinie nach Sinn und Zweck sollte dem Grundsatz des "effet utile" Rechnung tragen, wonach Gemeinschaftsnormen im Sinne einer größtmöglichen Effektivität zur Erreichung

---

284 Der Vergleich von der grenzüberschreitenden Fusion mit der Gründung einer Zweitniederlassung ist auch zu finden in den Schlussanträgen von *Tizzano*, ZIP 2005, 1227; Rn. 35 ff.

285 EuGH v. 13.12.2005 ("Sevic") – Rs. C-411/03 = NJW 2006, 425, 426.

286 *Halász,/Kloster*, DStR 2004, 1324, 1325.

287 Siehe S. 47 ff.

288 *Maul/Teichmann/Wenz*, BB 2003, 2633, 2635.

des Gemeinschaftszieles auszulegen sind[289]. Sollte man also mehrfach anknüpfen, um die Konstellationen, die man trotz des internationalen Bezugs über die Gründungstheorie aus dem Anwendungsbereich der Richtlinie ausklammert, mit einzubeziehen?

Für das Ziel, die Verschmelzungsfreiheit innerhalb von Europa möglichst effektiv durchzusetzen, wäre das aber nicht der richtige Weg. Denn die ausgeklammerten Konstellationen fallen, wie gesagt, unter den Schutz des Art. 43, 48 EGV, und angesichts der SEVIC-Entscheidung ist jeder Mitgliedstaat angehalten, diesen Schutz durchzusetzen.

Abgesehen davon würde aber die Anwendung der Regelungen der Richtlinie auf eine Verschmelzung zwischen zwei Gesellschaften gleichen Rechts nicht passen. Die gesamte Richtlinie ist geprägt von dem Zusammenspiel der Rechtsordnungen, welches einer grenzüberschreitenden Verschmelzung, von der die Richtlinie ausgeht, zugrunde liegt. Um nur einige Beispiele zu nennen: die Andeutung der Vereinigungstheorie in Art. 4 Abs. 1 lit. b, Abs. 2 der RL, die zweistufige Rechtmäßigkeitsprüfung gem. Art. 10 und 11 der RL, die Regelung für die Mitbestimmung der Arbeitnehmer in der Zielgesellschaft gem. Art. 16 der RL. Bei der Fusion zweier Gesellschaften gleichen Rechts ist es sachnäher, das auf beide anwendbare Recht für das Verschmelzungsverfahren zur Anwendung kommen zu lassen.

Es würde die Durchsetzung der europarechtlich garantierten Verschmelzungsfreiheit daher keineswegs effektiver machen, wenn man die Richtlinie auch auf die genannten Konstellationen ausdehnte. Effektiv bedeutet an dieser Stelle, die Anwendung der Regelungen für die nationale Verschmelzung in dem Fall durch den Schutz der Niederlassungsfreiheit zu garantieren.

(d) Fazit

Art.1 der RL setzt voraus, dass von den beteiligten Gesellschaften mindestens zwei dem Recht verschiedener Mitgliedstaaten unterliegen. Zur Ermittlung des anwendbaren Rechts ist die (nun in § 10 Abs. 1 S. 1 RefE EGBGB aufgenommene) Gründungstheorie heranzuziehen. Eine alternative Anknüpfung an den Verwaltungs- und Gründungssitz der Gesellschaften ist europarechtlich nicht sachgerecht. Denn die Verschmelzung von zwei Gesellschaften desselben Rechts, welche ihren Sitz in verschiedenen Staaten haben, ist ohnehin durch die Niederlassungsfreiheit geschützt. Außerdem sind die Regelungen der Richtlinie an die Schwierig-

---

289 EuGHE 1955/56, 312 – RS 8/55 – "Fédéchar"; *Oppermann*, 209; *Hobe*, 85.

keiten einer Fusion, bei der verschiedene Rechtsordnungen zur Anwendung gelangen, angepasst worden. Unterliegen die Gesellschaften dem gleichen Recht, ist die Durchsetzung der Verschmelzungsfreiheit am effektivsten gewährleistet, wenn die Anwendung der Regelungen für die nationale Verschmelzung durch den Schutz der Niederlassungsfreiheit garantiert wird.

b) Kapitalgesellschaft

In dem Richtlinienvorschlag von 1985 war der Anwendungsbereich nur der Aktiengesellschaft eröffnet. In der nun verabschiedeten Richtlinie ist eine Erweiterung der verschmelzungsfähigen Rechtsträger auch auf andere Kapitalgesellschaften – wie die GmbH – enthalten. Das ist sehr positiv aufgenommen worden, da damit die Kooperations- und Reorganisationsmöglichkeiten in Europa auch den KMU zur Verfügung gestellt wurden, was zum europäischen Unternehmensmarkt zu passen schien[290].

Es wurde in Brüssel lange darüber diskutiert, ob man die Unternehmen in einer abschließenden Liste bestimmter Gesellschaftsformen erfasst oder über kategorisierende Merkmale. Ersteres findet man in der beispielsweise steuerlichen Fusionsrichtlinie vom 17.2.2005[291]. Gemäß Art. 3 lit. a der Fusionsrichtlinie gelten deren Vorschriften für Gesellschaften der im Anhang aufgeführten Formen. Im Anhang folgt dann eine Aufzählung der einschlägigen Gesellschaftsformen für jeden Mitgliedstaat – für Deutschland z.B. die Aktiengesellschaft, die Kommanditgesellschaft auf Aktien, die Gesellschaft mit beschränkter Haftung und die bergrechtliche Gewerkschaft.

Der ursprüngliche Kommissions-Vorschlag vom 18.11.2003 beinhaltete lediglich eine Beschreibung der Gesellschaften anhand von Merkmalen. "Kapitalgesellschaften" i.S.d. Vorschlags waren nämlich solche, welche Rechtspersönlichkeit und ein Gesellschaftskapital besitzen, das allein für die Verbindlichkeiten der Gesellschaft haftet, und denen ihr innerstaatliches Recht im Interesse der Gesellschafter und Dritter Schutzbestimmungen im Sinne der Richtlinie 68/151/EWG des Rates vorschreibt[292]. Dies wurde aber in der ersten Lesung des Europäischen Parlaments

---

290 Stellungnahme des Europäischen Wirtschafts- und Sozialausschusses zum Vorschlag über die Richtlinie 2005/56/EG, ABl. EG C-117, 43.

291 RL 90/434/EWG v. 23.7.1990, ABl. EG L-225 v. 20.8.1990, 1; geändert durch die RL 2005/19/EG v. 17.2.2005, ABl. EG L-58 v. 4.3.2005, 19.

292 KOM (2003) 703, 11.

geändert.[293] Man einigte sich auf eine Kombination aus den beiden Anknüpfungsmomenten.

So definiert Art. 2 Nr. 1 a) der RL die "Kapitalgesellschaft" zunächst als eine Gesellschaft im Sinne des Art. 1 der Richtlinie 68/151/EWG (Publizitätsrichtlinie)[294]. Art. 1 der Publizitätsrichtlinie führt für Deutschland die Aktiengesellschaft (AG), die Kommanditgesellschaft auf Aktien (KGaA) und die Gesellschaft mit beschränkter Haftung (GmbH) auf[295]. Die in der Publizitätsrichtlinie aufgeführten Rechtsformen sind praktisch im Recht aller Mitgliedstaaten bekannt und ähnlich aufgebaut. In der Kritik des Entwurfes wurde von der Literatur zum Teil die Beteiligtenfähigkeit der KGaA abgelehnt, da bei der KGaA neben dem Gesellschaftskapital auch mindestens ein Gesellschafter persönlich haftet, vgl. § 278 Abs. 1 AktG, was dem Merkmal nicht gerecht werden würde, dass nur das Gesellschaftsvermögen haftet[296]. Andere Stimmen schlossen eine Beteiligung der KGaA an der grenzüberschreitenden Verschmelzung nach dem Entwurf der 10. Richtlinie nicht aus[297]. Durch die verabschiedete Fassung des Art. 2 Abs. 1 der RL wurde diesem Streit über die Beteiligtenfähigkeit der KGaA der Boden entzogen, da diese nun über Art. 2 Nr. 1 a) der RL definitiv im Anwendungsbereich der Richtlinie enthalten ist.

Als alternative Anknüpfung folgt in Art. 2 Nr. 1 lit. b der RL eine offenere Definition, wodurch neben den "klassischen" Rechtsformen auch andere Kapitalgesellschaften zur Verschmelzung zugelassen sind. Der Begriff "Kapitalgesellschaft" i.S.d. Richtlinie soll nämlich alle Gesellschaften umfassen, welche Rechtspersönlichkeit besitzen und über ein gesondertes, für alle Gesellschaftsverbindlichkeiten haftendes Kapital verfügen.

---

293 Vgl. den Bericht des Rechtsausschusses v. 25.4.2005, Dok. A6-89/2005, 15 (Berichterstatter Klaus-Heiner Lehne).

294 RL 68/151/EG v. 9.3.1968 zur Koordinierung der Schutzbestimmungen, die in den Mitgliedstaaten den Gesellschaften im Sinne des Art. 58 Abs. 2 des Vertrages im Interesse der Gesellschafter sowie Dritter vorgeschrieben sind, um diese Bestimmungen gleichwertig zu gestalten. ABl. EG L-65 v. 14.3.1968, 8.

295 Eine Liste der einschlägigen Gesellschaften in den jeweiligen Mitgliedsstaaten und die Adresen der jeweiligen Handelsregister sind zu finden bei *Heckschen*, in Widmann/Mayer, § 122b, Rn. 75 ff.

296 *Müller*, ZIP 2004, 1790. 1792. *Behrens*, 10 f. weist darauf hin, dass der Begriff "Gesellschaftskapital" in Art. 2 Nr. 1 lit b der RL einen Übersetzungsfehler darstelle. Es müsse Gesellschaftsvermögen heißen. Er begründet das mit dem Vergleich zur englischen und französischen Sprachfassung.

297 *Louven/Dettmeier/Pöschke/Weng*, BB-Spezial 2006, Nr. 3, 1, 13 m.w.N. und dem Argument, "allein" i.S.d. Richtlinienvorschlags sei als "ausschließlich" zu verstehen. *Halász/Kloster*, DStR 2004, 1324; *Maul/Teichmann/Wenz*, BB 2003, 2633, 2635.

Außerdem muss die Gesellschaft nach innerstaatlichem Recht Schutzbestimmungen im Sinne der Publizitätsrichtlinie im Interesse der Gesellschafter sowie Dritter unterworfen sein. Durch diese "kleine Generalklausel" [298] mit einer Anknüpfung an die Kriterien juristische Person/Haftungskapital/Publizität soll u.a. verhindert werden, dass aufgrund einer etwaigen Entwicklung neuer Gesellschaftstypen – ob national oder europäisch – stets eine ständige Anpassung der einschlägigen Normen nötig sein muss[299].

In einigen Mitgliedstaaten werden aufgrund der offenen Definition des Art. 2 Nr. 1 lit. b der RL auch seltenere Gesellschaftsformen mit umfasst – wie z.B. die Genossenschaft. Dass diese Rechtsform nicht grundsätzlich ausgeschlossen werden sollte, kann man auch e contrario aus Art. 3 Abs. 2 der RL ableiten. Wenn eine Ausnahme zur Einbeziehung der Genossenschaften statuiert wird, heißt das, dass diese Rechtsform grundsätzlich in den Anwendungsbereich fallen sollte, wenn sie der Definition des Art. 2 Nr. 1 lit. b der RL entspricht. Doch an der Miteinbeziehung der Genossenschaft zeigte sich wieder einmal die Unterschiedlichkeit der Mitgliedstaaten. Den südeuropäischen Ländern war zum Teil daran gelegen, auch den Genossenschaften die Verschmelzung zu erlauben, während dies bei anderen Staaten – wie Deutschland – auf Bedenken stieß[300]. Als problematisch wurde angesehen, dass das Genossenschaftsrecht in Europa bis dato nicht harmonisiert ist, sondern eine unübersichtliche Vielfalt an Ausgestaltungen existiert. Eine rechtssichere grenzüberschreitende Verschmelzung sei daher nicht möglich. Außerdem sei ein Bedürfnis für eine Einbeziehung der Genossenschaft in den Anwendungsbereich der Richtlinie nicht zu erkennen, da der Genossenschaft die Möglichkeit offen steht, die neue supranationale Rechtsform der Europäischen Genossenschaft zu wählen[301]. Letztlich ist daher in der ersten Lesung des Europäischen Parlaments der Art. 3 Abs. 2 der RL eingefügt

---

298 *Bayer*, in Lutter, § 122b, Rn. 5.

299 *Bayer*, in Lutter, § 122b, Rn. 5; *Neye*, ZIP 2005, 1893, 1894; *Bayer/Schmidt*, NJW 2006, 401 und *Frischhut*, EWS 2006, 55, 56 mit dem Hinweis auf das Ratsdokument 11003/04 vom 12.7.2004, 1.

300 *Neye*, ZIP 2005, 1893, 1894.

301 Siehe die Verordnung (EG) Nr. 1435/2003 v. 22.7.2003 über das Statut der Europäischen Genossenschaft (SCE), ABl. EG L-207, 1 und die RL 2003/72/EG v. 22.7.2003 zur Ergänzung des Statuts der Europäischen Genossenschaft hinsichtlich der Beteiligung der Arbeitnehmer, ABl. EG L-207, 25. A.A *Leutner/Wagner*, GPR 2006, 32, 34, welche dagegen waren, die Genossenschaft aus dem Anwendungsbereich auszuklammern. Ihrer Ansicht nach gäbe es dafür keinen sachlichen Grund vor dem Hintergrund, dass in Deutschland die Genossenschaften in manchen Wirtschaftszweigen von großer Bedeutung sind.

worden, welcher es den Mitgliedstaaten ermöglicht, die Genossenschaften von der grenzüberschreitenden Verschmelzung auszunehmen (sog. opt-out), selbst wenn sie unter den Begriff der "Kapitalgesellschaft" nach oben genannter Definition fallen[302].

Aus dem Regelungsbereich der Richtlinie sind sowohl grundsätzlich Spaltungen [303], als auch Verschmelzungen mit Gesellschaften aus Nicht-EU-Mitgliedstaaten (Drittstaaten) und unter der Beteiligung von Personengesellschaften ausgeklammert[304]. In Deutschland wurde zum Teil versucht, darauf hinzuwirken, dass auch die Personengesellschaften von der Richtlinie erfasst werden[305]. Deren Einbeziehung in den persönlichen Anwendungsbereich der Richtlinie wäre aber nur unter enormen Verhandlungsaufwand zu erreichen gewesen, was wiederum den Erlass der Richtlinie verzögert, wenn nicht gefährdet hätte[306]. Nicht ausgeklammert sind wiederum Verschmelzungen mit einer Auslandsgesellschaft, welche nur eine "leere Hülle ist und keiner wirtschaftlichen Tätigkeit nachgeht"[307].

c) Beteiligung einer Europäschen Aktiengesellschaft (SE)

Fraglich ist, ob zusätzlich zu den genannten deutschen Gesellschaftstypen (GmbH, AG, KGaA) eine Europäische Aktiengesellschaft mit Sitz in der Bundesrepublik vom Anwendungsbereich der Richtlinie erfasst wird[308].

Art. 10 SE-VO bestimmt, dass eine in Deutschland ansässige SE nicht gegenüber einer deutschen AG ohne sachlichen Grund benachteiligt werden darf. Art. 9 I lit. c ii SE-VO beruft die nationalen Regelungen für

---

302 Vgl. den Bericht des Rechtsausschusses v. 25.4.2005, Dok. A6-89/2005, 16; *Louven/Dettmeier/Pöschke/Weng*, BB-Spezial 2006, Nr. 3, 1, 13 sprechen von einem "Wahlrecht" der Mitgliedstaaten.

303 *Kallmeyer*, GmbHR 2006, 418, 419 hält grenzüberschreitende Spaltungen für möglich.

304 Siehe hierzu S. 235 ff. *Behrens*, 39 betont, dass die grenzüberschreitende Verschmelzung von Personengesellschaften weder positiv noch negativ geregelt sei und es daher den Mitgliedstaaten überlassen sei, diesbezügliche Regelungen zu treffen.

305 Vgl. Stellungnahme des DAV Nr.5/2005, 6.

306 So *Leutner/Wagner*, GPR 2006, 32, 34, welche der Ansicht sind, dass die Beschränkung des Anwendungsbereiches auf die Kapitalgesellschaft "das geringere Übel" ist gegenüber dem möglichen Scheitern des Vorhabens.

307 *Forsthoff*, DStR 2006, 613, 614; siehe auch *Krause/Kulpa*, ZHR 171 (2007), 38, 52. Siehe hierzu ausführlicher auf S. 57 ff.

308 Eine gute Übersicht über die Motive zur Beteiligung einer SE an einer grenzüberschreitenden Fusion findet man bei *Behrens*, 24.

Aktiengesellschaften allerdings nur, wenn es um Bereiche geht, die in der SE-VO nicht geregelt werden[309]. Im Falle einer Miteinbeziehung der grenzüberschreitenden Verschmelzung in der SE-VO ist ein Ausklammern der SE aus dem Anwendungsbereich der Richtlinie für grenzüberschreitende Verschmelzungen vertretbar, auch wenn die Aktiengesellschaft mit umfasst wird.

Die grenzüberschreitende Verschmelzung der SE ist in Art. 2 und 17 ff. SE-VO für die Neugründung einer SE geregelt[310]. Diese Spezialregelungen gehen grundsätzlich vor. Für den Fall der Verschmelzung zur Gründung einer SE stellt die SE-VO unumstritten eine abschließende Regelung dar.

Umstritten ist die Verschmelzungskonstellation, in der das Endprodukt keine neu gegründete SE sein soll, sondern ein anderer Gesellschaftstyp, die SE nur übertragender Rechtsträger ist, bzw. eine Verschmelzung zur Aufnahme in eine SE durchgeführt werden soll.

Die Umwandlung einer bereits bestehenden SE wird in Art. 66 SE-VO geregelt. Die Norm ermöglicht es einer SE, in eine nationale Aktiengesellschaft umgewandelt zu werden (Renationalisierung), allerdings mit der Einschränkung, dass die Umwandlung frühestens zwei Jahre nach der Gründung der SE oder nach der Genehmigung der ersten beiden Jahresabschlüsse durchgeführt werden kann. Vereinzelt wird mit Blick auf die Entstehungsgeschichte des Art. 66 SE-VO die Auffassung vertreten, dass es Sinn und Zweck der Regelung sei, sonstige Umwandlungsmöglichkeiten, bei denen eine SE beteiligt ist, aufgrund des insoweit abschließenden Charakters auszuschließen[311]. Diese Ansicht ist nicht überzeugend[312]. Zum einen soll Art. 66 SE-VO die Möglichkeit eines Formwechsels der SE garantieren. Es geht darum, die Flexibilität der SE zu erhöhen und nicht, sie zu beschränken. Zum anderen soll die Zweijahresfrist den Missbrauch verhindern, durch eine Umwandlungskette

---

309 *Oechsler*, NZG 2006, 161.

310 A.A. *Weng*, 175 ff.

311 *Oechsler*, in MüKo, AktG, § 66 SE-VO, Rn. 1, 14 m.w.N; anders aber *derselbe*, in NZG 2006, 161 f. m.w.N.

312 Siehe die genaue Prüfung bei *Frenzel*, 142 ff., der betont, dass Art. 66 SE-VO keine abschließende Regelung für den gesamten Umwandlungsbereich trifft; ebenso *Beutel*, 137 ff; *Oechsler*, NZG 2006, 161 f. m.w.N, welcher die Problematik betont, dass die 10.Richtlinie gegenüber der SE-VO in zwei Punkten etwas weniger streng ist bezüglich der Miteinbeziehung der Mitbestimmungsregeln in die neue Gesellschaft (Art. 16 III lit. e und Art. 16 IV lit. c der RL). Dennoch bejaht aber auch *Oechsler* i.E. die Anwendbarkeit der Richtlinie auf die SE.

aus der Mitbestimmung zu fliehen[313]. Keinesfalls aber wollte der Europäische Gesetzgeber mit dieser Norm die grenzüberschreitende Bewegungsfreiheit einer supranationalen Rechtsform wie der SE einschränken[314].

Es wird zum Teil gegen die Miteinbeziehung der SE in den Anwendungsbereich der Richtlinie hervorgebracht, dass Art. 1 der RL voraussetzt, dass die beteiligten Kapitalgesellschaften nach dem Recht eines Mitgliedstaats gegründet wurden. Dies könne man bei der SE als supranationale Gesellschaftsform nicht bejahen[315]. Zwar scheint der Wortlaut auf den ersten Blick für diese rein formale Betrachtungsweise zu sprechen. Jedoch muss man ihn weit auslegen. Denn Sinn und Zweck der Voraussetzung, dass die beteiligten Gesellschaften nach dem Recht eines Mitgliedstaats gegründet wurden, ist, dass nur europäische Sachverhalte unter die Richtlinie fallen sollten. Es sollte keiner fremden Gesellschaftsform die Verschmelzungsfähigkeit aufgrund der Richtlinie mit einem europäischen Unternehmen aufgezwungen werden. Die SE hingegen ist eine europäische Gesellschaftsform, welche der europäische Richtliniengeber mit dieser Voraussetzung sicherlich nicht aus der Richtlinie ausklammern wollte[316]. Art. 1 der RL ist demnach weit auszulegen, so dass die SE auch unter die Kapitalgesellschaften fällt, welche nach dem Recht eines Mitgliedstaats gegründet wurden[317].

Grundsätzlich ist also eine Beteiligung der SE an einer grenzüberschreitenden Verschmelzung auf der Basis der Richtlinie nicht ausgeschlossen, solange das Verschmelzungsprodukt keine neu gegründete SE sein soll. Es ist unumstritten, dass die Konstellation, in der die SE lediglich als übertragender Rechtsträger an der grenzüberschreitenden Fusion beteiligt ist, unter den Anwendungsbereich der Richtlinie fällt[318]. Hierfür trifft die SE-VO keinerlei Regelungen. Art. 9 Abs. 1 lit. c ii SE-VO bestimmt,

---

313 *Beutel*, 137 f. *Simon/Rubner*, Institute for Law and Finance 11/2006, Nr. 53, 1, 4 f. plädieren dafür, die Sperrfrist des Art. 66 Abs. 1 S. 2 SE-VO für eine Fusion einer im Ausland ansässigen SE auf eine deutsche AG oder GmbH analog anzuwenden ; dagegen *Heckschen*, in Widmann/Mayer, § 122b, Rn. 62 m.w.N; *Beutel*, 142 f.

314 *Beutel*, 138.

315 *Müller*, ZIP 2004, 1790, 1792; a.A. aber *derselbe*, NZG 2006, 286, 287.

316 Ähnlich *Kiem*, WM 2006, 1091, 1093; *Beutel*, 139.

317 *Kiem*, WM 2006, 1091, 1093; *Kleinhenz*, 247 m.w.N.

318 *Bayer/Schmidt*, NJW 2006, 401; *Kiem*, WM 2006, 1091, 1093; im Ergebnis auch *Spahlinger/Wegen* NZG 2006, 721, 723; *Heckschen*, in Widmann/Mayer, § 122b, Rn. 58 ff; *Beutel*, 140; *Behrens*, 29 ff, welcher eine Umgehung wichtiger Regelungen der SE-VO ausschließt (S. 32 ff.); a.A. *Kleinhenz*, 252, der fälschlicherweise Art.66 SE-VO für in dem Fall abschließend hält.

dass für die SE in den Regelungslücken der SE-VO das nationale Aktienrecht des Sitzstaats gilt[319]. Eine SE mit Sitz in Deutschland kann wie die AG Beteiligte an einer grenzüberschreitenden Verschmelzung auf Basis der 10. Richtlinie sein, solange das Verschmelzungsprodukt keine neu gegründet SE darstellen soll. Eine Diskriminierung der SE bei der Beteiligung an einer grenzüberschreitenden Verschmelzung, bei welcher das Verschmelzungsprodukt keine neu gegründete SE darstellen soll, nicht zulässig gemäß Art. 10 SE-VO, und die SE im Anwendungsbereich der Richtlinie[320].

Weniger eindeutig ist demgegenüber der Fall, dass sich eine SE als übernehmender Rechtsträger an einer grenzüberschreitenden Fusion auf der Basis der Richtlinie beteiligen möchte. Dass diese Umwandlung im Ergebnis möglich sein muss, steht außer Frage. Umstritten ist für diesen Fall nur die Abgrenzung zwischen den Anwendungsbereichen der Richtlinie und der SE-VO. Die SE-VO umfasst *ausdrücklich*, wie bereits gesagt, lediglich die Verschmelzung in eine neu gegründete SE (Art. 17 Abs. 1 SE-VO) und die Verschmelzung durch Aufnahme, wobei in dem Fall die aufnehmende Gesellschaft die Form einer SE annehme (Art. 17 Abs. 2 SE-VO). Der Wortlaut des Art. 17 Abs. 2 S. 2 SE-VO schließt aus, dass die aufnehmende Gesellschaft bereits eine SE ist.

Dennoch meinen einige Stimmen in der Literatur, dass diese Konstellation von der SE-VO umfasst wird[321]. Zum Teil wird davon ausgegangen, dass dem Europäischen Gesetzgeber in Art. 17 Abs. 2 S. 2 SE-VO ein schlichtes Redaktionsversehen widerfahren ist. Davon ist aber nicht auszugehen. Beabsichtigt war es, eine umfassende Basis für SE-Gründungen zu schaffen, weshalb auch die Verschmelzung durch Aufnahme als Zielobjekt eine Neugründung in der Form der SE vorsieht. Andere argumentieren damit, dass die SE in dem Fall der Verschmelzung auf eine bestehende SE als eine Aktiengesellschaft nationalen Rechts behandelt werden soll, was im Ergebnis einer Neugründung einer SE gleich komme[322]. Auch dieses Argument ist abzulehnen, da das Endprodukt, egal welches Recht man im Verschmelzungsprozess auf die beteiligten Rechtsträger anwendet, keine neu gegründete SE darstellt. Die SE-VO

---

319 So auch die Begründung zum RegE, BR-Drs. 548/06, 29; *Neye/Timm*, DB 2006, 488, 490.

320 So *Rickford*, EBLR 2005, 1393, 1394; *Louven*, ZIP 2006, 2021, 2024 m.w.N.

321 Vgl. *Oechsler*, NZG 206, 161, 162; *Schröder*, in Manz/Mayer/Schröder, Art. 17, Rn. 3; *Scheifele*, 437; *Heckschen*, in Widmann/Mayer, § 122b, Rn. 64 ff; *Weng*, 175 ff; im Ergebnis ebenso *Simon/Rubner*, Institute for Law and Finance 11/2006, Nr. 53, 1, 4 f.

322 Vgl. *Oechsler*, NZG 2006, 161, 162.

kann für die Verschmelzung auf eine bestehende SE weder direkt[323], noch mangels einer planwidrigen Regelungslücke analog Anwendung finden[324]. Die Konstellation ist stattdessen von der Richtlinie zur grenzüberschreitenden Verschmelzung von Kapitalgesellschaften umfasst[325]. Auch Überlegungen wie die, dass Verschmelzungen auf eine SE in einem anderen Mitgliedstaat als wirtschaftliche Neugründungen betrachtet werden müssen, bzw. die Fusion einem Rechtsformwechsel nahekommen würde[326], führen zu keinem anderen Ergebnis.

Für das Verfahren der Fusion unter der Beteiligung einer SE ist zu anzumerken, dass eine analoge Anwendung der Sperrfrist des Art. 66 SE-VO, wie es manche Autoren fordern[327], nicht in Betracht kommt. Eine Anwendung auf den Fall, dass eine SE übernehmender Rechtsträger ist, scheidet aus, da Art. 66 SE-VO systematisch für die Auflösung einer SE geschaffen wurde[328]. Ist die SE als übertragender Rechtsträger beteiligt, schützt bereits Art. 16 der RL ausreichend vor der Missbrauchsgefahr bezüglich der unternehmerischen Mitbestimmung ("Flucht aus der Mitbestimmung")[329].

d) Verschmelzung

Die Richtlinie führt in Art. 2 Nr. 2 der RL drei mögliche Varianten der grenzüberschreitenden Verschmelzung auf:

- durch Aufnahme auf eine bestehende Gesellschaft (lit. a):

Das ist der Fall, wenn "eine oder mehrere Gesellschaften zum Zeitpunkt ihrer Auflösung ohne Abwicklung ihr gesamtes Aktiv- und Passivvermögen auf eine bereits bestehende Gesellschaft (...) gegen Gewährung von Aktien oder sonstigen Anteilen am Gesellschaftskapital der anderen Gesellschaft an ihre eigenen Gesellschafter und gegebenenfalls einer baren Zuzahlung übertragen (...)." Die Zuzahlung darf dabei eine Schwelle von 10% des Nennwerts oder bei dessen Fehlen des rechnerischen Werts der Aktien oder sonstigen Anteile nicht überschreiten.

---

323 *Bayer*, in Lutter/Hommelhoff, SE-Komm, Art. 17, Rn. 2.

324 Ebenso *Beutel*, 141, der aber ohne die Angabe einer rechtstheoretischen Grundlage im Ergebnis dennoch zu einer Anwendung der Mitbestimmungsregelungen der SE-VO kommt.

325 *Bayer*, in Lutter, § 122b, Rn. 7; *Drinhausen/Keinath*, BB 2006, 725, 726; *Beutel*, 142 f; *Kleinhenz*, 248, 252.

326 Vgl. *Oechsler*, NZG 2006, 161, 162.

327 *Schröder*, in Manz/Mayer/Schröder, Art. 66 SE-VO, Rn. 9; *Oplustil/Schneider*, NZG 2003, 13, 15 ff; *Kleinhenz*, 253.

328 *Beutel*, 142.

329 *Beutel*, 143.

- durch Aufnahme auf eine neue Gesellschaft (lit. b):

Diese Variante unterscheidet sich von der ersten nur in dem Punkt, dass die Zielgesellschaft eine neu gegründete ist. Ansonsten sind die Voraussetzungen der Verschmelzung gleich.

- durch Konzernverschmelzung einer 100%igen Tochter auf ihre Mutter-Gesellschaft (lit. c):

Lit. c beschreibt den Vorgang, durch den eine 100%ige Tochtergesellschaft ihr gesamtes Aktiv- und Passivvermögen zum Zeitpunkt ihrer Auflösung ohne Abwicklung auf ihre Muttergesellschaft überträgt, die sogenannte up-stream-Verschmelzung.

Die Richtlinie erwähnt somit in Art. 2 der RL weder ausdrücklich die Zulässigkeit einer down-stream-Verschmelzung, d.h. einer Verschmelzung der Mutter- auf die Tochtergesellschaft[330], noch die up-stream-Verschmelzung, bei denen die Mutter nicht – wie in Art. 2 Nr. 2 lit. c der RL geregelt – "sämtliche Aktien oder sonstige Anteile an ihrem Gesellschaftskapital besitzt", sondern einen geringeren Anteil. In Art 15 aber, welcher vereinfachte Formalitäten für Konzernverschmelzungen statuiert, wird in Absatz 2 auch für die Verschmelzung auf eine 90%ige Tochter eine Vereinfachung des Verfahrensgangs geregelt. Aufgrund dieser Systematik kann man davon ausgehen, dass Art. 2 Nr. 2 lit. c der RL den Regelungsbereich nicht auf die Verschmelzung auf die 100%ige Tochter beschränken wollte[331]. Aber auch die 90%-Schwelle von Art. 15 Abs. 2 der RL ist keine Anwendungsbeschränkung. Das folgt aus der Systematik, insofern dass die Vorschrift nicht in dem Abschnitt des Anwendungsbereiches auftaucht, sondern beim Verschmelzungsverfahren. Man kann dementsprechend davon ausgehen, dass die up-stream-merger grundsätzlich vom Anwendungsbereich der Richtlinie mit umfasst werden, unabhängig davon, wie viel Prozent der Anteile an der Tochter die Muttergesellschaft inne hat[332].

Die Verschmelzung der Mutter- auf die Tochtergesellschaft wird in der gesamten Richtlinie keinmal erwähnt. Es wird zum Teil in der Literatur davon ausgegangen, dass diese Form nicht im Anwendungsbereich der

---

330 *Sinewe*, DB 2005, 2061.

331 Unklar *Leutner/Wagner*, GPR 2006, 32, 33, *Wiesner*, DB 2005, 91, 92 und *Frischhut*, EWS 2006, 55, 57.

332 *Beutel*, 148; a.A. wohl *Wiesner*, DB 2006, 91, 92, der nur die Verschmelzung auf die 100%ige Mutter erwähnt; *Louven/Dettmeier/Pöschke/Weng*, BB-Spezial 2006, Nr. 3, 1, 13 gehen von der Zulässigkeit der Verschmelzung auf die 100%ige und 90%ige Mutter aus.

Richtlinie enthalten ist[333]. Dass der up-stream-merger über das in Art. 2 Nr. 2 lit. c der RL beschriebene Maß hinaus im Sinne der Richtlinie zulässig sein soll, kann man als Indiz dafür betrachten, dass der Art. 2 Nr. 2 der RL nur eine klarstellende Funktion haben sollte und keine abschließende Aufzählung beinhaltet. Da sich der Katalog des Art. 2 Nr. 2 der RL grundsätzlich an der Definition der Verschmelzung in Art. 2 lit. a der steuerlichen Fusionsrichtlinie[334] orientiert[335], könnte man die Argumentation auf die dort gemachten Ausführungen stützen, wonach die Aufzählung als abschließend betrachtet wird[336].

Letzten Endes ist aber die Richtlinie nach Sinn und Zweck auszulegen und nicht nur historisch. Der Zweck einer relativ klar formulierten Auflistung ist wiederum fraglich, wenn die Aufzählung nicht abschließend, sondern nur beispielhaft ist. Jedoch liegt der Zweck des lit. c woanders. Es gibt einen Unterschied zwischen der Verschmelzung durch Aufnahme/Neugründung (lit. a/b) und der Verschmelzung einer 100%igen Tochter auf die Mutter (lit. c). Bei letzterem kann der der Verschmelzung in den anderen Fällen anhaftende Anteilstausch entfallen, da sich alle Anteile an der übertragenden Tochter schon vor der Fusion in den Händen der aufnehmenden Mutter befanden. Es entfällt also bei dieser Art der Fusion eine Voraussetzung der Verschmelzung. Sinn und Zweck von lit. c ist also diese Klarstellung und die Miteinbeziehung der Verschmelzung auf eine 100%ige Tochter und nicht etwa ein Ausschluss der anderen Arten der Konzernverschmelzung.

Die down-stream-Verschmelzung fällt außerdem ohne weiteres unter lit. a, denn ein Anteilstausch ist nötig, da die Anteile der übertragenden Mutter nicht in den Händen der Tochter liegen, sondern bei Dritten.

Ein Anteilstausch kann möglicherweise bei einem side-stream-merger, also der Verschmelzung von zwei Schwestergesellschaften, entbehrlich sein, wenn die Beteiligungsverhältnisse an der übertragenden und übernehmenden Gesellschaft identisch sind[337]. So soll die Fusion der ZSG Deutschland Vermögensverwaltung GmbH und der Zucker Invest GmbH ohne die Gewährung von Geschäftsanteilen der übernehmenden

---

333 *Geyrhalter/Weber*, DStR 2006, 146, 151; wohl auch *Leutner/Wagner*, GPR 2006, 32, 33. A.A. *Forsthoff*, DStR 2006, 613, 614.

334 RL 90/434/EWG, geändert durch RL 2005/19/EG v. 17.2. 2005, ABl. EG L-58, 19.

335 *Neye*, ZIP 2005, 1893, 1894.

336 *Von der Gröben/Schwarze*, Vorbemerkung zu den Art.90, 93, Rn.14.

337 Siehe die Bekanntmachung des Verschmelzungsplans der Unternehmen ZSG Deutschland Vermögensverwaltung GmbH (Sitz in Mannheim, HRB 9903) und Zucker Invest GmbH (Sitz in Wien, FN 302259 z) vom 19.12.2007.

Gesellschaft durchgeführt werden, da die Zuckermarkt – Studiengesellschaft m.b.H. und die AGRANA Beteiligungs-Aktiengesellschaft sowohl am Stammkapital der übertragenden als auch der übernehmenden Gesellschaft im selben Verhältnis beteiligt sind. Grundlage dieser Lösung soll gemäß des Verschmelzungsplans § 224 Abs. 2 Z 1 AktG, § 122a Abs. 2 i.V.m. § 54 Abs. 1 S. 3 UmwG sein, wobei sämtliche Gesellschafter der übertragenden Gesellschaft auf die Gewährung von Anteilen verzichten[338]. Obwohl die Verschmelzung zweier Schwestergesellschaften unter Verzicht der Gewährung von Anteilen der übernehmenden Gesellschaft in lit. c nicht explizit erwähnt ist, so kann diese Möglichkeit unter den Sinn und Zweck der Regelung (die unnötige Anteilsgewährung zu vermeiden) subsumiert werden.

Man kann schließlich noch feststellen, dass die Richtlinie in ihrer Definition von Verschmelzungen nicht zwischen Herein- und Herausverschmelzungen unterscheidet und somit beide erlaubt[339]. Sie legt außerdem für Herausverschmelzungen keine Einschränkungen im Anwendungsbereich fest.

2. Art. 3 der RL

a) Art. 3 Abs. 1 der RL

Die Richtlinie findet nach Art. 3 Abs. 1 der RL auch Anwendung, wenn entgegen der Voraussetzung in Art. 2 Nr. 2 der RL das Recht von mindestens einem der beteiligten Mitgliedstaaten die bare Zuzahlung über die Schwelle von 10 % des Nennwerts (oder des rechnerischen Werts) hinaus zulässt. Diese Ausnahme wurde zwar von der deutschen Delegation in den Verhandlungen zur Richtlinie angegriffen[340], ist aber dennoch in die verabschiedete Fassung miteinbezogen worden[341]. Die dritte Richtlinie zur innerstaatlichen Fusion von Aktiengesellschaften überließ den Mitgliedstaaten die Möglichkeit, die 10%-Grenze nicht zu statuieren (vgl. Art. 30 der 3.Richtlinie). Diese Ausnahme ist der Kritik unterworfen, da

---

338 Siehe den Verschmelzungsplan der Unternehmen ZSG Deutschland Vermögensverwaltung GmbH (Sitz in Mannheim, HRB 9903) und Zucker Invest GmbH (Sitz in Wien, FN 302259 z) vom 17.12.2007, S. 6 f.

339 *Leible/Hoffmann*, RIW 2006, 161, 167; *Krause/Kulpa*, ZHR 171 (2007), 38, 52; a.A. *Spahlinger/Wegen*, NZG 2006, 721, 726, welche die Herausverschmelzung ohne Begründung als nicht umfasst ansehen.

340 Siehe *Neye*, ZIP 2005, 1893, 1894.

341 Die Vorschrift wurde aufgrund eines in der ersten Lesung beschlossenen Änderungswunsches des Europäischen Parlaments mit aufgenommen. Vgl. den Bericht des Rechtsausschusses v. 25.4.2005, Dok. A6-89/2005, 16 (Berichterstatter Klaus-Heiner Lehne).

mit der weitgehenden Anhebung dieser Schwelle die Grenze zwischen der Verschmelzung (mit Tauschcharakter) und der Übernahme (mit Zahlungscharakter) verwischt[342].

Kritisiert wird außerdem, dass Gesellschaften aus Mitgliedstaaten aufeinander treffen könnten, von denen einer von der Ausnahme des Art. 30 der 3. Richtlinie Gebrauch gemacht hat und der andere nicht. Problematisch ist dabei, dass im Verschmelzungsplan neben dem Umtauschverhältnis auch die bare Zuzahlung nach einheitlichen Grundsätzen angegeben werden muss[343]. Die Parteien müssen sich also schon im Plan einigen auf eine für beide akzeptable Lösung. Nach der bei grenzüberschreitenden Verschmelzungen anzuwendenden Vereinigungstheorie[344] gilt für jede der beteiligten Gesellschaften deren jeweiliges nationales Recht, wenn und soweit sich aus der Richtlinie nichts anderes ergibt (vgl. Erwägungsgrund 3 der RL). An den Punkten aber, wo ein Zusammenspiel der nationalen Regelungen nötig ist, soll die strengere der beiden Regelungen gelten[345]. Verschmelzen sich ein deutsches und ein finnisches Unternehmen, dann läge ein solcher Sachverhalt vor, da die Bundesrepublik im Gegensatz zu Finnland von der Ausnahme des Art. 30 der 3. Richtlinie keinen Gebrauch gemacht hat. Der Verschmelzungsplan[346] ist ein Punkt im Verfahren, bei dem beide Rechtsordnungen tangiert werden und zusammenspielen müssen. Es setzt sich also die strengere durch, was in diesem Fall die Regel mit der klaren 10%-Grenze wäre.

Im Ergebnis kommt demnach die laxere Grenze nur zum Tragen, wenn die Ausnahme des Art. 30 der 3.Richtlinie in das Recht aller beteiligten Gesellschaften aufgenommen wurde. Ansonsten setzt sich ohnehin im-

---

342 Siehe *Neye*, ZIP 2005, 1893, 1894 (Fn. 19).

343 Siehe *Neye*, ZIP 2005, 1893, 1894.

344 Diese ist schon vor Erlass der Richtlinie die h.M. zur Bestimmung des anwendbaren Rechts bei der grenzüberschreitenden Verschmelzung gewesen und auch nach Erlass. Denn die in der Richtlinie nicht geregelten Bereiche sind offen für die Anwendung des jeweiligen Heimatrechts der Gesellschaften, S. Art. 4 Abs. 1 lit. b der RL. Siehe hierzu S. 97.

345 *Oechsler*, NZG 2006, 161, 162 m.w.N. weist hingegen darauf hin, dass Art. 10, 11 der RL eine klarere Abgrenzung vornehmen. Er stellt fest, dass die Frage der höheren Zuzahlung die Wirksamkeit des Verschmelzungsbeschlusses der übertragenden Gesellschaft betreffen würde. Verhindert werden soll durch die Begrenzung der Ausverkauf der Gesellschafter, die sich vielleicht durch die Zuzahlung mit einem geringeren Anteil an der künftigen Gesellschaft zufrieden geben. Gem. Art. 10, 11 der RL würde dann die Kompetenz in dieser Rechtsfrage beim übertragenden Rechtsträger liegen.

346 Dabei handelt es sich um den Verschmelzungsvertrag im Sinne des § 5 UmwG (*Forsthoff*, DStR 2006, 613, 614).

mer die strengere Regelung durch, was bedeutet, dass die Ausnahme weniger problematisch ist, als sie scheint.

b) *Art. 3 Abs. 3 der RL*

Zwischen den Verhandlungspartnern war es unstreitig, die sog. OGAW (Organismen für gemeinsame Anlagen in Wertpapieren) im Sinne des Art. 1 der RL 85/611/EWG[347] vom Anwendungsbereich auszunehmen. So schließt Art. 3 Abs. 3 der RL "Gesellschaften, deren Zweck es ist, vom Publikum bei ihr eingelegte Gelder nach dem Grundsatz der Risikostreuung gemeinsam anzulegen und deren Anteile auf Verlangen der Anteilsinhaber unmittelbar oder mittelbar zu Lasten des Vermögens dieser Gesellschaften zurückgenommen oder ausgezahlt werden" vom Anwendungsbereich aus. Für solche Anlagegesellschaften gelten spezielle Vorschriften, und man war sich einig, dass eine etwaige Fusion derartiger Gesellschaften auch in diesem speziellen Kontext zu regeln sei[348].

3. Umsetzung des Anwendungsbereichs der RL ins Umwandlungsgesetz

Die Umsetzung des Anwendungsbereichs der Richtlinie wurde in §§ 122a und b UmwG vorgenommen. Art. 1 der RL wurde nahezu wörtlich in die § 122a Abs. 1 und § 122b Abs.1 UmwG übernommen. Als missverständlich kritisiert wird in der Literatur zum Teil die Formulierung des § 122a Abs.1 UmwG, dass "mindestens eine der beteiligten Gesellschaften dem Recht eines anderen Mitgliedstaats" (der EU oder des EWR) unterliegen müsse[349]. Man könnte aus dem Wortlaut etwa herauslesen, dass vom UmwG auch eine Verschmelzung erfasst sein sollte, bei welcher alle beteiligten Gesellschaften aus anderen Mitgliedstaaten kommen[350], eventuell sogar aus Drittländern[351]. Man muss den § 122a UmwG aber so verstehen, dass die Beteiligung einer deutschen Gesellschaft bei Erstellung der §§ 122aff UmwG vorausgesetzt wurde, da ansonsten das UmwG

---

347 ABl. EG L-375 v. 31.12.1985, 3.

348 *Neye*, ZIP 2005, 1893, 1895. Eingefügt wurde diese Ausnahme dennoch erst aufgrund eines Änderungsvorschlages des Europäischen Parlaments. Vgl. den Bericht des Rechtsausschusses v. 25.4.2005, Dok. A6-89/2005, 16 (Berichterstatter Klaus-Heiner Lehne).

349 Der Handelsrechtsausschuss des DAV, NZG 2006, 737, 740; *Kallmeyer*, GmbHR 2006, 418, 419.

350 *Kallmeyer*, GmbHR 2006, 418, 419.

351 Der Handelsrechtsausschuss des DAV, NZG 2006, 737, 740.

gar keine Anwendung finden würde[352]. Es ging dem deutschen Gesetzgeber vielmehr darum, den grenzüberschreitenden Charakter des Sachverhalts herauszukehren, indem mindestens eine weitere Gesellschaft aus dem EU (bzw. EWR)-Ausland beteiligt sein müsste.

Das zur Quasi-Sitzverlegung Genannte, verliert auch im deutschen Umsetzungsrecht nicht seine Geltung. Die deutsche Umsetzung enthält keine aus der SE-VO bekannten Einschränkungen[353], welche im Falle der Neugründung des ausländischen Fusionspartners verhindern sollen, dass man auf diese Weise schon vor Verabschiedung der Sitzverlegungsrichtlinie eine Quasi-Sitzverlegung erreichen kann.

Anders sieht es aber mit der Frage aus, ob die sog. "NewCo-Fälle" miteinbezogen sein sollten. Dies wurde auf der Ebene der Richtlinie auch bezogen auf den Wortlaut zu Recht abgelehnt. Der Wortlaut des § 122a Abs. 1 UmwG stellt nun gegenüber der Richtlinie nicht auf die Ausgangsgesellschaften ab, sondern auf die beteiligten Gesellschaften, was den "NewCo-Fällen" die Miteinbeziehung eröffnet. Man kann davon ausgehen, dass der deutsche Umsetzungsgesetzgeber dies bewusst so entschied, da die Problematik bereits bekannt war[354]. Diese überschießende Umsetzung der Richtlinie ist europarechtlich zulässig, da sie die Intention der 10. Richtlinie, grenzüberschreitende Verschmelzungen zu erleichtern, aufgreift und die 10. Richtlinie an dem Punkt nicht abschließend sein will[355].

Das anwendbare Recht gem. § 122a Abs. 1 UmwG bestimmt man über die Gründungstheorie, welche nun in § 10 Abs. 1 S. 1 RefE EGBGB im deutschen Recht kodifiziert wurde.

Für die Bestimmung der Kapitalgesellschaften als verschmelzungsfähige Rechtsträger sieht die Umsetzung vor, in § 122b Abs. 1 UmwG der Einfachheit halber auf Art. 2 Nr. 1 der RL zu verweisen, wofür auf die oben gemachten Ausführungen verwiesen werden kann[356]. Der Kreis der aus-

---

352 So im Ergebnis auch Der Handelsrechtsausschuss des DAV, NZG 2006, 737, 740; *Kallmeyer*, GmbHR 2006, 418, 419; *Bayer*, in Lutter, § 122a, Rn. 22 mit dem Argument, dass dem deutschen Gesetzgeber ansonsten die Regelungskompetenz fehlen würde.

353 Vgl. Art. 2 Abs. 2 lit. b, Abs. 3 lit. b und Abs. 4 SE-VO. Dort wird u.a. für die Gründung der Holding-SE (Partner= Tochtergesellschaft) ausdrücklich gefordert, dass zwischen der Gründung des Partners und der Strukturmaßnahme eine gewisse Zeit vergehen muss (in der Regel zwei Jahre). Mehr dazu oben auf S. 59.

354 *Bayer*, in Lutter, § 122a, Rn. 26; vgl. oben die Streitdarstellung auf S. 57.

355 Frenzel, 128 f; *ders.*, RIW 2008, 12, 14; *Bayer*, in Lutter, § 122a, Rn. 26.

356 Siehe S. 72 ff.

ländischen, verschmelzungsfähigen Rechtsträger wird jedoch erweitert auf Kapitalgesellschaften aus den Mitgliedstaaten des EWR mit Blick auf die voraussichtliche Übernahme der 10. Richtlinie im Rechtsraum der EWR[357]. Im Referentenentwurf war die Miteinbeziehung der EWR noch in Klammern gesetzt, welche aber, wie auch geschehen, laut Begründung aufgrund der geplanten Umsetzung der 10. Richtlinie in den EWR im Regierungsentwurf entfallen sollten[358].

Verschmelzungsfähig wären in Deutschland damit die AG, KGaA und die GmbH, darüber hinaus aber auch laut dem Willen des Gesetzgebers die SE (mit Ausnahme der Fusion zur Gründung einer SE)[359].

Umstritten ist, ob Gesellschaften aus den USA für eine grenzüberschreitende Verschmelzung nach dem UmwG in Frage kommen. Einige Stimmen in der Literatur befürworten eine Miteinbeziehung der US-Gesellschaften mit Hinweis auf den Freundschafts-, Handels- und Schifffahrtsvertrag mit den USA (FCN-Vertrag)[360]. Es sollten nach der Meistbegünstigungsvereinbarung [361] grenzüberschreitende Umwandlungen unter der Beteiligung von Rechtsträgern aus einem US-amerikanischen Bundesstaat in gleichem Umfang zugelassen werden wie solche unter der Beteiligung von Gesellschaften mit Sitz in einem EU-Mitgliedstaat.

---

357 Siehe zu § 122a Abs. 1 in der Begründung zum RegE, BR-Drs. 548/06, 28.

358 Begründung zum RefE (www.bmj.bund.de), 9; Die Begründung zum RegE, BR-Drs. 548/06, 28 bezieht sich darauf, dass die EWR die Richtlinie voraussichtlich in den nächsten Monaten übernehmen werden, als Anlage zum Abkommen über den Europäischen Wirtschaftsraum, s. ABl. EU Nr. 001 v. 3.1.1994, 3. Siehe zu den Voraussetzungen der Einbeziehung der EU- bzw. EWR-Gesellschaften *Bayer*, in Lutter, § 122b, Rn. 8 ff.

359 Siehe die Begründung zum RegE, BR-Drs. 548/06, 29, welcher sich zur Miteinbeziehung der SE auf Art. 9 Abs. 1 lit. c) ii) und Art. 10 SE-VO stützt; *Müller*, NZG 2006, 286, 287; *Neye/Timm*, DB 2006, 488, 490; *Drinhausen/Keinath*, BB 2006, 725, 726; *Bayer*, in Lutter, § 122a, Rn. 28, § 122b, Rn. 7; *Beutel*, 139. Zur Einbeziehung der SE in die RL siehe S. 76 f. *Louven*, ZIP 2006, 2021, 2024 hebt mit Blick auf Art. 66 Abs. 1 S. 2 SE-VO hervor, eine Verschmelzung nach der 10. Richtlinie unter Beteiligung einer SE sei in Analogie zu dieser Vorschrift erstmals zwei Jahre nach Eintragung der SE oder nach Genehmigung der ersten beiden Jahresabschlüsse möglich. Zur passiven Verschmelzungsfähigkeit deutscher Gesellschaften in ausgewählten Ländern siehe *Frenzel*, 164 ff.

360 *Kiem*, WM 2006, 1091, 1093. Im Ergebnis ebenso *Kloster*, GmbHR 2003, 1413, 1417, allerdings gestützt auf das Diskriminierungsverbot des Art. 24 Abs. 1 DBA USA.

361 US-amerikanische Gesellschaften sind gem. Art. VII Abs. 1, 4, Art. XXV Abs. 1, 4, 5 FCN-Vertrag im Hoheitsgebiet der Bundesrepublik Deutschland nicht weniger günstig zu behandeln, als Gesellschaften eines dritten Staates.

Es wird allerdings zu Recht darauf hingewiesen, dass Art. VII Abs. 1 S. 3 des Handelsvertrags von 1954 bei der Aufzählung der zu gewährenden Niederlassungsrechte Umwandlungen nicht explizit mit aufführt[362]. Sie unterfallen daher nicht der Gleichstellungsklausel. Abgesehen davon gewährt Art. VII Abs. 1 des FCN-Vertrags den US-Gesellschaften zwar ein Recht auf Inländerbehandlung innerhalb ihrer geschäftlichen Tätigkeit, jedoch nur soweit nicht andere Differenzierungsgründe hinzukommen, wie hier die Komplexität der grenzüberschreitenden Umwandlungen aufgrund dem notwendigen Zusammenspiel mehrerer Rechtsordnungen[363]. Zum Teil wird ein Umwandlungsrecht für US-Gesellschaften auf der Basis des Handelsvertrages außerdem aufgrund des lex posterior-Grundsatzes abgelehnt, da das UmwG erst nach dem Vertragsschluss in Kraft getreten sei[364]. Argumentiert wird auch damit, dass die gegenüber US-amerikanischen Gesellschaften geltende Pflicht zur Meistbegünstigung hier nicht zu einer passiven Verschmelzungsfähigkeit der US-amerikanischen Gesellschaften führe, denn die vorauszusetzende Vergleichbarkeit mit den Staaten der europäischen Gemeinschaft sei abzulehnen. Die Mitgliedstaaten des regionalen Integrationsraums der EU stünden zueinander in einem besonderen Näheverhältnis, welches nicht das Verhältnis zu einer US-amerikanischen Gesellschaft kennzeichnet[365].

In § 122b Abs. 2 Nr. 1 UmwG wird die Genossenschaft von der Möglichkeit der grenzüberschreitenden Verschmelzung ausgenommen. Der deutsche Gesetzgeber nutzt damit die Ermächtigung in Art. 3 Abs. 2 der RL, bezüglich der Genossenschaften einen so genannten opt-out wählen zu können. Während sie nach deutschem Recht mangels Gesellschaftskapital keine Kapitalgesellschaften[366] darstellen, erfüllen sie in anderen

---

362 *Engert*, in Eidenmüller § 4, Rn. 98; *Kindler*, in MüKo, IntWR, 4. Aufl. 2006, IntGesR, Rn. 879; *Louven*, ZIP 2006, 2021, 2022, der außerdem der Ansicht ist, dass schon die komplizierte Durchführung dieses Vorhabens die Gesellschaften abschrecken müsste; *Frenzel*, 175 ff. vertritt die Ansicht, dass über eine Auslegung auch die Verschmelzung im sachlichen Anwendungsbereich des Freundschaftsvertrages enthalten sei.

363 *Engert*, in Eidenmüller § 4, Rn. 98; *Kindler*, in MüKo, IntWR, 4. Aufl. 2006, IntGesR, Rn. 879.

364 *Engert*, in Eidenmüller § 4, Rn. 98.

365 *Frenzel*, 178 ff.

366 Vgl. § 3 Abs. 1 UmwG, § 264 HGB. Es ist aber darauf hinzuweisen, dass laut dem am 18.8.2006 in Kraft getretenen Gesetz zur Einführung der Europäischen Genossenschaft und zur Änderung des Genossenschaftsrechts den Genossenschaften künftig die Möglichkeit offen stehen soll, in der Satzung ein Mindestkapital festzusetzen, vgl. § 8 a GenG.

Mitgliedstaaten durchaus die Voraussetzungen, welche Art. 2 Nr. 1 der RL für Kapitalgesellschaften anführen[367]. Daran sieht man, dass aufgrund einer fehlenden europäischen Harmonisierung des Genossenschaftsrechts unter diesem Begriff allerlei firmiert, was zu Schwierigkeiten bei der Durchführung einer transnationalen Fusion führen würde[368]. Letztlich steht den Genossenschaften außerdem die Gründung einer Europäischen Genossenschaft[369] zur Stillung des Bedürfnisses nach einer europäischen Umstrukturierungsmaßnahme offen[370]. An einer transnationalen Fusion interessierte Genossenschaften müssten also nun zunächst einen Formwechsel auf eine Kapitalgesellschaft durchleben, bevor sie ihr Ziel erreichen können[371].

Der Art. 2 Nr. 2 a)-c) der RL findet sich nicht im UmwG wieder, d.h. es wurde auf eine gesonderte Aufzählung der Verschmelzungsformen verzichtet. Verzichtet wurde auch auf eine Klarstellung dahingehend, dass die gewünschte Verschmelzungskombination auch von Rechtsordnung der beteiligten ausländischen Gesellschaft zulässig sein muss; vgl. Art. 4 Abs. 1 lit. a der RL[372].

V Das Grundkonzept der Richtlinie

Art. 4 der RL vermittelt das Grundkonzept, auf dem die Richtlinie basiert. Art. 4 Abs. 1 lit. a der RL enthält ein Diskriminierungsverbot, welches verhindern soll, dass dem nationalen Recht ein ihm unbekanntes Rechtsinstitut aufgezwungen wird. Ansonsten bietet die Richtlinie neben einigen Sachnormen mit Verfahrensregelungen auch einen kollisionsrechtlichen Ansatz, indem Art. 4 Abs. 1 lit. b der RL für die nicht von der Richtlinie geregelten Bereiche ergänzend auf die nationalen Rechtsordnungen verweist[373]. Dadurch soll die internationale Verschmelzung der den Marktteilnehmern vertrauten innerstaatlichen Fusion angenähert

---

[367] *Müller*, NZG 2006, 286, 287. Begründung zum RefE (www.bmj.bund.de)rentenentwurfs eines Zweiten Gesetzes zur Änderung des Umwandlungsgesetzes, 11.

[368] *Müller*, NZG 2006, 286, 287.

[369] Verordnung (EG) Nr. 1435/2003 über das Statut der Europäischen Genossenschaft (SCE), ABl. L-207 v. 18.8.2003, 1-24.

[370] Siehe die Begründung zum RegE, BR-Drs. 548/06, 30. *Kiem*, WM 2006, 1091, 1093 bezweifelt, dass der Ausschluss der Genossenschaften von der grenzüberschreitenden Fusion sachgerecht ist. *Bayer*, in Lutter, § 122b, Rn. 15 wirft auf, dass die Gründung einer SCE möglicherweise kein gleichwertiges Äquivalent sei.

[371] *Kiem*, WM 2006, 1091, 1094.

[372] *Bayer*, in Lutter, § 122b, Rn. 14.

[373] *Grundmann*, § 25, Rn. 903 zu der Mischung Sondersachrecht und Kollisionsrecht.

werden[374]. Die Sachvorschriften in Art. 5 ff der RL folgen einer schon bekannten und bewährten europäischen Systematik, welche die Schritte Plan, Bericht, sachverständige Prüfung und Beschluss umfasst. Dieses Modell wurde für die 3. Richtlinie entwickelt, welche als "Basisrechtsakt für ein Europäisches Recht der Strukturmaßnahmen"[375] auch im Hinblick auf das Vorhaben der grenzüberschreitenden Verschmelzung geschaffen wurde[376], und hat bereits in die SE-VO und SCE-VO Eingang gefunden.

Das Prinzip gründet sich auf den Gedanken des Schutzes durch Information[377]. Schutzbedürftig sind Aktionäre, Gläubiger und Arbeitnehmer der beteiligten Gesellschaften[378]. Die Anteilsinhaber der übertragenden Gesellschaft werden nach der Fusion Aktionäre einer anderen Gesellschaft sein, mit einem anderen – eventuell schlechteren – Umtauschverhältnis. Im Interesse der Aktionäre der übernehmenden Gesellschaft ist es, dass das Umtauschverhältnis nicht überhöht ist. Zum zweiten sind die Gläubiger der übertragenden Gesellschaft schützenswert, da sie einen neuen – vielleicht nicht so solventen – Schuldner erhalten, und diejenigen der Zielgesellschaft, da ihr Schuldner nun zusätzliche Gläubiger hat, worunter eventuell seine Bonität leidet. Außerdem sind schließlich die Arbeitnehmer schutzbedürftig, indem sie möglicherweise in dem Arbeitsverhältnis mit der neuen Gesellschaft einen anderen oder gar keinen Kündigungsschutz genießen.

Der Sicherung der Aktionärsrechte liegt ein vielschichtiges Informationssystem zugrunde, welches für die 3. Richtlinie (VRL)[379] entwickelt wurde und schon in die SE-VO[380] Eingang gefunden hat. Hauptbestandteil dieses Systems ist der Beschluss der Richtlinie durch die Zustimmung der Gesellschafterversammlung zum gemeinsamen Verschmelzungsplan, vgl. z.B. Art. 9 der RL, Art. 7 VRL sowie Art. 23 SE-VO. Die Entscheidung für oder gegen eine Verschmelzung treffen demnach im Sinne einer

---

374 Siehe die Begründung zum Richtlinienvorschlag, Komm (2003), 703, 3.

375 *Grundmann*, § 25, Rn. 845.

376 *Hommelhoff/Riesenhuber*, in Grundmann, Systembildung und Systemlücken in Kerngebieten des Europäischen PrivatR, 259, 269 f. m.w.N.

377 *Bayer*, NJW 2006, 401, 402. Zu dem Prinzip Schutz durch Information siehe *Grundmann*, § 25, Rn.865; *Riesenhuber*, NZG 2004, 15 ff; *Hommelhoff/Riesenhuber*, in Grundmann, Systembildung und Systemlücken in Kerngebieten des Europäischen PrivatR, 259, 272 ff.

378 *Riesenhuber*, NZG 2004, 15, 18 f. *Behrens*, 123 ff. kommt nach eingehender Prüfung dazu, dass der Schutz der Besagten und der damit einhergehende Eingriff in die unternehmerische Freiheit geeignet und erforderlich ist.

379 3. Richtlinie 78/855/EWG v. 9.10.1978, ABl. EG L-295 v. 20.10.1978, 36.

380 Verordnung (EG) Nr. 2157/2001 v. 8.10. 2001, ABl. EG L-294 v. 10.11.2001, 1.

"formalen Mitbestimmung"[381] letzten Endes die Gesellschafter. Einen Monat vor der Gesellschafterversammlung muss der Verschmelzungsplan bekannt gemacht werden (Art. 6 der RL, Art. 6 VRL), in dessen Mindestinhalt unter anderem auch das Umtauschverhältnis gehört (Art. 5 Abs. 2 VRL und Art. 5 der RL). Darüber hinaus erhalten die Gesellschafter einen Monat vor der Versammlung auch noch einen Bericht des Leitungs- oder Verwaltungsorgans über die rechtlichen und wirtschaftlichen Aspekte und die Auswirkungen der Verschmelzung einerseits und eines unabhängigen Sachverständigen über die Angemessenheit des Umtauschangebots andererseits (Art. 7, 8 der RL und Art. 9, 10 VRL). Die Einhaltung dieser Vorschriften ist schlussendlich auch einer Überprüfung unterworfen (Art. 16 VRL, Art. 10, 11 der RL). Diesem System liegt eine "disziplinierende Funktion"[382] zugrunde, indem die Leitungs- oder Verwaltungsorgane ihre Entscheidung gründlich treffen und schriftlich festlegen müssen. Außerdem haben die Gesellschafter durch die Berichte von Unternehmensführung und Sachverständigen eine fundierte Grundlage, um ihr Abstimmungsverhalten zu überdenken[383], man kann von einer sog. "materialen Mitentscheidungsbefugnis" sprechen[384]. Dieser vorbeugende Schutz ist insbesondere in Anbetracht des absoluten Bestandsschutzes nach Art. 17 der RL bedeutsam, wonach nach der Wirksamkeit der Fusion diese nicht mehr als nichtig erklärt werden kann[385].

Der Gläubigerschutz wird den mitgliedstaatlichen Rechtsordnungen überlassen, wobei die VRL den nationalen Gesetzgeber zumindest verpflichtet, ein angemessenes Schutzsystem zu entwerfen (Art. 13 Abs. 1VRL). Die Richtlinie über die grenzüberschreitende Verschmelzung hingegen legt nur fest, dass der Schutz der Gläubiger nach innerstaatlichem Recht geht (Art. 4 Abs. 1 lit. b, Abs. 2 der RL). Für die Aktiengesellschaften ist in den Mitgliedstaaten ein angemessener Schutz schon aufgrund der 3. Richtlinie entwickelt und eingefügt worden.

---

381 *Riesenhuber*, NZG 2004, 15, 19.

382 *Hommelhoff/Riesenhuber*, in Grundmann, Systembildung und Systemlücken in Kerngebieten des Europäischen PrivatR, 259, 274. Die Autoren sehen eine Schwachstelle des Systems darin, dass die Zustimmung der Versammlung nur die Mehrheit der Stimmen verlangt. Der Minderheit stehe kein Vetorecht zu, weshalb das Informationssystem ihr nur "reflexartigen Schutz" biete.

383 *Hommelhoff/Riesenhuber*, in Grundmann, Systembildung und Systemlücken in Kerngebieten des Europäischen PrivatR, 259, 274.

384 *Riesenhuber*, NZG 2004, 15, 19.

385 *Behrens*, 119.

Im Bereich des Arbeitnehmerschutzes verweist die 3. Richtlinie in Art. 12 VRL auf die Betriebsübergangsrichtlinie (BÜRL), während die 10. Richtlinie neben einem Verweis zu den nationalen Rechtsordnungen (Art. 4 Abs. 1 lit. b, Abs. 2 der RL) in Art. 16 der RL ein zur SE entwickeltes ausgeklügeltes Mitbestimmungssystem bereithält.

Die wohl wichtigste Regelung, dass eine grenzüberschreitende Fusion von den Mitgliedstaaten zu erlauben ist (falls sie eine nationale Fusion zulassen), findet sich in der Richtlinie nur implizit aus den für diese getroffenen Vorschriften[386].

1. Art. 4 Abs. 1 lit. a der RL

Art. 4 Abs. 1 lit. a der RL macht die Zulässigkeit der grenzüberschreitenden Verschmelzung davon abhängig, ob die in Frage stehende Rechtsform sich nach innerstaatlichem Recht der jeweiligen Mitgliedstaaten national verschmelzen kann[387]. Diese Voraussetzung soll verhindern, dass den Mitgliedstaaten Varianten grenzüberschreitender Verschmelzung aufgezwungen werden, welche ihrem innerstaatlichen Recht unbekannt sind[388]. Die Verschmelzungsmöglichkeiten sollen durch die Vorschriften der Richtlinie demnach nicht vermehrt, sondern nur die bestehenden der internationalen Anwendung eröffnet werden.[389] Diese Schutzklausel ging aus einem Kompromissvorschlag der niederländischen Ratspräsidentschaft hervor und ist erst im Rat eingefügt worden[390].

Man kann diese Voraussetzung auch andersherum betrachten und in ihr ein Diskriminierungsverbot sehen[391]. Gemäß Art. 4 Abs. 1 lit. a der RL wird nicht nur keinem Mitgliedstaat die grenzüberschreitende Verschmelzung aufgezwungen. Vor allem darf ein Mitgliedstaat, welcher "seinen" Unternehmen die nationale Fusion erlaubt, diesen die grenzüberschreitende nicht verwehren[392].

---

386 *Grundmann*, § 26, Rn. 903 m.w.N.

387 Als undurchführbar erweist sich beispielsweise die Verschmelzung einer deutschen AG auf eine österreichische GmbH, da gem. § 234 öAktG eine Verschmelzung zwischen einer AG und einer GmbH nur möglich ist, wenn die AG die übernehmende Gesellschaft ist, siehe *Müller*, ZIP 2004, 1790, 1792 m.w.N.

388 *Bayer/Schmidt*, NJW 2006, 401.

389 *Neye*, ZIP 2005, 1893, 1895.

390 *Bayer/Schmidt*, NJW 2006, 401; vgl. Rats-Dok. 14 687/04.

391 So *Oechsler*, NZG 2006, 161; *Leible/Hoffmann*, RIW 2006, 161, 167; *Krause/Kulpa*, ZHR 171 (2007), 38, 52.

392 Siehe Erwägungsgrund (2) der Richtlinie 2005/56/EG v. 26.10.2005, ABl. EU L-310 v. 25.11.2005, 1.

Europarechtlich vorgegeben ist nur die innerstaatliche Verschmelzungsmöglichkeit der Aktiengesellschaft durch die Umsetzung der 3. Richtlinie. Manche Mitgliedstaaten haben bei der Umsetzung dieser Vorschriften zugunsten der Übersichtlichkeit und Transparenz die Verschmelzungsmöglichkeit und/oder das Rechtsgerüst auch für andere Rechtsformen übernommen. Ein Beispiel dafür ist das deutsche UmwG. In diesen Fällen wurde der Anwendbarkeit der Richtlinie über die grenzüberschreitende Verschmelzung der Weg geebnet[393]. Andere Mitgliedstaaten haben es bei der Verschmelzung der AG belassen und können dieses auch in Zukunft tun. Die Richtlinie will nicht den sachlichen Anwendungsbereich des nationalen Verschmelzungsrechts bestimmen[394].

Behrens untersucht in seiner Abhandlung, ob die Regelung des Art. 4 Abs. 1 lit. a der RL einen Verstoß gegen die Niederlassungsfreiheit darstelle, insofern dass die Mitgliedsstaaten die Verschmelzungsfähigkeit tatsächlich einschränken können, indem sie auch innerstaatlich anderen als in der 3. RL geregelten Kapitalgesellschaften die Fusion nicht erlauben[395]. Er beurteilt diese Frage aber negativ – sowohl für die Hereinverschmelzung als auch die Herausverschmelzung jeweils aus der Sicht beider Gesellschaften. Zum einen wendet er für die ausländischen Gesellschaften bei einem Verbot der Hereinverschmelzung die Keck-Grundsätze auf die Niederlassungsfreiheit an[396]. Zum anderen vertritt er bezüglich eines Wegzugsverbots die Ansicht, dass die Niederlassungsfreiheit keine einheitliche Beurteilung von Wegzug und Zuzug gebiete, der Gründungsstaat durchaus einer Gesellschaft das Recht auf Wegzug versagen dürfe[397].

Fraglich ist auch an dieser Stelle wiederum, wie man das "innerstaatliche Recht der jeweiligen Mitgliedstaaten" bestimmt, auf welches sich Art. 4 Abs. 1 lit. a der RL bezieht. Mit dem innerstaatlichen Recht kann nur das jeweils auf die beteiligten Rechtsträger anwendbare Recht gemeint sein.

---

393 *Kallmeyer/Kappes*, AG 2006, 224, 228.

394 *Leible/Hoffmann*, RIW 2006, 161, 167; zu einer möglichen Notwendigkeit der Analogiebildung siehe *Behrens*, 126 ff.

395 *Behrens*, 41 ff. Darüber hinaus lehnt er außerdem einen Verstoß gegen die Kapitalverkehrsfreiheit nach Art. 56 EGV ab (49 ff.) und bejaht eine Vereinbarkeit mit dem gemeinschaftsrechtlichen Gleichheitsgrundsatz (52 ff.).

396 Er beurteilt diese Beschränkung als eine Maßnahme, die den Marktzugang nicht behindert. Daher liege kein Eingriff gegen die Niederlassungsfreiheit vor; vgl. *Behrens*, 45 f.

397 Allerdings weist er darauf hin, dass der EuGH demnächst in dem Vorlageverfahren des ungarischen Regionalgerichts Szeged mit dem Aktenzeichen Rs. C-210/06 anderweitig entscheiden könnte. Siehe *Behrens*, 48 f.

Es stellt sich also an diesem Punkt wiederum die Frage, wie man ermittelt, welches Recht auf die Rechtsträger anwendbar ist. Die Richtlinie lässt die Streitfrage zwischen Gründungs- und Sitztheorie auch an diesem Punkt offen[398]. Auch wenn die Erwägungsgründe ein Bekenntnis zur Gründungstheorie enthalten, findet man im Richtlinientext selber keine Angaben dazu[399]. Die Richtlinie gibt nicht vor, wie man diesen Streit entscheidet, sondern bestimmt nur, dass die nationalen Rechte in ihren Lücken zur Anwendung gelangen[400]. Welche Rechtsordnungen das sind, ist daher auf kollisionsrechtlichem Wege zu entscheiden.

Seit der Inspire Art-Entscheidung des EuGH kann man davon ausgehen, dass die in Deutschland vorher praktizierte Sitztheorie für europäische Sachverhalte gegen die Niederlassungsfreiheit gemäß Art. 43, 48 EGV verstößt[401]. Es ist anzunehmen, dass nun die Gründungstheorie für europäische Sachverhalte auch in Deutschland vertreten werden muss. Unterstützt wird diese Annahme auch durch den am 7. Januar 2008 veröffentlichen Referentenentwurf für ein Gesetz zum Internationalen Privatrecht der Gesellschaften, Vereine und juristischen Personen[402]. Denn dort hat in § 10 Abs. 1 S. 1 RefE EGBGB die Gründungstheorie Eingang gefunden.

Im Ergebnis ist für die Gesellschaften demnach das Recht ihres Gründungsstaates anwendbar[403]. Dieses Recht ist zu befragen, ob es die nationale Verschmelzung für die in Frage stehende Rechtsform zulässt, um zu ermitteln, ob die Gesellschaften sich grenzüberschreitend verschmelzen können, vgl. Art. 4 Abs. 1 lit. a der RL.

2. Art. 4 Abs. 1 lit. b, Abs. 2 der RL

Der Richtlinie liegt das Prinzip zugrunde, dass das nationale Recht Anwendung findet, wo die Richtlinie keine Regelungen trifft, vgl. Art. 4 Abs. 1 lit. b der RL. Auch hier ist davon auszugehen, dass das Recht des

---

398 *Frischhut*, EWS 2006, 55, 57.

399 Art. 249 EGV ist die Ermächtigungsgrundlage für den Erlass einer Richtlinie, ermächtigt aber nur, die Mitgliedstaaten zu verpflichten, den Inhalt der Richtlinie selber in einer bestimmten Frist umzusetzen. Die Mitgliedstaaten können nicht verpflichtet werden, sich ebenfalls an die Erläuterungen zu der Richtlinie zu halten.

400 *Maul/Teichmann/Wenz*, BB 2003, 2633, 2635.

401 Siehe S. 65 f.

402 Zu finden unter www.bmj.de.

403 *Maul/Teichmann/Wenz*, BB 2003, 2633, 2635; *Kindler*, in MüKo, IntWR, 4. Aufl. 2006, IntGesR, Rn. 841.

Gründungsstaates maßgeblich ist[404]. Die Richtlinie soll also nicht dem Anspruch gerecht werden, ein umfassendes und detailliertes Verfahren bereitzustellen, sondern sich in einem kollisionsrechtlichen Ansatz[405] darauf beschränken, die notwendigen materiellen Regelungen zu treffen und ansonsten die nationalen Vorschriften zur Anwendung gelangen lassen[406]. Für deutsche Gesellschaften kommen die Vorschriften des Umwandlungsgesetzes in Betracht, außerdem das Aktiengesetz oder das GmbH-Gesetz.

Gemäß Art. 4 Abs. 2 der RL zählen zu den nationalen Vorschriften insbesondere diejenigen über die Beschlussfassung der Verschmelzung, sowie solche zum Schutz von Gläubigern[407], Anteilseignern und Arbeitnehmern der beteiligten Gesellschaften. Die Mitgliedstaaten sind laut Art. 4 Abs. 2 Satz 2 der RL außerdem berechtigt, Vorschriften zum Schutz der Minderheitsgesellschafter zu erlassen, welche der Verschmelzung widersprochen haben[408]. Diese Ermächtigung wurde erst auf einen Änderungswunsch des Europäischen Parlaments hin in den Vorschlag mit einbezogen[409]. Das bedeutet, dass Schutzvorschriften für Gläubiger und Arbeitnehmer der Gesellschaften nicht gesondert für die grenzüberschreitende Verschmelzung erlassen werden dürfen. Vielmehr können nur die Vorschriften, welche für nationale Verschmelzungen gelten, auch für diejenigen über die Grenze herangezogen werden. Natürlich können

---

404 Vgl. den Referentenentwurf für ein Gesetz zum Internationalen Privatrecht der Gesellschaften, Vereine und juristischen Personen vom 7. Januar 2008, welcher in § 10 Abs. 1 S. 1 RefE EGBGB die Gründungstheorie kodifiziert.

405 *Koppensteiner*, Der Konzern 2006, 40, 51; *Müller*, ZIP 2004, 1790, 1792, welcher diesen Ansatz begrüßt, da die Beteiligten dann zu einem großen Teil ihnen bekannte Normen beachten müssen.

406 *Leible/Hoffmann*, RIW 2006, 161, 167. *Koppensteiner*, Der Konzern 2006, 40, 51 ist der Meinung, dass die Richtlinie sehr viel mehr materielle Regelungen enthält, als man aufgrund dieses Ansatzes erwarten würde.

407 Zu den Vorschriften der Fusionsrichtlinie zum Gläubigerschutz und der analogen Anwendung dieser Vorgaben auf Konstellationen, welche aus dem Anwendungsbereich der 3. RL fallen, siehe *Behrens*, 171 ff.

408 Gleiches gilt gem. Art. 24 der SE-VO für die Europäische Gesellschaft. Siehe auch *Nagel*, NZG 2006, 97 m.w.N. Innerhalb der SE-VO war der Verweis auf nationales Recht jedoch problematischer, da bei einer Verordnung als unmittelbar anwendbares Recht der nationale Gesetzgeber eine Ermächtigung aus der Verordnung benötigt, um zu handeln. Eine Richtlinie bedarf der Umsetzung in nationales Recht, wo ihre Regelungen sich in der Folge mit den nationalen auf einer Ebene ergänzen. Siehe dazu *Maul/Teichmann/Wenz*, BB 2003, 2633, 2634.

409 Vgl. den Bericht des Rechtsausschusses v. 25.4.2005, Dok. A6-89/2005, 18 (Berichterstatter Klaus-Heiner Lehne). Die weiteren Änderungen dieser Norm dienten laut der Begründung des Änderungsvorschlags nur der Klarstellung.

die Regelungen der nationalen Verschmelzung überarbeitet werden, um auch der grenzüberschreitenden Verschmelzung gerecht zu werden. Anders ist dies bei den Minderheitsgesellschaftern, wo die Mitgliedstaaten spezifische, auf die grenzüberschreitende Fusion zugeschnittene Vorschriften bereitstellen dürfen[410].

Der Verweis auf die nationalen Rechtsordnungen und die mittlerweile fortgeschrittene Harmonisierung im europäischen Gesellschaftsrecht wird zum Teil als Grund dafür gesehen, weshalb die Anzahl der Artikel der Richtlinie vom Übereinkommen aus dem Jahre 1972 bis heute von 69 auf 21 reduziert werden konnte[411]. Da die Harmonisierung primär nur die AG betrifft[412], ist die Ausweitung des Anwendungsbereiches der Richtlinie auf die GmbH allerdings von manchen Autoren kritisiert worden[413]. Im Ergebnis sollten aber die Vorteile der Miteinbeziehung der GmbH für den europäischen Binnenmarkt[414] den möglichen Nachteil überwiegen.

Die Frage ist, wie die jeweiligen Rechtsordnungen der Gesellschaften zusammenspielen oder sich ergänzen. Bei einer grenzüberschreitenden Verschmelzung kommt es mindestens zur Anwendung von zwei Rechtsordnungen. Welche setzt sich durch, wenn sich die Vorschriften unterscheiden? Im Internationalen Privatrecht war vor Erlass der Richtlinie die Vereinigungstheorie herrschende Meinung bei der Behandlung von grenzüberschreitenden Verschmelzungen[415]. Für jede beteiligte Ge-

---

410 Dagegen war noch bezüglich des RL-E 2003 *Grundmann*, § 26, Rn. 911, welcher eine Differenzierung der nationalen und internationalen Fusion auch beim Minderheitenschutz als unzulässig bewertete. Gegen das Argument, dass der Rechtswechsel eine differenzierende Unterscheidung rechtfertige, bringt er hervor, dass auch bei den Gläubigerschutzrechten eine Änderung gegenüber inländischen Fusionen vorliegen könne bei einem etwaigen Verlust des Gerichtsstandes. Außerdem stelle schon eine inländische Verschmelzung einen Wechsel des Fundaments dar.

411 So wohl *Grundmann*, § 26, Rn. 896; *Frischhut*, EWS 2006, 55, 57. Auch der Vorschlag von 1985 begnügte sich schon mit nur 17 Artikeln.

412 Vgl. zur AG 2. RL 77/91/EWG v. 13.12.1976, ABl. EG L-26 v. 31.1.1977, 1 (zur Gründung einer AG); 3. RL 78/855/EWG v. 9.10.1978, ABl. EG L-295 v. 20.10.1978, 36 (nationale Fusion von AG); 6. RL 82/891/EWG v. 17.12.1982, ABl. EG L-378 v. 31.12.1982, 47 (Spaltung von AG). Demgegenüber ist für die GmbH nur die 12. RL 89/667/EWG v. 21.12.1989, ABl. EG L-395 v. 30.12.1989, 40 zur Ein-Mann-GmbH zu erwähnen.

413 *Maul/Teichmann/Wenz*, BB 2003, 2634; *Frischhut*, EWS 2006, 55, 57 m.w.N.

414 Siehe dazu S. 48.

415 *v. Spindler*, Wanderungen gewerblicher Körperschaften von Staat zu Staat als Problem des internationalen Privatrechts, 1932, 78ff; konkretisiert von *Beitzke*, FS

sellschaft gelten nach der Vereinigungstheorie jeweils die Vorschriften ihres Personalstatuts[416]. Für den Bereich der gemeinsamen Erfordernisse kumulieren sich die Personalstatute, wobei sich im Zweifel die strengere Regelung durchsetzt. Bei Normwidersprüchen ist auf kollisionsrechtliche Anpassungsmethoden zurückzugreifen. Zu unterscheiden sind dabei Voraussetzungen, Verfahren und Wirkungen der transnationalen Verschmelzung. Für die Voraussetzungen gilt jeweils das Personalstatut der Gesellschaften (etwa bei der Frage der Zulässigkeit der Verschmelzung). Im Bereich der Verfahrensvorschriften kommt es darauf an, ob der Verfahrensabschnitt isoliert für beide Gesellschaften durchgeführt wird (so z.B. bei der Beschlussfassung), dann gilt jeweils das Personalstatut, oder die Gesellschaften gemeinsam tätig werden (wie beim Verschmelzungsvertrag) – dann kumulieren sich die Rechtsordnungen und die strengste Regel setzt sich durch. Im Bereich der Wirkungen beurteilt sich der Vermögensübergang nach dem Personalstatut der übertragenden Gesellschaft. Ab dem Erlöschen der übertragenden Gesellschaft ist die Zielgesellschaft lediglich ihrem Heimatrecht unterworfen, was bedeuten würde, dass Rechtsverhältnisse, welche nach dem übertragenden Personalstatut existierten, eventuell nach dem neuen Personalstatut erlöschen würden. Daher bestimmen sich die Wirkungen insofern ebenfalls nach beiden Personalstatuten und die strengere Regelung setzt sich durch.

Im Referentenentwurf für ein Gesetz zum Internationalen Privatrecht der Gesellschaften, Vereine und juristischen Personen vom 7. Januar 2008 ist nun schließlich eine kollisionsrechtliche Regelung zur Umwandlung vorgeschlagen worden. Sie orientiert sich an der Vereinigungstheorie, indem gemäß § 10a Abs. 1 RefE EGBGB für die Voraussetzungen, das Verfahren und die Wirkungen einer Verschmelzung für jede der beteiligten Gesellschaften das in Art. 10 RefE EGBGB kodifizierte Gesellschaftsstatut in der Form des Gründungsrechts gelten soll. Eine Ausnahme beinhaltet Art. 10a Abs. 3 RefE EGBGB, wonach das auf die Zielgesellschaft anwendbare Recht den Zeitpunkt des Wirksamwerdens der Fusion bestimmt. Selbstverständlich gilt auch ohne eine gesonderte Feststellung im Gesetzesentwurf, dass im Kollisionsfall der zu kumulieren-

---

Hallstein, 1966, 14ff; *Kallmeyer*, § 1 UmwG, Rn. 17; *Kindler*, in MüKo, IntWR, 4. Aufl. 2006, IntGesR, Rn. 847 ff. m.w.N; a.A. *Lennerz*, 135 ff.

416 Das Personalstatut ist die Rechtsordnung, welche für die persönlichen privatrechtlichen Verhältnisse von (natürlichen oder juristischen) Personen maßgeblich ist, so *Siehr*, 82. Siehe auch den Art. 5 des Vorschlages des Deutschen Rates für internationales Privatrecht für eine EG-Verordnung, in *Sonnenberger/Bauer*, Beilage 1zu Heft 4/2006, 3.

den Rechtsordnungen das IPR-rechtliche Institut der Anpassung zum Zuge kommt.

Die Richtlinie erwähnt nicht explizit die Anwendung der Vereinigungstheorie, deutet sie aber an verschiedenen Stellen an. In Art. 4 Abs. 1, lit. b der RL wird gefordert, dass, wo die Richtlinie schweigt, das jeweilige Heimatrecht der beteiligten Gesellschaften zur Anwendung kommt. Es soll also nicht entweder nur nach dem Recht des aufnehmenden oder des übertragenden Rechtsträgers gehen – wie es früher nach den so genannten "Einzeltheorien" der Fall war[417]. Art. 15 Abs. 2 der RL zum Beispiel regelt Vereinfachungen für die Verschmelzung einer 90%igen Tochter auf die Mutter, welche aber nur gelten, wenn die nationalen Rechtsordnungen dem nicht entgegen sprechen. Die Offenlegung im Handelsregister soll gemäß Art. 13 der RL nach beiden beteiligten Rechten getrennt passieren. Für den Zeitpunkt der Wirksamkeit der Verschmelzung durchbricht aber die Richtlinie die Vereinigungstheorie, indem gemäß Art. 12 der RL das Recht des übernehmenden Rechtsträgers gelten soll[418]. Gleiches regelt § 10a Abs. 3 RefE EGBGB. Für die Wirkungen der Verschmelzung hält die Richtlinie in Art. 14 der RL detaillierte Sachnormen parat, anstatt eine gesonderte kollisionsrechtliche Aussage zu treffen. Dies bedeutet aber nicht, dass nicht trotzdem das nationale Recht diese Regelungen ergänzen kann. Welches Recht dann anwendbar ist, bestimmt nicht Art. 14 der RL, sondern wiederum Art. 4 Abs. 1 lit. b der RL: beide Rechtsordnungen[419]. Auch hier ist also – wie im gesamten Normbereich der Richtlinie – die Vereinigungstheorie heranzuziehen[420].

---

417 *Kindler*, in MüKo, IntWR, 4. Aufl. 2006, IntGesR, Rn. 843.

418 *Krause*, in Gesellschaftsrecht in der Diskussion 2006, 39, 45.

419 *Leible/Hoffmann*, RIW 2006, 161, 167 halten es für einfacher, für die Wirkungen parallel zu der Vorschrift in Art. 12 der RL das Recht des übernehmenden Rechtsträgers anzuwenden. Das ist aber nicht sachgerecht, da es zu dem Erlöschen zu etwaigen nach dem Recht des übertragenden Rechtsträgers gestatteten Sonderrechten von Gesellschaftern, Gläubigern oder Arbeitnehmern kommen kann. Das ist nicht sachgerecht und war sicher nicht vom europäischen Gesetzgeber gewollt. Im Ergebnis kommen *Leible/Hoffmann* dazu, dass aufgrund der materiellrechtlichen Harmonisierung eine Entscheidung bzgl. der Anknüpfungsfrage in Art. 14 der RL nicht notwendig erscheint.

420 Ebenso *Bayer*, NJW 2006, 401, 402; *Kindler*, in MüKo, 4. Auflage, IntGesR, Rn. 863; *Teichmann*, ZIP 2006, 355, 361; *Müller*, ZIP 2004, 1790, 1792; im Grundsatz auch *Leible/Hoffmann*, RIW 2006, 161, 167; *Krause/Kulpa*, ZHR 171 (2007), 38, 52; a.A. *Kallmeyer/Kappes*, AG 2006, 224, 228, welche in dem Fall, wo sich die anzuwendenden nationalen Rechte widersprechen, auf die Regelungen der 3. Richtlinie zurückgreifen wollen, anstatt eine kollisionsrechtliche Anpassung zu unternehmen.

Im Ergebnis bedeutet das, dass grundsätzlich die Sachnormen, welche die Richtlinie bereithält, gelten. Wo die Richtlinie keine Regelung trifft, wird sie durch nationales Recht ergänzt, und zwar nach der Vorgabe der Vereinigungstheorie[421]. Die Harmonisierung durch die 10. Richtlinie wirkt sich auf die Vereinigungstheorie auf zwei Ebenen aus: Einmal wird der Aufwand reduziert, die jeweiligen angeglichenen Heimatrechte anzuwenden, und es werden Widersprüche reduziert, welche durch die Entscheidung für die strengere Regelung hätten aufgelöst werden müssen[422].

Erwägungsgrund (3) der RL legt fest, dass die Vorschriften der berufenen nationalen Rechtsordnungen weder die Niederlassungsfreiheit noch den freien Kapitalverkehr beschränken sollen, es sei denn es gibt für die Beschränkungen eine Rechtfertigung im Einklang mit der EuGH-Rechtsprechung. Aufgeführt werden als mögliche Rechtfertigung insbesondere die Erfordernisse des Gemeinwohls. Die Beschränkungen müssen außerdem den Verhältnismäßigkeitsgrundsatz wahren, das heißt sie müssen zur Erfüllung der Erfordernisse des Gemeinwohls erforderlich und angemessen sein.

Auf einen Änderungswunsch des Europäischen Parlaments hin[423] ist nun in 4 Abs. 1 lit. b Satz 2 der RL die Möglichkeit eingefügt worden, eine grenzüberschreitende Verschmelzung aufgrund von öffentlichen Interessen zu verbieten, solange die einschlägige innerstaatliche Norm auch einer nationalen Fusion entgegengesetzt werden kann[424]. Allerdings haben die Regelungen der Fusionskontrollverordnung[425] gemäß Art. 4 Abs. 2 lit. b Satz 3 der RL Vorrang. Grund dafür ist, dass die Anwendung des Fusionskontrollrechts auf der Ebene des Gemeinschaftsrechts und der Mitgliedstaaten sichergestellt werden soll, vgl. Erwägungsgrund (9).

---

421 Bzw. möglicherweise in Zukunft nach der kollisionsrechtlichen Regelung in § 10a RefE EGBGB. Kallmeyer/Kappes, AG 2006, 224, 227 führen aus, dass die Richtlinie aufgrund ihres Regelungscharakters (s. dazu unter 2.2.) Höchstvorschriften enthält, welche wie gem. Art. 9 Abs. 1 lit. c SE-VO nur durch die Mitgliedstaaten ergänzt werden können, wenn die Richtlinie keine Regelung enthält. Lücken innerhalb eines geregelten Bereiches sollten nur europarechtlich aufzufüllen sein. Dagegen spricht sowohl der grundsätzliche Charakter einer Richtlinie im Gegensatz zur Verordnung (siehe dazu unter 2.5.1.2.2.), als auch der Wortlaut des Art. 4 Abs. 1 der RL ("Sofern diese Richtlinie nicht etwas anderes bestimmt").

422 *Simon/Rubner*, Institute for Law and Finance 11/2006, No. 53, 1, 3.

423 Siehe den Bericht des Rechtsausschusses v. 25.4.2005, Dok. A6-0089/2005, 17 (Berichterstatter Klaus-Heiner Lehne).

424 *Grohmann/Gruschinske*, GmbHR 2006, 191, 192 nennen das einen "innerstaatlichen ordre public", welcher auch für grenzüberschreitende Fusionen gilt.

425 Verordnung (EG) Nr. 139/2004 des Rates v. 20.1.2004, ABl. EG L-24 v. 29.1.2004, 1.

3. Umsetzung des Art. 4 der RL

Wie schon an anderer Stelle festgestellt, sieht das Regelungskonzept der Umsetzung vor, in einem 10. Abschnitt besondere Vorschriften für die grenzüberschreitende Verschmelzung bereitzustellen, während im übrigen in § 122 a Abs. 2 UmwG auf die Normen für die innerstaatliche Fusion verwiesen wird[426]. Das entspricht der bewährten Regelungstechnik des Umwandlungsgesetzes und hält auch die Vorgaben der Richtlinie ein, dass für die beteiligten Unternehmen deren Heimatrecht Anwendung finden soll, solange die Richtlinie nichts anderes vorschreibt. Da § 1 UmwG von der Verweisung ausgenommen ist, findet das Analogieverbot des § 1 Abs. 2 UmwG keine Anwendung. Der Vorteil dieser Verweisungstechnik liegt darin, dass die deutschen Gesellschaften soweit wie möglich mit ihnen vertrauten Normen hantieren können[427]. Wo der Sachverhalt aufgrund des grenzüberschreitenden Charakters Abweichungen von den rein nationalen Regelungen fordert, bietet der 10. Abschnitt des UmwG ein umfassendes europäisches Konzept.

Art. 4 Abs. 2 der RL fügt ergänzend hinzu, dass zu den nationalen Vorschriften, welche die Gesellschaften bei der grenzüberschreitenden Fusion beachten müssen, "insbesondere" folgende zählen: die Normen zur Beschlussfassung und zum Schutz der Gläubiger, Gesellschafter und Arbeitnehmer der Unternehmen. Die Verweisung des § 122 a Abs. 2 UmwG beinhaltet keine Beschränkung auf diese Bereiche, und die Richtlinie verlangt dies auch nicht ("insbesondere"). Beschränkt wird die Verweisung aber, indem der Rückgriff auf die Normen für innerstaatliche Verschmelzungen nur dort erlaubt ist, wo sich aus dem 10. Abschnitt nichts anderes ergibt[428].

Der Gläubigerschutz wurde vom deutschen Gesetzgeber in § 122j UmwG in Anlehnung an §§ 8, 13 SEAG umgesetzt. Diese Regelung ist aber nur für Herausverschmelzungen einschlägig, während für den Fall, dass die Zielgesellschaft eine deutsche ist, § 122a Abs. 2 i.V.m. § 22 UmwG an-

---

426 § 122 a Abs. 2 UmwG verweist für *deutsche* Unternehmen (siehe Begründung zum RegE, BR-Drs. 548/06, 29) auf die Normen des Ersten Teils (§§ 2- 38) und des Zweiten, Dritten und Vierten Abschnitts des Zweiten Teils des Zweiten Buches(§§ 46-78). Siehe zur Regelungssystematik oben unter 52. An anderer Stelle wird in der Begründung zum RefE (www.bmj.bund.de) oftmals von dem Verweis in § 122 b Abs. 3 UmwG gesprochen (Seite 13, 19, 20), welcher gar nicht existent ist. Gemeint ist wohl der Verweis in § 122 a Abs. 2 UmwG, siehe *Haritz/von Wolff*, GmbHR 2006, 340.

427 *Müller*, NZG 2006, 286, 287; *Krause/Kulpa*, ZHR 171 (2007), 38, 54.

428 Siehe § 122 a Abs. 2 UmwG. Die Parallelnorm in Art. 4 Abs. 1 der RL formuliert das so: "Sofern diese Richtlinie nicht etwas anderes bestimmt,…"

wendbar ist[429]. Die Gläubiger der übertragenden deutschen Gesellschaft haben gem. § 122j Abs. 1 S. 1 UmwG einen Anspruch auf Sicherheit, soweit sie nicht Befriedigung verlangen können. Dieses Recht steht ihnen aber nur zu, wenn sie ihre Forderungen innerhalb von zwei Monaten nach Bekanntgabe des Verschmelzungsplans (bzw. des Entwurfs) anmelden (§ 122j Abs. 1 S. 2 UmwG)[430]. Das gilt wiederum nur für Forderungen, die vor oder innerhalb von 15 Tagen nach Bekanntmachung des Plans (bzw. Entwurfs) entstanden sind, vgl. § 122j Abs. 2 UmwG. Eine weitere Einschränkung besteht gem. § 122j Abs. 1 S. 2 UmwG noch darin, dass die Gläubiger glaubhaft machen müssen, dass die Erfüllung ihrer Forderung durch die Fusion gefährdet wird.

§ 122j UmwG weicht von der Regelung des § 22 UmwG vor allem in dem Zeitraum ab, in welchem die Gläubiger ihre Forderungen anmelden müssen (zwei Monate nach Bekanntgabe des Plans). Denn im Gegensatz zum § 22 UmwG, wo die Gläubiger ihren Anspruch innerhalb von sechs Monaten nach Eintragung der Verschmelzung anmelden müssen, wird dies bei der grenzüberschreitenden Fusion im Endeffekt noch vor der Eintragung passieren[431]. Das soll wohl dem Umstand Rechnung tragen, dass die Rechtsverfolgung im Ausland den Gläubiger vor zusätzliche Schwierigkeiten stellt[432]. Hiergegen wird eingewandt, dass die europaweite Vollstreckbarkeit von Forderungen durch die EuGVO ausreichend gewährleistet wird[433]. Die Vorverlagerung führe außerdem zu einer gewissen Rechtsunsicherheit und einer zusätzlichen finanziellen Belastung[434]. Außerdem bliebe in der Regel zumindest eine Zweigniederlassung im Inland, was eine Rechtsverfolgung im Ausland regelmäßig ent-

---

429 Sowohl Referentenentwurf als auch Regierungsentwurf enthielten noch keine Beschränkung in § 122j UmwG auf Herausverschmelzungen. Das kritisierte zu Recht als zu weitgehend der Handelsrechtsausschuss des DAV, NZG 2006, 737, 742; ebenso *Bayer/Schmidt*, NZG 2006, 841, 843.

430 Siehe den Verschmelzungsplan der Unternehmen ZSG Deutschland Vermögensverwaltung GmbH (Sitz in Mannheim, HRB 9903) und Zucker Invest GmbH (Sitz in Wien, FN 302259 z) vom 17.12.2007, S. 8 f.

431 Das lässt sich zurückführen auf § 122k Abs. 1 S. 3 UmwG. Siehe *Drinhausen/Keinath*, BB 2006, 725, 732; *Bayer/Schmidt*, NZG 2006, 841, 843; zum zeitlichen Ablauf genauer der Handelsrechtsausschuss des DAV, NZG 2006, 737, 742.

432 Siehe die Begründung zum RegE, BR-Drs. 548/06, 36; *Simon/Rubner*, Institute for Law and Finance 11/2006, Nr. 53, 1, 11.

433 Verordnung (EG) Nr. 44/2001 des Rates v. 22.12.2000 über die gerichtliche Zuständigkeit und die Anerkennung und Vollstreckung von Zivil- und Handelssachen, ABl. EG v. 16.1.2001, L-12, 1. Handelsrechtsausschuss des DAV, NZG 2006, 737, 742; *Bayer/Schmidt*, NZG 2006, 841, 843.

434 Zum Parallelproblem bezüglich der SE siehe *Schmidt*, 213 m.w.N.

behrlich machte[435]. Es ist abgesehen von der Bewertung der Norm zweifelhaft, ob der deutsche Gesetzgeber durch die Vorverlagerung nicht seine Regelungskompetenz missbraucht hat, da Art. 4 der RL nicht zu Sonderregelungen ermächtigt, sondern nur die Ausweitung des nationalen Gläubigerschutzes auf grenzüberschreitende Fusionen erlaubt[436].

Zu dieser materiellen Komponente wurde dem Gläubigerschutz auch im Verfahrensrecht Platz eingeräumt, indem das Registergericht für das Ausstellen der Verschmelzungsbescheinigung gem. § 122k Abs. 2 UmwG auch die Beachtung des Gläubigerschutzes prüfen muss. Ihnen liegt hierzu gem. § 122k Abs. 1 S. 3 UmwG eine strafbewehrte[437] Versicherung des Vertretungsorgans zugrunde, dass allen Gläubigern, welche Anspruch auf eine Sicherheit haben, eine solche geleistet wurde.

Wie der deutsche Gesetzgeber die in Art. 4 Abs. 2 S. 2 UmwG enthaltene Ermächtigung zum Erlass von speziellen Minderheitenschutz-Vorschriften genutzt hat, wird an anderer Stelle erläutert werden[438].

Das Diskriminierungsverbot des Art. 4 Abs. 1 lit. a der RL findet sich in den Umsetzungsnormen §§ 122 a ff. UmwG nicht ausdrücklich wieder. Da aber für die grenzüberschreitenden Fusionen keine Ausnahmen für Varianten vorgesehen sind, welche innerstaatlich erlaubt sind, ist das Diskriminierungsverbot bei der Umsetzung der Richtlinie beachtet worden.

VI Das Verfahren der grenzüberschreitenden Verschmelzung

1. Art. 5 der RL: Der Verschmelzungsplan

Der in Art. 5 der RL geregelte Verschmelzungsplan stellt die Grundlage der Verschmelzung dar. Mit Art. 5 der RL beginnt der Teil der Richtlinie,

---

435 So der Handelsrechtsausschuss des DAV, NZG 2006, 737, 742, welcher für eine Streichung der besonderen Gläubigervorschrift und für die Beschränkung auf § 22 UmwG plädiert. Ebenso *Haritz/von Wolf*, GmbHR 2006, 340, 343.

436 *Bayer/Schmidt*, NJW 2006, 401, 405; *dieselben*, NZG 2006, 841, 843; *Drinhausen/Keinath*, BB 2006, 725, 732; *Haritz/von Wolf*, GmbHR 2006, 340, 343; gegen eine Regelungsermächtigung bezüglich der SE auch *Schmidt*, 211 f; a.A. *Lennerz*, 227; *Müller*, ZIP 2004, 1790, 1795; *derselbe*, NZG 2006, 286, 289; *Krause/Kulpa*, ZHR 171 (2007), 38, 75. Hintergrund der Sondervorschrift sei nach der Ansicht von *Müller* auch gewesen, dass der Anspruch auf Sicherheitsleistung sich nicht, wie es bei Reduzierung auf § 22 UmwG der Fall wäre, gegen den übernehmenden ausländischen Rechtsträger richten könne.

437 Siehe hierzu auch die Ausführungen auf S. 172. *Haritz/von Wolf*, GmbHR 2006, 340, 343 sehen darin einen Verstoß gegen. Art. 43, 48 EGV.

438 Siehe S. 180 ff.

welcher spezielle Verfahrensregelungen für die grenzüberschreitende Verschmelzung bereithält[439].

a) Rechtsnatur des Verschmelzungsplans

Der Verschmelzungsplan ist eine neue Kategorie und wohl rechtlich nicht deckungsgleich mit dem aus § 5 UmwG bekannten Verschmelzungsvertrag. Er wird gemeinsam erstellt von den Leitungs- oder Verwaltungsorganen der beteiligten Gesellschaften[440], muss gem. Art. 11 Abs. 1 S. 2 der RL gleich lauten[441] und bestimmte – in Art. 5 a)-l) der RL aufgeführte – Mindestangaben enthalten. Dieser Verhandlungsakt und die Konformität der Ausgaben könnten für die Natur eines Vertrages mit schuldrechtlichen Verpflichtungen sprechen[442].

Den Verschmelzungsvertrag nach deutschem Recht versteht die herrschende Meinung zum einen als Organisationsakt gesellschaftsrechtlicher Natur, da er die Grundlage für die Umstrukturierung der beteiligten Rechtsträger darstellt. Auf der anderen Seite weise er aber auch schuldrechtliche Wirkungen auf, indem sich die beteiligten Gesellschaften gegenseitig zur Durchführung der Verschmelzung verpflichten[443].

Bezüglich der Rechtsnatur des von der 10. Richtlinie vorausgesetzten Verschmelzungsplans differieren die Ansichten. Dass der Verschmelzungsplan einen gesellschaftsrechtlichen Organisationsakt darstellt,

---

439 *Neye*, ZIP 2005, 1893, 1895.

440 Bei einer deutschen AG oder GmbH der Vorstand oder der/die Geschäftsführer. *Maul/Teichmann*/Wenz, BB 2003, 2633, 2637. Zu der Schlüsselrolle der Leitungsorgane bei internationalen Zusammenschlüssen siehe *Horn*, ZIP 2000, 473, 474.

441 Probleme könnte es dabei geben bezüglich der Gleichbedeutung der Übersetzungen. *Oechsler*, NZG 2006, 161, 163 empfiehlt daher, Übersetzer einzusetzen, welche von dem für die Eintragung zuständigen Register als Sachverständige bestellt sind.

442 So auch *Behrens*, 66; zur SE siehe *Fuchs*, 109; *Schröder*, in Manz/Mayer/Schröder, Art. 20, Rn. 1. A.A. *Frenzel*, 201, der aus dem (für einen Vertrag überflüssig formuliertes) Erfordernis der gemeinsamen Aufstellung des Plans auf einen Organisationsakt schließt.

443 *Lutter/Drygala*, in Lutter, § 4, Rn. 3 ff; *Mayer*, in Widmann/Mayer, § 4, Rn. 25 f; *Bermel*, in Goutier/Knopf/Tulloch, § 4, Rn. 10 ff; *Stratz*, in Schmitt/Hörtnagl/Stratz, § 4, Rn. 9; *Frenzel*, 198 f, der dies der Formulierung des § 5 Abs. 1 Nr. 2 UmwG entnimmt, wonach der Verschmelzungsvertrag "die Vereinbarung über die Übertragung des Vermögens jedes übertragenden Rechtsträgers gegen Gewährung von Anteilen oder Mitgliedschaften an dem übernehmenden Rechtsträger" zu enthalten hat. *Frenzel, 202* plädiert zugunsten einer Harmonisierung des nationalen und grenzüberschreitenden Verschmelzungsrechts für eine Abschaffung der Vertragsnatur des deutschen Verschmelzungsvertrages i.S.v. § 5 UmwG.

bezweifelt keiner. Er legt die rechtlich-organisatorische Grundlage der Verschmelzung fest, die für die beteiligten Gesellschaften zu einer tiefgreifenden Änderung der Organisationsstruktur führt: Der übertragende Rechtsträger erlöscht infolge der Fusion (Art. 14 Abs. 2 lit. C der RL), die aufnehmende Gesellschaft wird Änderungen der Firma, des Unternehmensgegenstandes und der Mitbestimmungsregelung unterworfen sein[444].

Ein großer Teil des Schrifttums spricht sich allerdings dafür aus, dass es sich beim Verschmelzungsplan *nur* um einen reinen gesellschaftsrechtlichen Organisationsakt handele[445]. Ein anderer Teil geht davon aus, dass der Verschmelzungsplan wie der Verschmelzungsvertrag auch schuldrechtliche Elemente beinhalte[446].

Dem an sich wünschenswerten Ziel, dass die in Verhandlungen getretenen Leitungs- oder Verwaltungsorgane sich auf die Verhandlungsergebnisse verlassen und die daraus resultierenden konkreten Verpflichtungen einfordern können, steht gegenüber, dass zweifelhaft ist, ob die ausländische Gesellschaft sich einer Haftung, wie sie das deutsche Recht kennt, wirklich aussetzen wollen würde[447]. Außerdem enthält der § 122c UmwG gerade keine Formulierung über die Vereinbarung einer Vermögensübertragung und Anteilsgewährung, wie es demgegenüber § 5 UmwG für den deutschen Verschmelzungsvertrag vorsieht[448]. Auch sieht das "europäische Modell für Strukturmaßnahmen"[449], welches der VRL, der SE-VO und der SCE-VO bereits zugrunde gelegt und für die 10. Richtlinie durch den Europäischen Gesetzgeber als Vorbild herangezogen wurde, in dem Verschmelzungsplan einen reinen gesellschaftsrechtlichen Organisationsakt ohne die Wirkungen eines schuldrechtlichen Vertrages[450].

---

444 *Mayer*, in Widmann/Mayer, § 122c, Rn. 15 f, der für die Verschmelzung durch Neugründung darauf hinweist, dass mindestens einer der übertragenden Rechtsträger eine neue nationale Rechtsform annehme.

445 *Frenzel*, RIW 2008, 12, 16; *Kallmeyer*, AG 2007, 472, 474; Handelsrechtsausschuss des DAV, NZG 2006, 737, 740; Kiem, WM 2006, 1091, 1094; *Bayer*, in Lutter, § 122c, Rn. 3; *Beutel*, 159; *Mayer*, in Widmann/Mayer, § 122c, Rn. 15; *Marsch-Barner*, in Kallmeyer, § 122c, Rn. 1, 3; *Frenzel*, 202; *Weng*, 203 f; siehe auch *Teichmann* ZGR 2002, 383, 418.

446 *Forsthoff*, DStR 2006, 613, 614; *Müller*, ZIP 2004, 1790, 1792; *Behrens*, 65 f.

447 *Teichmann* ZGR 2002, 383, 418.

448 *Frenzel*, 202; *Bayer*, in Lutter, § 122c, Rn. 3.

449 *Bayer/Schmidt*, NJW 2006, 401, 402.

450 *Mayer*, in Widmann/Mayer, § 122c, Rn. 17; zur SE siehe *Oechsler*, in MüKo, AktG, Art. 20 SE-VO, Rn. 3; *Schwarz*, Art. 20 SE-VO, Rn. 13.

Der Verschmelzungsplan regelt also das "Wie" und nicht das "Ob" der Verschmelzung[451]. Davon unabhängig können die Gesellschaften aber zusätzlich zum Verschmelzungsplan schuldrechtliche Vereinbarungen aufnehmen oder ein sog. Business Combination Agreement als Verpflichtung oder Absichtserklärung zur Vermögensübertragung und Anteilsgewährung hinzufügen[452]. Letzteres hat sich in der internationalen Praxis der Verschmelzungen mittlerweile eingebürgert. Ein praktisches Bedürfnis für schuldrechtliche Pflichten, die aus dem Verschmelzungsplan erwachsen müssten, ist daher nicht zu sehen[453]. Das Business Combination Agreement enthält keine gesellschaftsrechtlichen Verpflichtungen und Wirkungen, soweit die Gesellschaften sich nicht im Einzelfall dazu verpflichten, die Herbeiführung gesellschaftsrechtlicher Wirkungen zu fördern[454]. Eine Vereinbarung mit schuldrechtlichen Verpflichtungen zwischen den Verschmelzungspartnern bedarf aber der Zustimmung der Gesellschafterversammlung bzw. der Hauptversammlung der am grenzüberschreitenden Verschmelzungsvorgang beteiligten Gesellschaften[455].

b) Der Katalog des Art. 5 der RL

Der Katalog der Mindestangaben hält sich eng an die entsprechenden Vorschriften der Vorgängerregelungen Art. 5 VRL (umgesetzt in § 5 UmwG), Art. 20 Abs. 1 S. 2 SE-VO und Art. 22 Abs. 1 S. 2 SCE-VO[456]. Der Verschmelzungsplan muss demnach folgende Angaben enthalten:

- Rechtsform, Firma und Sitz der sich verschmelzenden Gesellschaften und der aus der Fusion hervorgehenden Gesellschaft (lit. a)[457],

---

451 *Frenzel*, 202.

452 *Bayer*, in Lutter, § 122c, Rn. 4; *Mayer*, in Widmann/Mayer, § 122c, Rn. 18; *Weng*, 205; zur SE so bereits *Schwarz*, Art. 20 SE-VO, Rn. 14; *Teichmann* ZGR 2002, 383, 418.

453 *Mayer*, in Widmann/Mayer, § 122c, Rn. 18.

454 *Mayer*, in Widmann/Mayer, § 122c, Rn. 18; *Frenzel*, 202.

455 *Mayer*, in Widmann/Mayer, § 122c, Rn. 18; *Frenzel*, 202.

456 Vgl. *Neye*, ZIP 2005, 1893, 1895; *Bayer/Schmidt*, NJW 2006, 401, 402. Zu den einzelnen Punkten genauer *Behrens*, 67 ff; *Bayer*, in Lutter, § 122c, Rn. 13 ff; *Mayer*, in Widmann/Mayer, § 122c, Rn. 36 ff.

457 Fraglich ist, ob im Falle einer Verschmelzung durch Neugründung das Fusionsprodukt in einem Drittstaat sitzen kann. *Kallmeyer/Kappes*, AG 2006, 224, 229 sind der Meinung, die neu gegründete Gesellschaft könne auch in einem anderen Mitgliedstaat als dem "Sitzstaat" der beteiligten Gesellschaften gegründet werden. Außerdem solle dann laut dem Erwägungsgrund (11) der Richtlinie 2005/56/EG v. 26.10.2005, ABl. EU L-310 v. 25.11.2005, 2 für die aus der Verschmelzung hervorgehende Gesellschaft das Gründungsrecht dieses Staates gelten. Zu der Ermittlung des auf die Zielgesellschaft anwendbaren Rechts siehe die Ausführungen bei *Behrens*, 67 ff.

- das Umtauschverhältnis der Gesellschaftsanteile und die Höhe der baren Zuzahlungen (lit. b),

Das Umtauschverhältnis resultiert aus der Ermittlung des jeweiligen Unternehmenswertes. Problematisch ist, dass international die verschiedensten Bewertungstechniken verwendet werden, was eine Gegenüberstellung der Bewertungsergebnisse erschwert. Während in Deutschland das so genannte Ertragswertverfahren herrschend ist, wird im anglo-amerikanischen Rechtsraum das Discounted Cash Flow-Verfahren angewandt[458].

- die Einzelheiten hinsichtlich der Übertragung der Anteile an der aus der Fusion hervorgehenden Gesellschaft (lit. c)[459],

- die voraussichtlichen Auswirkungen auf die Beschäftigung (lit. d),

Diese Regelung hat ein Vorbild weder in der Dritten Richtlinie noch in der SE-VO. Sinn und Zweck der Angabe scheint es auf den ersten Blick, die Arbeitnehmer möglichst frühzeitig über die individual- und kollektiv-arbeitsrechtlichen Konsequenzen zu informieren[460]. Angesichts der Tatsache, dass der Verschmelzungsplan lediglich ein die Anteilseigner betreffender gesellschaftsrechtlicher Organisationsakt ist, wäre die Einordnung dieser Information in den Plan fragwürdig, denn die Ausführungen haben eher Berichtscharakter[461]. Da ausführliche Angaben auch im Verschmelzungsbericht zu erfolgen haben, hilft eine Abgrenzung weiter. Der Bericht ist auch den Arbeitnehmern zugänglich zu machen, daher müssen die Angaben dort umfangreicher ausfallen, während im Plan nur die für die Gesellschafter diesbezüglich relevanten Informationen enthalten sein sollten[462]. Dafür spricht auch, dass eine dahingehende Regelung fehlt, dass der Plan den Arbeitnehmern vorab direkt zugeleitet werden soll (anders für den Bericht, vgl. Art. 7 Abs. 2 der RL). Man kann angesichts der Parallelnorm des Art. 20 Abs. 1 S. 2 lit. i SE-VO davon ausgehen, dass im Plan nur Grundzüge über die Auswirkungen auf die Beschäftigung erfolgen sollen[463]. Die arbeitsrechtlichen Folgen gehören daher eher in das Informationsmedium des Berichts, während in den

---

458 Siehe hierzu *Großfeld*, NZG 2002, 353 ff; ähnlich auch bei der SE, vgl. *Schmidt*, 172 f.

459 Zu dem Problemkreis, ob die §§ 71 ff. UmwG zur Anwendung kommen, siehe *Bayer*, in Lutter, § 122c, Rn. 17.

460 *Beutel*, 164.

461 *Beutel*, 164.

462 *Vetter*, AG 2006, 613, 620 und *Simon/Rubner*, Institute for Law and Financee 11/2006, Nr. 53, 1, 6; *Beutel*, 164 f. Kritisch zu der Angabe auch *Kiem*, WM 2006, 1091, 1094 ("deutscher Irrweg"). Siehe auch *Behrens*, 122.

463 *Bayer/Schmidt*, NJW 2006, 401, 402 m.w.N.

Plan beispielsweise Angaben über die voraussichtliche Kostenentwicklung bezüglich der Arbeitnehmer, die Auswirkungen auf etwaige Pensionsverpflichtungen usw. enthalten sein könnten[464].

- den Zeitpunkt, ab welchem die Inhaber der Anteile an der aus der Fusion hervorgegangenen Gesellschaft ein Recht zur Gewinnbeteiligung erlangen und alle diesbezüglich relevanten Besonderheiten (lit. e),
- den Stichtag, von dem an die Handlungen der fusionierenden Gesellschaften in der Rechnungslegung der entstandenen Gesellschaft als für deren Rechnung berücksichtigt werden (lit. f),
- die Rechte, welche den mit Sonderrechten oder anderen Wertpapieren als Gesellschaftsanteilen ausgestatteten Gesellschaftern in der neuen Gesellschaft gewährt werden, bzw. die für diese vorgeschlagenen Maßnahmen (lit. g)[465],
- etwaige besondere Vorteile, welche den prüfenden Sachverständigen oder den Mitgliedern der Verwaltungs-, Leitungs-, Aufsichts- oder Kontrollorgane gewährt werden (lit. h),
- die Satzung der aus der Fusion hervorgehenden Gesellschaft (lit. i)[466],
- Angaben über das Verfahren zur Regelung der Arbeitnehmermitbestimmung gemäß Art. 16 der RL (lit. j)[467],
- Angaben zur Bewertung des Aktiv- und Passivvermögens, welches auf das Fusionsprodukt übertragen wird (lit. k)[468],

---

464 *Beutel*, 165.

465 Der deutsche Text spricht von "anderen Inhabern von Gesellschaftsanteilen", der französiche von "autres porteurs de titres ou parts représentatifs" und der englische von "other holders of securities or shares representing the companies capital". Der Kreis der Betroffenen ist in der englischen und französischen Version weiter und genauer definiert, so *Maul/Teichmann/Wenz*, BB 2003, 2633, 2637.

466 *Beutel*, 165 spricht sich dafür aus, dass die Aufnahme der Satzung der Zielgesellschaft nur sinnvoll ist, wenn die Verschmelzung nicht durch Aufnahme vollzogen wird.

467 Aufgrund der Komplexität des Verfahrens hält es *Vetter*, AG 2006, 613, 618 für sinnvoll, Angaben dazu in den Plan aufzunehmen, da das Verfahren für die ausländischen Verschmelzungspartner und deren Gesellschafter sehr ungewohnt sein wird.

468 Art. 5 S. 2 lit. k und l der RL sind in den Augen einiger deutscher Autoren missverständlich formuliert. Siehe hierzu die Umsetzung auf Seite 127.

- den Stichtag der Jahresabschlüsse der fusionierenden Gesellschaften, welche zur Festlegung der Bedingungen der Fusion verwendet werden (lit. l).

Vergleicht man nun diese Vorgaben mit denen der Vorgängerregelung der VRL und der SE-VO, dann ergeben sich einige Abweichungen. Dies beruhte auf Änderungswünschen der neuen Beitrittsländer, welche an den Verhandlungen zu den Vorbildregelungen nicht beteiligt waren, aber auch der schon früher beteiligten Staaten[469]. Die Unterschiede finden sich in drei zusätzlich im Verschmelzungsplan anzugebenden Faktoren.

Gemäß dem neuen Art. 5 lit. d müssen die Auswirkungen auf die Beschäftigten in den Verschmelzungsplan aufgenommen werden. Diese Angabe ist neu und geht auf einen Änderungsvorschlag des mitberatenden Ausschusses für Beschäftigung und soziale Angelegenheiten zurück[470]. Das Europäische Parlament hat diesen Vorschlag übernommen[471], was schlussendlich vom Rat gebilligt wurde. Vorbild für diese Bestimmung ist Art. 6 Abs. 3 lit. i der Übernahmerichtlinie[472]. Es geht darum, dass die Leitungs- oder Verwaltungsorgane, welche den Plan erstellen, schon zu diesem frühen Zeitpunkt zu den Auswirkungen auf die Beschäftigten Stellung nehmen sollen, was auch eine frühe Auseinandersetzung mit dem Thema und eine frühe Informationsdichte garantiert[473].

Auf eine französische Initiative geht die Einfügung von Art. 5 lit. k (Angaben zur Bewertung des zu übertragenden Aktiv- und Passivvermögens) und lit. l (Bilanzstichtage) der RL zurück. Sinn und Zweck der

---

469 *Neye*, ZIP 2005, 1893, 1895.

470 Der mitberatende Ausschuss für Beschäftigung und soziale Angelegenheiten schlug außerdem vor, die Stellungnahmen der Arbeitnehmer oder der Arbeitnehmervertreter der fusionierenden Unternehmen in den Katalog des Verschmelzungsplans mit aufzunehmen, siehe lit. (ga) in dem Bericht des Rechtsausschusses v. 25.4.2005, Dok. A6-0089/2005, 46 (Berichterstatter Klaus-Heiner Lehne). Dieser Änderungsantrag wurde auch vom Rechtsausschuss in seinen Bericht übernommen (S. 19), aber nicht vom Europäischen Parlament beschlossen, vgl. die Legislative Entschließung des Europäischen Parlaments v. 10.5.2005, P6_TA(2005)0166, 10.

471 Vgl. Ratsdokument 8728/05, 17.

472 RL 2004/25EG v. 21.4.2004, ABl. EG L-142, 12. Eine vergleichbare Regelung findet sich bereits in § 5 Abs. 1 Nr. 9 UmwG.

473 *Koppensteiner*, Der Konzern, 40, 52 kritisiert, dass nicht ersichtlich sei, warum die Auswirkungen für die Beschäftigten nur für grenzüberschreitende Verschmelzungen ein Bestandteil des Verschmelzungsplans sein sollte. Ein Auseinandergehen der grenzüberschreitenden und nationalen Fusion sei in diesem Punkt nicht sinnvoll.

Regelung ist eine größere Transparenz von Beginn an[474]. Vergleichbare Normen finden sich im französischen Recht: Art. 254 Nr. 3 und 5 Décret Nr. 67-236 v. 23.3.1967.

Gegenüber der VRL und deren Umsetzung in § 5 UmwG abweichend sind auch lit. i (die Satzung der neuen Gesellschaft) und lit. j (die Angaben über das Verfahren gemäß Art. 16 der RL), welche aber schon in die SE-VO aufgenommen wurden (Art. 20 Abs. 1 lit. h und i SE-VO). Es ergibt sich demnach eine Staffelung von Änderungen seit der VRL, was dazu führt, dass für vergleichbare Verschmelzungsfälle (innerstaatliche, grenzüberschreitende Verschmelzungen und solche zur SE) zum Teil keine einheitlichen Regelungen gelten[475].

c) *Ist der Katalog abschließend?*

Umstritten ist in der Literatur die Frage, ob der Katalog des Art. 5 der RL abschließend ist. Anders gesagt: Können die Gesellschaften in ihren Plänen noch weitere als in Art. 5 der RL geforderten Angaben hinzufügen und können die Mitgliedstaaten in der Umsetzung der RL noch Vorgaben ergänzen, welche die Gesellschaften in ihren Plan mit aufnehmen müssen?

Allgemein anerkannt ist, dass die *Gesellschaften* zugunsten der Privatautonomie ihre Verschmelzungspläne um weitere Angaben ergänzen können[476]. In der ursprünglichen Fassung des Richtlinienvorschlags war noch ein Absatz 2 vorgesehen, welcher die Gesellschaften explizit ermächtigt, über den Katalog hinaus weitere Inhalte in den Vertrag mit aufzunehmen. Dieser wurde jedoch auf Vorschlag des Rechtsausschusses vom Europäischen Parlament in ihrer Legislativen Entschließung gestrichen[477].

---

474 *Neye*, ZIP 2005, 1893, 1895; *Neye/Timm*, DB 2006, 488, 489.

475 Kritik von *Neye*, ZIP 2005, 1893, 1895; *Koppensteiner*, Der Konzern, 40, 52. *Bayer/Schmidt*, NJW 2006, 401, 402 befürworten, zur Vermeidung von Rechtszersplitterung und zugunsten des Informationsmodells die Satzung der aus der Fusion hervorgehenden Gesellschaft auch für nationale Verschmelzungen generell zum Inhalt des Verschmelzungsvertrags zu machen. Denn bislang ist in § 37 UmwG die Satzung nur bei Verschmelzungen durch Neugründung in den Vertrag mit aufzunehmen.

476 *Grundmann*, § 26, Rn. 905; *Bayer/Schmidt*, NJW 2006, 401, 402; *Louven/Dettmeier/Pöschke/Weng*, BB-Spezial 2006, Nr. 3, 1, 14; zum Richtlinienvorschlag ebenso *Maul/Teichmann/Wenz*, BB 2003, 2633, 2637; *Müller*, ZIP 2004, 1790, 1792; *Halász/Kloster*, DStR 2004, 1324, 1326.

477 Siehe den Bericht des Rechtsausschusses v. 25.4.2005, Dok. A6-0089/2005, 20 (Berichterstatter Klaus-Heiner Lehne) und die Legislative Entschließung des Europäischen Parlaments v. 10.5.2005, P6_TA(2005)0166, 11.

Da der Bericht des Rechtsausschusses nur redaktionelle Änderungen als Begründung anführt[478], ist davon auszugehen, dass die Streichung des Abs. 2 nicht bedeuten sollte, dass den Gesellschaften die Ergänzung des Katalogs verwehrt sein soll. Vielmehr ist bereits der Formulierung des Art. 5 der RL ("mindestens") zu entnehmen, dass die Gesellschaften den Inhalt des Planes erweitern können[479]. Auch der Erwägungsgrund (4) stellt insoweit fest, dass den Gesellschaften die Möglichkeit gegeben werden muss, über den Katalog des Art. 5 der RL hinaus weitere Angaben zu vereinbaren[480].

Bleibt die Frage, ob die *Mitgliedstaaten* neben dem von Art. 5 der RL geforderten Inhalt des Verschmelzungsplans weitere Angaben von den Gesellschaften fordern können oder ob der Katalog des Art. 5 der RL in dieser Frage abschließend ist. Betrachtet man die korrespondierende deutsche Norm, § 5 UmwG, dann erkennt man die Relevanz dieser Frage. Denn in § 5 Nr. 2 UmwG wird verlangt, dass in den Verschmelzungsvertrag auch Angaben zur Vereinbarung über die Übertragung des Vermögens im Wege der Gesamtrechtsnachfolge aufgenommen werden. Diese Abweichung von Art. 5 der RL hätte möglicherweise für transnationale Verschmelzungen angepasst werden müssen, wenn man § 5 UmwG über § 122a Abs. 2 UmwG auf grenzüberschreitende Fusionen anzuwenden hätte und der Katalog der RL als abschließend zu verstehen wäre[481]. Außerdem würde man die Verpflichtung der übertragenden deutschen Gesellschaft, gem. § 122i Abs. 1 S. 1 UmwG im Verschmelzungsplan im Falle der Herausverschmelzung ein Angebot auf Abfindung zu machen, möglicherweise als Verstoß gegen die Richtlinie werten können[482].

(1) Meinungsstand

Einige Stimmen der Literatur sprechen sich dagegen aus, dass der Katalog des Art. 5 der RL durch die Mitgliedstaaten erweitert werden kann[483].

---

478 Siehe den Bericht des Rechtsausschusses v. 25.4.2005, Dok. A6-0089/2005, 20 (Berichterstatter Klaus-Heiner Lehne).

479 *Bayer/Schmidt*, NJW 2006, 401, 402; *Louven/Dettmeier/Pöschke/Weng*, BB-Spezial 2006, Nr. 3, 1, 14; *Drinhausen/Keinath*, RIW 2006, 81, 83.

480 Darüber bestand auch im Rat Einigkeit, vgl. Rats-Dok. Nr. 14687/04, 17.

481 Problematisiert bei *Bayer/Schmidt*, NJW 2006, 401, 402; Halász/Kloster, DStR 2004, 1324, 1326, Fn. 34.

482 So *Louven* ZIP 2006, 2021, 2025.

483 *Frischhut*, EWS 2006, 55, 58; *Louven/Dettmeier/Pöschke/Weng*, BB-Spezial 2006, Nr. 3, 1, 14; *Louven* ZIP 2006, 2021, 2025; *Frenzel*, 200; *Beutel*, 157; wohl auch *Krause*, in Gesellschaftsrecht in der Diskussion 2006, 39, 46; in Bezug auf den Kommissionsentwurf auch *Maul/Teichmann/Wenz*, BB 2003, 2633, 2637; *Halász/Kloster*, DStR 2004, 1324, 1326 und *Müller*, ZIP 2004, 1790, 1792; siehe auch *Kallmeyer*, AG 2006, 224,

Argumentiert wird mit dem Sinn und Zweck des Verschmelzungsplanes. Die Gesellschaften sollen sich auf eine gemeinsame vertragliche Basis einigen können, welche bestimmten Standards genügt. Diesem Ziel entspräche es nicht, wenn über Art. 4 Abs. 1 lit. b der RL sämtliche zusätzlichen Erfordernisse der nationalen Rechtsordnungen bezüglich des Planes zur Anwendung kämen[484]. Außerdem widerspräche es dem Zweck der Richtlinie, denn die grenzüberschreitend relevanten Fragen sollen im Sinne eines homogenen supranationalen Standards einheitlich geregelt werden[485].

Demgegenüber wird vertreten, dass die Mitgliedstaaten durchaus den zwingenden Inhalt des Verschmelzungsplanes um weitere als in Art. 5 der RL geforderte Angaben ergänzen können[486]. Für diese Ansicht wird angeführt, dass Art. 5 der RL keinen Absatz 2 enthält, welcher gerade die Gesellschaften ermächtigt, über den Katalog des Art. 5 der RL hinauszugehen. Betrachtet man den Entwurf der Kommission von 2003, welcher eine solche begrenzte Ermächtigung noch vorgesehen hatte[487], dann könnte man davon ausgehen, dass dessen Tilgung bedeuten sollte, dass die Mitgliedstaaten nicht von der Ermächtigung ausgenommen werden sollten[488]. Art. 5 der RL sei vielmehr als Mindestregelung zu verstehen – wie es auch für Art. 5 VRL allgemein anerkannt ist[489].

Dieser Argumentation wird allerdings entgegen gehalten, dass die Streichung des Absatzes 2 nicht bedeuten sollte, dass eine Abweichung von der Regelung getroffen werden sollte. Von der Ermächtigung konnte

---

237 mit einer Argumentation basierend auf dem Referentenentwurf zur Umsetzung der Richtlinie; im Ergebnis wohl auch *Grundmann*, § 26, Rn. 905, der aber hervorhebt, dass es eigentlich genügt hätte, das weniger fordernde nationale Recht für maßgeblich zu erklären. Die Autoren machen aber manche Ausnahmen von der Regel, beispielsweise bezüglich § 8 und § 29 UmwG *Halász/Kloster*, DStR 2004, 1324, 1326; *Frenzel*, 341; *Louven/Dettmeier/Pöschke/Weng*, BB-Spezial 2006, Nr. 3, 1, 14. *Maul/Teichmann/Wenz*, BB 2003, 2633, 2637 sind der Meinung der Inhalt von § 46 UmwG könne über das Umtauschverhältnis oder die Satzung in den Plan aufgenommen werden. Siehe zu der Umsetzung des Planinhalts *Haritz/von Wolf*, GmbHR 2006, 340, 341, welche der Meinung sind, § 122c Abs. 2 UmwG verdränge den allgemeinen § 5 Abs. 1 UmwG.

484 *Maul/Teichmann/Wenz*, BB 2003, 2633, 2637; ebenso wohl *Beutel*, 163.

485 *Maul/Teichmann/Wenz*, BB 2003, 2633, 2637.

486 *Bayer/Schmidt*, NJW 2006, 401, 402; *Koppensteiner*, Der Konzern 2006, 40, 51, Fn. 125.

487 KOM (2003) 703, 12, dort noch Art. 3 Abs. 2 RL-Vorschlag.

488 *Bayer/Schmidt*, NJW 2006, 401, 402. Auch *Behrens*, 92 geht von einem nun offeneren Wortlaut aus und argumentiert für eine Erweiterungsmöglichkeit der Mitgliedstaaten.

489 *Bayer/Schmidt*, NJW 2006, 401, 402 m.w.N.

vielmehr abgesehen werden, da in der Formulierung "mindestens" in Art. 5 der RL schon enthalten sei, dass die Gesellschaften den Inhalt des Planes auch einvernehmlich ergänzen können[490]. Außerdem würde auch der 4. Erwägungsgrund der RL nur die Ergänzungsmöglichkeit durch die Gesellschaften explizit vorsehen[491].

Demgegenüber führen die Befürworter der Erweiterungsmöglichkeit durch die Mitgliedstaaten weiterhin an, dass hier gerade keine Verordnung gewählt wurde, um die grenzüberschreitende Verschmelzung zu regeln, sondern eine Richtlinie. Die Richtlinie an sich sei aber einer ergänzenden Anwendung des nationalen Rechts offen, da die Regelungen in diese eingebaut werden sollen, siehe Art. 4 Abs. 1 lit. b der RL[492].

(2) Stellungnahme

Die Auslegung einer Richtlinie erfolgt nach einer vom EuGH entwickelten eigenen gemeinschaftsrechtlichen Interpretation[493]. Betrachtet man die historische Entstehung der Richtlinie, dann drängt sich einem die Frage auf, ob die Tilgung des Art. 3 Abs. 2 RL-Vorschlag 2003 bedeuten sollte, dass die Möglichkeit einer Ergänzung des Inhalts des Verschmelzungsplanes über den Katalog der Richtlinie hinaus durch die Mitgliedstaaten bestehen sollte. Sicherlich hat der ehemalige Absatz 2 diese Möglichkeit wohl ausgeschlossen, indem explizit nur eine Ergänzung durch die Gesellschaften erwähnt wurde. Ob aber die Tilgung das Gegenteil nun kodifizieren wollte, ist fraglich. Abgeändert wurde der Artikel zum Verschmelzungsplan auf einen Änderungswunsch des Parlaments hin. Schon in der Stellungnahme des Ausschusses für Beschäftigung und soziale Angelegenheiten wird der Absatz 2 in der alten Form ohne Begründung gestrichen[494]. Das wird in der Empfehlung des Rechtsausschusses übernommen, außerdem wird aber die Formulierung "mindestens" eingeführt. In der Begründung des Rechtsausschusses hierzu heißt

---

490 *Louven*/Dettmeier/Pöschke/Weng, BB-Spezial 2006, Nr. 3, 1, 14.

491 *Frischhut*, EWS 2006, 55, 58.

492 *Bayer/Schmidt*, NJW 2006, 401, 402, welche auch den Vergleich zu Art. 20 I 2 SE-VO ziehen, wo die ganz herrschende Meinung davon ausgeht, dass der Katalog abschließend ist, da ansonsten kein homogener supranationaler Standard mehr bestünde. Siehe dazu auch *Schmidt*, 171 m.w.N; *Schwarz*, Art. 20, Rn. 46; zur RL ebenso *Behrens*, 92.

493 Siehe nur EuGH, Rs. 26/62, van Gend & Loos, Slg. 1963, 1, 24; *Schröder*, JuS 2004, 180, 181.

494 Stattdessen soll der Absatz den heute in Art. 7 der RL geregelten Bericht des Leitungs- oder Verwaltungsorgans beinhalten. Siehe den Bericht des Rechtsausschusses v. 25.4.2005, Dok. A6-0089/2005, 46 (Berichterstatter Klaus-Heiner Lehne).

es, dass es sich um Anpassungen rein redaktioneller Art handele[495]. Hätte der Umformulierung die Absicht zugrunde gelegen, den Mitgliedstaaten vorher verwehrte Befugnisse zur Ergänzung des Verschmelzungsplanes zu überlassen, dann wäre in dem Bericht des Rechtsausschusses wohl eine deutlichere Begründung dazu enthalten gewesen. Daher ist eher davon auszugehen, dass der Absatz 2 gestrichen wurde, da dessen Inhalt in dem Wort "mindestens" ohnehin enthalten sein würde.

Auch der Wortlaut des Art. 5 der RL könnte diese Annahme bestätigen. Denn das Wort mindestens bezieht sich möglicherweise auf den von den Leitungs- oder Verwaltungsorganen gemeinsam aufzustellenden Verschmelzungsplan und nicht auf die Umsetzung durch die Mitgliedstaaten[496]. Andererseits ist der Wortlaut in diesem Punkt nicht eindeutig. Durch das Wort "mindestens" könnte auch grundsätzlich nur der Mindestcharakter des Katalogs festgehalten worden sein[497]. Wodurch eine Ergänzung darüber hinaus von statten gehen kann, ob durch die Einigung der Gesellschaften darüber oder aufgrund von Rechtsvorschriften der Mitgliedstaaten, wird nicht explizit formuliert.

Ein anderes Bild ergibt sich, wenn man die nun nicht mehr enthaltene Vorschrift des Art. 5 des Richtlinienvorschlags von 1985[498] betrachtet. Dort heißt es, dass für die Erstellung des Plans für die Verschmelzung Art. 5 VRL anzuwenden ist. Art. 5 Abs. 1 S. 2 des Richtlinienvorschlags 1985 fügt hinzu, dass weitere Angaben nicht verlangt werden dürfen. Das bedeutet, dass der Katalog des Plans im Vorschlag aus dem Jahre 1985 als Mindest- und Höchstnorm zu verstehen war, wodurch Unterschiede in den Umsetzungsnormen der Mitgliedstaaten ausgeschlossen werden sollten[499]. Diese Konzeption war den "Vätern" der jetzigen Richtlinie sicherlich bekannt. Es stellt sich daher die Frage, ob die veränderte Fassung bedeut, dass von der ursprünglichen Konzeption abgewichen werden sollte. Anders gesagt, war durch die neue Formulierung eine Abkehr von dem Ergänzungsverbot des Planinhalts durch die Mitgliedstaaten

---

495 Bericht des Rechtsausschusses v. 25.4.2005, Dok. A6-0089/2005, 20 (Berichterstatter Klaus-Heiner Lehne).

496 *Louven/Dettmeier/Pöschke/Weng*, BB-Spezial 2006, Nr. 3, 1, 14.

497 *Behrens*, 92. So auch die h.M. zum bezüglich des Wortlauts vergleichbaren Art. 5 VRL, S. *Bayer/Schmi*dt. NJW 2006, 401, 402 m.w.N. Die Vergleichbarkeit zu Art. 5 VRL ist aber nur begrenzt gegeben, da die 3. Richtlinie nur für innerstaatliche Verschmelzungen Regelungen getroffen hat, weshalb die typisch grenzüberschreitenden Probleme durch das Zusammenspiel von unterschiedlichen Rechtsordnungen nicht gegeben sind.

498 Veröffentlicht im ABl. EG C-23 v. 25.1.1985, 11.

499 *Grundmann*, § 26, Rn. 904.

beabsichtigt? In der Literatur wird zum Teil vertreten, dass die Vorschrift lediglich entfallen ist, da der Verweis auf die Fusionsrichtlinie nun in Art. 4 der RL "vor die Klammer gezogen wurde"[500]. Das trifft sicherlich für den Verweis auf die Fusionsrichtlinie zu, der sich durch den generellen Verweis in Art. 4 der RL und den ausformulierten Katalog des Verschmelzungsplans in Art. 5 der RL erübrigt hat.

Warum aber der Art. 3 Abs. 1 S. 2 des Richtlinienvorschlags 1985, welcher den Mitgliedstaaten Ergänzungen des Verschmelzungsplans verbot, nicht aufgenommen wurde, lässt sich damit nicht erklären. Man könnte meinen, der Wegfall dieses Satzes würde bedeuten, dass die Mitgliedstaaten im Gegensatz zum Entwurf von 1985 nun die Ermächtigung zur Ergänzung durchaus besitzen sollten[501]. Die historische Auslegung spielt jedoch nur eine begrenzte Rolle im Vergleich zu der systematischen, wörtlichen und teleologischen[502]. Da zunächst der natürliche Sinn eines Textes zu suchen ist, kann dessen Entstehungsgeschichte jedoch durchaus hilfreich sein[503]. Das bedeutet, dass vor dem Hintergrund des Richtlinienentwurfes von 1985 und dem Kommissionsvorschlag von 2003 die Tilgung eines Ergänzungsverbots durch den Gesetzgeber darauf hindeutet, dass der Wortlaut "mindestens" eben nur den Hinweis auf den Mindestnormcharakter geben und nicht ein Ergänzungsverbot des nationalen Gesetzgebers beinhalten sollte.

Der Wortlaut, unter Einbeziehung der historischen Auslegung, dient dem EuGH jedoch nur als Ausgangspunkt einer Auslegung. Zentrales Mittel sei vielmehr die teleologische Auslegung. Es komme darauf an, den "Geist der Vorschrift"[504] zu ergründen[505]. Wiederum rückt die Ansicht in den Vordergrund, Sinn und Zweck der Richtlinie sei es, einheitliche Regelungen zur grenzüberschreitenden Verschmelzung zu entwickeln. Und gerade der Verschmelzungsplan soll es den Gesellschaften ermöglichen, sich auf einen einheitlichen Inhalt einigen zu können[506]. Kommen jeweils Angaben durch die nationalen Vorschriften der Heimatländer hinzu, dann erschwert es sicherlich beide erwähnten Ziele. Der Hintergrund der Richtlinie, vereinheitlichte Normen zu finden, wird jedoch von Beginn an ergänzt durch den Verweis des Art. 4 Abs. 1 lit. b der RL auf die nationalen Rechtsvorschriften als Ergänzung der Richtlinie. Dadurch

---

500 *Maul/Teichmann/Wenz*, BB 2003, 2633, 2637, Fn. 24.

501 Ähnlich auch *Behrens*, 92.

502 EuGH, Rs. 26/62, van Gend & Loos, Slg. 1963, 1, 24; *Schröder*, JuS 2004, 180, 183.

503 Oppermann, 209.

504 EuGH, Rs. 26/62, van Gend & Loos, Slg. 1963, 1, 24.

505 *Schröder*, JuS 2004, 180, 182.

506 Siehe S. 104.

wird eine Balance hergestellt zwischen den Harmonisierungsbestrebungen auf europäischer Ebene und der gegenseitigen Anerkennung nationaler Regelungen ("Vertrauensprinzip")[507]. Daher kann man nun unter Hinweis auf den Harmonisierungsplan die Anwendung des nationalen Rechts nicht generell als zu große Einschränkung der Supranationalität sehen. Vielmehr muss man den Einzelfall daraufhin untersuchen, ob konkret die Harmonisierungsbestrebungen gegenüber dem Prinzip der Anerkennung nationalen Rechts überwiegen.

Art. 5 der RL legt fest, dass die Gesellschaften sich auf einen einheitlichen Plan einigen müssen. Spricht die Notwendigkeit der Einheitlichkeit des Planes grundsätzlich gegen die Ergänzbarkeit des Katalogs durch die Normen der Mitgliedsstaaten? Dem steht eine andere Annahme gegenüber. Richtlinien beruhen im Gefüge des Gemeinschaftsrechts auf dem Grundsatz, dass die in ihr enthaltenen Ziele von den Mitgliedstaaten im Sinne des Vertrauensprinzips und des Subsidiaritätsprinzips in die nationalen Rechtsvorschriften eingegliedert werden müssen. Die Wahl der Form und der Mittel werden dabei den innerstaatlichen Stellen überlassen[508]. Das macht gerade den Unterschied zu den Verordnungen aus, welche in jedem Mitgliedstaat unmittelbar gelten. Sollte bezüglich des Verschmelzungsplans von diesem Grundsatz der kumulativen Anwendung des nationalen Rechts abgewichen werden, dann hätte ein eindeutiger Wortlaut dieses klarstellen können. Stattdessen wurde Art. 4 Abs. 2 lit. b der RL eingefügt, welcher grundsätzlich als Ergänzung der Richtlinie auf nationales Recht verweist. Die Frage ist aber, ob für den Verschmelzungsplan die Begrenzung auf den Katalog des Art. 5 der RL so notwendig ist, dass aufgrund dieses Zweckes des einheitlichen Plans der Grundsatz der ergänzenden Heranziehung des nationalen Rechts an diesem Punkt zurückgesetzt werden muss.

Dagegen könnte man einwenden, dass einige der zentralen Streitpunkte einer jeden Verschmelzung ohnehin über Art. 5 der RL schon in den Mindestinhalt des Planes einbezogen sind: die Auswirkung der Verschmelzung auf die Arbeitnehmer (Art. 5 lit. d der RL) und Angaben zum Verfahren, welches die Arbeitnehmerbeteiligung an der aus der Verschmelzung hervorgehenden Gesellschaft regelt (Art. 5 lit. j der RL). Eine etwaige Ergänzung des Verschmelzungsplans aufgrund von nationalen

---

507 Siehe dazu *Oppermann*, 377, 383 und 548

508 *Oppermann*, 166; *Bayer/Schmidt*, NJW 2006, 401, 402.

Vorschriften könnte daher weniger problematisch sein, als es einem auf den ersten Blick erscheint[509].

Dagegen könnte wiederum sprechen, dass der Verschmelzungsplan den Punkt im Verschmelzungsprozess darstellt, an welchem die Gesellschaften am intensivsten zusammenarbeiten müssen, um sich über alle Details zu einigen. Die Reduzierung des Inhalts des Verschmelzungsplans auf die in der Richtlinie gemachten Angaben wäre sicherlich für eine effektivere und streitminimierende Verhandlungsbasis förderlich. Allerdings würde in manchen Fällen schon die Vereinigungstheorie weiterhelfen, welche die Ergänzung der nationalen Rechtsvorschriften "organisiert". Denn würden sich die jeweiligen nationalen Rechtsvorschriften zum Verschmelzungsplan widersprechen, dann müsste man ohnehin eine rechtliche Anpassung vornehmen, um eine Einigung herbeizuführen. Blieben als problematische Konstellationen nur übrig, bei denen eine Verhandlung scheitert, da die Gesellschaften sich nicht einigen konnten, einen Inhalt mit in den Plan aufzunehmen, welcher nur von einer Rechtsordnung erwartet wird, von der anderen aber nicht abgelehnt. Die Rechtsordnungen in Europa sind grundsätzlich aber gleichwertig und werden gegenseitig respektiert und anerkannt, daher sollte man nicht nur aufgrund einer exotischen Klausel, welche ein Mitgliedstaat zum Inhalt des Planes macht, den Katalog des Art. 5 der RL von jeglicher Ergänzung durch die nationalen Vorschriften sperren.

Es ist der Charakter einer grenzüberschreitenden Umstrukturierung, dass die nationalen Rechtsordnungen unterschiedliche Regelungen treffen und eine Einigung der Beteiligten daher möglicherweise erschwert wird, vgl. den Minderheitenschutz in § 122i Abs. 1 S. 1 UmwG[510]. Doch es ist nicht der gewollte Weg einer Richtlinie, alles radikal anzugleichen. Der Richtliniencharakter bleibt bestehen, insofern dass die Normen durch die nationalen Rechtsvorschriften ergänzt werden sollen. Der Verweis des Art. 4 Abs. 1 lit. b der RL stellt außerdem ausdrücklich klar, dass die Richtlinie durch die Vorschriften des innerstaatlichen Rechts ergänzt wird, "sofern diese Richtlinie nicht etwas anderes bestimmt". In Art. 5 der RL wird aber nicht explizit etwas anderes bestimmt. Den Inhalt des

---

509 Für deutsche Gesellschaften wäre zum Beispiel der § 5 Abs. 1 Nr. 2 UmwG relevant. Es wird dort verlangt, dass der Verschmelzungsvertrag klarstellt, dass es sich bei der gewollten Transaktion um eine Gesamtrechtsnachfolge ohne Abwicklung gegen Gewährung von Anteilen handelt. Da die Richtlinie in Art. 2 lit. 2 diese Merkmale ohnehin voraussetzt, dürfte es für verschmelzungswillige Gesellschaften kein Problem darstellen, diese zusätzlich in den Verschmelzungsplan aufzunehmen.

510 Siehe hierzu die Ausführungen auf S. 220 ff.

Verschmelzungsplanes durch die nationalen Vorschriften zu ergänzen ist daher im Ergebnis nicht abzulehnen.

(3) Fazit

Das Recht der Mitgliedstaaten kann den Inhalt des Verschmelzungsplans über die Regelungen der Richtlinie hinaus gemäß Art 4 Abs. 1 lit. b der RL erweitern. Das bedeutet, dass im Einklang mit der Vereinigungstheorie an dieser Stelle, da der Plan ein gemeinsames Handeln erfordert, beide Rechtsordnungen bedacht werden und im Falle der Kollision die strengere Regelung entscheidet[511]. Dieser klar in Art. 4 der RL formulierte Grundsatz wird nicht aufgrund des Charakteristikums der Einheitlichkeit des Planes ausgehebelt und entspricht der Eigenart einer Richtlinie im Gegensatz zur Verordnung.

d) Form

In Art. 5 der RL wird nicht geregelt, in welcher Form der Verschmelzungsplan niedergelegt werden muss. Es stellt sich daher die Frage, ob bei einer Beteiligung einer deutschen Gesellschaft § 6 UmwG heranzuziehen ist, welcher eine notarielle Beurkundung des Verschmelzungsvertrags fordert, bzw. allgemein formuliert, ob ein Rückgriff auf die nationalen Rechtsvorschriften gemäß Art. 4 Abs. 1 lit. b der RL vorzunehmen ist. Von vielen Stimmen der Literatur wird dieser Rückgriff vertreten mit dem Zusatz, dass bei einer Diskrepanz der berufenen Rechtsordnungen sich in diesem Punkt aufgrund der Einheitlichkeit des Dokuments die strengste Regelung durchsetzen müsse[512].

Als Argument für die Anwendung der nationalen Formvorschriften über Art. 4 der RL wird der Vergleich zu dem Vorschlag von 1985 gezogen, welcher in Art. 5 Abs. 2 festlegt, dass der Plan öffentlich zu beurkunden ist, wenn eine der für die Gesellschaften anwendbaren nationalen Rechtsvorschriften dies vorschreibe. Es ist demnach schon 1985 keine Verdrängung der nationalen Vorschriften bezweckt worden. Dass diese Regelung nicht in Art. 5 der RL aufgenommen wurde, findet seine Ursa-

---

511 *Grundmann*, § 26, Rn. 904.

512 *Bayer/Schmidt*, NJW 2006, 401, 402 f; *Maul/Teichmann/Wenz*, BB 2003, 2633, 2637; *Müller*, ZIP 2004, 1790, 1793; *Drinhausen/Keinath*, RIW 2006, 81, 83; *Behrens*, 93 f; *Beutel*, 160; *Bayer*, in Lutter, § 122c, Rn. 7; *Heckschen*, in Widmann/Mayer, § 122c, Rn. 178 ff. *Louven/Dettmeier/Pöschke/Weng*, BB-Spezial 2006, Nr. 3, 1, 14 raten den verschmelzungswilligen Gesellschaften, alle potenziellen Formvorschriften einzuhalten. Auch der Gesetzgeber sieht offensichtlich einen Rückgriff auf nationale Rechtsvorschriften als erlaubt an, indem er in § 122c Abs. 4 UmwG die notarielle Beurkundung des Verschmelzungsplans fordert.

che wahrscheinlich in dem nun generell eingeführten Verweis in Art. 4 Abs. 1 lit. b der RL, welcher einzelne Verweise innerhalb der Verfahrensschritte überflüssig werden ließ[513].

Eine andere Ansicht hingegen hält einen Rückgriff auf die nationalen Formvorschriften aufgrund des grenzüberschreitenden Charakters und der notwendigen Einheitlichkeit des Planes für unangemessen[514]. *Kallmeyer/Kappes* schlagen beispielsweise vor, die Lücke durch Rückgriff auf die 3. Richtlinie über die nationale Fusion zu schließen, um auf europarechtlicher Ebene zu bleiben[515]. Das würde grundsätzlich für jeden Verschmelzungsplan Schriftform gemäß Art. 5 Abs. 1 VRL bedeuten.

Diese Ansicht ist jedoch abzulehnen. Art. 4 Abs. 1 lit. b der RL verfolgt einen kollisionsrechtlichen Ansatz, insofern dass, wo die Richtlinie nichts anderes bestimmt, die Vorschriften des innerstaatlichen Rechts eingehalten werden müssen[516]. Parallel zu dem Streit bezüglich der Erweiterung des Katalogs des Art. 5 der RL durch nationales Recht muss man auch hier zu dem Ergebnis kommen, dass der Verweis auf die nationalen Vorschriften über Art. 4 Abs. 1 lit. b der RL bezüglich der Form des Verschmelzungsvertrags möglich sein muss. Man kann nicht lediglich mit Bezug auf den grenzüberschreitenden Charakter des Plans zu einem gegenteiligen Ergebnis kommen, da der für das Verfahren der grenzüberschreitenden Verschmelzung grundsätzlich geltende Verweis in Art. 4 Abs. 1 lit. b der RL stets heranzuziehen ist, wenn die RL nichts anderes bestimmt. Dem Wortlaut des Art. 5 der RL lässt sich nichts Gegenteiliges entnehmen.

Darüber hinaus kann man feststellen, dass die Formvorschriften der Länder gegenseitig zu respektieren sind. Dies folgt aus dem Grundsatz der gegenseitigen Anerkennung nationaler Vorschriften, welcher seit den achtziger Jahren von der Europäischen Kommission in der "Neuen Strategie" als Gegengewicht zur Harmonisierung nationalen Rechts unterstützt wird[517].

---

513 Diese Argumentation ist zu finden bei *Maul/Teichmann/Wenz*, BB 2003, 2633, 2637 m. w. N. zum parallelen Streit innerhalb der SE-VO in Fn. 26; siehe auch *Heckschen*, in Widmann/Mayer, § 122c, Rn. 190.

514 *Kallmeyer/Kappes*, AG 2006, 224, 228; bezüglich des Kommissions-Entwurfes von 2003 auch *Halász/Kloster*, DStR 2004, 1324, 1326.

515 *Kallmeyer/Kappes*, AG 2006, 224, 228; ebenso bezüglich § 122c Abs. 4 UmwG *Kallmeyer*, GmbHR 2006, 418, 420.

516 So *Bayer/Schmidt*, NJW 2006, 401, 403, Fn. 22; *Behrens*, 93; *Weng*, 215.

517 Oppermann, 377.

Zum Teil wird argumentiert, dass ein Rückgriff auf das Beurkundungserfordernis in § 6 UmwG mit der Niederlassungsfreiheit nicht vereinbar sei für den Fall, dass das ausländische Recht für innerstaatliche Verschmelzungen nur die Schriftform vorsieht[518]. Denn die beteiligte deutsche Gesellschaft würde dann bei Anwendung der strengeren deutschen Vorschrift dort nicht wie eine inländische Gesellschaft behandelt werden. Jedoch ist dem entgegenzuhalten, dass mit dieser Argumentation an allen Stellen des Verschmelzungsverfahrens, wo die Regeln der RL durch nicht übereinstimmende nationale Vorschriften ergänzt werden, eine Andersbehandlung vorliegen würde. Nimmt man nun grundsätzlich einen Verstoß gegen Art. 43, 48 EGV an, dann wäre die Ergänzung gem. Art. 4 Abs. 1 lit. b der RL in der Praxis nicht möglich. Die Erweiterungen des Planinhalts durch die Mitgliedstaaten sind also demnach für den Einzelfall dahingehend zu überprüfen, ob die entstehende Andersbehandlung eine ungerechtfertigte Beschränkung der Niederlassungsfreiheit darstellt. Kommt man über die Vereinigungstheorie dazu, dass sich die strengere Regelung durchsetzt, dann kann das Ergebnis keinen Verstoß gegen die Niederlassungsfreiheit darstellen[519].

Aus diesen Gründen bleibt es bei dem Verweis über Art. 4 Abs. 1 lit. b der RL auf die nationalen Rechtsordnungen auch für die Form des Verschmelzungsvertrags. Ist eine deutsche Gesellschaft beteiligt, d.h. eine Gesellschaft, für welche deutsches Recht maßgeblich ist, dann ist der Plan gemäß § 6 UmwG notariell zu beurkunden. Die notarielle Beurkundung wird sich nach der Vereinigungstheorie in der Regel als strengste Regelung gegenüber den ausländischen Anforderungen durchsetzen[520].

e) Umsetzung

Die Vorgaben, welche die Richtlinie bezüglich des Verschmelzungsplans bereitstellt, sollen durch § 122c UmwG umgesetzt werden. So legt § 122c Abs. 1 UmwG fest, dass die Vertretungsorgane der beteiligten Gesellschaften einen gemeinsamen Verschmelzungsplan[521] aufstellen, der laut

---

518 *Kallmeyer/Kappes*, AG 2006, 224, 228.

519 Das Beurkundungserfordernis verstößt auch nach *Heckschen*, in Widmann/Mayer, § 122c, Rn. 186 nicht gegen Gemeinschaftsrecht. Denn die von der Niederlassungsfreiheit geforderte Gleichbehandlung von innerstaatlichen und grenzüberschreitenden Verschmelzungen ist gewährleistet, da für beide Fälle eine Beurkundung vorgesehen ist

520 *Weng*, 218 f.

521 Der *DNotV*, Stellungnahme zum RefE v. 28.4.2006, Nr. 9b) ist der Meinung, das Umwandlungsgesetz sollte in den § 122a ff. UmwG statt "Verschmelzungsplan" die Formulierung " Verschmelzungsvertrag oder sein Entwurf" benutzen, um mit

§ 122c Abs. 4 UmwG notariell beurkundet werden muss, und dessen Mindestinhalt § 122c Abs. 2 Nr. 1-12 UmwG festlegt. Der Gesetzgeber weist in seiner Begründung zum Regierungsentwurf darauf hin, dass die Formulierung des § 122c Abs. 1 UmwG der Tatsache geschuldet ist, dass die Verpflichtung zur Erstellung eines Verschmelzungsplans nach § 122c UmwG nur die deutschen Gesellschaften treffen soll[522].

Für die Verschmelzung einer 100%igen Tochter auf ihre Mutter entfällt in Umsetzung des Art. 15 Abs. 1 Spiegelstrich 1 der RL gemäß § 122c Abs. 3 UmwG die Pflicht, Angaben bezüglich des Umtauschverhältnisses anzufügen, d.h. § 122c Abs. 2 Nr. 2, 3 und 5 UmwG erübrigen sich bei dieser Art der Konzernverschmelzungen.

Bemängelt wird in der Literatur zum Teil, dass der Gesetzgeber in § 122c Abs. 1 UmwG für den Autor des Verschmelzungsplans als Begrifflichkeit statt "Leitungs- oder Verwaltungsorgan", wie es die Richtlinie in Art. 5 der RL fordert, "Vertretungsorgan" wählte[523]. In Anbetracht der Tatsache, dass bei den deutschen Aktiengesellschaften AG, GmbH und KGaA die Vertretungs- und Leitungsorgane identisch sind, erscheint die engere Formulierung des deutschen Gesetzgebers nur problematisch in Bezug auf eine nach dem monistischen System organisierte Europäische Aktiengesellschaft mit Sitz in Deutschland[524]. Denn, wie schon an anderer Stelle gesagt[525], kann eine SE sich durchaus aufgrund der Richtlinie grenzüberschreitend verschmelzen, wenn das Endprodukt keine SE darstellt. Für diesen Fall hält die SE-VO keine Bestimmungen bereit, weshalb gemäß Art. 9 Abs. 1 lit. c, ii SE-VO die Vorschriften des Sitzstaats bezüglich der Aktiengesellschaften Anwendung finden. Eine dem deutschem Recht unterliegende SE ist also im Anwendungsbereich der Richtlinie, weshalb ihr nach dem deutschen Recht gemäß den §§ 122a ff. UmwG eine grenzüberschreitende Fusion erlaubt sein muss, da ihr eine Fusion mit einer deutschen AG aufgrund Art. 9 Abs. 1 lit. c, ii SE-VO auch nicht verwehrt werden würde, vgl. Art. 4 Abs. 1 lit. a der RL. Ist nun die in Deutschland ansässige SE monistisch organisiert[526], dann sind

---

dem Verfahren an mehreren, von dem *DNotV* angeführten, Punkten früher beginnen zu können.

522 Begründung zum RegE, BR-Drs. 548/06, 31.

523 *Drinhausen/Keinath*, BB 2006, 725, 727; *Krause/Kulpa*, ZHR 171 (2007), 38, 57, Fn. 123.

524 *Drinhausen/Keinath*, BB 2006, 725, 727; *Bayer*, in Lutter, § 122c, Rn. 6.

525 Vgl. auf Seite 76.

526 Gem. Art. 38 lit. b SE-VO kann für die SE als Organisationsform zwischen der monistischen und der dualistischen gewählt werden. Das verkennen wohl *Krause/Kulpa*, ZHR 171 (2007), 38, 57, Fn. 123, wenn sie davon ausgehen, dass eine SE

gemäß Art. 41 Abs. 1 SEAG die geschäftsführenden Direktoren das "Vertretungsorgan" der SE, während der Verwaltungsrat gemäß Art. 43 Abs. 1 SE-VO, Art. 22 Abs. 1 SEAG das "Leitungsorgan" darstellt[527]. Der § 122c Abs. 1 UmwG ist daher bezüglich der monistischen SE missverständlich formuliert und sollte über die richtlinienkonforme Auslegung bzw. die Rechtsfortbildung dahingehend korrigiert werden, dass die Aufstellungskompetenz dem Verwaltungsrat zukommt[528].

Ein weiterer Kritikpunkt bezüglich der Formulierung des Gesetzgebers wird in der wortgetreuen Umsetzung des so in der Richtlinie genannten Verschmelzungs*plans* gesehen. Dem UmwG ist dieser Begriff bislang fremd, das parallele Rechtsinstitut heißt hier Verschmelzungsvertrag, siehe §§ 4, 5 UmwG. Nach deutscher Rechtsdogmatik wird man davon ausgehen können, dass es sich beim Verschmelzungsplan um einen Verschmelzungsvertrag handelt [529] und um ein mehraktiges Rechtsgeschäft[530]. Die jeweiligen Leitungs- oder Verwaltungsorgane der Unternehmen treffen eine ausführliche Vereinbarung (mit der Rechtsfolge

---

(grundsätzlich) monistisch organisiert ist. Wird für die SE das dualistische System gewählt, fällt das beschriebene Formulierungsproblem weg.

527 Gesetz zur Ausführung der Verordnung (EG) Nr. 2157/2001 des Rates vom 8. Oktober 2001 über das Statut der Europäischen Gesellschaft (SE-Ausführungsgesetz – SEAG) v. 22.12.2004, BGBl. I 2004, 3675.

528 *Bayer*, in Lutter, § 122c, Rn. 6; anders *Drinhausen*, in Semler/Stengel, § 122c, Rn. 9, der von einer kumulativen Kompetenz von Verwaltungsrat und geschäftsführenden Direktoren ausgeht; a.A. auch *Frenzel*, 213 und *Mayer*, in Widmann/Mayer, § 122c, Rn. 22, die (richtlinienwidrig) eine ausschließliche Kompetenz der geschäftsführenden Direktoren annehmen.

529 Siehe *Vetter*, AG 2006, 613, 617; ebenso *Krause/Kulpa*, ZHR 171 (2007), 38, 56; *Rubner*, NJW-Speziel 2007, Nr. 5, 219; *Simon/Rubner*, Institute for Law and Finance 11/2006, Nr. 53, 1, 5. A.A. *Kallmeyer*, NZG 2006, 737, 740; Handelsrechtsausschuss des DAV, NZG 2006, 737, 740, welche in dem Plan einen konzeptionell unterschiedlichen Organisationsakt sehen. Sie sind außerdem der Meinung, dass auch die Vorschriften für die innerdeutsche Fusion dem europäischen Standard des Organisationsaktes angepasst werden sollten. Für letzteres sprechen sich auch *Kallmeyer*, AG 2006, 224, 238; *Krause/Kulpa*, ZHR 171 (2007), 38, 56 aus. Das solle verhindern, dass die Rechtsprechung die Begriffe Plan und Vertrag unterschiedlich auslegt, und es solle das UmwG an einen internationalen Standard anpassen. Da nach dem Recht vieler EU-Mitgliedstaaten der Plan ein sich selber exekutierender Organisationsakt darstellt, ist *Kiem*, WM 2006, 1091, 1094 der Meinung, dass der Gesetzgeber gut daran getan hat, eine schuldrechtliche Klausel wie in § 5 Abs. 1 Nr. 2 UmwG nicht in die §§ 122 ff. UmwG aufzunehmen. Dieser Fremdkörper hätte eine Vereinbarung zwischen den Unternehmen möglicherweise erschwert.

530 *DNotV*, Stellungnahme zum RefE v. 28.4.2006, Nr. 9b).

Verschmelzung), welcher die jeweiligen Gesellschafter zustimmen müssen.[531]. Sieht man in dem Verschmelzungsplan einen Vertrag, dann schließt sich die Folgefrage an, ob bei etwaigen Leistungsstörungen das durch das Kollisionsrecht zu ermittelnde allgemeine Schuldrecht zur Anwendung kommt[532].

(1) Planinhalt

Der Mindestinhalt des Verschmelzungsplans wird in § 122c Abs. 2 UmwG aufgeführt und orientiert sich sehr eng an dem Wortlaut der Richtlinie. Der einzige nennenswerte Unterschied liegt in der Formulierung des § 122c Abs. 2 Nr. 6 UmwG, welcher im Gegensatz zu Art. 5 S. 2 lit. f der RL den beschriebenen Zeitpunkt, von welchem an die Handlungen als für Rechnung der Zielgesellschaft gelten, als Legaldefinition für den so genannten "Verschmelzungsstichtag" festlegt.

Es wird vielfach diskutiert, ob nicht ein Verweis auf § 5 UmwG genügt hätte, anstatt der so gewählten redundanten Auflistung. Denn viele der von der Richtlinie und nun von § 122c UmwG verlangten Angaben sind auch Inhalt des § 5 UmwG, welcher die "Vaterregelung" der 3. Richtlinie umgesetzt hat. Es gibt aber auch einige Neuheiten im Mindestinhalt des Verschmelzungsplans, welche dem § 5 UmwG fremd sind. Es hätte daher die Möglichkeit gegeben, § 5 UmwG an die Neuerungen anzupassen und es beim generellen Verweis des § 122a Abs. 2 UmwG zu lassen[533]. Oder der deutsche Gesetzgeber hätte den § 122c UmwG nur mit den Abweichungen ausstatten können und darüber hinaus auf den § 5 UmwG verweisen können[534].

Der deutsche Gesetzgeber gibt in seiner Begründung zum Regierungsentwurf an, die enge Anlehnung an den Wortlaut der Richtlinie trotz des redundanten Charakters "zur Vermeidung von Unklarheiten" vorge-

---

531 *Kallmeyer*, AG 2006, 224, 238; *Krause/Kulpa*, ZHR 171 (2007), 38, 56.

532 Dafür *Vetter*, AG 2006, 613, 617; *DNotV*, Stellungnahme zum RefE v. 28.4.2006, Nr. 9b), welche der Meinung sind, dass man für "Pläne" im deutschen Recht die Normen für Leistungsstörungen erst ermitteln müsste.

533 *Bayer/Schmidt*, NZG 2006, 841, 842 favorisieren diese Lösung bezüglich der Angaben zur Bewertung der Aktiva/Passiva (Art. 5 lit. k der RL), zu den Bilanzstichtagen (lit. l) und der Aufnahme der Satzung (lit. i); *Müller*, NZG 2006, 286, 288; zustimmend *Krause/Kulpa*, ZHR 171 (2007), 38, 57; siehe auch *Kallmeyer*, GmbHR 2006, 418, 420; *Bayer/Schmidt*, NJW 2006, 401, 402.

534 *DNotV*, Stellungnahme zum RefE v. 28.4.2006, Nr. 9b) mit Formulierungsvorschlag des § 122c UmwG; siehe auch *Bayer/Schmidt*, NZG 2006, 841, 842; *Vetter*, AG 2006, 613, 618; *Kiem*, WM 2006, 1091, 1095; *Louven*, ZIP 2006, 2021, 2024 f.

nommen zu haben[535]. Diese Begründung geht in die Richtung, dass an den Verfahrenspunkten, wo eine Kooperation der Gesellschaften nötig ist, die aufgrund der Vereinigungstheorie[536] vorzunehmende Kumulierung derer Personalstatute vereinfachter durchzuführen ist, wenn möglichst viel aus der Richtlinie im Gleichlauf übernommen wurde[537]. Dieser richtigen Annahme steht jedoch gegenüber, dass unterschiedlichen Formulierungen und Regelungen für innerstaatliche und grenzüberschreitende Fusionen wiederum Unklarheiten im nationalen Recht folgen, welche zu einer "gespaltenen Auslegung" führen könnte[538]. Außerdem ist der Charakter einer Richtlinie gegenüber der Verordnung nun mal der, dass die von ihr getroffenen Regelungen nach Maßgabe des nationalen Gesetzgebers in das nationale Recht eingefügt werden. Es ist gerade nicht gefordert, dass die Vorschriften der Richtlinie gesondert in einem europarechtlichen Abschnitt wortgetreu umgesetzt werden. Es ist daher davon auszugehen, dass zugunsten einer inländischen Rechtsklarheit bezüglich des Inhalts des Verschmelzungsplans grundsätzlich ein einfacher Verweis auf den sehr ähnlichen § 5 UmwG genügt hätte[539].

Fraglich ist aber, wie man in diesem Fall mit den Abweichungen vom § 5 UmwG hätte umgehen sollen. Wäre es sinnvoller gewesen, den § 5 UmwG um sie zu ergänzen, oder sie in § 122c UmwG einzufügen und darüber hinaus auf § 5 UmwG zu verweisen? Um diese Frage zu beant-

---

535 Begründung zum RegE, BR-Drs. 548/06, 31.

536 Zu der Vereinigungstheorie siehe oben, S. 97.

537 Vgl. auch *Neye/Timm*, DB 2006, 488, 490.

538 So *Bayer/Schmidt*, NZG 2006, 841, 842, ausführlicher noch *dieselben*, NJW 2006, 401, 402, wo die Autoren vorschlagen, die Angaben gem. Art. 5 lit. i, k und l der RL in § 5 mit einzugliedern und für lit. j einen gesonderten Absatz für grenzüberschreitende Verschmelzungen einzuführen.

539 A.A. wohl auch *Haritz/von Wolf*, GmbHR 2006, 340, 341 welche der Meinung sind, dass der § 122c Abs. 2 UmwG den § 5 Abs. 1 UmwG bei grenzüberschreitenden Verschmelzungen verdrängt. Sie begründen diese Annahme zwar nicht ausdrücklich mit dem § 122a Abs. 2 UmwG. Es mag aber sein, dass sie sich auf dessen Halbsatz beziehen, dass der Verweis auf die Normen für die nationale Fusion nur möglich sei, "soweit sich aus diesem Abschnitt nichts anderes ergibt". Durch die exakte Umsetzung des Art. 5 der RL könnte man meinen, die Erweiterung durch § 5 UmwG solle nicht zulässig sein. Doch dem § 122c UmwG ist eine solche Beschränkung nicht zu entnehmen. Vielmehr enthält der § 122c Abs. 2 UmwG das Wort "mindestens" auch hier, ohne sich direkt nur auf die Erweiterungsmöglichkeit nur für die Gesellschaften zu beziehen. Außerdem gibt der Gesetzgeber in der Begründung nichts dergleichen an, sondern bezieht sich darauf, Unklarheiten zu vermeiden, siehe die Begründung zum RegE, BR-Drs. 548/06, 31. Man kann also weder dem Wortlaut des § 122c UmwG, noch der Richtlinie eine solche Beschränkung entnehmen.

worten, muss man sich die Abweichungen anschauen und ihre Kompatibilität mit den deutschen Normen, bzw. deren Sinn und Zweck auch für innerdeutsche Fusionen überprüfen.

Auf der einen Seite wird für die Aufnahme der zusätzlichen Angaben in § 5 UmwG das besondere Informationsbedürfnis der Anteilsnehmer aufgeführt. Wie schon an anderer Stelle erläutert, haben die Anteilsnehmer ein erhöhtes Interesse daran, ihre Entscheidung über die Fusion auf einer fundierten Informationsbasis treffen zu können, da sie (neben den Gläubigern und Arbeitnehmern der Gesellschaften) von der Fusion direkt betroffen sind[540]. Nach der Fusion werden die Aktionäre der übertragenden Gesellschaft Aktionäre der aufnehmenden oder neuen Gesellschaft, und sie haben – ebenso wie die Gegenseite – ein Interesse daran, dass das Umtauschverhältnis im Verhältnis zum Wert der Unternehmen (sach)gerecht ist. Diesem Informationsbedürfnis kommt es daher entgegen, sowohl die Satzung als auch die Angaben zur Bewertung der übergehenden Aktiva und Passiva und die Bilanzstichtage generell zum Mindestinhalt des Verschmelzungsvertrags nach § 5 UmwG zu machen[541]. Gerade die Satzung der Zielgesellschaft ist für inländische Fusionen durch Neugründung gemäß § 37 UmwG auch Bestandteil de Verschmelzungsvertrags, wobei auch bei einer Aufnahme der übertragende Rechtsträger ein Interesse an der Satzung des aufnehmenden Unternehmens hat[542]. Außerdem führt *Müller* noch an, diese Angaben erhöhten zusätzlich die Transparenz des gesamten Vorgangs und ihr Sinn würde sich (mit Ausnahme der Angaben zum Verhandlungsverfahren über die Arbeitnehmermitbestimmung) keineswegs nur bei grenzüberschreitenden Fusionen entfalten[543]. Man kann grundsätzlich noch hinzufügen, dass zugunsten von Rechtssicherheit und Glaubwürdigkeit ein einfaches und klares Gesetz einem komplizierten Gefüge vorzuziehen ist, was wiederum als Standortfaktor wichtig ist[544].

---

540 Siehe hierzu oben S. 91.

541 *Bayer/Schmidt*, NJW 2006, 401, 402, welche außerdem hervorheben, dass die Angaben nach Art. 5 lit. k und l de RL keinen übermäßigen Mehraufwand bedeuten würden, da im Verschmelzungsbericht nach § 8 UmwG die Bewertungsmethoden ohnehin aufzuführen seien. *Krause/Kulpa*, ZHR 171 (2007), 38, 58 ergänzen noch, dass die Satzung ohnehin vorhanden sein muss und die Bilanzstichtage den Gesellschaften durchaus bekannt seien.

542 *Vetter*, AG 2006, 613, 618 schlägt vor, die Satzung als Anlage zum Verschmelzungsplan aufzunehmen.

543 *Müller*, NZG 2006, 286, 288.

544 So *Krause/Kulpa*, ZHR 171 (2007), 38, 58.

Einige Stimmen in der Literatur kritisieren die auf die französische Initiative[545] zurückgehenden Angaben zu den Aktiva und Passiva (§ 122 Abs. 2 Nr. 11 UmwG) und den Bilanzstichtagen (§ 122 Abs. 2 Nr. 12 UmwG). Die Frage ist, ob diese Kritik dazu führt, dass man eine Übernahme für nationale Fusionen generell ablehnen sollte, oder ob man lediglich die Wortwahl konkretisieren sollte.

Gemäß § 122 Abs. 2 Nr. 11 UmwG, bzw. Art. 5 S. 2 lit. k der RL sollen im Plan Angaben zur Bewertung des zu übertragenden Aktiv- und Passivvermögens gemacht werden. Würde damit eine gesamte Auflistung der Aktiva und Passiva gemeint sein, würde ein solches Erfordernis im § 5 UmwG möglicherweise nicht sonderlich gut mit § 5 Abs. 1 Nr. 2 UmwG harmonieren, welcher eine Vereinbarung zur Gesamtrechtsnachfolge fordert[546]. Die Mehrheit der Literaturmeinungen geht aber davon aus, dass gemeint ist, zu welchen handelsrechtlichen Werten die Gegenstände der Aktiva und Passiva übernommen werden sollen, ob zum Buch- oder zum Verkehrswert[547]. Außerdem solle nicht etwa ein Hinweis für die Errechnung des Umtauschverhältnisses verlangt werden, denn diese Bewertungsgrundlagen würden ohnehin in dem Verschmelzungsbericht aufgeschlüsselt werden[548]. Die Gegenüberstellung der Aktiva und Passiva des übertragenden Unternehmens sei abgesehen davon nicht die Grundlage der Unternehmensbewertung zur Ermittelung des Umtauschverhältnisses, vielmehr liegt dem eine umfassende *vergleichende* Unternehmensbewertung zugrunde, wobei nicht das Vermögen, sondern die Ertragskraft des Unternehmens selbst bewertet werden[549]. Es geht darum, wie die Posten des übertragenden Unternehmens in den Büchern des übernehmenden Unternehmens fortgeführt werden[550]. Als Argument wird auch auf die französische Vorbildregelung verwiesen, welche im Verschmelzungsplan Angaben darüber verlangt, ob die Übernahme des Vermögens zu Buch- oder Verkehrswerten erfolgt[551].

Betrachtet man nun den § 24 UmwG, welcher einen ähnlichen Bedeutungsgehalt beinhaltet, und die Tatsache, dass Angaben zu den handels-

---

545 *Neye*, ZIP 2005, 1895; *Neye/Timm*, DB 2006, 488, 489.

546 So jedenfalls *Louven*, ZIP 2006, 2021, 2025.

547 *Kiem*, WM 2006, 1091, 1095; *Vetter*, AG 2006, 613, 618; *Louven*, ZIP 2006, 2021, 2024 f; Handelsrechtsausschuss des DAV, NZG 2006, 737, 740.

548 *Kiem*, WM 2006, 1091, 1095; *Louven*, ZIP 2006, 2021, 2024 f.

549 *Vetter*, AG 2006, 613, 618; siehe auch *Louven*, ZIP 2006, 2021, 2024 f.

550 *Vetter*, AG 2006, 613, 618.

551 *Kiem*, WM 2006, 1091, 1095; *Vetter*, AG 2006, 613, 619; *Louven*, ZIP 2006, 2021, 2024 f. Siehe Art. 254 Abs. 3 Décret Nr. 67-236 v. 23.3.1967 i.d.F. von Art. 1 Décret Nr. 88-418 v. 22.4.1988.

rechtlichen Werten bei innerdeutschen Fusionen auch üblich sind[552], kann man davon ausgehen, dass einer Übernahme dieser Vorschrift in den Katalog des § 5 Abs. 1 UmwG nichts entgegensteht. Zu dem gleichen Ergebnis kommt man bei der Betrachtung des § 122c Abs. 2 Nr. 12 UmwG, welcher wohl die Stichtage der Schlussbilanzen der übertragenden Rechtsträger meint[553]. Die Regelung kann nicht so verstanden werden, dass nun die vergangenen Jahresabschlüsse der Unternehmensbewertung zugrunde gelegt werden sollen[554], um das Umtauschverhältnis zu ermitteln. Eine solche Bewertung erfolgt in Deutschland typischerweise (aber nicht gezwungenermaßen[555]) nach dem Ertragswertverfahren durch eine Gegenüberstellung der jeweiligen Ertragskraft der Unternehmen, welche sich aus den Planungsrechnungen für künftige Perioden errechnet[556]. Die vergangenen Bilanzen sollen für diese Analyse nur Indikatoren sein. Die Miteinbeziehung der Schlussbilanz *nur des übertragenden* Rechtsträgers in den Plan soll vielmehr der Zielgesellschaft die Abschätzung des Verschmelzungsgewinns oder –verlustes erleichtern[557]. Diese Lesart macht auch nach deutschem Recht Sinn und es sind daher keine Bedenken ersichtlich, die gegen eine Miteinbeziehung der Schlussbilanz in den § 5 UmwG sprechen.

Es ist daher im Ergebnis der Ansicht zuzustimmen, welche eine Mitbeinbeziehung der Neuerungen in den § 5 UmwG auch für die nationale Verschmelzung übernehmen und in § 122c Abs. 1 UmwG lediglich einen Verweis stehen lassen will. Lediglich für die Angabe nach Art. 5 S. 2 lit. j der RL sollte in § 5 UmwG ein gesonderter Absatz für grenzüberschreitende Fusionen ergänzt werden[558].

---

552 *Vetter*, AG 2006, 613, 618.

553 Man kann auch hier die französische Vorbildregelung als Argument heranziehen, siehe Art. 254 Abs. 5 Décret Nr. 67-236 v. 23.3.1967 i.d.F. von Art. 1 Décret Nr. 88-418 v. 22.4.1988.

554 So aber nun *Haritz/von Wolf*, GmbHR 2006, 340, 341, welcher der Ansicht ist, dass die Jahresabschlüsse der übertragenden Unternehmen in den Verschmelzungsplan aufgenommen werden müssen. Dagegen verwenden sich *Kiem*, WM 2006, 1091, 1095; *Vetter*, AG 2006, 613, 619.

555 Es gibt keine gesetzliche Verpflichtung für eine Methode, siehe *Marsch-Barner*, in Kallmeyer, § 8, Rn. 14.

556 IDW-Standard, Grundsätze zur Durchführung von Unternehmensbewertungen, WPg 2005, 1303 ff; *Kiem*, WM 2006, 1091, 1095; *Vetter*, AG 2006, 613, 619. Siehe zu der Ertragswertmethode *Marsch-Barner*, in Kallmeyer, § 8, Rn. 13 ff, zur Unternehmensbewertung ausländischer Gesellschaften *Schmidt*, DB 1994, 1149 ff. und zur europäischen Unternehmensbewertung *Großfeld*, NZG 2002, 353 ff.

557 *Vetter*, AG 2006, 613, 619.

558 *Bayer/Schmidt*, NJW 2006, 401, 402.

(2) Form

Der Verschmelzungsplan muss gemäß § 122c Abs. 4 UmwG notariell beurkundet werden[559]. Der Gesetzgeber entschied sich damit für eine ausdrückliche Klarstellung im 10. Abschnitt[560], obwohl das aufgrund des generellen Verweises in § 122a Abs. 2 UmwG entbehrlich gewesen wäre[561]. Denn dieser Verweis umfasst auch § 6 UmwG, welcher bereits eine notarielle Beurkundung des Verschmelzungs*vertrags* fordert[562].

Wie schon an anderer Stelle erläutert[563], setzt sich in dem Fall, dass die Rechtsordnung des ausländischen Verschmelzungspartners eine andere Form verlangt, die strengste Regelung durch[564].

Fraglich ist aber, in welchem Mitgliedsstaat eine etwaige Beurkundung vorzunehmen ist. Müssen die Gesellschaften den Verschmelzungsplan in dem Mitgliedstaat beurkunden lassen, wo auch eine solche gefordert wird, oder reicht eine Beurkundung in irgendeinem Sitzstaat einer der beteiligten Gesellschaften[565]? Muss also bei Beteiligung einer deutschen Gesellschaft die Beurkundung vor einem deutschen Notar vorgenommen werden oder ist eine Auslandsbeurkundung ebenso zulässig wie die

---

559 *Müller*, NZG 2006, 286, 288 vertritt die Ansicht, dass ähnlich wie im deutschen Recht eine Beurkundung auch nach Beschlussfassung möglich sein sollte und entnimmt das implizit der Regierungsbegründung. Ebenso zur SE *Bayer*, in Lutter/Hommelhoff, 25, 35 m.w.N.

560 Siehe die Begründung zum RefE (www.bmj.bund.de), 31.

561 *Bayer/Schmidt*, NJW 2006, 401, 403; *dieselben*, NZG 2006, 841, 842; *Drinhausen/Keinath*, BB 2006, 725, 727; *Krause/Kulpa*, ZHR 171 (2007), 38, 58; *Bayer*, in Lutter, § 122c, Rn. 7.

562 Auch der Gesetzgeber stellt in seiner Begründung zum RegE, BR-Drs. 548/06, 31 fest, dass der § 122c Abs. 4 UmwG dem § 6 UmwG entspricht. § 6 UmwG gilt auch für den Verschmelzungs*plan*, was man daraus herleiten kann, dass die Norm auf der 3. Richtlinie aufbaut, welche denselben Begriff benutzt, so (bezüglich der SE) *Bayer*, in Lutter/Hommelhoff, 25, 34 f; mit anderer Argumentation i.E. auch *Schmidt*, 168.

563 Siehe S. 97 ff.

564 *Bayer/Schmidt*, NJW 2006, 401, 402 f; *Bayer*, in Lutter, § 122c, Rn. 7; *Weng*, 218; *Müller*, ZIP 2004, 1790, 1793 m.w.N; *derselbe*, NZG 2006, 286, 288; a.A. *Kallmeyer*, GmbHR 2006, 418, 420, welcher der Ansicht ist, die Form des Verschmelzungsplans müsse für alle beteiligten Gesellschaften einheitlich sein, weshalb ein Rückgriff auf die 3. Richtlinie die Lücke der 10. Richtlinie schließen solle.

565 Siehe die Beurkundung des Verschmelzungsplans der Unternehmen ZSG Deutschland Vermögensverwaltung GmbH (Sitz in Mannheim, HRB 9903) und Zucker Invest GmbH (Sitz in Wien, FN 302259 z) vor einem österreichischen Notar in Wien vom 17.12.2007.

inländische? Diese Frage wird schon für reine Inlandsfusionen in der deutschen Literatur sehr unterschiedlich beantwortet[566].

Zum Teil wird die Auslandsbeurkundung vielfach unter der Bedingung als anerkennungswürdig eingestuft, dass die tätig werdende Amtsperson und das Beurkundungsverfahren der anderen Rechtsordnung einer Beurkundung durch einen deutschen Notar als gleichwertig angesehen werden kann[567]. Manche lehnen die Beurkundung durch eine ausländische Amtsperson generell ab, wenn es um die Verfassung einer Gesellschaft geht[568].

Schon bezüglich der Form des Verschmelzungsplans zur Europäischen Aktiengesellschaft ist die überwiegende Meinung der Literatur bereit, das Beurkundungserfordernis gemäß Art. 18 SE-VO i.V.m. § 6 UmwG wegen des supranationalen Charakters dieser europäischen Rechtsform so auszulegen, dass die Beurkundung auch von der zuständigen Amtsperson in einem der Sitzstaaten der Gründungsgesellschaften oder dem Sitzstaat der künftigen SE durchgeführt werden kann[569]. Manche wollen in Anlehnung hieran für die grenzüberschreitende Verschmelzung von Kapitalgesellschaften sogar die Beurkundung in jedem EWR-Mitgliedstaat erlauben[570].

Die Vorteile der Zulässigkeit der Auslandsbeurkundung für die grenzüberschreitende Fusion liegen auf der Hand: Die damit einhergehende Wahlmöglichkeit führt zu einer möglichen Kosten- und Zeitersparnis der Unternehmen aufgrund der unterschiedlichen Beurkundungskosten der

---

566 Siehe zum Streitstand *Lutter/Drygala*, in Lutter, § 6, Rn. 8 ff m.w.N; *Stratz*, in Schmitt/Hörtnagl/Stratz, § 6, Rn. 7 ff. m.w.N; *Goette*, DStR 1996, 709 ff; *Brück*, DB 2004, 2409 ff.

567 BGHZ 80, 76; *Zweigert/Kötz*, 361 f. für den Fall einer Beurkundung, welche im deutschen Recht verlangt, aber von einer ausländischen Amtsperson durchgeführt wird. *Lutter/Drygala*, in Lutter, § 6, Rn. 8; *Schröer*, in Semler/Stengel, § 6, Rn. 17; *Schervier*, NJW 1992, 593 ff. fordert als zusätzliches Element die Haftung des ausländischen Notar für die Richtigkeit seines Tuns – ähnlich einem deutschen Amtskollegen. Denn wichtig sei auch, dass die Person, wie für einen deutschen Notar typisch, eine Gewähr für die Richtigkeit der Beurkundung übernimmt. *Schwarz*, § 6, Rn. 17 geht davon aus, dass die Gleichwertigkeit, wenn es um eine SE geht, eher angenommen werden kann, da das anzuwendende Recht jedem Mitgliedstaat vertraut ist.

568 OLG Hamm, NJW 1974, 1057; LG Augsburg, NJW-RR 1997, 420; vgl. *Geyrhalter/Weber*, DStR 2006, 146, 148; *Goette*, DStR 1996, 709, 713; wohl auch *Krause/Kulpa*, ZHR 171 (2007), 38, 58 f; *Krause*, in Gesellschaftsrecht in der Diskussion 2006, 39, 46

569 *Bayer*, in Lutter/Hommelhoff, 25, 35; *Schmidt*, 169 m.w.N.

570 *Schmidt*, 169 f. m.w.N; *Bayer/Schmidt*, NZG 2006, 841, 842; a.A. *Heckschen*, in Widmann/Mayer, § 122c, Rn. 201.

Länder. Auch erhöht die damit gewonnene Flexibilität das Vertrauen in die Europäische Union und ihre Institutionen und intensiviert die Kooperation zwischen den Mitgliedstaaten. Zwar ist das Zielprodukt der grenzüberschreitenden Verschmelzung keine supranationale Rechtsform wie die SE, allerdings hat der Vorgang dennoch einen internationalen Charakter und verlangt daher ein hohes Maß an Vertrauen in die ausländischen Verfahrensschritte. Zum Teil wird sogar davon ausgegangen, dass die Niederlassungsfreiheit durch die Verweigerung der Auslandsbeurkundung unzulässigerweise eingeschränkt wird. Die notwendige Doppel- bzw Mehrfachbeurkundung stelle eine Maßnahme dar, die den Marktzugang einschränke[571].

Eine grundsätzliche Ablehnung der Auslandsbeurkundung ist nicht sachgerecht. Zwar ist das Argument, dass die "materielle Richtigkeitsgewähr" im Ausland nicht gewährleistet werden kann, und darauf aber aufgrund der Geltung des Rechtsgeschäftes auch für Dritte nicht verzichtet werden kann, auf den ersten Blick nicht von der Hand zu weisen[572]. Außerdem kann man einwenden, dass die Warn- und Hinweisfunktion, welche das deutsche Recht durch die notarielle Beurkundung sicherstellen will, durch einen ausländischen Vorgang mit anderen oder laxeren Prüfpflichten möglicherweise nicht im vollen Umfang gewährleistet werden kann. Die ausländische Amtsperson kann das deutsche Recht nicht mit dem gleichen Erfahrungsschatz prüfen, wie ein deutscher Notar. Jedoch liegt dem Internationalen Privatrecht der Gedankte zugrunde, dass man die anderen Rechtsordnungen für fähig hält, ausländische Normen zu prüfen[573]. Im Ergebnis dieser Abwägung kann man sagen, dass eine gewisse Grundvoraussetzung für das gegenseitige Vertrauen in die Prüfungskompetenz der Gerichte ist, dass die Prüfer eine gleichwertige Ausbildung genossen haben und somit die Kompetenz nicht von Beginn an in Frage gestellt werden muss. Daher ist das Erfordernis der Gleichwertigkeit auch für die Schaffung des Vertrauens in die Organe des anderen Staates sinnvoll[574].

---

571 *Beutel*, 173 f, der davon ausgeht, dass die Einschränkung mit Blick auf die Einheitlichkeit des Verschmelzungsplans nicht gerechtfertigt ist.

572 *Goette*, DStR 1996, 709, 713 m.w.N.

573 *Bayer/Schmidt*, NZG 2006, 841, 842 kommen mit dem Argument des Vertrauens zu dem Ergebnis, dass man von dem Kriterium der "Gleichwertigkeit" abrücken sollte. *Weng*, 220 spricht sich für eine Auslandsbeurkundung aus, da er der (abzulehnenden) Ansicht ist, dass dem Plan von den Mitgliedsstaaten nichts hinzugefügt werden kann.

574 So auch *Scheifele*, 176, der bezüglich der Auslandsbeurkundung bei der SE davon ausgeht, dass sie grundsätzlich zulässig ist, wenn sie durch eine "befugte und be-

Es geht bei der Prüfung der Gleichwertigkeit des ausländischen Beurkundungsvorganges gerade darum, sicherzustellen, dass die der notariellen Beurkundung zugedachte Funktion durch den ausländischen Akt erfüllt werden kann. Auch der Gesetzgeber weist in seiner Begründung des Regierungsentwurfs[575] darauf hin, dass eine Auslandsbeurkundung unter Beachtung der "allgemeinen Regeln" zulässig sei, und bezieht sich sogar ausdrücklich auf das Erfordernis der Gleichwertigkeit des BGH[576]. Im Ergebnis ist aufgrund des Streits eine weitergehende Klärung des Gesetzgebers wünschenswert.

Zu überlegen ist darüber hinaus, was für den Fall gilt, bei dem beide berufenen Rechtsordnungen eine notarielle Beurkundung verlangen. Denn das wirft die Frage auf, ob der Vertrag mehrfach beurkundet werden muss oder nur in einem der Länder[577]. Letzteres würde voraussetzen, dass die Auslandsbeurkundung anerkannt werden würde. *Müller* schlägt vor, das Problem auf dieselbe Weise zu lösen, wie in dem Vorschlag von 1985, wo jede nach einem dieser Rechte zuständige Person oder Stelle die Beurkundung vornehmen konnte, vgl. Art. 5 Abs. 3 S. 2 RL-E 1985[578]. Er begründet diesen Vorschlag damit, dass der Planinhalt seiner Ansicht nach ohnehin europaweit einheitlich vorgegeben sei, weshalb nichts dagegen spräche, eine qualifizierte ausländische Urkundsperson damit zu betrauen. Doch auch wenn man der oben aufgeführten Ansicht[579] folgt, dass der Katalog des Art. 5 der RL durch die nationalen Vorschriften erweitert werden kann, dann spricht einiges für die vorgeschlagene Lösung. Nicht nur brächte diese Flexibilität neben der einfachen und

---

fähigte Urkundsperson" in einem Mitgliedstaat vorgenommen wird. Auch er lässt das Argument der fehlenden Sachkenntnis nicht gelten, da die Gründung der SE auf gemeinschaftsrechtlichen Grundlagen beruht und die Unterschiede der Rechtsordnungen aufgrund dieser Harmonisierung nicht mehr unüberwindbar groß sind. Ähnliches gilt für die grenzüberschreitende Verschmelzung von Kapitalgesellschaften, da die nationalen Regelugen durch die 10. Richtlinie stark vereinheitlicht sind.

575 Siehe die Begründung des Regierungsentwurfs, 31.

576 BGHZ 80, 76; *Heckschen*, in Widmann/Mayer, § 122c, Rn. 199 ff. führt aus, dass aufgrund der Einbindung der Normen der 10. Richtlinie ins UmwG, der § 6 UmwG zu beachten ist. Denn in Ländern wie Frankreich (eine Beurkundung wird nicht vorgesehen) oder dem Vereinigten Königreich (der Notar ist nicht mit dem deutschen vergleichbar) ist der Sinn des deutschen Beurkundungserfordernisses nicht gewährleistet.

577 *Müller*, ZIP 2004, 1790, 1793.

578 *Müller*, ZIP 2004, 1790, 1793. Im Ergebnis auch *Simon/Rubner*, Institute for Law and Finance 11/2006, Nr. 53, 1, 6.

579 Siehe S. 112.

zeitsparenden Handhabung eine Kostenminimierung mit sich, auch wäre eine erzwungene Doppelbeurkundung ein abschreckendes Symbol für die EU-Rechtszersplitterung[580]. Zwar wäre es für das Erstreben dieses Ziels sachgerechter gewesen, eine Regelung wie in Art. 5 Abs. 3 S. 2 RL-E 1985 in die Richtlinie für grenzüberschreitende Verschmelzung aufzunehmen. Jedoch würde ein ähnlicher Effekt eintreten, wenn diejenigen Mitgliedstaaten, welche eine notarielle Beurkundung fordern, in ihre Umsetzungsvorschriften eine Regelung anfügten, die festlegt, dass im Falle einer von beiden Staaten geforderten Beurkundung die Ausführung in einem der Staaten genügt[581]. Auch eine Einschränkung dahingehend wäre möglich, dass das Wahlrecht nur gilt, wenn die ausländische Beurkundung gleichwertig ist. Es wäre wünschenswert, wenn der deutsche Gesetzgeber eine solche Klausel nachträglich in die § 122a ff UmwG einbaut[582]. Solange beide beteiligten Rechtsordnungen die ausländische Beurkundung nicht anerkennen, ist nach derzeitiger Sach- und Rechtslage leider eine doppelte Beurkundung notwendig[583]. Die Gesellschaften sollten sich bemühen, mit den zuständigen Registergerichten eng zusammenzuarbeiten, um Unsicherheiten zu vermeiden[584].

Müller vertritt die Ansicht, dass ähnlich wie im deutschen Recht eine Beurkundung auch nach Beschlussfassung möglich sein sollte und entnimmt das implizit der Regierungsbegründung[585].

(3) Sprache

Weder die Richtlinie noch die deutsche Umsetzung stellt klar, in welcher Sprache der Verschmelzungsplan erstellt werden muss. Da man den Verschmelzungsplan gemäß § 122d Abs. 1 UmwG zum Handelsregister einreichen muss, ist er gemäß § 8 FGG i.V.m. § 184 GVG zumindest auch (oder als amtlich autorisierte Übersetzung, vgl. § 142 Abs. 3 ZPO)

---

580 Siehe *Vetter*, AG 2006, 613, 618, welcher dagegen anführt, dass die Warn- und Hinweisfunktion möglicherweise gemindert wird.

581 Vgl. den Formulierungsvorschlag von *Vetter*, AG 2006, 613, 618.

582 *Vetter*, AG 2006, 613, 618; *Bayer/Schmidt*, NZG 2006, 841, 842. Siehe auch *Haritz/von Wolff*, GmbHR 2006, 340, 341 mit der Einschränkung, dass die ausländische Urkundsperson mit dem deutschen Notar "vergleichbar" ist.

583 *Hechschen*, in Widmann/Mayer, § 122c, Rn. 209; *Krause*, in: Gesellschaftsrecht in der Diskussion 2006, 39, 46; so im Ergebnis auch *Behrens*, 94 f, welcher feststellt, dass ein Verbot der Auslandsbeurkundung weder ein Verstoß gegen die Niederlassungs- noch die Dienstleistungsfreiheit beinhalte.

584 *Weng*, 221.

585 *Müller*, NZG 2006, 286, 288; ebenso zur SE *Bayer*, in Lutter/Hommelhoff, 25, 35 m.w.N.

grundsätzlich in deutscher Sprache vorzulegen[586] – außer alle erkennenden Richter sind der Fremdsprache ausreichend kundig[587]. Art. 11 Abs. 1 S.2 der RL verlangt aber, dass die Gesellschaften einem "gleich lautenden Verschmelzungsplan" zustimmen. Es ist daher anzunehmen, dass verschiedene sprachliche Versionen existieren. Im Widerspruchsfall wird vertreten, dass diejenige Version in der Amtssprache des Mitgliedstaates der Zielgesellschaft maßgeblich sei, auf welche sich die Zustimmung der Anteilsinhaber beziehen werde[588]. Denn die zuständigen Behörden im Sitzstaat der Zielgesellschaft träfen die abschließende Entscheidung über die Fusion[589]. Diese Ansicht ist bedenklich angesichts dessen, dass im Eintragungsverfahren im Zielstaat auch geprüft werden muss, ob die Gesellschaften einem inhaltlich übereinstimmenden Plan zugestimmt haben. Die sprachlichen Versionen stehen vielmehr gleichwertig nebeneinander. Im Falle des Widerspruchs ist daher wohl eher davon auszugehen, dass die Eintragung zu verweigern ist[590]. Es wird zum Teil empfohlen, dass die Gesellschaften sich auf die Maßgeblichkeit einer Version einigen, wobei dieser Einigung nur interne Wirkung zukommen kann, da die Einheitlichkeit des Plans Rechtmäßigkeitsvoraussetzung für eine erfolgreich verlaufende Rechtsmäßigkeitsprüfung darstellt[591].

f) Bekanntgabe

Gemäß Art. 6 Abs. 1 der RL ist der gemeinsame Plan spätestens einen Monat vor der Gesellschafterversammlung, bei welcher der Plan beschlossen werden soll, bekannt zu machen[592]. Das entspricht dem Sinn und Zweck, die Gesellschafter und Gläubiger durch eine möglichst frühzeitige Information zu schützen[593]. Verwiesen wird bezüglich der Art und Weise auf die innerstaatlichen Umsetzungsvorschriften des Art. 3

---

586 *Bayer*, in Lutter, § 122c, Rn. 10.

587 Vgl, BGH NJW- rr 1991, 1073, 1074; *Frenzel*, 217.

588 *Haritz/von Wolff*, GmbHR 2006, 340, 341; *Krause/Kulpa*, ZHR 171 (2007), 38, 59 f; *Mayer*, in Widmann/Mayer, § 122c, Rn. 24, der sich für eine dahingehende Klarstellung im Verschmelzungsplan ausspricht.

589 *Krause/Kulpa*, ZHR 171 (2007), 38, 60.

590 *Bayer*, in Lutter, § 122c, Rn. 10; *Müller*, ZIP 2007, 1081, 1083 f.

591 Weng, 218.

592 Der Verschmelzungsplan muss nicht an die Arbeitnehmer zugeleitet werden. *Kallmeyer/Kappes*, AG 2006, 224, 228 sind der Meinung, dass eine Zuleitung möglicherweise ohnehin zu Entbehren ist aufgrund der vollständigen Bekanntgabe des Planes gem. Art. 4 Abs. 1 der RL und der gem. Art. 7 der RL vorgesehenen Zuleitung des Verschmelzungsberichts an die Arbeitnehmervertreter.

593 *Bayer*, in Lutter, § 122d, Rn. 1.

der Publizitätsrichtlinie[594], welcher die Eintragung im Handelsregister regelt. Für eine beteiligte deutsche Gesellschaft gilt demnach § 61 UmwG (im Falle einer AG, SE oder KGaA), wonach der Verschmelzungsvertrag oder sein Entwurf zum Register einzureichen ist, oder § 10 HGB (für die GmbH[595]).

Zusätzlich verlangt § 6 Abs. 2 der RL wie schon Art. 21 SE-VO und Art. 24 Abs. 2 SCE-VO die Bekanntmachung folgender Angaben im amtlichen Mitteilungsblatt des Mitgliedstaates:

- Rechtsform, Firma und Sitz der beteiligten Gesellschaften (lit. a)
- das Register, bei dem die Urkunden laut Abs. 1 hinterlegt wurden, sowie die dortige Eintragungsnummer (lit. b)
- für die beteiligten Gesellschaften ein Hinweis auf die Modalitäten für die Ausübung der Rechte von Gläubigern und Minderheitsgesellschaftern und die Anschrift für vollständigere Informationen (lit.c).

Die Mitgliedstaaten können darüber hinaus noch "zusätzliche Anforderungen" an die Bekanntmachung stellen[596].

Der Kommissionsentwurf der Richtlinie von 2003 hatte noch vorgesehen, dass die Bekanntmachung lediglich im Register zu erfolgen hat, wie nun gemäß Art. 6 Abs. 1 der RL, und nicht zusätzlich im Mitteilungsblatt. Die Einfügung des Abs. 2 geht auf einen Änderungsvorschlag des Rechtsausschusses zurück, welche vom Europäischen Parlament übernommen wurde[597].

Allerdings hat die Europäische Kommission im September 2008 einen Vorschlag für eine Richtlinie zur Änderung der Richtlinien 77/91/EWG, 78/855/EWG und 82/891/EWG des Rates sowie der Richtlinie 2005/56/EG

---

594 RL 68/151/EWG. *Behrens*, 98 weist darauf hin, dass der Verweis auf die Publizitätsrichtlinie so ein Redaktionsversehen sei, da diese nur für Aktiengesellschaften gelte und man somit denken könnte, man müsse bei den grenzüberschreitenden Fusionen an diesem Punkt unterscheiden, welche Art von Kapitalgesellschaften beteiligt sind.

595 So *Bayer/Schmidt*, NJW 2006, 401, 403, welche aufgrund der Regelung in § 10 HGB, den gesamten Inhalt bekannt zu geben, für die GmbH und Genossenschaften eine dem § 61 UmwG entsprechende Vorschrift empfehlen zu entwickeln.

596 *Bayer/Schmidt*, NJW 2006, 401, 403 halten dieses nicht für notwendig aufgrund der vollständigen Bekanntgabe im Register des jeweiligen Staates, welcher von Abs. 1 ohnehin gefordert wird.

597 Vgl. den Bericht des Rechtsausschusses v. 25.4.2005, Dok. A6-89/2005, 20 f. (Berichterstatter Klaus-Heiner Lehne). Diese Ergänzung wird kritisiert von *Koppensteiner*, Der Konzern 2006, 40, 52, da nicht nachzuvollziehen sei, warum für die internationale Fusion nun mehr verlangt wird, als für die nationale.

hinsichtlich der Berichts- und Dokumentationspflicht bei Verschmelzungen und Spaltungen gemacht[598]. Darin heißt es, dass in Art. 6 Abs. 1 der RL ein Unterabsatz angefügt werden soll, wonach die Gesellschaften alternativ die Verschmelzungspläne während eines fortlaufenden Zeitraums, der spätestens einen Monat vor dem Tag der Hauptversammlung beginnt, auf ihren eigenen oder anderen Internetseiten veröffentlichen können. Im Handelsregister soll dann nur noch ein Verweis auf diese Internetseiten aufgeführt werden – mit dem Datum der Veröffentlichung der Verschmelzungspläne im Internet.

g) Umsetzung

Gemäß § 122d UmwG ist der Verschmelzungsplan oder sein Entwurf spätestens einen Monat vor der Gesellschafterversammlung, auf welcher über die Verschmelzung entschieden werden soll, zum Register einzureichen. Außerdem sind parallel noch bestimmte in § 122d S. 3 Nr. 2-4 UmwG festgelegte Angaben dem Register mitzuteilen (Abs. 2), welche dieses dann "nach § 10 HGB" bekannt machen soll[599]: Rechtsform, Firma und Sitz aller beteiligten Gesellschaften, die für sie zuständigen Register (inklusive der Eintragungsnummern) und die Rechte der betroffenen Gläubiger und Minderheitsgesellschafter (inklusive der Auskunftsanschrift)[600].

Positiv hervorzuheben ist die entgegen dem Referentenentwurf nun ausdrücklich normierte Mitteilungspflicht nach § 122d S. 3 UmwG, während bemängelt wird, dass die "pauschale Bezugnahme"[601] in Satz 2 auf § 10 HGB zu dem Missverständnis führen kann, dass der gesamte Plan zu veröffentlichen ist[602], obwohl ein Hinweis auf die Eintragung

---

598 Von der Kommission am 24.09.2008 vorgelegt, KOM (2008) 576; siehe den Stand des Gesetzgebungsverfahren unter http://ec.europa.eu/prelex/, abgerufen am 13.01.2009.

599 Der Bundesrat weist in seiner Stellungnahme daraufhin, dass "Bekanntmachung in der Form des § 10 HGB" eine präzisere Formulierung gewesen wäre, da die Eintragung zu dem Zeitpunkt noch ausstünde. Außerdem regt er die Zuständigkeit des Richters für die Bekanntmachung an, um Ressourcen zu sparen. Siehe Stellungnahme Bundesrat v. 22.9.2006, Drs. 548/06, 6.

600 Im Hinblick auf den Streit zur Parallelnorm § 61 UmwG, ob die Aktionäre auf die Registerpublizität verzichten könnten, ist *Müller*, NZG 2006, 286, 288 m.w.N. der Ansicht, auf die weiter gehende Veröffentlichungspflicht innerhalb des § 122d UmwG könne aufgrund einer deutlich drittschützenden Tendenz nicht auf Wunsch der Anteilseigner verzichtet werden.

601 *Bayer/Schmidt*, NZG 2006, 841, 842.

602 *Bayer/Schmidt*, NZG 2006, 841, 842.

genügen soll[603]. Darüber hinaus weist der Bundesrat darauf hin, dass wohl die rechtzeitige Einreichung der Unterlagen genügen würde, was zu einer unzulässigen Verkürzung der laut der Richtlinie zu gewährenden Monatsfrist ab *Bekanntmachung* führen würde[604].

Obwohl sich die Vorschrift an § 61 UmwG anlehnt, ist in diesem Fall eine gesonderte Vorschrift sinnvoll. Denn wäre § 61 UmwG direkt heranzuziehen (über den Verweis des § 122a Abs. 2 UmwG), käme für die GmbH nur eine Anwendung des § 10 HGB in Betracht, und Resultat wäre, dass bei der GmbH der gesamte Verschmelzungsplan zu veröffentlichen wäre[605].

Der Verschmelzungsplan ist gemäß § 122a Abs. 2 i.V.m. § 5 S. 3 UmwG spätestens einen Monat vor Beginn der Gesellschafterversammlung dem Betriebsrat zuzuleiten[606].

2. Art. 7 der RL: Bericht des Leitungs- oder Verwaltungsorgans

Das schon erwähnte System der Information[607] sieht vor, dass das Leitungs- oder Verwaltungsorgan jeder der sich verschmelzenden Gesellschaften einen Verschmelzungsbericht erstellt, in welchem zum einen die rechtlichen und wirtschaftlichen Aspekte der Fusion erläutert und begründet werden und zum anderen die voraussichtlichen Auswirkungen auf die Gesellschafter, Gläubiger und Arbeitnehmer, vgl. Art. 7 der RL. Dieser Bericht ist den Gesellschaftern und den Vertretern der Arbeitnehmer gemäß Art. 7 S. 2 der RL spätestens einen Monat vor der Gesellschafterversammlung, wo über die Verschmelzung entschieden wird, zugänglich zu machen. Sind keine Arbeitnehmervertreter vorhanden, dann ist der Bericht stattdessen den Arbeitnehmern direkt zugänglich zu machen. Nehmen die Arbeitnehmer nach Maßgabe von nationalen Vorschriften zu der Fusion Stellung, dann ist diese Stellungnahme laut Art. 7 S. 3 der RL dem Bericht zuzufügen, wenn das Leitungs- oder Verwaltungsorgan sie rechtzeitig erhält.

---

603 *Müller*, NZG 2006, 286, 288; *Drinhausen/Keinath*, BB 2006, 725, 727; *Kiem*; WM 2006, 1091, 1095; *Neye/Timm*, DB 2006, 488, 491; *Bayer/Schmidt*, NZG 2006, 841, 842; *Kallmeyer*, GmbHR 2006, 418, 420 hält die Bezugnahme auf § 10 HGB ohne Angaben von Gründen als inkorrekt.

604 Siehe Stellungnahme Bundesrat v. 22.9.2006, Drs. 548/06, 6; ebenso *Bayer*, in Lutter, § 122d, Rn. 7, der die Anknüpfung auf die Einreichung zur Fristberechnung für nicht richtlinienkonform hält.

605 *Drinhausen/Keinath*, BB 2006, 725, 727.

606 *Drinhausen/Keinath*, BB 2006, 725, 727.

607 Siehe S. 91 ff.

Der Richtlinienentwurf von 1985 sah lediglich den nun in Art. 8 der RL geregelten Bericht unabhängiger Sachverständiger vor, vgl. Art. 8 RL-E 1985[608], obwohl das Konzept eines Berichts der Leitungsorgane durchaus schon aus der 3. Richtlinie bekannt war. Diese nämlich schrieb in Art. 9 VRL im Kern für die nationale Fusion das Gleiche vor, wie nun Art. 7 S. 1 der RL für die grenzüberschreitende Fusion[609]. Die 3. und die 10. Richtlinie unterscheiden sich bezüglich des Berichts insofern, dass die 3. Richtlinie im Gegensatz zur 10. verlangt, dass der Bericht auch etwa auftretende Bewertungsschwierigkeiten enthält, während die 10. RL anders als die 3. auch Erläuterungen über die Auswirkungen der Fusion auf die Gläubiger und Arbeitnehmer als Mindestinhalt [610]des Berichts festlegt[611].

Im Kommissionsentwurf von 2003 wurde der Bericht des Leitungs- oder Verwaltungsorgans nicht vorgeschrieben. Jedoch war aufgrund der Umsetzung der 3. Richtlinie in den Rechtsordnungen der Bericht für nationale Verschmelzungen zumindest für die AG vorgesehen und wäre bei in diesem Punkt unveränderter Umsetzung des Kommissionsentwurfs über Art. 2 RL-E (nun Art. 4 der RL) in Anwendung der nationalen Regelungen wohl auch Voraussetzung für die grenzüberschreitende Verschmelzung gewesen[612].

---

608 ABl. EG C-23 v. 25.1.1985, 11.

609 Dritte Richtlinie v. 9.10.1978, ABl. EG L-295 v. 20.10.1978, 36.

610 So *Bayer/Schmidt*, NJW 2006, 401, 403 mit dem Hinweis, dass auch die Parallelnorm des Art. 9 VRL als Mindestregelung anzusehen ist, vgl. w. N. in Fn. 24. Dafür spricht vor allem die Systematik der Richtlinie. Im Gegensatz zum Verschmelzungsplan kann der Bericht der Gesellschaften von den Gesellschaften (grundsätzlich) getrennt und nach dem jeweiligen nationalen Recht erstellt werden, ohne dass nach der Vereinigungstheorie ein Zusammenspiel der Rechtsordnungen nötig wäre (Eine Ausnahme gilt für die Möglichkeit des gemeinsamen Plans gem. Art. 8 Abs. 1 S. 1, Halbsatz 2 UmwG. Diese Kooperation ist nach der Vereinigungstheorie nur zulässig, wenn sie von beiden Rechtsordnungen erlaubt ist.). Im Ergebnis ist daher unproblematisch möglich, dass das nationale Recht bezüglich des Inhalts des Berichts wie § 8 UmwG über die Richtlinie hinausgeht, da nichts dagegen spricht, dem Verweis auf das nationale Recht gem. Art. 4 Abs. 1 lit. b der RL in diesem Fall nachzugehen. Auch die Geheimnisschutzregelung des § 8 Abs. 2 UmwG ist nach *Bayer/Schmidt*, NJW 2006, 401, 403 m.w.N. richtlinienkonform, da diese höherrangigen Schutzinteressen diene.

611 Die Unterscheidung wurde kritisiert von *Koppensteiner*, Der Konzern 2006, 40, 52, welcher der Ansicht ist, dass die Internationalität des Sachverhalts diese nicht rechtfertige.

612 So *Maul/Teichmann/Wenz*, BB 2003, 2633, 2637; *Grundmann*, § 26, Rn. 904; *Müller*, ZIP 2004, 1790, 1793 mit dem Argument, dass die Ergänzung durch nationales Recht in diesem Punkt aufgrund der Notwendigkeit sinnvoll ist, die Gesellschafter vor der Abstimmung mit genügend Informationen auszustatten. Dafür spreche

Zurückgehend auf einen Änderungsantrag des Ausschusses für Beschäftigung und soziale Angelegenheiten war schon im Bericht des Rechtsausschusses die Einfügung einer Vorschrift über die Erstellung eines Verschmelzungsberichts durch die Leitungs- oder Verwaltungsorgane in Art. 3 Abs. 2 RL-E vorgesehen, welche dem letztendlich verabschiedeten Art. 7 S. 1 und 2 der RL entsprach[613]. Neu ist gegenüber der 3. Richtlinie, dass der Bericht nun auch Ausführungen über die Konsequenzen der Fusion für die Gläubiger und Arbeitnehmer der Gesellschaften enthalten muss. In der legislativen Entschließung wurde dann darüber hinaus neben der Zugangsmöglichkeit der Arbeitnehmer direkt (Art. 7 S. 2 der RL) in Art. 7 S. 3 der RL der Umgang mit einer etwaigen Stellungnahme der Arbeitnehmer hinzugefügt, letzteres in Anlehnung an Art. 9 Abs. 4 S. 3 der Übernahmerichtlinie[614].

Betrachtet man die Entstehungsgeschichte des Art. 7 der RL, so fällt einem auf, dass sich Sinn und Zweck des Berichts nicht unerheblich gewandelt haben. Ursprünglich war der Bericht lediglich zur Unterrichtung und Meinungsbildung der Gesellschafter vorgesehen, um ihnen die Möglichkeit zu geben, eine fundierte Entscheidung über Zustimmung oder Ablehnung der Fusion zu treffen[615]. Darüber hinaus wurde nun die Funktion des Berichts erweitert als ein weit reichendes Informations- und Schutzinstrument auch für die Arbeitnehmer und (mittelbar) für die Gläubiger der Gesellschaften[616]. Das zeigt sich daran, dass nun zukünftig zum einen im Bericht auch Ausführungen über die Konsequenzen der Fusion für die Arbeitnehmer und Gläubiger verlangt werden. Zum anderen muss dem Bericht, die Stellungnahme der Arbeitnehmer angefügt werden, wenn vorhanden. Außerdem wurde nun in Art. 7 S. 2 der RL explizit geregelt, dass den Arbeitnehmern (bzw. deren Vertretern) der Bericht einen Monat vor der Versammlung zugänglich zu machen ist. Die 3. Richtlinie verwies bezüglich des Arbeitnehmerschutzes lediglich

---

außerdem Art. 13 Abs. 2 RL-E, wonach u.a. der von den einzelstaatlichen Rechtsordnungen vorgesehene Bericht des Leitungs- oder Verwaltungsorgans bei der Verschmelzung der 90%igen Tochter auf die Mutter entbehrlich ist. Diese Ausnahmeregelung setzt voraus, dass regelmäßig ein solcher Bericht notwendig ist.

613 Bericht des Rechtsausschusses v. 25.4.2005, Dok. A6-0089/2005, 20 (Berichterstatter Klaus-Heiner Lehne).

614 Legislative Entschließung des Europäischen Parlaments v. 10.5.2005, P6_TA(2005)0166, 11.

615 Vgl. den Wortlaut des Art. 7 Abs. 1 der RL: "erstellt einen *für die Gesellschafter bestimmten* Bericht" (Hervorhegungen nicht im Original). *Grohmann/Gruschinske*, GmbHR 2006, 191, 192 sehen in dem Bericht die "Grundlage der Gesellschafterentscheidung".

616 *Bayer/Schmidt*, NJW 2006, 401, 403; *Neye*, ZIP 2005, 1893, 1896.

grundsätzlich auf die Richtlinie zum Betriebsübergang[617], wonach die Arbeitnehmer unter anderem rechtzeitig über die sie betreffenden rechtlichen, wirtschaftlichen und sozialen Folgen des Übergangs informiert werden mussten., vgl. Art. 6 Abs. 1 S. 1 Spiegelstrich 2 der Richtlinie zum Betriebsübergang[618]. Der Ausschuss für Beschäftigung und soziale Angelegenheiten begründete seinen Änderungsantrag damit, dass es ein grundlegendes Recht der Arbeitnehmer sei, über die umfassenden Konsequenzen der Verschmelzung unterrichtet zu werden[619]. Sie sollen möglichst über alle erheblichen Umstände und frühzeitig, bzw. zur gleichen Zeit wie die Gesellschafter unterrichtet werden[620].

a) Verzicht möglich?

Problematisch ist die Frage, ob die Gesellschafter aller beteiligten Unternehmen sich auf einen Verzicht des Berichts wirksam einigen können, wie in § 8 Abs. 3 UmwG vorgesehen. Man könnte dagegen einwenden, dass im Umkehrschluss zu Art. 8 Abs. 4 der RL, welcher bezüglich des Sachverständigenberichts die Verzichtsmöglichkeit ausdrücklich erwähnt, ein Verzicht des Berichts des Leitungs- oder Verwaltungsorgans mangels einer vergleichbaren Regelung nicht möglich sein sollte[621]. Art. 4 Abs. 1 lit. b der RL verweist als Ergänzung der Richtlinienvorschriften auf die Heimatrechte der Gesellschaften, sofern die Richtlinie nichts anderes bestimmt. Die Frage ist, ob der Umkehrschluss aus Art. 8 der RL

---

617 Richtlinie 77/187/EWG des Rates v. 14. 02.1977, ABl. EG L-061 v. 05.03.1977, 26 ff, geändert durch Richtlinie 98/50/EG v. 29. 6.1998, ABl. EG L-201 v. 17.07.1998, 88 ff. und Richtlinie 2001/23/EG v. 12.3.2001, ABl. EG L-82 v. 22.03.2001, 16.

618 Diese Informationspolitik konnten die Mitgliedstaaten allerdings beschränken auf Betriebe, welche Arbeitnehmervertretungen haben können – vgl. § 613 a BGB. Mittlerweile ist die Richtlinie nicht mehr rechtskräftig und es gilt die Richtlinie 2001/23/EG, welche aber hinsichtlich der geschilderten Informationsregelung keine Änderungen beinhaltet (siehe deren Art. 7), außer dass trotz der genannten Beschränkungsmöglichkeit den Arbeitnehmern ein Minimum an in Art. 7 Abs. 6 genannten Informationen zur Verfügung zu stellen ist (umgesetzt in § 613 a Abs. 5, 6 BGB).

619 Bericht des Rechtsausschusses v. 25.4.2005, Dok. A6-0089/2005, 46 (Berichterstatter Klaus-Heiner Lehne).

620 *Neye*, ZIP 2005, 1893, 1896.

621 So argumentieren *Drinhausen/Keinath*, RIW 2006, 81, 83; *dieselben*, BB 2006, 725, 728 mit dem Ergebnis, dass zumindest ein lediglich durch die Gesellschafter erklärter Verzicht nicht möglich sein sollte. Auch *Kallmeyer/Kappes*, AG 2006, 224, 232 und *Behrens*, 102 f. gehen mit Hinweis auf die klare Regelung des Art. 7 der RL davon aus, dass ein Verzicht nicht zulässig sein soll. Im Ergebnis gegen eine Verzichtsmöglichkeit in der RL auch *Neye/Timm*, DB 2006, 488, 491; vgl. auch *Drinhausen*, in Semler/Stengel, § 122e, Rn. 12; *Mayer*, in Widmann/Mayer, § 122e, Rn. 37.

so zu deuten ist, dass in der Richtlinie ein Verzicht auf den Verschmelzungsbericht in Anwendung der Heimatrechte nicht zulässig sein sollte.

Gegen diesen Umkehrschluss führen *Bayer/Schmidt* jedoch an, dass Art. 8 Abs. 4 der RL lediglich sicherstellen wollte, dass die Gesellschafter *aller* Gesellschaften dem Verzicht zustimmen müssen[622]. Dies sei erforderlich, da die Anteilsinhaber bei der Sachverständigenprüfung im besonderen Maße ein Interesse am Prüfungsergebnis der anderen Gesellschaft haben. Es solle daher nicht einseitig der Verzicht erklärt werden können. Der Bericht gemäß Art. 7 der RL sei demgegenüber hauptsächlich die Entscheidungsgrundlage für die eigenen Gesellschafter, weshalb der Verzicht darauf auch gesondert für jede Gesellschaft an ihrem jeweiligen nationalen Recht gemessen werden darf. Dass der Verzicht auf den Bericht nur in Art. 8 der RL explizit erlaubt wird, sollte also keine solche Bestimmung nach Art. 4 Abs. 1 lit. b der RL darstellen, welche die Anwendung der Heimatrechte für den Verzicht auf den Verschmelzungsbericht nicht zulassen würde. Vielmehr ist der Grund in den unterschiedlichen Schwerpunkten der Berichte zu finden. Es steht einer Anwendung des § 8 Abs. 3 UmwG daher insoweit von Seiten der Richtlinie nichts entgegen[623].

Die Verzichtsmöglichkeit in Art. 8 der RL wird von anderen so interpretiert, dass der europäische Richtliniengeber dem nationalen Gesetzgeber auftragen wollte, eine solche an dem Verfahrenspunkt zwingend vorzusehen[624]. Auch er ist daher gegen den Umkehrschluss, dass auf den Bericht nicht verzichtet werden kann.

Entgegenstehen könnte der Verzichtsmöglichkeit des § 8 Abs. 3 UmwG aber, dass der Bericht trotz seiner dem Wortlaut (Art. 7 S. 1 der RL) zu entnehmenden Bestimmung für die Gesellschafter nach Art. 7 S. 2 der RL auch den Arbeitnehmern zugänglich zu machen ist[625]. Es könnte fraglich sein, dass die Gesellschafter auf den Bericht einseitig verzichten können, obwohl er neben ihrer Informationsquelle auch ein Schutzinstrument für die Gläubiger und Arbeitnehmer der Gesellschaft ist. Einige Autoren kommen aufgrund dieser Problematik zu dem Ergebnis, dass ein Ver-

---

622 *Bayer/Schmidt*, NJW 2006, 401, 403.

623 Im Ergebnis wohl auch *Grohmann/Gruschinske*, GmbHR 2006, 191, 192. Ebenso die h.M zur Parallelnorm in der SE-VO, siehe die Nachweise bei *Bayer/Schmidt*, NJW 2006, 401, 403, Fn. 26.

624 *Vetter*, AG 2006, 613, 620; ebenso *Beutel*, 182.

625 *Drinhausen/Keinath*, RIW 2006, 81, 83; *Louven*, ZIP 2006, 2021, 2026; *Müller*, Der Konzern 2007, 81, 82; *Behrens*, 102 f; *Mayer*, in Widmann/Mayer, § 122e, Rn. 37.

zicht zumindest nicht durch die Gesellschafter alleine beschlossen werden kann, wenn die Gesellschaft Arbeitnehmer beschäftigt[626].

Ist es sinnvoll, den Bericht zwingend vorauszusetzen, wenn die Gesellschafter, für die er ursprünglich gedacht war, auf ihn einstimmig verzichten? Dagegen spricht der Sinn und Zweck des Verzichts, das Verfahren zu beschleunigen und die Kosten des Berichts zu streichen[627], wenn beispielsweise die über die Fusion zu entscheidenden Gesellschafter beschließen, genügend Informationen für ihre Entscheidung zu besitzen. Dafür spricht wiederum, dass diejenigen, die der Bericht begünstigen soll, bzw. an die der Bericht gerichtet ist, auch die Entscheidungsgewalt darüber haben sollten, ob sie darauf verzichten – so eben auch die Arbeitnehmer.

Ein angestrebter Vergleich mit der 3. Richtlinie zeigt, dass auch dort in Art. 9 keine Möglichkeit des Verzichts auf den Verschmelzungsbericht vorgesehen ist, und dennoch einhellig die Anwendbarkeit des § 8 Abs. 3 UmwG anerkannt ist[628]. Bei dem Vergleich ist aber zu beachten, dass in der 3. Richtlinie der Bericht im Gegensatz zur 10. Richtlinie nicht den Arbeitnehmern sondern lediglich den Gesellschaftern zugänglich gemacht werden musste.

Letztlich ist aber entscheidend, dass sich der Zweck des Berichts zwar erweitert hat[629], der Schwerpunkt aber dennoch auf der Information für die Gesellschafter liegt[630]. Das kann man zum einen daran sehen, dass der Wortlaut des "für die Gesellschaft bestimmten" Berichts auch nach der Einfügung der Arbeitnehmerklausel beibehalten wurde. Darüber hinaus soll der Bericht einen Monat vor der Gesellschafterversammlung zugänglich gemacht werden, er soll also die qualifizierte Entscheidung der Gesellschafter ermöglichen. Zu betonen ist auch, dass er die Gläubiger

---

626 *Drinhausen/Keinath*, RIW 2006, 81, 83; *Müller*, NZG 2006, 286, 288; *derselbe*, Der Konzern 2007, 81, 82 mit der Ausnahme, dass entweder keine Arbeitnehmerseite existiert oder die Arbeitnehmer dem Verzicht zustimmen; ähnlich *Beutel*, 182 f.

627 Dies ist nach *Grohmann/Gruschinske*, GmbHR 2006, 191, 192 gerade für kleinere und mittlere Unternehmen (KMU) ein Vorteil, da dort eine Einigkeit unter den Gesellschaftern aufgrund der einfacheren Strukturen leichter erreicht werden kann.

628 Siehe *Vetter*, AG 2006, 613, 620 f, der davon ausgeht, dass eine individuelle Verzichtsvereinbarung dem Gesellschaftsrecht und nicht dem Regelungsbereich der Richtlinie zugeordnet ist. Siehe auch die gemeinsame Stellungnahme zum RefE von BDA, BDI, DIHK und GDV v. 21.4.2006, 3.

629 Gegen einen Bedeutungswandel siehe *Frenzel*, 251 f.

630 Vgl. *Weng*, 236 ; A.A. *Behrens*, 102, welcher dem Informationsrecht der Arbeitnehmer und der Gesellschafter denselben Rang einräumt.

nur mittelbar schützt, da er ihnen nicht zugänglich gemacht werden muss[631]. Dass er im Falle seiner Erstellung auch den Arbeitnehmern zugänglich gemacht werden sollte, begründete sich, wie gesagt, auf die Idee, die Arbeitnehmer möglichst frühzeitig über die Folgen der Fusion in Kenntnis zu setzten und sie auf einen ähnlichen Kenntnisstand zu setzen, wie die Gesellschafter[632]. Wird auf den Bericht verzichtet, dann erlangen weder die Gesellschafter noch die Arbeitnehmer Kenntnis vom möglichen Inhalt eines etwaigen Verschmelzungsberichts, eine Informationsparität bestünde in dem Fall nicht.

Frühzeitig werden die Arbeitnehmer wiederum auch ohne den Bericht über die Fusion informiert, da die Fusion nach den Vorgaben des Art. 6 der RL bekannt gemacht werden muss – inklusive des Verschmelzungsplans, welcher auch Erläuterungen über die voraussichtlichen Auswirkungen auf die Beschäftigung enthalten muss (siehe Art. 5 lit. d der RL). Aber selbst, wenn man davon ausgeht, dass der Plan lediglich die für die Gesellschafter relevanten diesbezüglichen Informationen enthalten muss,[633] werden die Arbeitnehmer auch ohne den Bericht ausreichend informiert. Denn laut dem Erwägungsgrund (12) sind die mitgliedstaatlichen Normen (mit Ausnahme der Mitbestimmungsvorschriften) anwendbar, welche die Richtlinien 2001/23/EG[634], 2002/14/EG[635] und 94/45/EG[636] umsetzen. Der Schutz der Arbeitnehmer durch Information wird über diese Richtlinien umfassend geregelt. So legt zum Beispiel Art. 7 Abs. 1 Spiegelstrich 3 der Richtlinie 2001/23/EG fest, dass die Arbeitnehmer rechtzeitig[637] über die sie betreffenden rechtlichen, wirt-

---

631 *Bayer*, in Lutter, § 122e, Rn. 1.

632 *Frenzel*, 252 f, der von einem akzessorischen Charakter des Berichtes gegenüber den Arbeitnehmern spricht.

633 Vgl. S. 107 f.

634 Vom 12.3.2001 über die Wahrung von Ansprüchen der Arbeitnehmer beim Übergang von Unternehmen, Betrieben oder Unternehmensteilen, ABl. EG L-82 v. 22.03.2001, 16.

635 Vom 11.3.2002 zur Festlegung eines allgemeinen Rahmens für die Unterrichtung und Anhörung der Arbeitnehmer in der Europäischen Gemeinschaft, ABl. EG L-80 v. 23.3.2002, 29.

636 Vom 22.9.1994 über die Einsetzung eines Europäischen Betriebsrats oder die Schaffung eines Verfahrens zur Unterrichtung und Anhörung der Arbeitnehmer in gemeinschaftsweit operierenden Unternehmen und Unternehmensgruppen, ABl. EG L-254 v. 30.9.1994, 64. Geändert durch die Richtlinie 97/74/EG (ABl. EG L-10 v. 16.1.1998, 22).

637 Siehe Art. 7 Abs. 1 S. 2 und 3 der Richtlinie 2001/23/EG: Der Veräußerer ist verpflichtet, den Vertretern seiner Arbeitnehmer diese Informationen rechtzeitig vor dem Vollzug des Übergangs zu übermitteln. Der Erwerber ist verpflichtet, den

schaftlichen und sozialen Folgen des Betriebsübergangs informiert werden müssen[638]. Die für sie relevanten Ausführungen in dem Verschmelzungsbericht müssen ihnen gegenüber demnach ohnehin gemacht werden, wenn nicht im Bericht, dann anderswie. Von *Kiem* wird dem Bericht aufgrund seines in Deutschland üblichen Formats und seiner Dichte ohnehin die Tauglichkeit für den Zweck der Information der Arbeitnehmer abgesprochen[639].

Der Richtlinie zu entnehmen, dass grundsätzlich ein Verzicht des Berichts unmöglich sein soll, wäre auch in Konstellationen nicht sinnvoll, in denen die deutsche beteiligte Gesellschaft keine Arbeitnehmer hat, denen der Bericht zugänglich gemacht werden müsste. In dem Fall wäre das Bestehen auf den kostspieligen Bericht, wenn alle Gesellschafter auf ihn verzichten wollen, schlicht unsinnig[640].

Da die Arbeitnehmer auch ohne die Möglichkeit, den Inhalt des Verschmelzungsberichts einzusehen, über die genannten Richtlinien ausreichend geschützt werden, und ihnen zusätzlich der Inhalt des Verschmelzungsplans mit den Angaben gemäß Art. 5 lit. d der RL einsehbar ist, ist es durchaus sinnvoll, den Verzicht des Berichts aufgrund der damit einhergehenden erstrebenswerten Zeit- und Kostenminimierung zuzulassen, falls die Heimatrechte der Gesellschaften dieses erlauben. Dem Verweis auf die Heimatrechte über Art. 4 Abs. 1 lit. b der RL ist also nichts entgegenzusetzen und § 8 Abs. 3 UmwG damit richtlinienkonform.

b) Umsetzung

§ 122e UmwG soll den § 8 nicht ersetzen, sondern durch die Unterschiede in der Behandlung der grenzüberschreitenden Fusion ergänzen. Dies kann man dem Wortlaut des § 122e S. 1 UmwG entnehmen, welcher bestimmt, dass der Bericht neben den Besonderheiten "auch" den Inhalt gem. § 8 UmwG enthalten muss[641]. Außerdem ist gem. § 122e S. 3 UmwG der Verweis auf § 8 Abs. 3 UmwG ausgeschlossen, was die Anwendbarkeit des restlichen § 8 UmwG bestätigt. Das bedeutet, dass § 122a Abs. 2

Vertretern seiner Arbeitnehmer diese Informationen rechtzeitig zu übermitteln, auf jeden Fall aber bevor diese Arbeitnehmer von dem Übergang hinsichtlich ihrer Beschäftigungs- und Arbeitsbedingungen unmittelbar betroffen werden.

638 Diese Angaben sind auch Inhalt der Minimalregelung des Art. 7 Abs. 5 der Richtlinie 2001/23/EG.

639 *Kiem*, WM 2006, 1091, 1096; a.A. *Kallmeyer*, GmbHR 2006, 418, 420.

640 *Vetter*, AG 2006, 613, 620.

641 Handelsrechtsausschuss des DAV, NZG 2006, 737, 740; zum Inhalt des Berichts siehe genauer *Bayer*, in Lutter, § 122e, Rn. 5 ff.

UmwG i.V.m. § 8 Abs. 1 und 2 UmwG auch auf grenzüberschreitenden Fusionen angewendet werden[642].

§ 122e UmwG passt den nach § 122a Abs. 2 i.V.m. § 8 Abs. 1 UmwG erforderlichen Inhalt des Verschmelzungsberichts zu Recht der grenzüberschreitenden Verschmelzung an, indem entgegen § 8 Abs. 1 UmwG auch Auswirkungen auf Gläubiger und Arbeitnehmer enthalten sein sollen. Der Bericht soll gemäß der Schwerpunktverlagerung nun sowohl den Anteilsinhabern als auch den Arbeitnehmervertretungen (bzw. mangels einer solchen den Arbeitnehmern direkt) spätestens einen Monat vor der über die Fusion zu entscheidenden Versammlung der Anteilsinhaber zugänglich gemacht werden, vgl. Art. 7 der RL[643]. Dies regelt § 122e S. 2 UmwG durch einen Verweis auf § 63 Abs. 1 Nr. 4 UmwG, wonach der Bericht in den Geschäftsräumen der Gesellschaft auszuliegen hat. Der Verweis war im Referentenentwurf noch nicht vorhandenen, wurde aber in der Literatur von mehreren Seiten empfohlen[644].Besser wäre laut dem Handelsrechtsausschuss aber ein expliziter Zusatz wie "durch Auslage in dem Geschäftsraum der Gesellschaft zugänglich zu machen"[645].

Die Kompetenz zur Aufstellung des Verschmelzungsberichts liegt gem. §§ 122a Abs. 2, 8 Abs. 1 S. 1 UmwG bei dem "Vertretungsorgan". Wie schon bei der Umsetzung des Verschmelzungsplans ist die Terminologie auch hier nicht ganz korrekt, da sie für die monistisch organisierte SE nicht passt. Für diese ist daher wiederum über eine richtlinienkonforme Auslegung bzw. Rechtsfortbildung die Aufstellungskompetenz dem Verwaltungsrat zuzuweisen[646].

§ 122e S. 3 UmwG schließt die Anwendung von § 8 Abs. 3 UmwG aus. Der deutsche Gesetzgeber hat sich damit bei der Umsetzung der Richtli-

---

642 *Neye/Timm*, DB 2006, 488, 491.

643 *Kiem*, WM 2006, 1091, 1096 ist der Ansicht, der Bericht sei aufgrund seines in Deutschland üblichen Formats und seiner Dichte zum Zwecke der Arbeitnehmerinformation ungeeignet. Er führt aber aus, der Fehler läge nicht in der Umsetzung, sondern sei bereits in der Richtlinie verankert. A.A. *Kallmeyer*, GmbHR 2006, 418, 420.

644 Handelsrechtsausschuss des DAV, NZG 2006, 737, 741; *Bayer/Schmidt*, NZG 2006, 841, 842; ausführliche Kritik des ungenauen Entwurfs bei *Kiem*, WM 2006, 1091, 1096, der auch eine Regelung zu einem Nachweis der Zugänglichmachung fordert.

645 So der Vorschlag des Handelsrechtsausschusses des DAV, NZG 2006, 737, 741; zustimmend *Bayer/Schmidt*, NZG 2006, 841, 842.

646 Vgl. Bayer, in Lutter, § 122e, Rn. 3; siehe zum Parallelproblem in § 122c UmwG S. 122 f.

nie dafür entschieden, dass die in § 8 Abs. 3 UmwG geregelte Möglichkeit des Verzichts auf den Verschmelzungsbericht für grenzüberschreitende Fusionen nicht gelten soll. Begründet wird dies damit, dass Ausnahmen von der Berichtspflicht in der Richtlinie nicht vorgesehen sind[647].

Diese Regelung sollte vom Gesetzgeber modifiziert oder § 122e S. 3 UmwG ganz gestrichen werden. Denn, wie eben ausgeführt, sollte die Verzichtsmöglichkeit in Art. 7 der RL keineswegs generell ausgeschlossen werden[648]. Als kleinster gemeinsamer Nenner sollte der Verzicht zumindest zugunsten der Zeit- und Kostenersparnis bei arbeitnehmerlosen Gesellschaften zulässig sein, oder wenn dem Verzicht zusätzlich noch Arbeitnehmer bzw. Betriebsrat zustimmen – so der Vorschlag von *Vetter*[649]. Denn das nähme dem Argument gegen den Verzicht, dass der Bericht nun auch der Information der Arbeitnehmer dienen soll und ein Verzicht dieses Recht einseitig umgehen würde, die Grundlage.

Diskutiert wird, ob eine gemeinsame Berichterstattung gem. § 8 Abs. 1 S. 1 Hs. 2 UmwG auch bei grenzüberschreitenden Fusionen möglich sein soll. Grundvoraussetzung hierfür ist, dass die jeweiligen Heimatrechte der beteiligten Gesellschaften eine solche Möglichkeit vorsehen. Es ist aber auch hier zu überlegen, ob die Richtlinie den gemeinsamen Bericht ausschließen wollte, indem sie ihn in Art. 7 der RL im Gegensatz zu Art. 8 der RL[650] nicht ausdrücklich vorsieht. Es ist jedoch ebenso wenig, wie bei dem ähnlichen Streit zur Verzichtbarkeit des Berichts, eine solche Aussage der Richtlinie zu entnehmen[651]. Denn teleologisch ausgelegt würde dem Sinn der Information der Gesellschafter und Arbeitnehmer auch mit einem gemeinsamen Bericht genüge getan[652]. Der gemeinsame Bericht ist

---

647 Begründung des RegE, BR-Drs. 548/06, 32.

648 *Bayer/Schmidt*, NJW 2006, 401, 403; *dieselben*, NZG 2006, 841, 842; ebenso DNotV, Stellungnahme zum RefE, Nr. 9c); *Vetter*, AG 2006, 613, 620 f; a.A. Mayer, in Widmann/Mayer, § 122e, Rn. 37 f; siehe oben Fn. 621, wobei sich *Müller*, ZIP 2007, 1081, 1084 und *Drinhausen*, in Semler/Stengel, § 122e, Rn. 13 für eine teleologische Reduktion (und damit für eine Zulässigkeit des Verzichts) für den Fall aussprechen, dass alle beteiligten Gesellschaften arbeitnehmerlos sind, bzw. auch die Betriebsräte dem Verzicht zustimmen.

649 *Vetter*, AG 2006, 613, 621 mit Formulierungsvorschlag; ähnlich der Vorschlag des DNotV, Stellungnahme zum RefE, Nr. 9c); zustimmend *Louven*, ZIP 2006, 2021, 2026; erwägenswert auch für *Bayer/Schmidt*, NZG 2006, 841, 842.

650 Als Argument für den gemeinsamen Bericht wird auch herangeführt, dass er möglich sein muss, wenn er schon auch in Art. 8 der RL vorgesehen ist. So *Louven*, ZIP 2006, 2021, 2026; *Krause/Kulpa*, ZHR 171 (2007), 38, 62;

651 *Bayer*, in Lutter, § 122e, Rn. 4 m.w.N, der auch mit einem Vergleich zur Rechtslage bei der SE-VO und der VRL argumentiert.

652 *Louven*, ZIP 2006, 2021, 2026.

demnach nicht von der Richtlinie ausgeschlossen und für deutsche Gesellschaften gem. §§ 122a Abs. 2, 8 Abs. 1 S. 1 Hs. 2 UmwG möglich, wenn auch das Recht der ausländischen Gesellschaft dies erlaubt[653].

3. Art. 8 der RL: Bericht des Sachverständigen

a) Art. 8 der RL

Das Informationssystem wird komplettiert durch den wiederum für die Gesellschafter bestimmten Bericht der unabhängigen Sachverständigen gemäß Art. 8 der RL, welcher spätestens einen Monat vor Beginn der Gesellschafterversammlung vorliegen muss, vgl. Art. 8 Abs. 1 S. 1 der RL. Es wird entweder für jede Gesellschaft ein getrennter Bericht erstellt (Art. 8 Abs. 1 der RL), oder die Gesellschaften einigen sich auf eine gemeinsame Prüfung nach Art. 8 Abs. 2 der RL.

Erfolgt die Prüfung getrennt, dann bestimmt Art. 8 Abs. 1 S. 2 der RL, dass als unabhängige Sachverständige natürliche oder juristische Personen nach den Vorgaben des jeweiligen mitgliedstaatlichen Rechts bestellt werden können. Für eine beteiligte deutsche Gesellschaft würde sich demnach die Bestellung und Qualifikation nach §§ 10 ff. UmwG richten[654]. Soll eine gemeinsame Prüfung vorgenommen werden, z.B. um Kosten zu sparen[655], dann müssen die Gesellschaften dies gemeinsam beantragen[656], können sich aber aussuchen, ob beim Gericht oder einer Verwaltungsbehörde des Mitgliedstaats einer der fusionierenden Gesellschaften oder des Mitgliedstaats der Zielgesellschaft. Bestellung und Qualifikation des oder der Sachverständigen würde sich dann nach die-

---

653 *Bayer/Schmidt*, NJW 2006, 401, 403; *Drinhausen/Keinath*, BB 206, 725, 728; *Kiem*, WM 2006, 1091, 1096; *Müller*, NZG 2006, 286. 288; *Louven*, ZIP 2006, 2021, 2026; *Vetter*, AG 2006, 613, 621; Handelsrechtsausschusses des DAV, NZG 2006, 737, 741; *Krause/Kulpa*, ZHR 171 (2007), 38, 62; *Bayer*, in Lutter, § 122e, Rn. 4; *Drinhausen*, in Semler/Stengel, § 122e, Rn. 5; *Müller*, ZIP 2007, 1081, 1084.

654 Vgl. *Bayer/Schmidt*, NJW 2006, 401, 403; zum Zuständigkeitsproblem innerhalb des § 10 Abs. 2 S. 1 UmwG im Falle einer übernehmenden deutschen Gesellschaft siehe Drinhausen, in Semler/Stengel, § 122f, Rn. 4; *Bayer*, in Lutter, § 122f, Rn.5.

655 Siehe Erwägungsgrund (6) der Richtlinie 2005/56/EG v. 26.10.2005, ABl. EG L-310 v. 25.11.2005, 1. Diese Möglichkeit wird wohl vor allem für die KMU interessant sein, S. *Frischhut*, EWS 2006, 55, 58.

656 Es ist darauf hinzuweisen, dass in Art. 8 Abs. 3 S. 1 RL-E 1985 für eine gemeinsame Prüfung explizit vorausgesetzt wurde, dass alle beteiligten Rechte die Bestellung eines gemeinsamen Prüfers vorsahen (in Umsetzung des Art. 10 VRL). Schon im Entwurf von 2003 (Art.5 RL-E 2003) und nun auch im 2005 umgesetzten Richtlinientext (Art. 8 Abs. 2 der RL) genügte der gemeinsame Wunsch der Gesellschaften, worin *Grundmann*, § 26, Rn. 907 eine "Tendenz zu größerer Liberalität" ausmachte.

sem Recht richten[657]. Erstellt wird in diesem Fall ein einziger schriftlicher Bericht, der für alle Gesellschafter aller Gesellschaften bestimmt ist, vgl. Art. 8 Abs. 2 der RL.

Der Bericht durch unabhängige Sachverständige ist aus verschiedenen vorangegangenen Regelungen bekannt. Schon die 3. Richtlinie enthielt in Art. 10 VRL eine Vorschrift, welche als Vorbild sowohl für Art. 22 SE-VO und Art. 26 SCE-VO, als auch für Art. 8 der RL angesehen werden kann[658]. So verweist die Richtlinie auch für den Inhalt des Berichts in Art. 8 Abs. 3 der RL auf Art. 10 Abs. 2 VRL, wonach die Sachverständigen zumindest prüfen müssen, ob das Umtauschangebot ihrer Ansicht nach angemessen ist (Art. 10 Abs. 2, S. 1 VRL). In der Erklärung darüber ist zumindest anzugeben, nach welcher Methode das vorgeschlagene Umtauschverhältnis bestimmt worden ist (Art. 10 Abs. 2 S. 1 lit. a VRL), ob diese Methode angemessen ist und welche Werte bei der Berechnung herauskommen (Art. 10 Abs. 2 S. 1 lit. b VRL) und wie die relative Bedeutung der Methoden angesehen wurde (Art. 10 Abs. 2 S. 1 lit. b a.E. VRL). Darüber hinaus soll der Bericht gegebenenfalls Ausführungen über besondere Bewertungsschwierigkeiten enthalten (Art. 10 Abs. 2 S. 2 VRL).

Um eine fundierte Erklärung machen zu können, gewährt die Richtlinie in Art. 8 Abs. 3 S. 2 der RL den Sachverständigen das Recht, von jeder Gesellschaft all diejenigen Auskünfte zu fordern, die sie zur Prüfung für erforderlich halten[659]. Auffällig ist, dass die 3. Richtlinie in Art. 10 Abs. 3 VRL das Auskunftsrecht der Sachverständigen noch weiter fasste und ihnen zusätzlich gewährte, Unterlagen einzusehen und Nachprüfungen vorzunehmen. Es ist aber wohl davon auszugehen, dass die Kommission in der jetzt allgemein gehaltenen Formulierung die Handlungen des Nachprüfens und der Einsichtnahme in die Unterlagen als mit umfasst

---

657 So *Bayer/Schmidt*, NJW 2006, 401, 403. *Grundmann*, § 26, Rn. 907 hingegen ist der Meinung, es sei nicht klar geregelt, ob ein Wahlrecht besteht oder zwingend das Recht der bestellenden Behörde greift. Für letzteres spricht sicherlich, dass die nationalen Behörden mit ihrem inländischen Recht vertraut sind, das Verfahren also in diesem Punkt schneller und fehlerfreier durchlaufen werden kann. Der Entwurf von 1985 regelt diese Kongruenz sogar explizit in Art. 8 Abs. 3 S. 2 RL-E 1985.

658 Siehe zum Vergleich des Art. 8 der RL und Art. 10 VRL *Koppensteiner*, Der Konzern 2006, 40, 52. Auch Art. 8 Abs. 1 des RL-E 1985 verwies auf Art. 10 VRL.

659 Im Kommissionsentwurf von 2003 war dieser Zusatz noch am Ende des Art. 5 Abs. 2 Komm-E 2003 zu finden, woraus *Maul/Teichmann/Wenz*, BB 2003, 2633, 2637 schlossen, dass das Auskunftsrecht den Sachverständigen nur für den Fall der gemeinsamen Prüfung zustehen solle.

ansah[660]. Argumentiert wird damit, dass kein Grund dafür zu sehen sei, warum den Sachverständigen bei grenzüberschreitenden Verschmelzungen weniger Rechte zugesprochen werden sollten, als bei nationalen[661]. Der europäische Richtliniengeber verweist für den Inhalt des Prüfungsberichtes auf die 3. Richtlinie und es ist anzunehmen, dass er bei identischen Anforderungen an den Bericht den Sachverständigen die gleichen Rechte zur Erfüllung ihrer Aufgabe zusprechen wollte[662]. Abgesehen davon sollte man bei der Auslegung nach *Teichmann* die inhärente Systematik des Europäischen Rechts beachten, nämlich gleiche Regelungen gleich auszulegen[663].

Betrachtet man den reduzierten Wortlaut, dann könnte man sicherlich zu dem Schluss kommen, auch die Befugnisse der Sachverständigen sollten reduziert werden[664]. Sinn und Zweck der Richtlinie sprechen aber im Sinne der Effektivität der Sachverständigenprüfung für ein umfangreiches Auskunftsrecht – also inklusive Einsichts- und Nachprüfungsrecht. Denn eine Prüfung, die nur auf wörtlichen Auskünften basiert, kann nicht verantwortungsvoll durchgeführt werden[665]. Die vom EuGH entwickelten Auslegungsregeln sehen im Wortlaut zwar den Ausgangspunkt der Auslegung einer Norm, in deren Sinn und Zweck aber das zentrale Mittel[666]. Daher ist das Auskunftsrecht zugunsten der effektiven Prüfung weit auszulegen. Abgesehen davon ist aber auch der Wortlaut der "erforderlichen" Auskünfte so zu deuten, dass es nicht um die Art und Weise der Auskunft geht, sondern um die Zweckdienlichkeit der Auskünfte (egal ob durch Einsicht oder Nachprüfung zu erlangen)[667].

Art. 8 Abs. 4 der RL enthält die Möglichkeit, durch Beschluss aller Gesellschafter aller beteiligten Gesellschaften auf die Prüfung der Sachverständigen zu verzichten. Sinn und Zweck dieser Möglichkeit ist es, das Verfahren zu vereinfachen und die Kosten zu minimieren[668]. Der Verzicht ist im Kommissionsentwurf von 2003 nicht zu finden, wurde aber auf

---

660 So *Müller*, ZIP 2004, 1790, 1793; *Louven/Dettmeier/Pöschke/Weng*, BB-Spezial 2006, Nr. 3, 1, 14.

661 *Müller*, ZIP 2004, 1790, 1793.

662 *Louven/Dettmeier/Pöschke/Weng*, BB-Spezial 2006, Nr. 3, 1, 14.

663 So *Teichmann*, ZGR 2002, 383, 424 f. zu der Parallelnorm Art. 22 S. 2 SE-VO.

664 *Schwarz*, ZIP 2001, 1847, 1851 (zu Art. 22 S. 2 SE-VO).

665 So *Teichmann*, ZGR 2002, 383, 424 (zu Art. 22 S. 2 SE-VO); ebenso zur RL *Behrens*, 114.

666 EuGH, Rs. 26/62, van Gend & Loos, Slg. 1963, 1, 24.

667 So *Teichmann*, ZGR 2002, 383, 424 zu der Parallelnorm Art. 22 S. 2 SE-VO.

668 Siehe Erwägungsgrund (6) der Richtlinie 2005/56/EG v. 26.10.2005, ABl. EG L-310 v. 25.11.2005, 1. Siehe auch *Neye/Timm*, DB 2006, 488, 489.

Anraten des Rechtsausschusses vom Europäischen Parlament aufgenommen[669]. Das wiederum ging zurück auf eine Anregung der deutschen Delegation[670] und eine Stellungnahme des Bundesrates (der ursprünglich die kleineren und mittleren Gesellschaften im Auge hatte)[671]. Da beim Verzicht die Gesellschaften kooperieren müssen, sind laut der Vereinigungstheorie[672] die jeweiligen innerstaatlichen Regelungen kumulierend anzuwenden. Die Verzichtsmöglichkeit des deutschen Rechts erschien aufgrund der Tatsache, dass nicht alle Mitgliedstaaten diese Möglichkeit bieten, nicht als ausreichend[673].

Bei einem up-stream-merger einer 100%igen Tochter ist der Sachverständigenbericht nicht erforderlich, da gemäß Art. 15 Abs. 1 Spiegelstrich 1 der RL Art. 8 der RL nicht anwendbar sein soll. Verschmilzt eine mindestens 90%(aber nicht 100%)ige Tochter auf die Mutter ist der Bericht der Sachverständigen nur erforderlich, als dies nach dem entweder für die übernehmende oder die übertragende Gesellschaft anwendbaren Recht vorgesehen ist, vgl. Art. 15 Abs. 2 der RL.

Vom Europäischen Wirtschafts- und Sozialausschuss wird kritisiert, dass die Richtlinie im Gegensatz zum Vorschlag von 1985 (Art. 15) und zu der 3. Richtlinie (Art. 20, 21 VRL) weder Regelungen zur Haftung der Sachverständigen noch zur Haftung der Unternehmensleitung enthält[674]. *Frischhut* nimmt diese Kritik auf, indem er bemängelt, dass die in der Richtlinie umgesetzte Konstruktion eine Einheitlichkeit bei der Sanktionierung von Sorgfaltsverstößen erschwert[675]. Er weist aber darüber hinaus darauf hin, dass zumindest für beteiligte Aktiengesellschaften die umgesetzten Regeln der 3. Richtlinie über Art. 4 Abs. 1 lit. b der RL dennoch zur Anwendung gelangen[676].

---

669 Bericht des Rechtsausschusses v. 25.4.2005, Dok. A6-0089/2005, 23 (Berichterstatter Klaus-Heiner Lehne).

670 *Neye*, ZIP 2005, 1893, 1896.

671 BR-Drucks. 915/03 (Beschluss).

672 Siehe S. 97.

673 *Neye*, ZIP 2005, 1893, 1896.

674 Stellungnahme im ABl. EG C-117, 47. Siehe zur Haftung der Informationsgeber *Behrens*, 154 ff.

675 *Frischhut*, EWS 2006, 55, 57.

676 *Behrens*, 156 ff. ist der Ansicht, dass die Haftungsregelungen aufgrund des europäischen Gleichheitsgrundsatzes auch für die von der 3. Richtlinie nicht erfassten Verschmelzungskonstellationen analog gelten müssten.

b) Umsetzung

Der Verschmelzungsplan soll gem. § 122f S. 1 HS 1 UmwG nach den §§ 9-12 UmwG geprüft werden. Im Referentenentwurf[677] hieß es noch, dass "durch einen oder mehrere Sachverständige" geprüft werden solle, doch nun wird dies über die Anwendung des § 9 Abs. 1 UmwG klargestellt. Ein expliziter Verweis war im Referentenentwurf nicht vorgesehen, durch den Generalverweis des § 122a Abs. 2 UmwG wären aber auch bei Umsetzung des Entwurfs die §§ 9-12 UmwG anwendbar gewesen[678]. Der explizite Verweis ist aber zugunsten der Klarheit zu befürworten[679].

Die Möglichkeit der gemeinsamen Verschmelzungsprüfung, wie sie Art. 8 Abs. 2 der RL vorsieht, ergibt sich aus § 122f S. 1 HS. 1 i.V.m. § 10 Abs. 1 S. 2 UmwG. Solange das Heimatrecht des ausländischen Verschmelzungspartners eine solche Möglichkeit ebenso beinhaltet, haben die Gesellschaften ein Wahlrecht. Dieses Wahlrecht umfasst eine Rechtswahl, welche sich nicht nur auf das Antrags- und Bestellungsverfahren bezieht, sondern zugunsten der mit ihr intendierten Vereinfachung auch auf den Inhalt der Verschmelzungsprüfung[680].

Bayer hält es "a maiore ad minus" für zulässig, dass nur für einen Teil der beteiligten Gesellschaften eine gemeinsame Prüfung durchgeführt wird[681].

Da die Richtlinie es vorsieht, dass der Antrag auf die gemeinsame Prüfung vor den zuständigen Behörden der Heimatrechtsordnungen jeder der beteiligten Gesellschaften gestellt werden kann, sollte in § 122f UmwG ein Hinweis eingefügt werden, wonach der Antrag auch gegenüber der für den ausländischen Verschmelzungspartner zuständigen Stelle erklärt werden kann[682].

---

677 Entwurf eines Zweiten Gesetzes zur Änderung des Umwandlungsgesetzes, vom BMJ veröffentlicht am 17.2.2006, zu finden unter www.bmj.bund.de.

678 Siehe die Begründung zum RefE (www.bmj.bund.de), 13. Dass der Verweis gem. dieser Begründung in § 122b Abs. 3 UmwG zu finden ist, kann mangels eines solchen Absatzes nur ein redaktionelles Versehen sein.

679 Lobend auch *Bayer/Schmidt*, NZG 2006, 841, 842.

680 *Bayer*, in Lutter, § 122f, Rn. 3; *Bayer/Schmidt*, NZG 2006, 841, 842; *dies.*, NJW 2006, 401, 402; *Müller*, ZIP 2007, 1081, 1085; a.A. *Drinhausen*, in Semler/Stengel, § 122f, Rn. 5, der für eine kumulative Anwendung der Verschmelzungsrechte plädiert.

681 *Bayer*, in Lutter, § 122f, Rn. 2; vgl. zur Parallelnorm Art. 22 Unterabs. 1 SE-VO *ders.*, in Lutter/Hommelhoff, Art. 22. Rn. 1.

682 *Drinhausen/Keinath*, BB 2006, 725, 729 m.w.N. zum Parallelfall bei der SE-Gründung; *Müller*, NZG 2006, 286, 288; *Bayer/Schmidt*, NZG 2006, 841, 842 f.

Will sich eine 100%ige Tochter auf ihre Mutter verschmelzen, dann ist die Prüfung bezüglich dieser Aufnahme gem. § 122f S. 1 HS. 1 i.V.m. § 9 Abs. 2 UmwG nicht erforderlich. Abgesehen davon ist der Verzicht auf die Prüfung auch in anderen Konstellationen gem. § 122f S. 1 HS. 1 i.V.m. § 9 Abs. 3 i.V.m. § 8 Abs. 3 UmwG möglich, wenn alle Anteilsinhaber aller beteiligten Gesellschaften ihn unterstützen[683]. Es wird leider nicht klargestellt, ob die Verzichtserklärungen der ausländischen Verschmelzungspartner auch dem Beurkundungserfordernis nach § 8 Abs. 3 UmwG unterliegen[684]. Wortlaut und Systematik der Norm sprechen dafür, dass die Form der notariellen Beurkundung von den Anteilsinhabern aller beteiligten Gesellschaften abverlangt wird[685]. Sollte man das bejahen, dann stellte sich die Folgefrage, ob eine Beurkundung vor einer ausländischen Stelle den Anforderungen des § 8 Abs. 3 UmwG genügt[686]. Wünschenswert wäre es dann, wenn der Gesetzgeber einen Zusatz zu § 122f UmwG anfügte, der es den Gesellschaftern erlaubte, den Verzicht in einem der Heimatstaaten der beteiligten Gesellschaften zu beurkunden[687].

Betrachtet man allerdings die fragliche Regelung der Richtlinie, Art. 8 Abs. 3 der RL, dann fällt auf, dass dort kein Formerfordernis für die Verzichtserklärung vorgesehen ist, diese Frage demnach wohl über Art. 4 Abs. 1 lit. b S. 1 der RL dem nationalen Recht der jeweiligen Gesellschaft überlassen werden sollte[688]. Man sollte daher § 8 Abs. 3 S. 2 UmwG dahingehend richtlinienkonform auslegen, dass das Formerfordernis nur auf die beteiligten deutschen Gesellschaften beschränkt ist[689].

---

sind der Ansicht, auch für Qualifikation der Prüfer und Inhalt der Prüfung gelte dann das Recht des gewählten Staates, vgl. auch *dieselben*, NJW 2006, 401, 403 f.

683 Vgl. die Begründung zum RegE, BR-Drs. 548/06, 32. So auch Art. 8 Abs. 4 der RL. Siehe auch die grenzüberschreitende Verschmelzung der Unternehmen ZSG Deutschland Vermögensverwaltung GmbH (Sitz in Mannheim, HRB 9903) und Zucker Invest GmbH (Sitz in Wien, FN 302259 z), deren sämtliche Gesellschafter laut Verschmelzungsplan auf die Verschmelzungsprüfung verzichten werden.

684 Siehe hierzu *Drinhausen/Keinath*, BB 2006, 725, 729.

685 *Drinhausen*, in Semler/Stengel, § 122f, Rn. 7; *Bayer*, in Lutter, § 122f, Rn. 17.

686 Siehe zu diesem Streit die Ausführungen auf S. 130 ff. Die Frage bejahend *Haritz/von Wolf*, GmbHR 2006, 340, 342, Fn. 10; *Bayer/Schmidt*, NZG 2006, 841, 842. Es scheint tatsächlich und rechtlich nach *Haritz/von Wolf*, GmbHR 2006, 340, 342 nicht sinnvoll, wenn ein portugiesischer Gesellschafter seinen Verzicht vor einem deutschen Notar erklären müsste.

687 So i.E. auch *Drinhausen*, in Semler/Stengel, § 122f, Rn. 7; vgl. *Bayer/Schmidt*, NZG 2006, 841, 842; *Bayer*, in Lutter, § 122f, Rn. 17..

688 *Bayer*, in Lutter, § 122f, Rn. 17; *Beutel*, 19; Frenzel, 261 ff.

689 *Bayer*, in Lutter, § 122f, Rn. 17; *Müller*, ZIP 2007, 1081, 1085; i.E. *Frenzel*, 263.

§ 122f S. 1 Hs. 2 UmwG klammert die Anwendung des § 48 UmwG, welcher für die GmbH vorsieht, dass eine Prüfung nur auf Verlangen eines ihrer Gesellschafter durchzuführen ist, aus. Art. 8 Abs. 1 der RL lässt keinen Raum für eine solche fakultative Verschmelzungsprüfung[690]. Für die GmbH stellt das eine Verschärfung dar gegenüber dem innerdeutschen Verschmelzungsrecht[691].

Der Prüfungsbericht muss spätestens einen Monat vor der Versammlung, auf welcher die Anteilsinhaber über die Zustimmung zum Verschmelzungsplan entscheiden sollen, vorliegen[692], vgl. § 122f S. 2 UmwG. Die Folge davon ist, dass der Plan weit mehr als einen Monat vor der Versammlung erstellt und beurkundet sein muss[693].

4. Art. 9 der RL: Zustimmung der Gesellschafterversammlung

a) Art. 9 der RL

Das letzte Wort zur Durchführung der grenzüberschreitenden Verschmelzung haben die Gesellschafterversammlungen der beteiligten Gesellschaften. Diese müssen gemäß Art. 9 Abs. 1 der RL dem gemeinsamen Verschmelzungsplan zustimmen, nachdem sie die Berichte von Leitungs- oder Verwaltungsorgan und Sachverständigen zur Kenntnis genommen haben. Die Art und Weise des Beschlussfassungsverfahrens wird über die Anwendung des Art. 4 Abs. 1 lit. b der RL durch das innerstaatliche Recht der Gesellschaften geregelt[694].

Ist eine deutsche Gesellschaft beteiligt, richtet sich die Einberufung und Vorbereitung der Gesellschafterversammlung und das Abstimmungsverfahren nach §§13, 63 ff. UmwG, §§ 121 ff. AktG (für eine AG oder SE), bzw. §§ 13, 47, 49 ff. UmwG, §§ 47 ff. GmbHG (für eine GmbH). Mit welcher Mehrheit die Gesellschafter den Verschmelzungsplan beschließen müssen, ist den §§ 50, 65 UmwG zu entnehmen[695]. Die Gesellschafterversammlung einer GmbH muss den Verschmelzungsbeschluss dem-

---

690 "wird ein (...) Bericht unabhängiger Sachverständiger erstellt (...)" Siehe die Begründung zum RegE, BR-Drs. 548/06, 32.

691 *Simon/Rubner*, Institute for Law and Finance 11/2006, Nr. 53, 1, 10.

692 *Weng*, 243.

693 *Haritz/von Wolf*, GmbHR 2006, 340, 342.

694 *Bayer/Schmidt*, NJW 2006, 401, 404; *Neye*, ZIP 2005, 1893, 1896; *Grohmann/Gruschinske*, GmbHR 2006, 191, 193; *Louven/Dettmeier/Pöschke/Weng*, BB-Spezial 2006, Nr. 3, 1, 14; *Drinhausen/Keinath*, RIW 2006, 81, 84; *Grundmann*, § 26, Rn. 908; *Maul/Teichmann/Wenz*, BB 2003, 2633, 2638; *Halász/Kloster*, DStR 2004, 1324, 1326 mit mehreren Beispielen; *Kallmeyer/Kappes*, AG 2006, 224, 232; *Müller*, ZIP 2004, 1790, 1794.

695 *Frenzel*, 276.

nach mit drei Vierteln der abgegebenen Stimmen treffen (§ 50 UmwG), die Hauptversammlung der Aktiengesellschaft mit drei Vierteln des bei der Beschlussfassung vertretenen Grundkapitals (§ 65 UmwG). Der Richtlinienvorschlag von 1985 hatte im Gegensatz zur verabschiedeten Fassung in Art. 7 RL-E 1985 ein Diskriminierungsverbot explizit geregelt, insofern dass die für die grenzüberschreitenden Verschmelzungen verlangte Mehrheit nicht höher liegen darf, als diejenige für die rein nationalen Fusionen. Das Verbot, die grenzüberschreitende Fusion gegenüber der innerstaatlichen schlechter zu behandeln, lässt sich auf die Niederlassungsfreiheit zurückführen und gilt daher auch ohne eine explizite Formulierung in der Richtlinie[696]. Anwendbar ist auch § 5 Abs. 3 UmwG, der sagt, dass der Verschmelzungsplan dem Betriebsrat einen Monat vor der Gesellschafterversammlung zuzuleiten ist[697].

Auffällig ist, dass die Richtlinie über die grenzüberschreitende Verschmelzung von Kapitalgesellschaften keine mit Art. 11 VRL vergleichbare Norm enthält, welche das Einsichtsrecht der Aktionäre regelt. Da die 3. Richtlinie aber in die nationalen Rechtsnormen umgesetzt wurde, sind die Bestimmungen über das Kollisionsrecht auch ohne explizite Regelung anwendbar[698]. Denn Art. 4 Abs. 1 lit. b der RL verweist auf das nationale Recht, welches im Übrigen in Beachtung der Vereinigungstheorie an diesem Punkt für jede Gesellschaft getrennt herangezogen werden kann[699]. Das heißt, dass bei Beteiligung einer deutschen AG oder SE gemäß § 63 UmwG den Aktionären zur Einsicht folgende Unterlagen auszulegen sind: der Verschmelzungsplan, die Jahresabschlüsse und die Geschäftsberichte der beteiligten Gesellschaften aus den letzten drei Geschäftsjahren, eine Zwischenbilanz und die jeweiligen Berichte der Leitungs- oder Verwaltungsorgane und der Sachverständigen für alle Unternehmen[700]. Für die GmbH ist § 49 Abs. 2 UmwG anwendbar, wo-

---

696 *Müller*, ZIP 2004, 1790, 1794; *Grundmann*, § 26, Rn. 908, welcher erklärend hinzufügt, dass die explizite Regelung des ohnehin allgemein geltenden Diskriminierungsverbots darauf zurückzuführen war, dass die gängige Praxis in manchen europäischen Ländern grenzüberschreitende Strukturmaßnahmen zwar zuließ, aber teilweise nur bei einstimmigem Beschluss, vgl. hierzu *Grundmann*, § 22, Fn. 89.

697 *Maul/Teichmann/Wenz*, BB 2003, 2633, 2638; *Drinhausen/Keinath*, RIW 2006, 81, 84.

698 *Grundmann*, § 26, Rn. 908; *Koppensteiner*, Der Konzern 2006, 40, 52, welcher kritisiert, dass die Richtlinie nicht öfter dem Kollisionsrecht Regelungen überlassen hat.

699 *Grundmann*, § 26, Rn. 908. Die Einsichtnahme der Unterlagen organisieren die Gesellschaften getrennt voneinander.

700 So *Bayer*, in Lutter, § 122g, Rn. 8, der die Formulierung des § 122e S. 2 UmwG als Redaktionsversehen einstuft. A.A. *Frenzel*, 270 ff.

nach die Jahresabschlüsse und die Lageberichte der beteiligten Rechtsträger für die letzten drei Jahre auszulegen sind[701].

Gemäß Art. 9 Abs. 2 der RL kann die Gesellschafterversammlung die Verschmelzung davon abhängig machen, dass die Mitbestimmungsmodalitäten der Zielgesellschaft von ihr ausdrücklich bestätigt werden. Diese Regelung ist schon bekannt aus Art. 23 Abs. 2 S. 2 SE-VO. Das Letztentscheidungsrecht über die Durchführung der Fusion[702], letztlich damit aber auch über die Einführung und Ausgestaltung der Mitbestimmungsregelungen liegt damit bei den Anteilseignern[703]. Von der Parallelnorm aus der SE-VO ist eine Reihe von Problemen besprochen worden, welche sich nur zum Teil auf die vorliegende Richtlinie übertragen lassen. Für § 23 Abs. 2 S. 2 SE-VO wurde eine Formulierung gewählt, welche sagt, dass die Hauptversammlung sich das Recht vorbehalten kann, die *Eintragung* der SE von ihrer ausdrücklichen Genehmigung der geschlossenen (Mitbestimmungs-) *Vereinbarung* abhängig zu machen. Diese Regelung warf einige Zweifelsfragen auf[704].

Zum einen entsprach der eingeschränkte Wortlaut "Vereinbarung" nicht jeder möglichen Mitbestimmungslösung. Die Frage war, ob entgegen dem Wortlaut auch der Nichtverhandlungsbeschluss gemäß § 3 Abs. 6 SE-ErgRL, § 16 SEBG und die Auffangregelung gemäß Art. 7 Abs. 1 UnterAbs. 2 lit. b SE-ErgRL, § 22 Abs. 1 lit. b SEBG Gegenstand der Geneh-

---

701 Problematisch ist nach *Maul/Teichmann/Wenz,* BB 2003, 2633, 2638 die Frage, ob die Unterlagen der ausländischen Gesellschaft auch ausgelegt werden müssen. §§ 49 und 63 UmwG binden zwar unmittelbar nur die deutschen Gesellschaften, ihre Unterlagen auszulegen, mittelbar seien aber auch die ausländischen Unternehmen gehalten, sich an die Vorschriften zu halten. Denn ansonsten könnten die Gesellschafterversammlungen die Verschmelzung nicht beschließen.
Maul/Teichmann/Wenz sind daher der Meinung, dass das beiderseitige Interesse an einer Fusion den Unternehmen die Einhaltung der Normen empfehlen wird.
Drinhausen/Keinath, RIW 2006, 81, 84 sind der Ansicht, dass die Auslegungspflicht auch die Auslegung der Unterlagen des ausländischen Verschmelzungspartner mit umfasse, und empfehlen eine Regelung darüber, in welcher Sprache das geschehen soll.

702 *Bayer/Schmidt,* NJW 2006, 401, 404; *Kallmeyer/Kappes,* AG 2006, 224, 232; *Drinhausen/Keinath,* RIW 2006, 81, 84.

703 *Müller,* ZIP 2004, 1790, 1794; *Pluskat,* EWS 2004, 1, 6; *Neye,* ZIP 2005, 1893, 1896; *Louven/Dettmeier/Pöschke/Weng,* BB-Spezial 2006, Nr. 3, 1, 14; *Maul/Teichmann/Wenz,* BB 2003, 2633, 2639; *Drinhausen/Keinath,* RIW 2006, 81, 84, welche betonen, dass diese Regelung eine zusätzliche Hürde für die Fusion darstellen kann.

704 Siehe hierzu *Bayer/Schmidt,* NJW 2006, 401, 404 (Fn. 28).

migung sein konnten[705]. Diese Auslegungsschwierigkeiten hat Art. 9 Abs. 2 der RL mit einer klaren Regelung ausgeschlossen. Durch die Formulierung, die Gesellschafterversammlung könne die Fusion von einer ausdrücklichen Bestätigung der Mitbestimmungsmodalitäten abhängig machen, werden alle möglichen Verhandlungsergebnisse bezüglich der Mitbestimmung erfasst[706].

Die Richtlinie trifft im Gegensatz zu Art. 7 Abs. 1 VRL[707] keine eindeutige Regelung dazu, welche Mehrheitserfordernisse an den Zustimmungsvorbehalt oder die Genehmigung gemäß Art. 9 Abs. 2 der RL zu stellen sind. Daher muss man zu deren Ermittlung die nationalen Normen heranziehen. Den Streit zur Parallelnorm Art. 23 Abs. 2 S. 2 SE-VO kann man auf die Richtlinie übertragen. Denn eine Norm, welche Mehrheitserfordernisse für einen Zustimmungsvorbehalt regelt, ist dem UmwG unbekannt. Einige Autoren kamen bezogen auf die SE dazu, eine einfache Mehrheit gemäß § 133 Abs. 1 AktG zu verlangen[708]. Der eine qualifizierte Mehrheit fordernde § 65 UmwG sei mangels einer Grundlagenentscheidung[709] und zugunsten einer aktionärsfreundlicheren Mehrheit nicht anwendbar. Für den Genehmigungsbeschluss hingegen gilt etwas anderes. Betrachtet man ihn als ein ausgekoppeltes Element des Verschmelzungsbeschlusses, dann muss man wohl wie *Oplustil*[710] gemäß § 65 UmwG eine qualifizierte Mehrheit zur Bedingung machen. Legt man demgegenüber den Fokus eher auf den "Geschäftsführungscharakter der Mitbestimmungsvereinbarung und die hieraus folgende originäre Zuständigkeit der Leitungsorgane"[711], dann würde eine einfache Mehrheit

---

705 *Schwarz*, Art. 23 SE-VO, Rn. 29 f, welcher eine Auslegung des Wortlauts auf die genannten Zweifelsfälle hinaus befürwortete.

706 *Oechsler*, NZG 2006, 161, 163.

707 *Koppensteiner*, Der Konzern 2006, 40, 52 weist darauf hin, dass diese bezüglich der Mehrheit präzisere Vorschrift kollisionsrechtlich dennoch auch für die grenzüberschreitende Fusion von Aktiengesellschaften Anwendung findet.

708 *Scheifele*, 217; *Schäfer*, in MüKo, AktG, Art. 23 SE-VO, Rn. 11; *Schwarz*, Art. 23 SE-VO, Rn. 32.

709 Bzw. aufgrund des Ausnahmecharakters des Genehmigungsvorbehalts, siehe *Schwarz*, Art. 23 SE-VO, Rn. 32.

710 Bezogen auf die Gründung einer Holding-SE: *Oplustil*, GLJ 2003, Vol. 4 No. 2, 107, 118 mit dem Argument, die Mitbestimmung habe grundlegende Bedeutung für die künftige SE. Auch *Simon/Rubner*, Institute for Law and Finance 11/2006, Nr. 53, 1, 10 verlangen die gleichen Mehrheitserfordernisse wie für die Zustimmung zur Verschmelzung, erlauben aber Abweichungen im Falle von deren Aufnahme in den Verschmelzungsbeschluss.

711 *Schäfer*, in MüKo, AktG, Art. 23 SE-VO, Rn. 11.

der Stimmen gemäß § 133 Abs. 1 AktG wohl genügen[712]. Überträgt man den Streit auf die grenzüberschreitende Verschmelzung von Kapitalgesellschaften nach der Richtlinie, dann ist für die letztere Ansicht bei Beteiligung einer GmbH die Vorschrift § 47 Abs. 1 GmbHG zu beachten (einfache Mehrheit).

Das Letztentscheidungsrecht der Aktionäre muss sich schließlich wohl wiederum der Kritik aussetzen lassen, dass die dadurch nötige weitere Einberufung einer Hauptversammlung die Verschmelzung deutlich verzögert[713].

Da einige Mitgliedstaaten eine Ausnahmeregelung wie in Art. 8 VRL forderten[714], verweist der verabschiedete Richtlinientext in Art. 9 Abs. 3 der RL auf diese Norm der 3. Richtlinie. Ein Zustimmungsbeschluss der Gesellschaften ist demnach nicht erforderlich, wenn die Gesellschaften folgende Anforderungen beachtet haben[715]:

die Offenlegung des Verschmelzungsplans einen Monat vor der über die Fusion beschließenden Gesellschafterversammlung (Art. 8 lit. a VRL),

jeder Aktionär der übernehmenden Gesellschaft muss einen Monat vor dieser Versammlung außerdem das Recht haben, von den in Art. 11 Abs. 1 lit. a-e VRL genannten Unterlagen Kenntnis zu nehmen (Art. 8 lit. b VRL),

das Recht einer prozentual bestimmten Minderheit, die Gesellschafterversammlung dennoch einberufen zu lassen (Art. 8 lit. c. VRL), wobei der Mindestprozentsatz auf nicht mehr als 5 % festgesetzt werden darf.

Wird diese Mischung aus Minderheits- und Publizitätsrechten eingehalten, dann kann das Heimatrecht der übernehmenden Gesellschaft von einem Zustimmungserfordernis der Gesellschaft absehen. Diese Ausnahmemöglichkeit hat Deutschland weder bei der Umsetzung der 3. Richtlinie noch der 10. Richtlinie genutzt[716]. Die Regelung in Art. 9 Abs. 3

---

712 So auch *Scheifele*, 217.

713 *Bayer*, in Lutter/Hommelhoff, 25, 41. *Bayer* weist außerdem darauf hin, dass die auf den ersten Blick bestechende Möglichkeit, schon in der Satzung einen Rahmen für eine Mitbestimmungslösung zu setzten, welchen der Vorstand nicht überschreiten kann (so *Kiem*, WM 2006, 1091, 1097), nicht zulässig sein sollte. Denn eine abweichende Mitbestimmungsvereinbarung würde dennoch vorgehen und damit das Letztentscheidungsrecht der Aktionäre aushebeln, bzw. unzulässigerweise an die Verwaltung delegieren, vgl. *Bayer*, in Lutter/Hommelhoff, 25, 41 f. m.w.N.

714 *Neye*, ZIP 2005, 1893, 1896.

715 Siehe genauer zu den Verzichtsmöglichkeiten *Behrens*, 129 ff.

716 Umgesetzt wurde dafür die Ausnahmeregelung für die Fusion einer 90%igen Tochter auf die Mutter (Art. 27 VRL, bzw. § 62 UmwG). *Neye*, ZIP 2005, 1893, 1896.

der RL war weder im Richtlinienentwurf von 1985 noch im Kommissionsentwurf von 2003 enthalten und wurde erst auf Anraten des Rechtsausschusses durch das Europäische Parlament in den Text eingefügt[717].

Es ist schlussendlich darauf hinzuweisen, dass gemäß Art. 15 Abs. 1 Spiegelstrich 2 der RL ein Zustimmungsbeschluss der übertragenden Gesellschaft entbehrlich ist, wenn die Zielgesellschaft 100% ihrer Anteile hält.

b) Umsetzung

Zur Durchführung der Gesellschafterversammlung enthält die Richtlinie keine Angaben, weshalb hierfür die Vorschriften für die innerstaatlichen Verschmelzungen gem. § 122a Abs. 2 UmwG Anwendung finden[718]. Sonderregelungen enthält § 122g UmwG nur für die Möglichkeit des Zustimmungsvorbehalts und für Konzernverschmelzungen: Gem. § 122g Abs. 1 UmwG können die Anteilsinhaber in Umsetzung des Art. 9 Abs. 2 der RL ihre Zustimmung davon abhängig machen, dass die "Art und Weise der Mitbestimmung", welche in der Zielgesellschaft gelten soll, von ihnen bestätigt wird[719]. Für Konzernverschmelzungen setzt § 122g Abs. 2 UmwG die in Art. 15 der RL vorgesehenen Erleichterungen um. So soll der Verschmelzungsbeschluss einer 100%igen Tochter innerhalb eines up-stream-merger entbehrlich sein[720].

5. Art. 10 und 11 der RL: Rechtmäßigkeitskontrolle

Der Verschmelzungsvorgang ist zugunsten einer einheitlichen Transparenz einer Rechtmäßigkeitskontrolle unterworfen.

Die Kontrolle[721] der Rechtmäßigkeit erfolgt, um dem grenzüberschreitenden Charakter der Strukturmaßnahme gerecht zu werden, in zwei Stufen[722]. Vorbild für diese Zweiteilung waren die Regelungen in Art. 25

---

717 Siehe den Bericht des Rechtsausschusses v. 25.4.2005, Dok. A6-89/2005, 23 (Berichterstatter Klaus-Heiner Lehne).

718 Siehe auf S. 155. Vgl. auch die Begründung zum RegE, BR-Drs. 548/06, 33.

719 Genauer hierzu *Kiem*, WM 2006, 1091, 1097; zur § 122g UmwG mehr bei *Bayer*, in Lutter, § 122g, rn. 1 ff; *Heckschen*, in Widmann/Mayer, § 122g, Rn. 1ff.

720 Es wäre laut *Bayer/Schmidt*, NZG 2006, 841, 843 sinnvoll gewesen, hätte der deutsche Gesetzgeber diese Erleichterung auch für innerdeutsche Verschmelzungen aufgenommen.

721 Mit "Kontrolle" sind wohl die formelle und die materielle Kontrolle gemeint, vgl. *Halász/Kloster*, DStR 2004, 1324, 1326.

722 Siehe nur *Bayer/Schmidt*, NJW 2006, 401, 404; *Neye*, ZIP 2005, 1893, 1896. Der Wirtschaftsausschuss des Europäischen Parlaments befürchtet, dass die Zweistu-

f. SE-VO und Art. 29 f. SCE-VO. Zunächst wird gemäß Art. 10 der RL im Sitzland jeder der an der Fusion beteiligten Gesellschaften kontrolliert, ob die Vorschriften eingehalten wurden, welche das nationale Recht für die ihm unterliegende Gesellschaft vorsieht (Stufe 1). Es geht also vorerst darum, die Verfahrensschritte und Verschmelzungsvoraussetzungen zu prüfen, welche für jede Gesellschaft getrennt voneinander eingehalten werden mussten. Wurde alles beachtet, dann wird von der Prüfstelle gemäß Art. 10 Abs. 2 der RL eine so genannte Vorabbescheinigung ausgestellt. Auf der Basis dieser Bescheinigung und des Verschmelzungsplans wird dann auf Stufe 2 im Sitzstaat der aufnehmenden bzw. neu gegründeten Gesellschaft das gemeinsame Verschmelzungsverfahren kontrolliert inklusive der Zustimmung der Hauptversammlung zu einem gemeinsamen Verschmelzungsplan, der Mitbestimmungsvereinbarung und der Gründung der Zielgesellschaft, siehe Art. 11 der RL.

Die 3. Richtlinie sah in Art. 16 Abs. 1 VRL vor, dass, solange keine oder keine genügende gerichtliche oder Verwaltungskontrolle der Rechtmäßigkeit in den Rechtsordnungen der Mitgliedstaaten statuiert ist, der Verschmelzungsvertrag und die Protokolle der Gesellschafterversammlung öffentlich zu beurkunden sind, wobei die Beurkundungsstelle das Vorliegen und die Rechtmäßigkeit der Rechtshandlungen und Förmlichkeiten und des Verschmelzungsplans zu prüfen und zu bestätigen hatte, vgl. Art. 16 Abs. 2 VRL. Dass diese Rechtmäßigkeitskontrolle nicht in einem zweistufigen Verfahren durchgeführt werden sollte, lässt sich damit erklären, dass bei der innerstaatlichen Fusion die nationale Behörde nur die Voraussetzungen ihrer Rechtsnormen prüfen muss, während es bei der Fusion über die Grenze der Behörde nicht zuzumuten wäre, bei einem einstufigen Verfahren auch die Einhaltung der Regelungen des ausländischen Rechts zu bewerten[723]. Das zweistufige Verfahren ist demnach für die transnationalen Umstrukturierungen entwickelt worden.

Bereits der Richtlinienentwurf von 1985, welcher in Art. 10 Abs. 2 RL-E 1985 auf Art. 16 VRL verweist, sah getrennte Prüfungsabschnitte vor, indem die Kontrolle bei der übertragenden Gesellschaft erst hätte durchgeführt werden können, wenn der Nachweis vorgelegen hätte, dass die Kontrolle bei der übernehmenden Gesellschaft erfolgt war, vgl.

---

figkeit Verwirrung stiften wird. Siehe die Stellungnahme des Europäischen Wirtschafts- und Sozialausschuss, ABl. EG C-117 v. 30.4.2004, 46

723 *Koppensteiner*, Der Konzern 2006, 40, 52. Nach seiner Ansicht ist die Regelung sachgerecht und der grenzüberschreitenden Eigenart angemessen.

Art. 10 Abs. 3 RL-E 1985[724]. Die Aufteilung der Prüfung, wie sie in der 10. Richtlinie vorgesehen ist, wurde aber erst in Art. 25, 26 SE-VO entwickelt. Vergleicht man die Regelungen der 10. Richtlinie und der SE-VO, orientieren sich die Art. 10 und 11 der RL eng an den Vorbildnormen Art. 25, 26 SE-VO. Bis auf wenige Punkte sind meist lediglich redaktionelle Änderungen vorgesehen. Die Vorabbescheinigung gemäß Art. 10 Abs. 2 der RL muss nun "unverzüglich" (der Rechtsausschuss empfahl "so rasch wie möglich"[725]) ausgestellt werden, während die SE-VO keine solche zeitliche Eingrenzung für die Erstellung der Bescheinigung vorsah. Beiden Regelungen gemein ist die Pflicht der Gesellschaften, die Vorabbescheinigung innerhalb von 6 Monaten ab Ausstellung(SE-VO)/Erteilung (RL) der Kontrollstelle gemäß Art. 26 SE-VO/Art. 11 der RL vorzulegen. Während Art. 26 Abs. 1 SE-VO das anwendbare Recht für die Kontrolle nicht ausdrücklich festlegt, ist Art. 11 Abs. 1 S. 1 der RL ein Hinweis zu entnehmen, dass die Kontrollbehörde der Zielgesellschaft ihr eigenes innerstaatliches Recht anwendet[726]. Die Literatur zur SE-VO kam aber zum selben Ergebnis, nämlich der Anwendbarkeit des Rechts des künftigen Sitzstaats der SE[727].

Hintergrund dieser zweistufigen Prüfung ist der auch der Vereinigungstheorie zugrunde liegende Grundsatz, dass die Rechtshandlungen jeder Gesellschaft solange lediglich dem ihr bekannten Gesellschaftsstatut entsprechen müssen, bis ein Verfahrensabschnitt nur einheitlich beurteilt werden kann[728]. Die Vereinigungstheorie kommt dann dazu, die Rechtsnormen beider/aller Gesellschaftsstatute anzuwenden, wobei die strengste Regelung sich durchsetzt und bei Widersprüchen eine Anpassung vorgenommen wird[729]. Innerhalb der Rechtmäßigkeitskontrolle wird durch die Zweiteilung sichergestellt, dass an den Punkten des gemeinsamen Handelns im Land der Zielgesellschaft die Übereinstimmung der Handlungen der Gesellschaften überprüft wird, während die ge-

---

724 In dem nun in der RL umgesetzten Kontrollverfahren ist die Zweistufigkeit hingegen so aufgeteilt, dass vorerst die übertragenden Gesellschaften prüfen (Art. 10 der RL) und dann die aufnehmende oder neue Gesellschaft (Art. 11 der RL). Ebenso zum Kommissionsentwurf 2003 *Grundmann*, § 26, Rn. 813.

725 Bericht des Rechtsausschusses v. 25.4.2005, Dok. A6-89/2005, 24.

726 Denn jeder Mitgliedstaat soll eine Kontrollstelle benennen, welche für den Fall tätig wird, dass die Zielgesellschaft seinem Recht unterliegt.

727 *Schwarz*, Art. 26 SE-VO, Rn. 3; *Fuchs*, 161; *Schröder*, in Manz/Mayer/Schröder, Art. 26, Rn. 6; *Schmidt*, 253, welche dem Art. 26 SE-VO eine konkludente Verweisung auf das Recht des Sitzstaats der künftigen SE entnimmt.

728 *Grundmann*, § 26, Rn. 812.

729 Siehe S. 97.

trennten Handlungen ohne weiteres von den sachnahen Heimatbehörden kontrolliert werden können.

a) Vorabbescheinigung (Art. 10)

Art. 10 der RL regelt die erste Stufe der Rechtmäßigkeitsprüfung der Verschmelzung, nämlich die Kontrolle derjenigen Verfahrensabschnitte, welche jede Gesellschaft gesondert nach ihrem jeweiligen Recht beachten muss. Um diesen Prüfungsumfang besser einzugrenzen, kann man auf Art. 10 Abs. 2 der RL zurückgreifen, wo der Inhalt der Vorabbescheinigung geregelt wird: Die Prüfung muss im Ergebnis die ordnungsgemäße Durchführung der die "Verschmelzung *vorangehenden* Rechtshandlungen und Formalitäten" bestätigen (Hervorhebung nicht im Originaltext). Im Ergebnis soll damit wohl das jeweilige Beschlussfassungsverfahren der beteiligten Gesellschaften gemeint sein, was auch der Erwägungsgrund (7) bestätigt[730]. Vom Prüfungsumfang umfasst sind damit etwa Aufstellung und Offenlegung des Verschmelzungsplans[731], Erstellung des Verschmelzungsberichts nach Art. 7 und 8 der RL und Vorbereitung und Durchführung der Gesellschafterversammlung.

Die Prüfung wird von einem Gericht, einem Notar oder einer sonstigen zuständigen Behörde durchgeführt, wobei die zuständigen Kontrollstellen von den jeweiligen Mitgliedstaaten gemäß Art. 10 Abs. 1 der RL benannt werden[732]. Bei Beteiligung einer deutschen Gesellschaft ist die Vorlage einer Negativerklärung nach § 16 Abs. 2 UmwG erforderlich und gegebenenfalls ein Freigabeverfahren gemäß § 16 Abs. 3 UmwG durchführbar[733].

Die bei positivem Prüfungsergebnis unverzüglich[734] auszustellende Vorabbescheinigung muss gemäß Art. 10 Abs. 2 der RL ohne Zweifel be-

---

730 Erwägungsgrund (7) der Richtlinie 2005/56/EG v. 26.10.2005, ABl. EG L-310/1 v. 25.11.2005, 1. *Halász/Kloster*, DStR 2004, 1324, 1326.

731 *Neye*, ZIP 2005, 1893, 1896; *Grohmann/Gruschinske*, GmbHR 2006, 191, 193.

732 *Bayer/Schmidt*, NJW 2006, 401, 404 sind der Ansicht, dass in Entsprechung zu § 4 SEAG in Deutschland das Registergericht zuständig sein sollte. Wohl ebenso *Oechsler*, NZG 2006, 161, 163; *Drinhausen/Keinath*, RIW 2006, 81, 84; *Louven/Dettmeier/Pöschke/Weng*, BB-Spezial 2006, Nr. 3, 1, 15; *Maul/Teichmann/Wenz*, BB 2003, 2633, 2639; *Pluskat*, EWS 2004, 1, 6; *Halász/Kloster*, DStR 2004, 1324, 1326.

733 *Halász/Kloster*, DStR 2004, 1324, 1326; ebenso *Louven/Dettmeier/Pöschke/Weng*, BB-Spezial 2006, Nr. 3, 1, 15.

734 Im KommE 2003 war kein solches Adverb enthalten, der Rechtsausschuss empfahl eine Einfügung der Klausel "so rasch wie möglich", übernommen wurde aber schlussendlich "unverzüglich". Vgl. den Bericht des Rechtsausschusses v. 25.4.2005, Dok. A6-89/2005, 24 (Berichterstatter Klaus-Heiner Lehne).

scheinigen, dass die Rechtsvorschriften zu dem Verfahrensabschnitt der ersten Stufe eingehalten wurden. Diese Bescheinigung soll die Koordinierung der Prüfstellen erleichtern und verhindern, dass die Zielgesellschaft eingetragen wird, bevor die erste Kontrollstufe abgeschlossen ist[735]. Sie bringt eine wesentliche Verfahrenserleichterung für grenzüberschreitende Fusionen[736]. Es ist davon auszugehen, dass die Vorabbescheinigung für die Kontrollstelle der übernehmenden oder neuen Gesellschaft Bindungswirkung entfaltet[737]. Zum einen würde die Zweistufigkeit des Verfahrens keinen Sinn machen, wenn es letztendlich zu einer doppelten Prüfung kommen würde. Eine etwaige Verwischung der Prüfungszuständigkeiten hätte ein erhebliches Streitpotential, welches wiederum zu Verzögerungen der Fusionen führen würde[738]. Außerdem ist der Vorteil der Zweistufigkeit insbesondere, dass die mit der Kontrolle beauftragten Behörden keine ausländischen Rechtsvorschriften prüfen müssen, wofür es ihnen an Sachkompetenz mangeln würde[739].

In diesem Zusammenhang stellt sich auch die Frage des Prüfungsumfangs der Kontrollstellen noch mal eindringlicher. Denn man kann an der Adäquanz zweifeln, wenn die Vorabbescheinigung für die Prüfstelle der Zielgesellschaft auch bindend ist, wenn sie über Verfahrensabschnitte ein Prüfergebnis enthält, welche nicht in der Prüfungszuständigkeit der jeweiligen Behörde lagen[740]. Die Überlegungen bezüglich des Prüfungsumfangs zum Art. 26 SE-VO sind durchaus auch auf die Richtlinie zu übertragen. Teilweise wurde vertreten, dass die Kontrollstelle des Heimatlandes der aufnehmenden oder neu gegründeten Gesellschaft das Recht hätte, den gesamten Verschmelzungsvorgang zu überprüfen, in-

---

735 *Halász/Kloster*, DStR 2004, 1324, 1326; *Schwarz*, Art. 26 SE-VO, Rn. 6 (zur SE).

736 *Neye/Timm*, DB 2006, 488, 492; *Krause/Kulpa*, ZHR 171 (2007), 38, 66.

737 Vgl. Begründung, BR-Dr 548/06, 40; *Bayer/Schmidt*, NJW 2006, 401, 404; *Halász/Kloster*, DStR 2004, 1324, 1326 (im Hinblick auf den KommE 2003); zur SE-VO ebenso *Schwarz*, Art. 26 SE-VO, Rn. 6; *Schmidt*, 256 f; *Schäfer*, in MüKo, AktG, Art. 25 SE-VO, Rn. 6; *Scheifele*, 272/276. Es ist nicht erforderlich, dass die Verschmelzungsbeschlüsse abgesehen von der Bescheinigung gesondert nachgewiesen werden. So *Louven*, ZIP 2006, 2021, 2028; a.A. *Kiem*, WM 2006, 1091, 1099.

738 *Oechsler*, NZG 2006, 161, 163.

739 *Halász/Kloster*, DStR 2004, 1324, 1326; ebenso *Schwarz*, Art. 26 SE-VO, Rn. 6 (zur SE).

740 Beispielsweise könnte der Bescheid der Kontrollbehörde eines Mitgliedstaats, in welchem sich eine übertragende Gesellschaft befindet, Angaben zu einem etwaigen Prüfungsergebnis zur Vereinbarung der Mitbestimmung in der Zielgesellschaft enthalten.

klusive der Beschlüsse der verschmelzungswilligen Gesellschaften[741]. Die besseren und der Diskussion zur Bindungswirkung des Bescheids ähnlichen Argumente sprechen aber wiederum dafür, den Prüfungsumfang auf die Vollzugsphase der Gründung zu beschränken[742]. Bestechend ist vor allem die systematische Betrachtung der Rechtmäßigkeitskontrolle. Der Vorteil der Zweistufigkeit würde umgekehrt werden, wenn man eine zeitintensivere doppelte Prüfung zulassen würde. Nicht nur müssten dann in unzumutbarer Weise die Behörden ihnen fremde Rechtsnormen prüfen[743], auch widerspräche diese Praxis dem Grundsatz des gegenseitigen Vertrauens in die Justiz im Rahmen der Gemeinschaft[744]. Zwar ist der Wortlaut des Art. 11 Abs. 2 der RL (Spiegelnorm zu Art. 26 Abs. 3 SE-VO), dass "die sich verschmelzenden Gesellschaften einem gemeinsamen gleich lautenden Verschmelzungsplan zugestimmt haben", etwas missverständlich formuliert. Jedoch sollte damit wohl nicht gesagt sein, dass die Kontrolle gemäß Art. 11 der RL auch die Aufstellung und den Beschluss des Plans mit umfassen sollte. Vielmehr soll auf dieser Stufe geprüft werden, ob der Plan gemeinsam erstellt wurde und ob die Gesellschaften einem inhaltsgleichen Plan zustimmten[745]. Rechtmäßigkeit und Vollständigkeit der Verschmelzungspläne sind Gegenstand der jeweiligen Kontrollverfahren nach Art. 10 der RL[746]. Das Registergericht überprüft die Verschmelzungsbescheinigungen damit lediglich formal, also ob sie von der zuständigen Stelle ausgestellt wurden und den Vorgaben der 10. RL genügt[747].

---

741 *Neun*, in Theisen/Wenz, 1. Auflage 2002, 51, 127, welcher aber wohl in der Neuauflage von 2005 von der gesamten Prüfungskompetenz abgerückt ist (siehe Fn. 742).

742 Zur RL *Oechsler*, NZG 2006, 161, 163; zur SE-VO: *Schwarz*, Art. 26 SE-VO, Rn. 16; *Schmidt*, 256 f; *Schäfer*, in MüKo, AktG, Art. 26 SE-VO, Rn. 10; *Neun*, in Theisen/Wenz, 2. Auflage 2005, 51, 141; auf der Ebene des Umsetzungsgesetzes *Bayer*, in Lutter, § 122l, Rn. 19 m.w.N.

743 *Oechsler*, NZG 2006, 161, 163 (zur RL); *Schwarz*, Art. 26 SE-VO, Rn. 16; *Schmidt*, 257;

744 Darauf weist bereits *Schmidt*, 257 zur SE hin. Der Grundsatz findet sich im Erwägungsgrund 16 zur Verordnung Nr. 44/2001 über die gerichtliche Zuständigkeit und die Anerkennung und Vollstreckung von Entscheidungen in Zivil- und Handelssachen v. 22.12.2000 (EuGVO).

745 *Oechsler*, NZG 2006, 161, 163; zur SE: *Scheifele*, 276; *Schwarz*, Art. 26 SE-VO, Rn. 11, der aber der Meinung ist, dass die Kontrollstelle der Zielgesellschaft nicht gezwungen sein dürfte, aufgrund der Bindungswirkung der Vorabbescheinigung über offensichtliche Mängel des Verschmelzungsplans hinwegzusehen.

746 *Schäfer*, in MüKo, AktG, Art. 26 SE-VO, Rn. 10 (für die SE).

747 *Vossius*, in Widmann/Mayer, § 122l, Rn. 26 ff.

Art. 10 Abs. 3 der RL enthält eine Regelung, die es ermöglicht, das in Deutschland bekannte Spruchverfahren zur Anwendung gelangen zu lassen, wenn dem Recht des ausländischen Verschmelzungspartners das Verfahren bekannt ist oder seine Gesellschafter der Anwendung ausdrücklich zustimmen[748].

b) Art. 11 der RL

Art. 11 der RL regelt die Prüfung des Verfahrensabschnitts, welcher die Durchführung der Verschmelzung und gegebenenfalls die Gründung der Zielgesellschaft betrifft, vgl. Art. 11 Abs. 1 S. 1 der RL. Es geht in diesem Prüfungsabschnitt darum, zu kontrollieren, ob die jeweiligen Verfahrenshandlungen der Gesellschaften aufeinander abgestimmt sind[749], zum Beispiel die in Art. 11 Abs. 1 S. 1 der RL besonders aufgeführte Frage, ob *alle* Gesellschaften einem *gleich* lautenden Verschmelzungsplan zugestimmt haben.

Inhalt der Prüfung soll gemäß Art. 11 Abs. 1 S. 1 der RL außerdem, falls getroffen, die Vereinbarung über die Arbeitnehmermitbestimmung nach Art. 16 der RL sein. Das bedeutet freilich, dass die Prüfung nach Art 11 der RL nur abgeschlossen werden kann, wenn schon eine endgültige Vereinbarung über die Mitbestimmung getroffen wurde[750]. Selbstverständlich ist in der Kontrollpflicht auch ein anderer Abschluss der Mitbestimmungsverhandlungen enthalten, wie zum Beispiel die Auffangregelung des Art. 16 Abs. 3 lit. e und h der RL[751]. Auch für diesen Prüfungsabschnitt benennt jeder Mitgliedstaat gemäß Art. 11 Abs. 1 S. 1 der RL das Gericht, den Notar oder die sonstige für die Fusion zuständige Behörde.

Die Prüfung läuft also darauf hinaus, dass bei einer Verschmelzung durch Neugründung die beteiligten Gesellschaften jeweils nach Art. 10 der RL von einer Kontrollbehörde in ihrem eigenen Staat kontrolliert werden, während die Kontrolle nach Art. 11 der RL bei einer Behörde im Sitzstaat der neu gegründeten Gesellschaft vorgenommen wird. Bei einer Verschmelzung durch Aufnahme ist im Unterschied dazu für die Kontrolle nach Art. 11 der RL dieselbe Behörde zuständig, die auch die Voraussetzungen für die aufnehmende Gesellschaft auf der ersten Stufe geprüft hat. Das Verfahren ist dennoch auch für ein und dieselbe Behörde trennbar, da sie die Prüfung der zweiten Stufe erst durchführen kann,

---

748 Zum Spruchverfahren siehe ausführlich S. 177 ff.

749 *Simon/Leuering*, NJW-Spezial 2006, Nr. 2, 75.

750 *Louven/Dettmeier/Pöschke/Weng*, BB-Spezial 2006, Nr. 3, 1, 15.

751 Zur SE-VO *Schäfer*, in MüKo, AktG, Art. 26 SE-VO, Rn. 10.

wenn alle Bescheinigungen über die Kontrolle der ersten Stufe eingetroffen sind.

Im Gegensatz zur Vorgängerregelung Art. 26 Se-VO verweist Art. 11 Abs. 1 der RL für das Verfahren der Kontrolle indirekt auf das für die Zielgesellschaft anwendbare Recht. Denn nach dieser Vorschrift soll jeder Mitgliedstaat eine Kontrollstelle benennen, welche für den Fall tätig wird, dass die Zielgesellschaft seinem Recht unterliegt. Daraus lässt sich schließen, dass dieses innerstaatliche Recht auch für das Verfahren der Kontrollbehörde gelten soll. Es liegt in der Natur der Sache, dass die Behörde ihr eigenes Recht anwendet[752], vor allem in Anbetracht der Tatsache, dass die Zweistufigkeit auch den Vorteil haben sollte, dass die Kontrollstelle kein fremdes Recht prüfen muss.

Die Richtlinie gibt in Art. 11 Abs. 2 der RL vor, dass alle beteiligten Gesellschaften der Kontrollstelle den genehmigten Verschmelzungsplan und die gemäß Art. 10 Abs. 2 der RL erstellte Vorabbescheinigung vorlegen müssen- letztere innerhalb von 6 Monaten nach ihrer Erteilung.

c) *Umsetzung*

(1) Deutsche Gesellschaft als übertragender Rechtsträger

Ist eine deutsche Gesellschaft an der Verschmelzung als übertragender Rechtsträger beteiligt, dann richtet sich die erststufige Rechtmäßigkeitskontrolle für sie – in Umsetzung des Art. 10 der RL – nach § 122k UmwG. Die zuständige Stelle für das darin geregelte Verfahren ist gemäß § 122k Abs. 1 S. 1 UmwG das Register am Sitz dieser Gesellschaft[753], wo ihr Vertretungsorgan die Erfüllung der Verschmelzungsvoraussetzungen zur Eintragung anzumelden hat. Dem Register muss bei Anmeldung neben den üblichen Angaben nach §§ 16 Abs. 2, Abs. 3, 17 UmwG[754] eine Versicherung darüber abgegeben werden, dass allen Gläubigern, welche ein Recht auf Sicherungsleistung nach § 122j UmwG haben, eine angemessene Sicherung geschaffen wurde (§ 122k Abs. 1 S. 3 UmwG). Diese Vorlagepflicht trifft aber nur die deutsche(n) Gesellschaft(en), denn der ausländische Verschmelzungspartner muss sich nur gegenüber der Kontrollstelle seines Heimatlandes erklären[755].

---

752 *Schmidt*, 253.

753 Dadurch ist der deutsche Gesetzgeber der Klausel in Art. 10 Abs. 1 der RL nachgekommen, dass die Mitgliedstaaten die für die Prüfung zuständige Behörde benennen sollen.

754 Siehe den Verweis in § 122k Abs. 1 S. 2 UmwG.

755 Siehe die Begründung zum RefE (www.bmj.bund.de), 18.

Es soll wohl nicht möglich sein, dass die Zielgesellschaft die jeweiligen Anmeldungen bei den Registern der übertragenden Gesellschaften übernehmen kann, wie es § 16 Abs. 1 S. 2 UmwG für innerdeutsche Fusionen vorsieht. Denn durch die Ausklammerung des § 16 Abs. 1 UmwG aus der Verweisung in § 122k Abs. 1 S. 2 UmwG kann man davon ausgehen, dass die in ihm enthaltene Regelung entgegen der generellen Anwendbarkeit der Normen des Ersten Teils (§ 122 a Abs. 2 UmwG) nicht auf grenzüberschreitende Fusionen anwendbar sein sollte[756].

Das Register trägt nach positiver Prüfung der Verschmelzungsvoraussetzungen (nicht geprüft wird die wirtschaftliche Zweckmäßigkeit der Fusion[757]) für die deutsche[758] übertragende Gesellschaft (§ 122k Abs. 2 S. 1 UmwG) zum einen dieses Prüfungsergebnis im Register ein (versehen mit dem Vermerk, dass die Wirksamkeit der Fusion sich nach dem Recht der Zielgesellschaft richtet[759]). Zum anderen stellt es darüber eine Verschmelzungsbescheinigung aus[760] – gegebenenfalls mit der Angabe über die Durchführung eines Spruchverfahrens, vgl. § 122k Abs. 2 S. 5 UmwG.

---

756 *Bayer*, in Lutter, § 122k, Rn. 8; i.E. so auch der Handelsrechtsausschuss des DAV, NZG 2006, 737, 742, welcher aber der Meinung ist, dass kein Grund ersichtlich sei, warum auf diese das Verfahren beschleunigende Vorschrift bei grenzüberschreitenden Verschmelzungen verzichtet werden sollte.

757 *Bayer*, in Lutter, § 122k, Rn. 19; *Vossius*, in Widmann/Mayer, § 122k, Rn. 49; *Beutel*, 204; siehe zu den Prüfungsgegenständen *Bayer*, in Lutter, § 122k, Rn. 14 ff.

758 Die Prüfung erstreckt sich nur auf die deutsche übertragende Gesellschaft. Die parallel beim ausländischen Verschmelzungspartner erstellten Dokumente (wie beispielsweise der Verschmelzungsbericht) werden am Registergericht nicht geprüft, siehe die Begründung zum RegE, BR-Drs. 548/06, 37; hierzu auch *Kiem*, WM 2006, 1091, 1099. Daher müssen auch die gem. §§ 16, 17 UmwG vorlagepflichtigen Unterlagen nur von der deutschen Gesellschaft erbracht werden, vgl. *Drinhausen/Keinath*, BB 2006, 725, 730. *Kallmeyer*, GmbHR 2006, 418, 420 kritisiert die Formulierung "für die Gesellschaft" (§ 122k Abs. 2 S.1 UmwG) als missverständlich, wobei wohl verknüpft mit § 122k Abs. 1 S. 1 UmwG deutlich ist, dass es um die *übertragende* deutsche Gesellschaft geht, siehe Louven, ZIP 2006, 2021, 2027.

759 § 122k Abs. 2 S. 3 UmwG.; vgl. Bayer, in Lutter, § 122k, Rn. 26, der den Vermerk analog §§ 19 Abs. 1 S. 2 Hs. 2, 130 Abs. 1 S. 2 Hs. 2, 198 Abs. 2 S. 4 Hs 2 UmwG für den Fall entbehrlich, bei dem die Voraussetzungen für die Wirksamkeit der Verschmelzung an demselben Tag der Eintragung des Vermerks erfüllt sind.

760 Dass der Terminus "Vorabbescheinigung" aus der Richtlinie nicht übernommen wird, erscheint dem Handelsrechtsausschuss des DAV, NZG 2006, 737, 742 im Hinblick auf mögliche Unklarheiten gegenüber den Registern anderer Mitgliedstaaten nicht sinnvoll. Abgesehen davon hätte der Begriff der RL besser zum Ausdruck gebracht, dass die Bescheinigung lediglich die erste Stufe der Rechtmäßigkeitskontrolle beschließt.

Fraglich ist, ob diese Eintragungsbescheinigung den Vorgaben der Richtlinie Genüge tut. Art. 10 Abs. 2 der RL verlangt, dass aus der Bescheinigung "zweifelsfrei hervorgeht, dass die der Verschmelzung vorangehenden Rechtshandlungen und Formalitäten ordnungsgemäß vollzogen wurden". Dieser Wortlaut wurde in der deutschen Umsetzung nicht übernommen, stattdessen genügt gemäß § 122k Abs. 2 S. 2 UmwG als Verschmelzungsbescheinigung die Nachricht über die Eintragung der Verschmelzung im Register. Diese Eintragungsmitteilung besteht nur aus einem nicht gesiegelten und nicht unterschriebenen Computerausdruck, der nicht erkennen lässt ob die von den beteiligten Gesellschaften erstellten Verschmelzungspläne identisch sind[761]. Diese Umsetzung wird vielfach kritisiert[762]. Es wird vorgeschlagen, den Wortlaut der Richtlinie mit aufzunehmen in den Inhalt der Bescheinigung[763]. Andere Autoren werden noch konkreter und sind der Meinung, dass die Bescheinigung in der Form eines Beschlusses mit Tatbestand und Entscheidungsgründen vorliegen müsste[764]. Auch bezogen auf die Parallelregelung für die Europäische Aktiengesellschaft (Art. 25 Abs. 2 SE-VO) wurde Gleiches vertreten[765].

Argumentiert wird unter anderem damit, dass die oben beschriebene Bindungswirkung der Bescheinigung für die Kontrollbehörde der Zielgesellschaft es zugunsten der Rechtsklarheit zwingend erfordert, dass *zweifelsfrei* aus ihr hervorgehe, dass alle Rechtshandlungen und Formalitäten bezüglich der übertragenden (und vor allem) ausländischen Gesellschaft ordnungsgemäß eingehalten wurden[766]. Die Bindungswirkung

---

761 *Vossius*, in Widmann/Mayer, § 122k, Rn. 52.

762 *Haritz/von Wolff*, GmbHR 2006, 340, 344; *Bayer/Schmidt*, NZG 2006, 841, 843; Handelsrechtsausschuss des DAV, NZG 2006, 737, 742; *Kallmeyer*, GmbHR 2006, 418, 420; *Bayer*, in Lutter, § 122k, Rn. 19; *Drinhausen*, in Semler/Stengel, § 122k, Rn. 6; *Beutel*, 217; *Frenzel*, 381; *Vossius*, in Widmann/Mayer, § 122k, Rn. 52 ff (mit dem Vorschlag einer Verschmelzungsbescheinigung, Rn. 57 ff.); a.A. *Krause/Kulpa*, ZHR 171 (2007), 38, 68; keine Kritik übt *Kiem*, WM 2006, 1091, 1099.

763 Handelsrechtsausschuss des DAV, NZG 2006, 737, 742. Siehe auch den dort empfohlenen Alternativwortlaut des § 122 k UmwG (743).

764 *Bayer/Schmidt*, NZG 2006, 841, 843; *Vossius*, in Widmann/Mayer, § 122k, Rn. 56; *Frenzel*, 381 f.

765 *Schmidt*, 251 f; *Bayer/Schmidt*, NJW 2006, 401, 404 schlugen schon vor Veröffentlichung des Referentenentwurfes zur Umsetzung der 10. Richtlinie vor, die Modalitäten der Bescheinigung exakter zu regeln, um dieser Diskussion bei der Parallelnorm der SE-VO vorzubeugen. A.A. *Schwarz*, Art. 25, Rn. 20, der sagt, die Bescheinigung muss im schlichten Urteilstenor die Rechtmäßigkeit der Verschmelzung feststellen; ebenso *Scheifele*, 266.

766 Siehe *Bayer/Schmidt*, NZG 2006, 841, 843.

der Bescheinigung wird aber auch von den Vertretern der Gegenansicht herangeführt. Der Hinweis auf die Eintragung würde nämlich zweifelsfrei die Ordnungsmäßigkeit der Rechtshandlungen beweisen, da eine Eintragung nach deutschem Recht nur nach beanstandungsloser Prüfung vorgenommen werde[767]. Da diese Bescheinigung für die Kontrollstelle des Zielstaats ohnehin Bindungswirkung aufweise, sei eine ausführlichere Bestätigung mangels doppelter Prüfung nicht nötig[768]. Sicherlich steigt der Verwaltungsaufwand bei der die Bescheinigung ausstellenden Behörde aufgrund von erhöhten Anforderungen an deren Inhalt. Das bei der Verschmelzung über die Grenze vorausgesetzte gegenseitige Vertrauen der Gesellschaften wie der Behörden und die dafür nötige europaweite Anerkennung der Bescheinigung[769] ist aber leichter aufzubauen, wenn ausformuliert ist, was man ansonsten nur aus der erfolgten Eintragung herauslesen müsste. Man beugt Rechtsstreitigkeiten vor, die aus einer aufgrund von Misstrauen erfolgten Doppelprüfung resultieren[770]. Daher ist die Verschmelzungsbescheinigung möglichst konkret mit Tatbestand und Entscheidungsgründen zu beschließen.

Die Umsetzung der Vorabbescheinigung ist noch an anderer Stelle kritisiert worden, und zwar bezüglich der Hineinverschmelzung auf eine deutsche aufnehmende Gesellschaft. Denn § 122k Abs. 1, 2 UmwG regelt nur die Prüfung der Rechtmäßigkeit und die Erstellung der Bescheinigung für eine *übertragende* (deutsche) Gesellschaft. Die Richtlinie hingegen unterscheidet in Art. 10 der RL nicht zwischen übertragender und aufnehmender Gesellschaft, wenn sie Rechtmäßigkeitsprüfung und Vorabbescheinigung vorschreibt. Streng genommen verfehlt diese Umsetzung damit die Vorgaben der Richtlinie und lässt den Stempel der mangelnden Richtlinienkonformität befürchten[771]. Denn die in Art. 10 und 11 der RL vorgesehene Zweistufigkeit wird in der deutschen Umsetzung für den Fall der Hineinverschmelzung durch Aufnahme auf eine Stufe reduziert[772]. Die Rechtmäßigkeitsprüfung für die aufnehmende

---

767 *Kiem*, WM 2006, 1091, 1099, allerdings bezüglich des in diesem Punkt unveränderten Referentenentwurf der RL.

768 *Krause/Kulpa*, ZHR 171 (2007), 38, 68; ebenso für die SE *Schwarz*, Art. 25, Rn. 20.

769 Handelsrechtsausschuss des DAV, NZG 2006, 737, 742.

770 *Haritz/von Wolff*, GmbHR 2006, 340, 344 erklären, dass eine Doppelprüfung durch die Kontrollstelle der Zielgesellschaft nur ausgeschlossen werden könnte, wenn die Vorabbescheinigungen ausreichend deutlich die Ordnungsmäßigkeit des jeweiligen Verfahrens bewiesen.

771 *Louven*, ZIP 2006, 2021, 2027; *Haritz/von Wolff*, GmbHR 2006, 340, 343.

772 *Haritz/von Wolff*, GmbHR 2006, 340, 343.

Gesellschaft richtet sich auch für den ersten Abschnitt der Fusion (Beschlussfassung, Bericht usw.) lediglich nach § 122l UmwG.

Dem wird aber entgegen gehalten, dass der Europäische Richtliniengeber nicht im Sinn hatte, dass dieselbe Kontrollstelle die Rechtmäßigkeitsprüfung des Verschmelzungsvorganges künstlich und aufgrund einer bloßen Formalie in zwei Stufen aufteilt, und bezüglich der deutschen Umsetzung daher keine Bedenken bestünden[773]. *Louven* wendet zwar ein, dass die Bedenken sich wieder in den Vordergrund drängen würden, wenn die aufnehmende Gesellschaft gleichzeitig zur Fusion ihren Satzungssitz verlegen würde[774]. Denn für den Fall könnte der Sinn der Bescheinigung für eine rechtssichere Durchführung der Rechtmäßigkeitskontrolle wieder aufleben. Andererseits wäre auch nach Verlegung des Satzungssitzes innerhalb von Deutschland das der Verschmelzung zugrunde liegende Recht für die aufnehmende Gesellschaft auf beiden Stufen das deutsche Recht. Das Registergericht des neuen Satzungssitzes kann daher ohne größere Probleme (welche bei der grenzüberschreitenden Fusion in der Unterschiedlichkeit der Regeln bestehen würden) sowohl den Prüfungsbereich der ersten, als auch der zweiten Stufe übernehmen, was dann zwar innerdeutsch zu einem Zuständigkeitsgerangel führen würde, die Umsetzung aber nicht richtlinienwidrig erscheinen lässt[775]. Denn die Zweistufigkeit war aufgrund der speziell grenzüberschreitenden Problematik eingeführt worden. Dennoch sollte für diesen Fall eine Klarstellung erfolgen, um Missverständnisse auszuräumen.

Auch für den Fall, dass die zwei Stufen von unterschiedlichen Registern geprüft werden, ist nicht zwingend von einer nicht-konformen Umsetzung auszugehen, wenn das eine Register dem anderen keine Vorabbescheinigung ausstellen muss. Denn Sinn und Zweck der Vorabbescheinigung ist es, den Problemen vorzubeugen, welche die speziell grenzüberschreitende Verschmelzung mit sich bringen könnte. Die Behörden sollen nicht fremdes Recht prüfen müssen, was die Verschmelzung langwieriger und unsicherer machen würde[776]. Die Schwierigkeit fällt weg, wenn die Kontrollstelle für die aufnehmende deutsche Gesellschaft

---

773 *Krause/Kulpa*, ZHR 171 (2007), 38, 67; *Müller*, ZIP 2007, 1081, 1087; *Bayer*, in Lutter, § 122k, Rn. 6; *Beutel*, 216 f.

774 *Louven*, ZIP 2006, 2021, 2027; siehe auch zur SE *Schwarz*, Art. 25, Rn. 5.

775 Ebenso *Krause/Kulpa*, ZHR 171 (2007), 38, 67; *Müller*, ZIP 2007, 1081, 1087; *Heckschen*, DNotZ 2007, 444, 464; *Bayer*, in Lutter, § 122k, Rn. 6; *Weng*, 268; *Marsch-Barner*, in Kallmeyer, § 122k, Rn. 3; *Drinhausen*, in Semler/Stengel, § 122k, Rn. 5, § 122l, Rn. 10; *Beutel*, 216; *Frenzel*, 375.

776 *Müller*, ZIP 2007, 1081, 1087; *Bayer*, in Lutter, § 122k, Rn. 6; *Frenzel*, 375.

(erste Stufe) und die der in dem Fall identischen Zielgesellschaft (zweite Stufe) dieselbe ist. Außerdem soll der Vollzug der Verschmelzung nicht eingetragen werden, bevor die Kontrollstelle der ersten Stufe ihre Prüfung positiv abgeschlossen hat. Die Mitteilung über die Eintragungen im Register des alten Sitzes muss dem neuen Register gemäß § 45 AktG, bzw. § 13h HGB ohnehin gemacht werden, was die Eintragung an sich betrifft inklusive der dazugehörigen Urkunden (wie z.B. der Verschmelzungsplan). Es ist also nicht davon auszugehen, dass für den Fall der gleichzeitigen Sitzverlegung die Richtlinie nicht sachgerecht umgesetzt wurde, da der Sinn und Zweck der Vorabbescheinigung und der Zweistufigkeit besonders aufgrund des grenzüberschreitenden Charakters eingeführt wurde, welcher bei einer innerdeutschen Sitzverlegung nicht vorliegt.

Voraussetzung für die Erteilung einer Bescheinigung ist gemäß § 122k Abs. 1 S. 3 UmwG, dass gegenüber dem Register eine Versicherung über die Gläubigersicherung gemäß § 122k Abs. 1 S. 3 UmwG abgegeben worden ist. Falschangaben in dieser Versicherung sind nun durch die Neuregelung des § 314a unter Strafe gestellt, um eine effektive Durchsetzung des Gläubigerschutzes zu gewährleisten[777]. Es wird zum Teil vorgeschlagen, dass die Angabe über die Sicherheitsleistung nur gemacht werden sollte, wenn die Sicherheit überhaupt von den Gläubigern verlangt wurde[778]. Da aber das Recht auf die Sicherheitsleistung erst nach einer zeitlichen Frist von zwei Monaten ab Bekanntgabe des Verschmelzungsplans oder dessen Entwurfs erlischt und es jedenfalls in der Theorie zumindest nicht ausgeschlossen ist, dass die Frist noch läuft, während das Registergericht sich mit den Fusionsvoraussetzungen auf erster Stufe beschäftigt, kommt eine solche Verknüpfung nicht in Betracht.

Das Vertretungsorgan muss diese Bescheinigung daraufhin gemäß § 122k Abs. 3 UmwG innerhalb von sechs Monaten ab Ausstellung zusammen mit dem Verschmelzungsplan der Kontrollstelle der Zielgesellschaft vorlegen[779]. Das weitere Verfahren inklusive dem Wirksamkeitszeitpunkt der Verschmelzung richtet sich dann nach dem Recht der Zielgesellschaft[780]. Es wäre verfehlt, würde die Kontrollstelle für die übertragende Gesellschaft über ihre Zuständigkeit hinaus prüfen. Erfährt das Register dann von der Kontrollstelle der Zielgesellschaft, dass die Fusion wirksam

---

777 Siehe die Begründung zum RegE, BR-Drs. 548/06, 45.

778 Handelsrechtsausschuss des DAV, NZG 2006, 737, 742.

779 Nach Ansicht des Handelsrechtsausschuss des DAV, NZG 2006, 737, 742 hätte der Gesetzgeber von der Regelung an dieser Stelle absehen können, da die 6-Monats-Frist schon durch § 122l Abs. 1 S. 3 Hs. 1 UmwG vorausgesetzt wird.

780 *Rubner*, NJW-Spezial 2007, Nr. 5, 219.

geworden ist, dann muss es den Tag des Wirksamwerdens vermerken und die bei ihm verwahrten elektronischen Dokumente der Kontrollstelle übermitteln, vgl. § 122k Abs. 4 UmwG.

(2) Deutsche Gesellschaft als Zielgesellschaft

Ist eine deutsche Gesellschaft Zielgesellschaft einer grenzüberschreitenden Fusion, dann ist das Registergericht am Sitz dieser Gesellschaft Kontrollstelle der zweiten Stufe der Rechtmäßigkeitsprüfung, siehe § 122l Abs. 1 S. 1 UmwG. Bei einer Verschmelzung durch Aufnahme muss die Anmeldung von dem Vertretungsorgan der übernehmenden deutschen Gesellschaft vorgenommen werden, während bei einer Fusion durch Neugründung die übertragenden Gesellschaften dafür zuständig sind. Dabei sind dem Register gemäß § 122l Abs. 1 S. 2 UmwG die jeweiligen Verschmelzungsbescheinigungen der übertragenden Gesellschaften, der gemeinsame Verschmelzungsplan und gegebenenfalls die Vereinbarung über die künftige Arbeitnehmermitbestimmung zuzuleiten. Nicht anwendbar auf die übertragenden Gesellschaften sind in dem Fall die Bestimmungen der §§ 16 Abs. 2, Abs. 3, 17 UmwG, siehe § 122l Abs. 1 S. 3 Hs. 2 UmwG[781]. Liegt eine Verschmelzung durch Aufnahme vor, sind die in §§ 122a Abs. 2 i.V.m. 17 Abs. 1 UmwG bezeichneten Unterlagen beizufügen[782]. Denn in dem Fall muss die registerrechtliche Prüfung auch die Ordnungsmäßigkeit der die übernehmende Gesellschaft betreffenden Verfahrensschritte überprüfen.

Das Register prüft gemäß § 122l Abs. 2 UmwG die Eintragungsvoraussetzungen für die Zielgesellschaft und dabei in Parallele zu Art. 11 Abs. 1 S. 2 der RL insbesondere, ob die Gesellschaften einem gemeinsamen und gleich lautenden Verschmelzungsplan zugestimmt haben und ob gegebenenfalls eine Mitbestimmungsvereinbarung geschlossen wurde. Bei Vorliegen der Voraussetzungen hat das Gericht die Zielgesellschaft ins Register einzutragen und den Tag der Eintragung gemäß § 122l Abs. 3 UmwG von Amts wegen den Kontrollstellen der übertragenden Gesellschaften mitzuteilen.

---

781 Als Begründung wird angeführt, dass die Gesellschaften schon bei den Kontrollstellen ihres Heimatlandes die erforderlichen Unterlagen zu erbringen hatten und die Einhaltung der für sie geltenden Vorschriften in der Vorabbescheinigung der Kontrollstelle der Zielgesellschaft vorliegt, siehe die Begründung zum RefE (www.bmj.bund.de), 18.

782 *Bayer*, in Lutter, § 122l, Rn. 9; *Drinhausen*, in Semler/Stengel, § 122l, Rn. 7.

6. Schutz der Minderheitsgesellschafter in der RL

Der Minderheitenschutz ist das notwendige Gegengewicht zum Mehrheitsprinzip im Kapitalgesellschaftsrecht, in welchem die Mehrheit der Anteilsinhaber darüber entscheidet, was im Interesse aller Gesellschafter ist (also auch derjenigen, die anderer Meinung sind)[783]. Wichtig ist, dass der Minderheit ein Schutzinstrument in die Hand gegeben wird, mit welchem sie das Handeln der Mehrheit auf ihre Rechtmäßigkeit hin überprüfen kann (im UmwG die Anfechtungsklage)[784]. Es gilt, die jeweiligen Interessen bei allen Entscheidungen auszutarieren, um einen zufrieden stellenden Kompromiss zu erlangen. Das deutsche Umwandlungsrecht realisiert diese Balance neben dem umfassenden Informationssystem[785] durch einen allen zur Verfügung stehenden Vermögensschutz: Die der Umstrukturierung zustimmenden Gesellschafter können das Umtauschverhältnis ihrer Anteile überprüfen und durch bare Zuzahlungen nachbessern lassen (§15 UmwG) und die widersprechenden Gesellschafter haben bei einer Fusion auf eine fremde Rechtsform ein Austrittsrecht mit einer ebenfalls überprüfbaren Barabfindung (§§ 29, 34 UmwG). Im Gegenzug steht den Anteilseignern aufgrund dieser Schutzmöglichkeiten nicht die diesbezügliche Blockademöglichkeit der Anfechtungsklage offen (§§ 14 Abs. 2, 32 UmwG). Die Mehrheit kann also die Umstrukturierung durchsetzten, darf aber die Minderheit nicht übervorteilen.

Das Minderheitenschutz*system* der Richtlinie ist hauptsächlich in den Art. 4 Abs. 2 und Art. 10 Abs. 3 der RL zu finden. Art. 4 Abs. 2 S. 2 der RL ermächtigt die Mitgliedstaaten, besondere Schutzvorschriften für Minderheitsgesellschafter, die die grenzüberschreitende Verschmelzung abgelehnt haben, zu erlassen. Aus Art. 10 Abs. 3 der RL ergibt sich, dass der europäische Richtliniengeber dabei auch ein spezielles Verfahren zur Kontrolle und Veränderung des Umtauschverhältnisses oder zur Abfindung der Minderheitsgesellschafter im Auge hatte, welches aber nur Anwendung findet, wenn die Verschmelzungspartner, deren Heimatrecht ein solches Verfahren unbekannt ist, die Durchführung ausdrücklich akzeptieren[786]. Der europäische Richtliniengeber entschied sich damit bezüglich des Minderheitenschutzes für die gleiche Rechtslage wie bei

---

783 Zum Minderheitenschutz aus der rechtsethischen Perspektive siehe *Wiedemann*, ZGR 1980, 147, 155 ff. Zur Forderung nach dem Einstimmigkeitsprinzip bei grenzüberschreitenden Fusionen siehe *Ziegler*, 71 ff. m.w.N.

784 Vgl. nur *Bayer*, NJW 2000, 2607, 2616 f.

785 Siehe hierzu die Ausführungen auf S. 91.

786 *Bayer/Schmidt*, NJW 2006, 401, 405.

der SE, vgl. Art. 24 Abs. 2 und Art. 25 Abs. 3 SE-VO[787], und überlässt die Umsetzung des Schutzes überwiegend dem nationalen Gesetzgeber[788].

Darüber hinaus ist das Grundgerüst aber auch an anderen Stellen des Verfahrens von einem weitgehenden Minderheitenschutz geprägt. Genutzt wird dabei das Prinzip des Schutzes durch Information, ein vielschichtiges Informationssystem, welches für die 3. Richtlinie (VRL)[789] entwickelt wurde und schon in die SE-VO[790] Eingang gefunden hat[791]. Es geht darum, dass die Aktionäre die Letztentscheidungskompetenz über die Verschmelzung haben (Art. 9 der RL), welche sie durch ein umfangreiches Informationssystem fundiert wahrnehmen können. Denn die Aktionäre, also auch diejenigen, welche der Verschmelzung skeptisch gegenüber stehen, haben für ihre Entscheidung viel Materialzugang: den Verschmelzungsplan (Art. 6 der RL), in dessen Mindestinhalt unter anderem auch das Umtauschverhältnis gehört (Art. 5 der RL), den Bericht des Leitungs- oder Verwaltungsorgans über die rechtlichen und wirtschaftlichen Aspekte und die Auswirkungen der Verschmelzung und den Bericht eines unabhängigen Sachverständigen über die Angemessenheit des Umtauschangebots (Art. 7, 8 der RL). Die dadurch unterstützte "materiale Mitentscheidungsbefugnis"[792] der Gesellschafter kommt auch dem Minderheitengesellschafter zugute, da ein intensiver und detaillierter Diskurs ermöglicht wird. Einer möglicherweise reflexhaften Ablehnung der "exotischen" Fusion über die Grenze als große Unbekannte durch kleinere Gesellschafter kann dadurch vorgebeugt werden. Und die durch die ihnen zukommenden Unterlagen gut informierten ablehnenden Gesellschafter haben eine breitere Informationsbasis, um sich auf der Gesellschafterversammlung für ihre Position einzusetzen. Außerdem müssen die Gesellschaften gem. Art. 6 Abs. 2 lit. c der RL mit der Bekanntmachung des Verschmelzungsplans im amtlichen Mitteilungsblatt auch die Modalitäten für die Ausübung der Rechte der Minderheitsgesellschafter und eine Anschrift, bei welcher diesbezügliche Auskünfte eingeholt werden können, veröffentlichen.

Der deutsche Gesetzgeber hat mit den §§ 122 h und i UmwG das nationale System auch für die grenzüberschreitende Fusion übernommen,

---

787 *Bayer/Schmidt*, NJW 2006, 401, 405.

788 *Behrens*, 167 kritisiert, dass die RL keinen Regelungsauftrag an den Umsetzungsgesetzgeber beinhaltet, um die Minderheit durch bestimmte Mindestrechte vor dem Machtmissbrauch der Mehrheit zu schützen.

789 3. Richtlinie 78/855/EWG v. 9.10.1978, ABl. EG L-295 v. 20.10.1978, 36.

790 Verordnung (EG) Nr. 2157/2001 v. 8.10. 2001, ABl. EG L-294 v. 10.11.2001, 1.

791 Zu diesem Schutzsystem genauer oben auf S. 91; vgl. *Frenzel*, 311.

792 *Riesenhuber*, NZG 2004, 15, 19.

indem er auf der einen Seite die Möglichkeit statuiert hat, das Umtauschverhältnis zu kontrollieren und zu verbessern, und zum anderen den widersprechenden Gesellschaftern einen Abfindungsanspruch gibt. Beides ist im Spruchverfahren durchzusetzen und führt zu einem Ausschluss der Anfechtungsklage.

a) Richtlinie

(1) Minderheitenschutz nach Art. 4 Abs. 2 der RL[793]

Die Mitgliedstaaten sind laut Art. 4 Abs. 2 Satz 2 der RL berechtigt, Vorschriften zum Schutz der Minderheitsgesellschafter zu erlassen, welche die Verschmelzung "abgelehnt haben"[794]. Gleiches gilt grundsätzlich gemäß Art. 24 Abs. 2 SE-VO auch für die Europäische Aktiengesellschaft, aber anders als in der Richtlinie spricht die SE-VO von Minderheitsaktionären, "die sich gegen die Verschmelzung ausgesprochen haben". Es stellt sich die Frage, ob man angesichts des Wortlauts "abgelehnt" fordern muss, dass die Umsetzungsvorschriften nur Minderheiten schützen, welche ausdrücklich der Fusion widersprechen. Bejahte man das, dann würden die Vorschriften zur Kontrolle des Umtauschverhältnisses möglicherweise nicht unter diese Ermächtigung fallen, da es in diesen um diejenigen Gesellschafter geht, welche zwar der Fusion zustimmen, aber das Umtauschverhältnis für unangemessen halten.

Wie auch zur Parallelnorm der SE-VO ist aber nicht davon auszugehen, dass die Richtlinie an dieser Stelle so eng auszulegen ist. Vielmehr wird eine Ablehnung einzelner Punkte trotz Zustimmung zum großen und ganzen genügen[795]. Denn es kann wohl nicht im Sinne des europäischen Gesetzgebers gewesen sein, die Gesellschafter dazu zu verleiten, gegen die Fusion zu stimmen, um die Möglichkeit zur Aufbesserung des Um-

---

793 Zu Art. 4 Abs. 2 der RL siehe die Ausführungen auf S. 96.

794 Siehe auch *Nagel*, NZG 2006, 97 m.w.N.

795 *Bayer/Schmidt*, NJW 2006, 401, 405; *Bayer*, in Lutter, § 122h, Rn. 1; zur SE-VO: *Schwarz*, Art. 24 Rn. 17; *Scheifele*, 247; *Teichmann*, ZGR 2003, 367, 384 m.w.N; *Schmidt*, 225, welche in einem solchen Verhalten auch kein *venire contra factum proprium* sieht. Anders wohl der deutsche Umsetzungsgesetzgeber, der für die Kontrolle des Umtauschverhältnisses aufgrund des ablehnenden Wortlauts in Art. 4 der RL eher auf Art. 10 Abs. 3 der RL als Ermächtigungsgrundlage abstellte, siehe Begründung RegE, BR-Drs. 548/06, 33; ebenso *Neye/Timm*, DB 2006, 488, 491; *Drinhausen/Keinath*, BB 2006, 725, 731; *Forsthoff*, DStR 2006, 613, 614. *Frenzel*, 314 f. geht davon aus, dass Art. 4 Abs. S. 2 der RL als Rechtsgrundlage nur für die opponierenden Gesellschafter gedacht war, für die Verbesserung des Umtauschverhältnisses allerdings Art. 10 Abs. 3 der RL ohnehin einschlägig ist.

tauschverhältnisses zu erlangen[796]. Außerdem hat der Gesetzgeber gerade nicht *widersprechende* oder *dagegen stimmende* Gesellschafter vorausgesetzt, sondern *ablehnende*[797]. Auch die unterschiedlichen Begrifflichkeiten in Richtlinie (ablehnen) und SE-VO (sich dagegen aussprechen) führen zu keinem anderen Ergebnis, zumal in der englischen und französischen Sprachfassung jeweils der gleiche Wortlaut gewählt wurde ("oppose" bzw. "se prononcer").

Es genügt, wenn der betreffende Anteilsinhaber deutlich macht, dass er mit dem Umtauschverhältnis der Verschmelzung nicht einverstanden ist, indem er das Spruchverfahren einleitet oder sich dessen Ergebnis nachträglich zu eigen macht[798].

(2) Spruchverfahren

In Art. 10 Abs. 3 der RL ist ein Kompromiss zum in Deutschland und Österreich bekannten Spruchverfahren aufgenommen worden. Die Regelung ist erst auf Anraten des Europäischen Parlaments in die Richtlinie eingefügt worden[799] und wurde gegenüber der Vorbildnorm Art. 25 Abs. 3 SE-VO größtenteils lediglich redaktionell und aufgrund der Erweiterung auf die GmbH geändert[800]. Das Spruchverfahren richtet sich in Deutschland nach dem Spruchverfahrensgesetz und ist ein gerichtliches Verfahren, welches u.a. den Anteilsinhabern der übertragenden Gesellschaft die Möglichkeit bietet, etwaige Zuzahlungen und Barabfindungen überprüfen zu lassen (§ 1 Nr. 4 SpruchG).

Der gefundene Kompromiss sieht so aus, dass das Spruchverfahren nach Art. 10 Abs. 3 S. 1 der RL nur zur Anwendung kommt, wenn entweder die Mitgliedstaaten der anderen Gesellschaften ein solches kennen, oder die Gesellschaften, deren Heimatrecht das Spruchverfahren unbekannt

---

796 So *Bayer*, in Lutter, § 122h, Rn 18; zur SE *Schwarz*, Art. 24 Rn. 17. Auch § 15 UmwG fordert keinen Widerspruch, um eine Blockademöglichkeit der Fusion zu verhindern.

797 Ebenso *Schwarz*, Art. 24 Rn. 17 und *Teichmann*, ZGR 2003, 367, 384 (zur SE).

798 *Bayer*, in Lutter, § 122h, Rn 18.

799 Vgl. den Bericht des Rechtsausschusses v. 25.4.2005, Dok. A6-89/2005, 24 f. (Berichterstatter Klaus-Heiner Lehne). Die Norm wurde auf Wunsch der deutschen und österreichischen Delegationen eingeführt, nachdem sie im Richtlinienvorschlag von 2003 nicht enthalten war. Siehe hierzu *Maul/Teichmann/Wenz*, BB 2003, 2633, 2639. Die anderen Mitgliedsstaaten, denen dieses Verfahren unbekannt war, haben es akzeptiert, waren aber nicht bereit, es für ihre eigenen Gesellschafter zu etablieren, vgl. *Neye*, ZIP 2005, 1893, 1897.

800 Weder die 3. Richtlinie, noch der Richtlinienentwurf von 1985 kannte ein solches Verfahren.

ist, bei der Zustimmung zum Verschmelzungsplan das Verfahren ausdrücklich akzeptieren (Zustimmungsvorbehalt)[801]. Das von den Gesellschaftern einer übertragenden Gesellschaft angestrebte Verfahren kann dann gemäß Art. 10 Abs. 3 S. 1 der RL bei dem für die Gesellschaft zuständigen Gericht beantragt werden[802]. Ist das der Fall, kann die Kontrollstelle die Vorabbescheinigung zwar trotz des anhängigen Verfahrens ausstellen (S. 2), muss dieses aber in der Bescheinigung ausdrücklich aufführen (S. 3). Ist ein Spruchverfahren durchgeführt worden, so ist die darin ergangene Entscheidung gemäß Art. 10 Abs. 3 S. 4 der RL für die Zielgesellschaft und ihre Gesellschafter bindend.

Dieser Kompromiss, der es den ausländischen Verschmelzungspartnern ermöglicht, das ihnen unbekannte Spruchverfahren durch die Verweigerung der Zustimmung zu blockieren, wurde in der Literatur vielfach kritisiert. Der Zustimmungsvorbehalt würde zu einer faktischen Sperre[803] des Spruchverfahrens für grenzüberschreitende Fusionen führen (mit Ausnahme der Fusion von deutschen und österreichischen Gesellschaften)[804]. Dadurch würde wiederum das "Damoklesschwert" [805] der Anfechtungsklage über einer solchen Verschmelzung hängen, was deren Erfolgsaussichten erheblich schmälern würde.

Art. 10 Abs. 3 der RL gibt nicht ausdrücklich eine Mehrheit vor, mit der der Zustimmungsvorbehalt beschlussfähig ist. Wie in Art. 25 Abs. 3 SE-VO heißt es auch in Art. 10 Abs. 3 der RL, dass die ausländischen Verschmelzungspartner, welche ein solches Verfahren nicht kennen, das (Spruch-) Verfahren "bei der Zustimmung zum Verschmelzungsplan (...)

---

801 Liegen die Voraussetzungen für die Anwendung des Spruchverfahrens nicht vor, dann sollte der Ausschluss der Anfechtungsklage nach §§ 14 Abs. 2, 32, 34 UmwG nicht möglich sein, vgl. *Drinhausen/Keinath*, RIW 2006, 81, 85. Ebenso für die SE *Schwarz*, Art. 25, Rn. 31. Auch *Teichmann*, ZGR 2002, 383, 428 betont, dass die §§ 14 Abs. 2, 32 UmwG "implizit das Korrelat des Spruchverfahrens" voraussetzen. Die Möglichkeit, die Klage auszuschließen, sei nur sachgerecht unter der Voraussetzung, dass die Anteilseigner durch das Spruchverfahren ausreichend Schutz genießen, vgl. *Marsch-Barner*, in Kallmeyer, § 14, Rn. 12. Dieser Meinung war offensichtlich auch der deutsche Gesetzgeber, der in § 122 h Abs. 1 UmwG eine Regelung eingeführt hat, die eben dieses regelt.

802 Siehe zu dem Problemkreis der Internationalen Zuständigkeit im Spruchverfahren den Aufsatz von *Nießen*, NZG 2006, 441 ff.

803 Vgl. nur *Teichmann*, ZGR 2003, 383, 428; *derselbe*, ZGR 2003, 367, 385; *Schwarz*, Art. 25, Rn. 30; *Schmidt*, 227 m.w.N. Siehe zu der Frage, ob mit der Zustimmung der ausländischen Gesellschafter zu rechnen ist, v.a. den Aufsatz von *Vetter*, AG 2006, 613, 621 ff.

804 Siehe hierzu S. 186.

805 So *Teichmann*, ZGR 2002, 383, 428.

ausdrücklich akzeptieren". Es ist aber davon auszugehen, dass für den Zustimmungsvorbehalt das gleiche Mehrheitserfordernis gelten soll wie für die Zustimmung des Plans[806].

Zwar regelt der Wortlaut nicht eindeutig eine Koppelung der Mehrheitserfordernisse von Verschmelzungsplan und Zustimmungsbeschluss zur Durchführung eines Spruchverfahrens[807], weshalb manche Autoren der Ansicht sind, dass es nur um eine Entscheidung über die Zustimmung *bei der Gelegenheit* geht, der ausländische Verschmelzungspartner den Zustimmungsvorbehalt also lediglich auf die Tagesordnung der Gesellschafterversammlung setzten müsste, wo über die Fusion entschieden werden soll[808]. Die Mehrheit, welcher ein solcher Vorbehalt bedarf, würde dann nach der Vereinigungstheorie[809] das Heimatrecht des ausländischen Verschmelzungspartners [810] bestimmen, da an diesem Verfahrenspunkt die Gesellschafter für sich entscheiden müssen, ob sie das ihnen fremde Spruchverfahren akzeptieren. Ein Zusammenwirken ist nicht erforderlich.

Für eine Koppelung der Mehrheitserfordernisse spricht allerdings, dass hinsichtlich der Verschmelzungen von Aktiengesellschaften aufgrund von Art. 7 Abs. 1 der VRL zwingend eine qualifizierte Mehrheit vorgesehen ist[811]. Gleiches gilt nach den nationalen Rechtsordnungen auch überwiegend für sonstige Verschmelzungen[812]. Es wäre nicht sachgerecht, wenn angesichts des großen finanziellen Risikos, welches eine Abänderung des Umtauschverhältnisses mit sich bringen würde, bei der Frage der Durchführung des Spruchverfahrens eine einfache Mehrheit genügen würde[813].

---

806 *Bayer*, in Lutter, § 122h, Rn. 12; Heckschen, in Widmann/Mayer, § 122h, Rn. 46; zur SE bereits *Bayer*, in Lutter/Hommelhoff, SE-Komm, Art. 25, Rn. 22.

807 *Bayer*, in Lutter, § 122h, Rn. 12 führt aus, dass der europäische Gesetzgeber eine andere Formulierung gewählt hätte, wenn er keine Koppelung beabsichtigt hätte.

808 So zur SE *Schwarz*, Art. 25, Rn. 29.

809 Siehe zur Vereinigungstheorie S. 97.

810 *Drinhausen*, in Semler/Stengel, § 122h, Rn. 6; nach *Schwarz*, Art. 25, Rn. 29 genügt hingegen grundsätzlich die einfache Stimmenmehrheit.

811 *Bayer*, in Lutter, § 122h, Rn. 12.

812 *Bayer*, in Lutter, § 122h, Rn. 12 und zu den Mehrheitserfordernissen für deutsche Gesellschaften unter § 122g, Rn. 20 ff.

813 *Bayer*, in Lutter, § 122h, Rn. 12; zur SE bereits *ders.*, in Luter/Hommelhoff, Art. 25, Rn. 22.

(3) Zuständigkeit der deutschen Gerichte

Da das Spruchverfahren vielen Rechtsordnungen fremd ist, besteht ein besonderes Bedürfnis, dass deutsche Gerichte mit dem Verfahren betraut werden [814]. Ausländischen Gerichten ein ihnen völlig unbekanntes Spruchverfahren zur Prüfung aufzutragen, erscheint auf den ersten Blick nicht als Ideallösung. Zwar ist dem IPR immanent, dass Gerichte sich von Zeit zu Zeit mit ihnen unbekannten Rechtslösungen der anzuwendenden ausländischen Rechtsordnungen auseinander setzten müssen[815].

Wäre deutsches internationales Zivilverfahrensrecht anwendbar, dann würde § 2 SpruchG das Landgericht am Sitz der (übertragenden) Gesellschaft, dessen Anteilsinhaber für das Spruchverfahren antragsberechtigt sind, auch international für zuständig erklären (sog. Doppelfunktionalität der Zuständigkeitsregeln)[816]. Innerhalb der Mitgliedstaaten der EU ist aber die Verordnung über die gerichtliche Zuständigkeit und die Anerkennung und Vollstreckung von Entscheidungen in Zivil- und Handelssachen (EuGVO)[817] vorrangig anwendbar. Der sachliche Anwendungsbereich der EuGVO umfasst auch kontradiktorische Verfahren der freiwilligen Gerichtsbarkeit[818]. Nach den Regelungen der EuGVO käme man zu einer Zuständigkeit der deutschen Gerichte wohl nur über die besondere Zuständigkeitsregel von Art. 5 Nr. 1 lit. a EuGVO. Einige Stimmen in der Literatur wollen aber Art. 22 Nr. 2 EuGVO auch auf das Spruchverfahren anwenden und kommen auf diesem Wege zu einer ausschließlichen Zuständigkeit der deutschen Gerichte[819].

Um sich über diese Problematik hinwegzuhelfen, könnte man überlegen, ob die Formulierung "bei dem Gericht, das für diese Gesellschaft zuständig ist" (Art. 10 Abs. 3 S. 1 der RL) eine besondere Zuständigkeitsregel neben der EuGVO enthalten sollte, nämlich dass das Gericht am Sitz der Gesellschaft für das von deren Gesellschaftern gewünschte Spruchverfahren zuständig wäre. Die Zuständigkeitsregel wäre gemäß Art. 67

---

814 *Nießen*, NZG 2006, 441.

815 Müssen deutsche Gerichte ausländisches Recht auf einen internationalen Sachverhalt anwenden, dann ist den Richtern verwehrt, die dort getroffenen Regelungen am deutschen Recht zu messen. Es verbleibt einzig eine Prüfung, ob das konkrete Ergebnis der Rechtsanwendung gegen den ordre public verstößt, also gegen

816 *Nießen*, NZG 2006, 441; zur Doppelfunktionalität siehe *Geimer*, Rn. 943 ff.

817 Verordnung Nr. 44/2001 v. 22.12.2000.

818 *Wasmann*, in Kölner Kommentar, § 2 SpruchG, Rn. 21; *Frenzel*, 321 f.

819 *Wasmann*, in Kölner Kommentar, § 2 SpruchG, Rn. 21; *Meilicke* NZG 2004, 547, 551;a.A. *Nießen*, NZG 2006, 441, 443 f. m.w.N. und einer guten Darstellung des Streitstandes. Siehe ausführlich zu dem Streit auf S. 190ff

EuGVO auch als umgesetzte innerstaatliche Norm neben der EuGVO anwendbar.

Art. 10 Abs. 3 der RL regelt, dass die Anteilsinhaber der übertragenden Gesellschaft unter bestimmten Voraussetzungen ein Verfahren zur Kontrolle oder Änderung des Umtauschverhältnisses oder zur Abfindung von Minderheitsgesellschaftern "bei dem Gericht, das für diese Gesellschaft zuständig ist" beantragen können. Es wird also gerade nicht gesagt, welches Gericht für die übertragende Gesellschaft zuständig ist, sondern vorausgesetzt, dass das zuständige Gericht schon anderweitig (vor allem über die EuGVO) ermittelt wurde. Man kann daher in der Norm keine Zuständigkeitsregelung sehen, sondern muss weiterhin den Weg über die EuGVO gehen[820].

Einige Stimmen in der Literatur sehen in der für die Europäische Aktiengesellschaft geltenden Parallelregelung zu Art. 10 Abs. 3 S. 4 der RL (Art. 25 Abs. 3 S. 4 SE-VO) eine international-zivilprozessuale Zuständigkeitsregelung, allerdings nur für die Konstellation, in der das (dem ausländischen Recht unbekannte) Spruchverfahren lediglich aufgrund eines Zustimmungsbeschlusses der ausländischen Gesellschaft Anwendung findet[821]. Gleiches wird nun auch bezüglich Art. 10 Abs. 3 S. 1 und 4 der RL vertreten. Argumentiert wird damit, dass der Zustimmungsbeschluss für eine Durchführung des Spruchverfahrens eine Bindungswirkung gegenüber der Zielgesellschaft und ihrer Anteilsinhaber entfaltet, aus welcher sich zugleich auch die internationale Zuständigkeit für inländische Gerichte ergibt[822]. Art. 10 Abs. 3 der RL sei insofern mit seiner Regelung zur internationalen Zuständigkeit in dem Fall lex specialis zur EuGVO[823].

Der von den Vertretern dieser Ansicht herangezogenen Norm ist kein solcher Inhalt zu entnehmen, insbesondere wollte der Europäische Gesetzgeber damit keine internationale Zuständigkeitsnorm neben der EuGVO regeln. Art. 10 Abs. 3 der RL legt fest, dass die Anteilsinhaber bei

---

820 Im Ergebnis ebenso *Beutel*, 269.

821 *Bayer*, in Lutter/Hommelhoff, SE-Komm, Art. 24, Rn. 39; *Schäfer*, in MüKo, AktG, Art. 20 SE-VO, Rn. 33, Art. 24 SE-VO, Rn. 15; *Hügel*, in Kalss/Hügel, §§ 21, 22 SEG, Rn. 25 (für Österreich).

822 So *Bayer*, in Lutter, § 122h, Rn. 21; *Drinhausen*, in Semler/Stengel, § 122h, Rn. 8; im Ergebnis auch *Müller*, Der Konzern 2007, 81, 84; vgl. *Beutel*, 268 f; Für österreichische übertragende Gesellschaften gehen *Kaufmann*, in Frotz/Kaufmann, § 12 EU-VerschG, Rn. 12 für die gerichtliche Überprüfung des Umtauschverhältnisses von einer "Unterwerfung" der ausländischen zustimmenden Gesellschaft unter die österreichische Zuständigkeit aus.

823 *Bayer*, in Lutter, § 122h, Fn. 49.

der Zustimmung zur Durchführung des Spruchverfahrens akzeptieren müssen, dass die Anteilsinhaber des Rechtsträgers, dessen Heimatrecht ein Spruchverfahren vorsieht, "ein solches Verfahren bei dem Gericht, das für diese Gesellschaft zuständig ist, beantragen können". Der Europäische Gesetzgeber wollte den Gesellschaften, dessen Gesellschaftsstatut das Spruchverfahren unbekannt ist, die Möglichkeit geben, dem Verfahren zuzustimmen, und ging davon aus, dass diese Zustimmung dann auch eine Vereinbarung über die internationale Zuständigkeit am Sitz der übertragenden Gesellschaft enthalten würde. Aus der Bindungswirkung des Zustimmungsbeschlusses allein ist keine internationale Zuständigkeit zu subtrahieren.

Einzig wäre es möglich, den Zustimmungsbeschluss als einen Antrag auf den Abschluss einer Gerichtsstandsvereinbarung gem. Art. 23 EuGVO mit den Abfindungsberechtigten der übertragenden Gesellschaft zu interpretieren[824], an den auch die Zielgesellschaft aufgrund der Universalsukzession gem. Art. 14 der RL (bzw. § 20 Abs. 1 Nr. 1 UmwG) gebunden sei[825]. Die Handlungen und Willenserklärungen der Gesellschaften sind dahingehend auszulegen, ob eine Vereinbarung über die internationale Zuständigkeit deutscher Gerichte enthalten sein sollte.

Gemäß dem Wortlaut des Art. 10 Abs. 3 der RL kann das Spruchverfahren bei dem *Gericht, das für die Gesellschaft*, dessen Heimatrecht das Spruchverfahren kennt, *zuständig ist*, beantragt werden, wenn die andere Gesellschaft zustimmt. Daher ist in der Regel davon auszugehen, dass der Zustimmungsbeschluss auch die internationale Zuständigkeit am Sitz der übertragenden Gesellschaft umfassen sollte.

Frenzel sieht bereits in dem Zustimmungsbeschluss eine Gerichtsstandsvereinbarung, da seiner Ansicht nach die Zustimmung zur Durchführung des Spruchverfahrens mit einer Zustimmung zu einer Satzung gleichzusetzen wäre[826]. Der EuGH legt den Terminus Vereinbarung in Art. 23 EuGVO autonom aus. Eine Vereinbarung bestünde nicht nur bei vertraglich begründeten Verpflichtungen, sondern auch, wenn eine enge Bindung aufgrund der Vereinbarung zwischen den Parteien besteht oder

---

824 *Oechsler*, NZG 2006, 161, 164 f, welcher die Berufung der übertragenden Gesellschafter auf § 15 Abs. 1 HGB für wenig hilfreich hält, da diese letztlich im Verschmelzungsplan über den Zeitpunkt der Wirksamkeit informiert werden (Art. 5 lit. f der RL); *Frenzel*, 323 ff.

825 Vgl. auch *Frenzel*, 326.

826 So *Frenzel*, 324.

begründet wurde, wie das bei einer Satzung der Fall ist[827]. Die Gerichtsstandsvereinbarung in der vom EuGH entschiedenen Rechtssache Powell Duffryn bestand allerdings für die Ansprüche der Gesellschafter gegen ihre eigene Gesellschaft oder gegen andere Anteilsinhaber der eigenen Gesellschaft[828]. Es ist fraglich, wie die Gerichtsstandsvereinbarung auch im Verhältnis zu den Anteilsinhabern der übertragenden deutschen Gesellschaft wirken kann[829]. Daher wäre es den einen Minderheitenschutz begehrenden Gesellschaftern der deutschen übertragenden Gesellschaft zu raten, den Zustimmungsbeschluss der Gesellschafter der ausländischen Gesellschaft als Antrag auf eine Gerichtsstandsvereinbarung einzustufen, und diesen schriftlich oder konkludent (durch Klage vor einem deutschen Gericht) mit schriftlicher Bestätigung gem. Art. 23 Abs. 1 S. 3 lit. a EuGVO anzunehmen[830].

b) Umsetzung des Minderheitenschutzes

Die zentralen Umsetzungsnormen des Minderheitenschutzes findet man in den §§ 122h und i UmwG, welche der Systematik der §§ 6, 7 SEAG folgen[831] und den allgemeinen Verweis in § 122a Abs. 2 UmwG ergänzen. § 122h UmwG regelt die Voraussetzungen, wann – auf Wunsch der deutschen (§ 122h Abs. 1 UmwG) oder ausländischen Gesellschafter (§ 122h Abs. 2 UmwG) – ein Spruchverfahren zur Kontrolle und Änderung des Umtauschverhältnisses nach § 15 UmwG zur Anwendung gelangen kann. Demgegenüber normiert § 122i UmwG die Voraussetzungen für die Anwendbarkeit des Spruchverfahrens zur Prüfung der Abfindung, und dass widersprechenden Gesellschaftern im Verschmelzungsplan ein Abfindungsangebot zu machen ist, wenn die Zielgesellschaft nicht deutschem Recht unterliegt.

(1) Kontrolle des Umtauschverhältnisses (§ 122h UmwG)

Das deutsche Verschmelzungsrecht bietet Minderheiten, welche mit dem Umtauschverhältnis nicht zufrieden sind, die Möglichkeit, das Verhältnis

---

827 EuGH v. 10.03.1992 (Powel Duffryn plc/Petereit) – C-214/89 , Slg. 1992, I 1745, Rn. 17.

828 EuGH v. 10.03.1992 (Powel Duffryn plc/Petereit) – C-214/89 , Slg. 1992, I 1745, Rn. 16.

829 Der Verschmelzungspan ist ein reiner Organisationsakt, der weder schuldrechtliche Verpflichtungen zwischen den Gesellschaften begründet noch dingliche Wirkungen entfaltet.

830 Zu der hinreichenden Bestimmtheit der Gerichtsstandsvereinbarung siehe richtigerweise *Frenzel*, 325.

831 *Bayer/Schmidt*, NZG 2006, 841, 843; *Müller*, NZG 2006, 286, 289.

in einem Spruchverfahren kontrollieren und eventuell verbessern zu lassen, siehe § 15 UmwG. Diesen Minderheiten ist dafür aber der Weg der Anfechtungsklage gemäß § 14 Abs. 2 UmwG verschlossen. Die Klagemöglichkeit beinhaltet ein erhebliches Erpressungspotential für sog. "professionelle Aktionäre", da jeder Anteileigner die Durchführung einer Strukturmaßnahme torpedieren kann, die auf einen Gesellschafterbeschluss beruht[832]. Das Spruchverfahren ist im deutschen Recht eine wichtige Ausweichmöglichkeit, um die Anfechtungsklage bezüglich eines zu niedrig bemessenen Umtauschverhältnisses auszuschließen. Eine Entscheidung, die im Spruchverfahren ergeht, bindet gem. § 13 SpruchG auch diejenigen Anteilsinhaber, welche nicht direkt am Verfahren selbst beteiligt waren (inter-omnes-Wirkung). Diese Wirkung entfaltet das Spruchverfahren auch bei grenzüberschreitenden Verschmelzungen, da eine umfassende Bindung an das Verfahren sich schon aus Art. 10 Abs. 3 der RL ergibt[833].

§ 122h UmwG regelt, wann das Spruchverfahren zur Kontrolle des Umtauschverhältnisses bei einer grenzüberschreitenden Verschmelzung Anwendung finden kann. Die Anteilsinhaber der deutschen übertragenden Gesellschaft können gemäß § 122h Abs. 1 UmwG ein solches Spruchverfahren erfolgreich anstreben, wenn entweder das Heimatrecht des Verschmelzungspartners ebenfalls ein solches vorsieht oder dessen Gesellschafter der Durchführung im Verschmelzungsbeschluss ausdrücklich zustimmen. Diese Regelung entspricht § 6 SEAG und stützt sich entweder auf Art. 4 Abs. 2 S. 2 der RL[834] oder zumindest auf Art. 10 Abs. 3 der RL als Ermächtigungsgrundlage, wenn man der Meinung ist, dass Art. 4 Abs. 2 S. 2 der RL aufgrund seines Bezugs auf die ablehnenden Gesellschafter nicht als passend erscheint[835].

Leider hat der Gesetzgeber es versäumt, eine dem § 6 Abs. 3 S. 1 SEAG vergleichbare Regelung zu treffen. Die bare Zuzahlung ist nämlich nach § 15 Abs. 2 S. 1 UmwG mit jährlich 2 Prozentpunkten über dem jeweiligen Basiszinssatz zu verzinsen. Der dort festgelegte Beginn der Verzinsungspflicht ("Bekanntmachung nach § 19 Abs. 3 UmwG") ist aber für die grenzüberschreitende Verschmelzung untauglich, da sich die Bekanntgabe und Eintragung dieses Vorgangs nach dem Recht des Ziel-

---

832 *Beutel*, 262.

833 *Bayer*, in Lutter, § 122h, Rn. 24; *Frenzel*, 334 f.

834 Siehe S. 176.

835 Vgl. die Begründung RegE, BR-Drs. 548/06, 33; *Neye/Timm*, DB 2006, 488, 491; *Drinhausen/Keinath*, BB 2006, 725, 731; *Forsthoff*, DStR 2006, 613, 614; *Müller*, Der Konzern 2007, 81, 83; *Frenzel*, 314 f.

staats richtet. Der Zinsbeginn ist damit im Fall einer grenzüberschreitenden Verschmelzung nicht geregelt, was offensichtlich eine planwidrige Regelungslücke darstellt. § 6 Abs. 3 S. 1 SEAG ist daher analog anzuwenden, indem für den Beginn der Verzinsungspflicht der Ablauf des Tages maßgeblich ist, an dem die Fusion nach dem auf die Zielgesellschaft anwendbaren Recht eingetragen und bekannt gemacht worden ist[836].

Das Problem an der einem Kompromiss entsprungenen Regelung des § 122h UmwG ist, dass in wenigen Mitgliedsstaaten ein Verfahren wie das Spruchverfahren überhaupt bekannt ist. Bei Fusionen mit Gesellschaften aus Mitgliedstaaten, denen es unbekannt ist, sind die deutschen Gesellschafter, die ein Spruchverfahren anstreben, von der Zustimmung des ausländischen Partners abhängig. Viele Autoren bezweifeln, dass der benötigte Zustimmungsbeschluss der ausländischen Gesellschafter keine Ausnahme bleibt, da das Spruchverfahren nicht nur fremd ist, sondern in den Augen der ausländischen Gesellschafter auch lediglich Nachteile oder zumindest keine Vorteile brächte[837]. Das Spruchverfahren würde bei grenzüberschreitenden Verschmelzungen in der Regel daher nicht durchführbar sein, die Fusionen unter dem Risiko der Anfechtungsklage leiden und die Regelung in Art. 10 Abs. 3 der RL somit faktisch ins Leere laufen[838].

(a) Ausländisches Recht kennt Spruchverfahren

(i) Deutsche übertragende Gesellschaft

a. Regelung des § 122h Abs. 1 UmwG

Wie schon festgestellt, regelt § 122h Abs. 1 UmwG, dass für den Fall, dass auch das Heimatrecht des ausländischen Verschmelzungspartners ein Spruchverfahren kennt, in Übereinstimmung mit den Anforderungen des Art. 10 Abs. 3 der RL ein Anerkennungsvorbehalt für die Durchführung des Spruchverfahrens nicht vorausgesetzt wird. Denn § 122h Abs. 1 UmwG verweist bei diesen Konstellationen, wenn die übertragende Gesellschaft eine deutsche ist, auf die §§ 14 Abs. 2, 15 UmwG[839].

---

836 *Bayer*, in Lutter, § 122h, Rn 19.

837 *Bayer/Schmidt*, NJW 2006, 401, 406; *dieselben*, NZG 2006, 841, 844; außerdem *Behrens*, 162 f; zur SE schon *Scheifele*, 245; siehe hierzu die Ausführungen auf S. 210 ff.

838 *Bayer/Schmidt*, NJW 2006, 401, 406; *Oechsler*, NZG 2006, 161, 164; *Kiem*, WM 2006, 1091, 1097; zur SE schon Schmidt, 227; Schwarz, Art. 25, Rn. 30; Scheifele, 243 f. Die meisten sprechen von einer *faktischen Sperre* des Spruchverfahrens.

839 Auch hier weist der Verweis darauf hin, dass zwischen der Möglichkeit des Spruchverfahrens und dem Ausschluss der Anfechtungsklage ein untrennbarer

Ohne Zustimmungsvorbehalt wäre das Spruchverfahren momentan zumindest bei einer Verschmelzung von deutschen und österreichischen Gesellschaften anwendbar. Bereits vor Erlass der 10. Richtlinie sah das österreichische Recht in § 255c öAktG ein Verfahren vor, in welchem das Umtauschverhältnis überprüft werden konnte (§ 255c Abs. 2 öAktG) – unter gleichzeitigem Ausschluss der Anfechtungsklage (§ 255b öAktG)[840]. Den gesellschaftsrechtlichen Teil der Richtlinie zur grenzüberschreitenden Verschmelzung setzte der österreichische Gesetzgeber in Gestalt des EU-VerschG um[841]. Er hat dabei gesonderte Vorschriften für das Barabfindungsangebot (§ 10 EU-VerschG), die gerichtliche Überprüfung der Barabfindung (§ 11 EU-VerschG) und des Umtauschverhältnisses (§ 12 EU-VerschG) im Falle einer grenzüberschreitenden Verschmelzung aufgenommen[842].

Es stellt sich aufgrund der in der Richtlinie gewählten Formulierung "vorsehen" die Frage, welche Anforderungen an das ausländische Verfahren zu stellen sind. Man müsste wohl verlangen, dass die ausländische Rechtsordnung ein dem Spruchverfahren vergleichbares Verfahren nicht nur grundsätzlich kennen sollte, sondern dieses Verfahren darüber hinaus auch im konkreten Fall der grenzüberschreitenden Verschmelzung statthaft sein muss[843].

Bei einer grenzüberschreitenden Verschmelzung können Gesellschafter einer übertragenden österreichischen Gesellschaft gem. § 10 EU-VerschG gegen eine Barabfindung aus der Gesellschaft austreten, wenn sie gegen den Verschmelzungsbeschluss Widerspruch zur Niederschrift erklärt haben und vom Zeitpunkt der Beschlussfassung an bis zur Geltendmachung des Austrittsrechts Gesellschafter waren. Sie können außerdem gem. § 11 EU-VerschG das Barabfindungsangebot vor Gericht überprüfen

---

Zusammenhang besteht. So schon *Schmidt*, 222 zur Parallelregelung für die SE (§ 6 SEAG) und ebenso im nationalen Recht.

840 Begründung zum RegE, BR-Drs. 548/06, 34; mehr zu einer dt.-österreichischen Fusion *Koppensteiner*, Der Konzern 2006, 40, 46. Laut *Simon/Rubner*, Institute for Law and Finance 11/2006, Nr. 53, 1, 16 sieht auch das portugiesische Recht ein vergleichbares Verfahren vor.

841 Bundesgesetz über die grenzüberschreitende Verschmelzung von Kapitalgesellschaften in der Europäischen Union (EU-Verschmelzungsgesetz – EU-VerschG), BGBl I 2007/72.

842 Vgl. *Kaufmann*, in Frotz/Kaufmann, § 10 EU-VerschG, Rn. 1 ff, § 11 EU-VerschG, Rn. 1 ff.

843 So *Simon/Rubner*, Institute for Law and Finance 11/2006, Nr. 53, 1, 13; ebenso *Bayer*, in Lutter, § 122h, Rn. 10; *Beutel*, 265; *Kaufmann*, in Frotz/Kaufmann, § 12 EU-VerschG, Rn. 6, Fn. 6.

lassen, wenn sie binnen eines Monats nach dem Verschmelzungsbeschluss einen Antrag bei Gericht auf Überprüfung und Neufestlegung der Barabfindung stellen. § 12 EU-VerschG sieht vor, dass der Regelfall der Anfechtungsklage gegen den Verschmelzungsbeschluss dem Verfahren auf die Überprüfung des Umtauschverhältnisses weicht, wenn die Gesellschafter des ausländischen Verschmelzungspartners der Durchführung des Verfahrens zustimmen. Nicht geregelt ist der Fall, dass das Recht des ausländischen Verschmelzungspartners ebenfalls ein solches Verfahren kennt. In dem Fall ist aber davon auszugehen, dass das Erfordernis einer Unterwerfungserklärung entfällt[844].

Wird darüber hinaus eine Vergleichbarkeit der Verfahren vorausgesetzt? § 122h Abs. 1 UmwG verlangt lediglich, dass das ausländische Recht ein *Verfahren zur Kontrolle und Änderung des Umtauschverhältnisses* der Anteile vorsieht. Zur näheren Ausgestaltung werden keine Angaben gemacht. Ob das eine Entscheidung für die grundsätzlich vorauszusetzende Gleichwertigkeit der Europäischen Rechtsordnungen sein sollte, oder ob man hier noch spezielle Mindeststandards für eine Vergleichbarkeit der Verfahren verlangen kann, ist nicht klar. In § 122h Abs. 1 UmwG geht es aber zunächst nur darum festzustellen, wann das Spruchverfahren gemäß § 15 UmwG Anwendung finden kann. An diesem Punkt Mindeststandards für das ausländische Verfahren festzulegen, erscheint als über das Ziel hinaus laufend.

Im Falle einer Verschmelzung von deutschen und österreichischen Gesellschaften stellt sich *Müller* die Folgefrage, welchem Recht der über das Spruchverfahren zu ermittelnde Nachbesserungsanspruch unterliegt. § 122h Abs. 1 UmwG verweist in dem Fall, dass beide Rechtsordnungen das Spruchverfahren kennen, auf die §§ 14 Abs. 2, 15 UmwG. Dass die Anfechtungsklage in dem Fall ausgeschlossen sein sollte, in welchem auch das ausländische Recht ein adäquates Verfahren zur Kontrolle des Umtauschverhältnisses bereithält, ist verständlich (§ 14 Abs. 2 UmwG)[845]. Aber ist grundsätzlich deutsches Recht anwendbar (§ 15 UmwG) oder ist das für den materiell-rechtlichen Anspruch maßgebliche Heimatrecht über die Vereinigungstheorie zu ermitteln[846]? Der österreichische Umsetzungskatalog hält sich bei dieser Frage zurück, indem er in § 13 EU-VerschG (Entwurf) keinen Verweis für den Fall bereithält, dass das Heimatrecht des Fusionspartners auch ein Spruchverfahren kennt. § 13

844 *Kaufmann*, in Frotz/Kaufmann, § 12 EU-VerschG, Rn. 6 m.w.N.

845 *Müller*, Der Konzern 2007, 81, 85.

846 Diese Frage wirft *Müller*, Der Konzern 2007, 81, 85 auf. Zur Vereinigungstheorie siehe S. 97.

EU-VerschG (Entwurf) regelt explizit die für die hier aufgeworfene Frage irrelevante Konstellation, dass das ausländische Recht ein solches Verfahren nicht kennt, aber zustimmt.

Man kann aber davon ausgehen, dass der Verweis in § 122h Abs. 1 UmwG auf §§ 14 Abs. 2, 15 UmwG keine Privilegierung des deutschen Spruchverfahrens bedeuten sollte. Vielmehr sollte die in Art. 10 Abs. 3 der RL festgelegte Voraussetzung für eine (potentielle) Anwendbarkeit des Spruchverfahrens umgesetzt werden. Ob dann die deutschen Regelungen oder die des Heimatrechts des ausländischen Verschmelzungspartners für den zu ermittelnden Nachbesserungsanspruch gelten, ist erst in einem zweiten Schritt über das IPR festzustellen und war nicht Regelungsinhalt des § 122h Abs. 1 UmwG. Wie an anderer Stelle festgestellt wird, kommt man über die Vereinigungstheorie zu dem Ergebnis, dass für den Nachbesserungsanspruch das Heimatrecht der Gesellschaft Anwendung findet, welcher die den Anspruch geltend machenden Minderheitsgesellschafter angehören[847].

b. Internationale Zuständigkeit

Eine internationale Zuständigkeit der deutschen Gerichte zu ermitteln, ist insbesondere aus der Sicht der ein Spruchverfahren anstrebenden deutschen Aktionäre von großer Bedeutung. Denn sowohl unter Kosten- als auch unter psychologischen Gesichtspunkten wirkt eine Notwendigkeit, im Ausland zu klagen, unter Umständen abschreckend: zu Kosten für etwaige Korrespondenzanwälte kommen sprachliche und kulturelle Barrieren[848].

Es ist daher zu prüfen, ob für die Konstellation, dass das übertragende Unternehmen ein deutsches ist, deutsche Gerichte international zuständig sind.

Wie schon festgestellt, gehen für die Mitgliedstaaten der Europäischen Union die Zuständigkeitsregelungen der EuGVO den nationalen Normen für die internationale Zuständigkeit vor[849]. Die Regelung in § 2 SpruchG,

---

[847] Siehe hierzu die Ausführungen auf S. 201.

[848] *Nießen*, NZG 2006, 441. Weitere Vorteile eines vor deutschen Gerichten durchgeführten Spruchverfahrens sind nach *Lennerz*, 187 der Amtsermittlungsgrundsatz gem. § 307 Abs. 1 UmwG, § 12 FGG und § 312 Abs. 4 UmwG a.F. (nun § 15 Abs. 2 SpruchG), wonach die Kosten des Verfahrens grundsätzlich vom übernehmenden Rechtsträger getragen werden. Letzteres ist aber wiederum unter dem Gesichtspunkt der Abschreckung des ausländischen Verschmelzungspartners, auf dessen Zustimmung es oftmals ankommen wird, problematisch.

[849] Siehe S.180.

dass das Landgericht am Sitz der Gesellschaft, dessen Anteilsinhaber antragsberechtigt sind, zuständig ist, könnte für eine beteiligte deutsche übertragende Gesellschaft nur zu einer internationalen Zuständigkeit der eigenen Gerichte führen (Doppelfunktionalität), wenn die EuGVO für diesen Fall keine Regelung träfe.

i. Allgemeiner Gerichtsstand

Der allgemeine Gerichtsstand gemäß Art. 2 EuGVO liegt am Wohnsitz des Beklagten – für die etwaige Verbesserung des Umtauschverhältnisses bei einer Hinausverschmelzung also die ausländische Zielgesellschaft, deren "Wohnsitz" gemäß Art. 60 EuGVO am Sitz ihrer Hauptverwaltung oder Hauptniederlassung liegt. Der allgemeine Gerichtsstand würde demnach im Falle einer Hinausverschmelzung nicht zu einer inländischen internationalen Zuständigkeit führen und es bliebe nur die Möglichkeit, ein anderes Ergebnis über den besonderen oder ausschließlichen Gerichtsstand zu ermitteln[850].

ii. Ausschließliche Zuständigkeit

Eine ausschließliche Zuständigkeit könnte sich für gesellschaftsrechtliche Streitigkeiten grundsätzlich erstmal aus Art. 22 Nr. 2 EuGVO ergeben und würde damit sowohl den allgemeinen als auch den besonderen Gerichtsstand verdrängen[851]. Gemäß Art. 22 Nr. 2 EuGVO sollen unter anderem für Klagen die Gültigkeit, Nichtigkeit oder Auflösung einer Gesellschaft bzw. die Gültigkeit der Beschlüsse der Organe betreffend die Gerichte an deren Sitzstaat ausschließlich zuständig sein. In der Literatur wird vielfach versucht, diese Ausnahme auch auf das Spruchverfahren anzuwenden[852].

Zum Teil wird bezüglich des Spruchverfahrens zur Verbesserung des Umtauschverhältnisses die Alternative als einschlägig erachtet, die die Gültigkeit von Beschlüssen der Gesellschaft behandelt[853]. Zwar würde das Spruchverfahren nicht auf die Anfechtung eines Gesellschafterbeschlusses abzielen, es ginge aber letztlich um eine materielle Überprüfung des Beschlussinhalts. Die deutsche Unterscheidung zwischen Ausgleichshöhe (Spruchverfahren) und anderen Mängeln (Anfechtungsklage) diene nur der Rechtssicherheit, und das Spruchverfahren sei an die

---

850 *Frenzel*, 329 geht davon aus, dass es bei dem allgemeinen Gerichtsstand bleibt.

851 *Kropholler*, Art. 22 EuGVO, Rn. 2.

852 *Wasmut*, in Kölner Kommentar, § 2, Rn. 21; *Behnke*, 62 f; *Meilicke* NZG 2004, 547, 551; *Schäfer*, in MüKo, AktG, Art. 20 SE-VO, Rn. 33, Fn. 76.

853 *Wasmut*, in Kölner Kommentar, § 2, Rn. 21; *Behnke*, 62 f.

Stelle der Anfechtungsklage getreten[854]. Art. 22 Nr. 2 EuGVO sei daher anwendbar. Andere argumentieren damit, dass die Ansprüche auf Abfindung oder Ausgleich aus der Auflösung einer Gesellschaft resultierten (die übertragende Gesellschaft erlischt nach Fusion) und daher unter Art. 22 Nr. 2 fallen würden[855].

Gegen die Anwendbarkeit des Art. 22 Nr. 2 EuGVO auf das Spruchverfahren spricht aber einerseits, dass die eng gefasste Regelung des ausschließlichen Gerichtsstandes grundsätzlich restriktiv auszulegen[856] ist und auf die dort geregelten Fallgruppen zu beschränken ist[857] und andererseits keine planwidrige Regelungslücke zu sehen ist, da dem Europäischen Gesetzgeber der § 306 AktG a.F. (Vorgänger des SpruchG) bereits bei Schaffung der EuGVO bekannt war[858].

iii. Besonderer Gerichtsstand des Erfüllungsortes

Folgt man der Meinung, Art. 22 Nr. 2 EuGVO sei nicht auf das Spruchverfahren anwendbar, dann bleibt für die Begründung der internationalen Zuständigkeit deutscher Gerichte nur ein Rückgriff auf den besonderen Gerichtsstand des Erfüllungsorts, vgl. Art. 5 Nr. 1 lit. a EuGVO. Demgemäß sind nämlich Streitigkeiten über Ansprüche aus einem Vertrag vor dem Gericht des Ortes durchzuführen, an dem die Verpflichtung erfüllt worden ist. Über das autonom auszulegende Merkmal *Vertrag* kann man hinwegsteigen, da bei Ansprüchen der Gesellschafter gegen die Gesellschaft grundsätzlich ein vertraglicher Anspruch angenommen wird[859]. Problematisch ist aber die Bestimmung des Erfüllungsortes.

---

854 *Wasmut*, in Kölner Kommentar, § 2, Rn. 21; *Behnke*, 62 f; *Frenzel*, 323.

855 *Meilicke* NZG 2004, 547, 551. Zur Alternative "Auflösung einer Gesellschaft" siehe vor allem *Kropholler*, Art. 22 EuGVO, Rn. 33 ff. und Bericht *Schlosser*, BT-Drucks. 10/61, 31, Nr. 58.

856 Kleinhenz, 287.

857 EuGH NJW 1977, 490; EuGH, IPrax 2000, 520. Auch *Geimer*, in FS Schippel, 869, 881 sieht das Spruchverfahren zur Verbesserung des Umtauschverhältnisses in Auslegung des Wortlauts nicht unter Art. 16 Nr. 2 EuGVÜ fallen. Art. 16 Nr. 2 EuGVÜ ist exakt in Art. 22 Nr. 2 EuGVO (Verordnung Nr. 44/2001) übernommen worden. Das EuGVÜ (Übereinkommen über die gerichtliche Zuständigkeit und die Vollstreckung gerichtlicher Entscheidungen in Zivil- und Handelssachen v. 27.9.1968) ist seit dem 1.3.2002 weitgehend von der EuGVO abgelöst.

858 *Nießen*, NZG 2006, 441, 442 f. m.w.N; *Frenzel*, 323. Im Ergebnis gegen eine Anwendbarkeit des Art. 22 Nr. 2 EuGVO auch *Simon/Rubner*, Institute for Law and Finance, 11/2006, Nr. 53, 1, 13, Fn. 42.

859 EuGH v. 22.3.1983 (Peters) – Rs. 34/82, Slg. 1983, 987, Rn. 13 für eine Streitigkeit zwischen Verein und Mitglied; EuGH v. 10.3.1992 (Powell Duffryn) – Rs. C-214/89,

Zur Ermittlung des Erfüllungsorts trifft Art. 5 Nr. 1 lit. a EuGVO keine Regelung, man muss daher auf die diesbezügliche Vorschrift der lex causa zurückgreifen, also auf das Recht, welches auf die streitige Verpflichtung anwendbar ist. Um das anwendbare Recht zu ermitteln muss man aber vorerst einen weiteren Schritt zurückgehen und dieses dem Kollisionsrecht entnehmen. Dabei stellt sich die Frage, ob man das Rechtsverhältnis nun neu qualifiziert –und zwar hier mit Bezug auf den Fusionsvertrag bezüglich der Umstrukturierung, dann wäre die so genannte Vereinigungstheorie anwendbar[860]. Oder ist das Rechtsverhältnis festgelegt auf die vertragliche Qualifikation, welche auf den ersten Blick aufgrund des Verschmelzungsplans möglich scheint, womit zumindest in der Qualifikation ein Gleichlauf zwischen dem Prozessrecht (Art. 5 Nr. 1 lit. a EuGVO) und dem Kollisionsrecht (Art. 27 ff. EGBGB) hergestellt werden würde. Die Frage ist also, ob man zur Ermittlung des auf die streitige Verpflichtung anwendbaren Rechts (welches zur Bestimmung des Erfüllungsortes herangezogen werden soll) im Falle von mehreren Qualifikationsmöglichkeiten innerhalb des Kollisionsrechts an die vertragliche gebunden ist.

iv. Exkurs: Qualifikation

Die EuGVO verweist nicht explizit auf nationales Recht für die Bestimmung des anwendbaren Rechts. Eine Klausel wie "das anwendbare Recht für die Verpflichtung ist nach nationalem Kollisionsrecht zu bestimmen" oder "das anwendbare Recht für das Rechtsverhältnis" ist nicht in Art. 5 Nr. 1 lit. a EuGVO enthalten. Der Wortlaut der Norm ist daher zur Beantwortung der hier aufgeworfenen Frage wenig hilfreich. Es wird nur der Erfüllungsort erwähnt, welcher mangels anderer Angaben über die lex causa ermittelt werden muss.

Ob von einem Gleichlauf auszugehen ist, ist letztlich eine Frage, wie man den Verweis in Art. 5 Nr. 1 lit. a EuGVO auslegt. Ist der Verweis ins Kollisionsrecht generell zu sehen, überlässt die EuGVO also dem Kollisionsrecht die Qualifikation der Rechtsfrage? Oder enthält der Verweis eine Einschränkung, als dass das anwendbare Recht nur nach den für den Vertrag vorgesehenen IPR-Normen zu bestimmen ist. Für letzteres spricht, dass das anwendbare Recht für die *streitige Verpflichtung* über das Kollisionsrecht zu bestimmen ist. Man könnte daher meinen, dass die Verpflichtung hier gemäß ihrer Natur vertraglich zu qualifizieren ist. Dafür spricht außerdem, dass wünschenswert ist, innerhalb des Art. 5

Slg. 1992, I-1745, Rn. 15 f; OLG Jena, NZG 1999, 34, 35; *Nießen*, NZG 2006, 441, 443 m.w.N; siehe auch *Kropholler*, Art. 5 EuGVO, Rn. 12 f.

860 Siehe auf S. 97.

Nr. 1 lit. a EuGVO zu einem geschlossenen dogmatischen Konzept zu(rückzu)finden, welches eine prozessuale Verselbstständigung mit sich bringt, wie es in Art. 5 Nr. 1 lit. b EuGVO nun vorgesehen ist[861]. Würde man eine unabhängige Qualifikation des Kollisionsrechts zur Bestimmung des auf das Rechtsverhältnis anwendbaren Rechts zulassen, würde das die Vielfältigkeit der unterschiedlichen Lösungen multiplizieren. Ein solch komplizierter Lösungsweg würde außerdem den Prüfungsaufwand maximieren, welchem ein Gericht zur Ermittlung des Gerichtsstandes gem. Art. 5 Nr. 1 EuGVO ausgesetzt wäre[862].

Auf den ersten Blick erscheint es konsequenter, in den verschiedenen Ebenen der Bestimmung des Erfüllungsortes jeweils vertraglich anzuknüpfen. Art. 5 Nr. 1 lit. a EuGVO möchte, dass die Gerichte am Erfüllungsort zuständig sind. Er knüpft also an dem schuldrechtlichen Charakter des Vertrags an, wenn autonom bestimmt worden ist, ob ein Vertrag überhaupt vorliegt. Welches Recht bestimmt, wo der Erfüllungsort liegt, wird dann kollisionsrechtlich ermittelt, da die EuGVO über das anwendbare Recht in Art. 5 Nr. 1 lit. a EuGVO keine Regelung trifft. Hier bleibt der Rückgriff auf das Internationale Privatrecht (IPR) der Mitgliedstaaten, welches das auf die streitige Verpflichtung anzuwendende Recht bestimmt. Das anwendbare Recht wiederum entscheidet an diesem Punkt lediglich über den Ort der Erfüllung, damit dort eine internationale Zuständigkeit gem. Art. 5 Nr. 1 lit. a EuGVO begründet werden kann. Vor der Heranziehung des IPR geht es um den Erfüllungsort in der EuGVO, und nach Ermittlung des anwendbaren Rechts mit Hilfe des IPR geht es ebenfalls nur um die Bestimmung des Erfüllungsorts. Es erscheint fragwürdig, zwischendurch rein gesellschaftsrechtlich oder verschmelzungsrechtlich neu zu qualifizieren und damit eine andere Rechtsordnung als das Vertragsstatut den Erfüllungsort festlegen zu lassen.

Auf der anderen Seite ist aber ein Gleichlauf der prozessualen und materiellen Komponenten nur in Ausnahmefällen vorgesehen ist[863]. Grund-

---

861 So *Kropholler*, Art. 5 EuGVO, Rn. 31.

862 Müsste ein Gericht für die Bestimmung des Erfüllungsortes ohne Einschränkung den Sachverhalt neu qualifizieren, dann wäre in dem hier besprochenen Fall einem komplizierten Geflecht nachzugehen. Erstmal müsste man sich für eine Qualifikation entscheiden, da sowohl eine gesellschaftsrechtliche, als auch eine vertragliche möglich wäre. Entschiede man sich etwa für die für Fusionen herrschende Vereinigungslehre, dann müsste man zur Bestimmung des Erfüllungsortes die Personalstatute aller beteiligten Gesellschaften heranziehen, um dann bei etwaigen Abweichungen eine Anpassung vorzunehmen.

863 Siehe den Gleichlaufgrundsatz, der allerdings bei erbrechtlichen Streitigkeiten anzuwenden ist, welche ohnehin aus den sachlichen Anwendungsbereich der

sätzlich ist die Bestimmung der lex causa unabhängig von den prozessrechtlichen Vorschriften vorzunehmen. Die Ebenen sind zu trennen, und die internationale Zuständigkeit eines Mitgliedstaates soll grundsätzlich nicht automatisch zu der Anwendung seines nationalen Rechts führen.

Außerdem würde bei der Entscheidung für einen Gleichlauf möglicherweise die Bestimmung des Erfüllungsortes (für die Ermittlung der internationalen Zuständigkeit) durch eine andere Rechtsordnung vorgenommen werden, als innerhalb der Begründetheitsprüfung schließlich zur Entscheidung des Sachverhalts herangezogen werden würde[864].

Letztlich geht es also um folgende Abwägung: Ist ein Gleichlauf innerhalb der Zuständigkeitsprüfung zwischen prozessualer und materiellrechtlicher Qualifikation als vertraglich dem Gleichlauf des anwendbaren materiellen Rechts innerhalb der Erfüllungsortsbestimmung und innerhalb der Begründetheitsprüfung vorzuziehen.

Der EuGH hat entschieden, den Vertrag in der EuGVO autonom auszulegen, um auch Grenzfälle mit unter Art. 5 Nr. 1 EuGVO einbeziehen zu können und den Anwendungsbereich dieser Zuständigkeitsregel für alle Mitgliedstaaten einheitlich festlegen zu können[865]. Er nahm dafür in Kauf, dass es zu einer Spaltung des Vertragsbegriffs kommen kann, da möglicherweise die Gerichte aufgrund einer "Vertragsklage" zu einer Zuständigkeit kommen, obwohl die für das Rechtsverhältnis maßgebliche Rechtsordnung materiellrechtlich letztlich von einem gesetzlichen Schuldverhältnis ausgeht[866]. Der EuGH hat sich also gegen den Gleichlauf von Prozess- und materiellem Recht und zugunsten einer einheitlichen prozessualen Auslegung des Merkmals "Vertrag" in Art. 5 Nr. 1 lit. a EuGVO entschieden hat. Es ging zwar bei der Entscheidung des EuGH, die Spaltung des Begriffs in Kauf zu nehmen, um einen Vergleich Prozessrecht/Kollisionsrecht und nicht Prozessrecht/materielles Recht. Jedoch ist dem eine Wertung zu entnehmen, dass die autonome Auslegung der prozessualen Begrifflichkeiten im Zweifel einem gewollten Gleichlauf vorgeht. So ist nun auch in Art. 5 Nr. 1 lit. b EuGVO eine autonome Auslegung vorgesehen.

Letztlich ist eine eingeschränkte Qualifikation auch unter dem Gesichtspunkt fragwürdig, dass das Vertragsstatut eines Mitgliedstaates

---

EuGVO herausfallen, siehe Art. 1 Abs. 2 lit. a EuGVO. Vgl. hierzu *S. Lorenz*, in Bamberger/Roth, Art. 25 EGBGB, Rn. 63 f.

864 Siehe dazu gleich in der Abwägung.

865 Siehe allein EuGH v. 22.3.1983 (Peters) – Rs. 34/82, Slg. 1983, 987, Rn. 9 f; *Geimer*, in Geimer/Schütze, Art. 5 EuGVO, Rn. 13 und 18.

866 *Geimer*, in Geimer/Schütze, Art. 5 EuGVO, Rn. 17

möglicherweise eine vertragliche Qualifikation für einen Sachverhalt nicht vorsieht, welcher unter den Begriff Vertrag in Art. 5 Nr. 1 lit. a EuGVO fällt. Die autonome Auslegung des Vertrags in der EuGVO sollte aber nicht zu einer Änderung der Wertung in den Kollisionsrechten führen. Der EuGH wollte keinesfalls, dass seine Auslegungsmaßstäbe für Art. 5 Nr. 1 lit. a EuGVO Änderungen der Kollisionsrechte provozieren.

Betrachtet man beispielsweise eine grenzüberschreitende Verschmelzung von Kapitalgesellschaften, bei der die übertragende Gesellschaft in Deutschland sitzt, dann ist fraglich, ob man diesen Sachverhalt vertraglich qualifizieren kann. *Nießen* geht davon aus, dass sich bei Umstrukturierungen das anwendbare Recht gemäß dem deutschen IPR nach dem Personalstatut der betroffenen Gesellschaft richtet[867]. Er qualifiziert das Rechtsverhältnis demnach an dieser Stelle verschmelzungsrechtlich und wendet die Vereinigungstheorie an.

Ist man in der Qualifikation nicht eingeschränkt, dann bieten sich einem auf den ersten Blick im deutschen Kollisionsrecht mehrere Möglichkeiten[868]. Man könnte den Sachverhalt gesellschaftsrechtlich anknüpfen, das heißt über die Sitz- oder Gründungstheorie[869]. Da aber mehrere Gesellschaften an der Fusion beteiligt sind, würde man dennoch vor der Frage stehen, welches Personalstatut nun einschlägig ist. Für diese Entscheidung bietet die Vereinigungslehre die entscheidende Lösung. Es sollte nämlich grundsätzlich für jede Gesellschaft ihr Personalstatut maßgeblich sein, solange ein getrenntes Vorgehen möglich ist. Bei gemeinsamen Verfahrensschritten sind die Personalstatute zu kumulieren, wobei sich die strengere Regelung durchsetzt. Bei einem etwaigen Widerspruch muss über den schwierigen Weg der Anpassung eine für alle Seiten gerechte und passende Lösung kreiert werden[870].

Wie *Lennerz* feststellt, wird oftmals eine gesellschaftsrechtliche Qualifikation für die grenzüberschreitende Verschmelzung als selbstverständlich erachtet und daher die Möglichkeit einer vertraglichen Anknüpfung gar nicht erst durchdacht[871]. Dabei biete gerade die vertragliche Qualifikation, welche aufgrund des der Fusion zugrunde liegenden Ver-

---

867 *Nießen*, NZG 2006, 441, 444.

868 Hier soll sich beschränkt werden auf die vertragliche und die gesellschaftsrechtliche Qualifikation. Andere Qualifikationsmöglichkeiten findet man bei *Lennerz*, 132.

869 Siehe oben auf S. 62.

870 Siehe allein *Beitzke*, in FS Hallstein, 1966, 14, 20 ff; *Kindler*, in MüKo, IntWR, 4. Aufl. 2006, IntGesR, Rn. 866. Hierzu ausführlicher auf S. 97.

871 *Lennerz*, 135 m.w.N.

schmelzungsvertrages keinesfalls abwegig erscheint[872], die bestechende Möglichkeit zur Rechtswahl (Art. 27 EGBGB). *Kaligin* hingegen sieht die gesamte innere Verfassung einer Gesellschaft von dem Gesellschaftsstatut umfasst, also explizit auch Verschmelzungen, da dadurch die Unternehmensstruktur geändert wird[873]. Er gibt aber auch in Einzelfällen auftretende Konflikte mit dem Schuldstatut zu[874].

Es ist also zu klären, ob man die grenzüberschreitende Fusion auch vertraglich qualifizieren kann. Gem. Art. 28 Abs. 1 S. 1 EGBGB müsste man dann zur Bestimmung des Vertragsstatuts das Land ermitteln, zu welchem der Vertrag die engsten Verbindungen aufweist. Eine charakteristische Leistung von nur einer Seite, welche nach Abs. 2 zu einer Regelvermutung führt, ist bei einer Fusion nicht zu finden, da sie eher einen tauschähnlichen Charakter hat[875]. Diese Prüfung erübrigt sich aber, wenn die Anwendbarkeit der Art. 27 ff. EGBGB durch Art. 37 Nr. 2 EGBGB gesperrt ist. Dort ist geregelt, dass die Vorschriften des Unterabschnitts nicht auf Fragen betreffend das Gesellschaftsrecht anzuwenden sind, wobei als Beispiel unter anderem Vorgänge die innere Verfassung der Gesellschaft berührend aufgeführt sind. Unter solche Verfassungsakte fällt abgesehen von der Gründung und Satzungsänderung einer Gesellschaft auch die Verschmelzung von zwei oder mehreren Gesellschaften[876]. Denn bei der übertragenden Gesellschaft führt die Verschmelzung zu einer anderen Art der Beendigung und bei der übernehmenden Gesellschaft führt die Verschmelzung zu einer Veränderung der Mitgliederstruktur und des Vermögens[877]. In Art. 37 Nr. 2 EGBGB auch als Beispiel aufgeführt sind Vorgänge der Errichtung und Auflösung einer Gesell-

---

872 Die vertragliche Qualifikation kommt aber nicht in Betracht, wenn man sich der Meinung anschließt, dass der Verschmelzungsplan kein Vertrag, sondern ein Organisationsakt sei. Siehe hierzu Fn. 529.

873 *Kaligin*, DB 1985, 1449, 1453; ebenso *Schervier*, NJW 1992, 593, 597.

874 Als Beispiel führt *Kaligin*, DB 1985, 1449, 1453 beispielsweise die Übertragung von Gesellschaftsanteilen an, bei welcher das schuldrechtliche Grundgeschäft dem Vertragsstatut unterliege und die dingliche Ausführung dem Gesellschaftsstatut. Auch *Koppensteiner*, 137 problematisiert das Verdrängen des Schuldstatuts.

875 Und beim Tausch kann man keine einseitige charakteristische Leistung finden, siehe *Spickhoff*, in Bamberger/Roth, Art. 28 EGBGB, Rn. 16.

876 *Goette*, DStR 1996, 709, 711.

877 *Lennerz*, 136 und 192 f. Zu einem anderen Ergebnis käme man wohl, wenn man der Ansicht *Neumayers*, ZVglRWiss 83 (1984), 129, 157 folgen würde, der Verschmelzungsvertrag selber bewirke noch nicht unmittelbar die Rechtsänderung, sondern erst die Eintragung. *Lennerz*, 193 wiederum sagt, es könne nicht darauf ankommen, dass die Wirkungen des Vertrages erst mit der Eintragung herbeigeführt werden.

schaft. Auch darunter könnte man die Fusion subsumieren[878]. Daher kommt eine vertragliche Anknüpfung nach deutschem Kollisionsrecht für Verschmelzungen nicht in Betracht.

Wenn eine vertragliche Anknüpfung über nationales Kollisionsrecht nicht in Betracht kommt, und der Sachverhalt gleichzeitig unter den Begriff des *Vertrages* nach Art. 5 Nr. 1 lit. a EuGVO fallen kann, dann würde die eingeschränkte Verweisung keiner logischen Verknüpfung folgen. Denn die Verweisung auf die vertragliche Qualifikation zu beschränken, wenn diese nach dem nationalen Kollisionsrecht nicht vorgesehen ist, wäre ein zahnloser Tiger. Die Möglichkeit der europarechtskonformen Auslegung des Kollisionsrechts[879] setzt eine klare europarechtliche Vorgabe voraus, welche hier nicht zu sehen ist. Abgesehen davon wäre es ohnehin kompetenzrechtlich fragwürdig, wenn der europäische Gesetzgeber bei Erstellung der EuGVO auch über die Auslegung der passenden nationalen Kollisionsregelungen mitentscheiden wollte. Eine eingeschränkte Qualifikation ist daher abzulehnen.

v. Ermittlung des besonderen Gerichtsstandes

Der Erfüllungsort ist nach der Rechtsprechung des EuGH über das Recht zu ermitteln, welches auf die streitige Verpflichtung anwendbar ist[880]. Die Frage ist, auf welche Rechtsordnung das deutsche Kollisionsrecht, welches deutsche Gerichte zur Bestimmung ihrer Zuständigkeit über Art. 5 Nr. 1 lit. a EuGVO anwenden würden[881], für die Rechtsbeziehung verweist. Beziehungsweise, um welche Rechtsbeziehung geht es bei der streitigen Verpflichtung? Das ist auch im Rahmen der Vereinigungstheorie maßgeblich, da gemäß dieser für jede der beteiligten Gesellschaften die Regelungen der jeweiligen Personalstatute gelten. An den Punkten aber, wo ein Zusammenspiel der nationalen Regelungen nötig ist, kumulieren sich die Personalstatute und die strengere Regelung setzt sich durch. Die Klageart spielt bei der Auslegung des Begriffs der streitigen Verpflichtung keine Rolle[882].

Dem gesamten Vorgang liegt der Verschmelzungsplan zugrunde, welcher auch das Umtauschverhältnis regelt, welches wiederum mit Hilfe

---

878 *Martiny*, in MüKo, EGBGB, Art. 37 EGBGB, Rn. 46 m.w.N.

879 Das würde bedeuten, dass man das EGBGB so auslegt, dass im Falle der Bestimmung des vertraglichen Gerichtsstandes die vertragliche Anknüpfung entgegen den nationalen Regelungen möglich sein muss.

880 EuGH NJW 1977, 491.

881 *Behnke*, 64.

882 Siehe *Geimer*, in Geimer/Schütze, Art. 5 EuGVO, Rn. 55 ff.

des Spruchverfahrens überprüft werden soll. Ginge man davon aus, dass es um den Inhalt des Verschmelzungsplans ginge, dann müsste man die Personalstatute kumulierend anwenden. Gleiches gilt grundsätzlich, wenn man davon ausgeht, hier seien die *Wirkungen* der Verschmelzung strittig.

Zwar tangiert der im Spruchverfahren zu ermittelnde Anspruch auf Verbesserung des Umtauschverhältnisses sowohl die vertragliche Grundlage des Umtauschverhältnisses, nämlich den Verschmelzungsplan, als auch die Wirkungen davon auf die Minderheiten. In Art. 5 Nr. 1 lit. a EuGVO muss man die lex causa aber nicht generell für den gesamten Sachverhalt bestimmen, sondern konkret für die streitige Verpflichtung[883]. Es geht hier konkret um den nachträglichen Ausgleichsanspruch der Minderheiten, welcher unabhängig vom restlichen Umwandlungsverfahren dazu führt, dass diesen der Weg der Anfechtungsklage verschlossen bleibt. Dieser ist der zentrale Anspruch im deutschen Minderheitenschutzsystem.

Für den Minderheitenschutz ist aber, wie auch für den Gläubigerschutz, das Statut der Gesellschaft maßgeblich, der die Minderheit angehört[884]. Es ist nicht einzusehen, warum den Minderheiten durch eine Kumulation der Personalstatute ein stärkerer Minderheitenschutz zustehen sollte, als sie nach dem auf ihre Gesellschaft anwendbaren Recht erwarten konnten[885]. Denn im Falle der Kumulation würden den deutschen übertragenen Gesellschaftern streng genommen entweder die deutschen Behelfe oder die des ausländischen Rechts zustehen, wobei sich der strengere Maßstab durchsetzte.

Für eine deutsche übertragene Gesellschaft ist demnach der Minderheitenschutz nach deutschem Recht anwendbar[886]. Für die Bestimmung des Erfüllungsortes nach Art. 5 Nr. 1 lit. a EuGVO ist also deutsches Recht maßgeblich. An welchem Ort muss nun der Anspruch auf die Verbesserung des Umtauschverhältnisses nach deutschem Recht erfüllt werden?

---

883 EuGH v. 6.10.1976 (De Bloos) – Rs. 12/76, Rn. 9 ff; *Kropholler*, Art. 5, Rn. 29.

884 *Engert*, in Eidenmüller, § 4, Rn. 121; vgl. auch Art. 5 Abs. 2 Nr. 3 des Vorschlags des Deutschen Rates für Internationales Privatrecht für eine EG-Verordnung, in *Sonnenberger/Bauer*, Beilage zu Heft 4/2006, 21.

885 *Engert*, in Eidenmüller, § 4, Rn. 121 und 116; a.A. wohl *Kindler*, in MüKo, IntWR, 4. Aufl. 2006, IntGesR, Rn. 863.

886 Auch *Lennerz*, 186 geht davon aus, dass die Minderheitenschutz-Ansprüche deutschem Recht unterliegen. Sie verweist hierzu auf *Maul*, AG 1998, 404, 408, welche aber das deutsche Recht für die Konstellation in einem Beherrschungsvertrag für anwendbar erklärt.

Die Frage ist, ob sich an diesem Zwischenergebnis etwas ändern würde, wenn man § 10a Abs. 1 des Referentenentwurfs für ein Gesetz zum Internationalen Privatrecht der Gesellschaften, Vereine und juristischen Personen anwendete. Denn § 10a Abs. 1 RefE EGBGB enthält eine kollisionsrechtliche Regelung für die grenzüberschreitende Umwandlung. Der Vorschlag sieht wie die Vereinigungstheorie vor, dass für die an einer grenzüberschreitenden Verschmelzung beteiligten Gesellschaften jeweils ihr Heimatrecht gilt. Er konkretisiert das in § 10a Abs. 2 RefE EGBGB auch in einer nicht abschließenden Liste von Einzelpunkten, die dieser Regelung unterworfen sein sollen[887]. Diese Aufzählung umfasst gem. § 10a Abs. 2 Nr. 3 auch den Schutz der Anteilseigner und gem. Nr. 4 den Schutz der Mitglieder, welche die Umwandlung abgelehnt haben. Trotz des Begriffs "Mitglieder" in Nr. 4 soll sich der Minderheitenschutz wohl generell unter die Regelung des § 10a Abs. 1 RefE EGBGB subsumieren lassen. Es ist kein Grund dafür ersichtlich, warum man für den Schutz der ablehnenden Minderheit die Geltung des § 10a Abs. 1 RefE EGBGB auf die Mitglieder (eines Vereins) beschränken sollte.

Das bedeutet vorerst, dass in Anwendung der Regel aus § 10a Abs. 1 RefE EGBGB für die Minderheiten, die einer in Deutschland gegründeten Gesellschaft angehören, deutscher Minderheitenschutz gilt und für die beteiligte ausländische Gesellschaft gegebenenfalls der Schutz ihres Heimatrechts[888]. Zum Schutz aller Betroffenen sind die Gesellschaftsstatute für die Wirkungen grundsätzlich zu kumulieren, da ansonsten ab Erlöschen aller übertragenden Gesellschaften lediglich das Personalstatut der aufnehmenden Gesellschaft maßgeblich und der Schutz der Betroffenen der übertragenden Gesellschaft möglicherweise wegfiele. Das bedeutet, dass die Wirkungen der Verschmelzung nur eintreten können, wenn die Voraussetzungen aller beteiligten Gesellschaftsstatute erfüllt wurden[889].

Wiederum stellt sich einem die Frage, ob eine Kumulation der Heimatrechte für den Minderheitenschutz wirklich sinnvoll ist. Denn es erscheint einem nicht sachgerecht, dass der Minderheit bei einer grenzüberschreitenden Verschmelzung ein stärkerer Minderheitenschutz zustehen sollte, als sie nach dem auf ihre Gesellschaft anwendbaren Recht

---

887 Siehe die Begründung zum RefE EGBGB (www.bmj.de), 13.

888 Der Verweis in § 10 Abs. 1 S. 1 RefE EGBGB auf das Gründungsrecht einer Gesellschaft stellt laut der Begründung zum Referentenentwurf (www.bmj.de), 9 eine Sachnormverweisung dar. Begründen kann man das dadurch, dass die Wahl des Registrierungsortes einer Rechtswahl gem. Art. 4 Abs. 2 EGBGB gleich käme.

889 *Kindler*, in MüKo, IntWR, 4. Aufl. 2006, IntGesR, Rn. 863.

erwarten konnte. An dem eben festgestellten Zwischenergebnis, dass für die Minderheiten deutsches Recht anwendbar ist würde sich demnach durch den Gesetzesentwurf nichts ändern.

Weder das AktG noch das UmwG enthält eine besondere Bestimmung darüber, wo sich der Erfüllungsort der Zahlungsverpflichtung des aufnehmenden Rechtsträgers befindet. Man muss daher auf das allgemeine Schuldrecht zurückgreifen. Gemäß § 269 BGB hat die Leistung an dem Ort zu erfolgen, an welchem der Schuldner zur Zeit der Entstehung des Schuldverhältnisses seinen Wohnsitz hat. Etwas anderes kann sich gegebenenfalls aus den Umständen (und der Natur des Schuldverhältnisses) ergeben. Ist der Schuldner eine juristische Person, ist der Sitz der Gesellschaft maßgeblich[890]. Machen nun die Gesellschafter einer deutschen übertragenen Gesellschaft einen Anspruch auf Verbesserung des Umtauschverhältnisses gegen die ausländische aufnehmende Gesellschaft geltend, hat die Leistung am Sitz der ausländischen Gesellschaft zu erfolgen[891]. Der Gerichtsstand des Erfüllungsorts nach Art. 5 Nr. 1 lit. a EuGVO wäre demnach grundsätzlich am Sitz der aufnehmenden ausländischen Gesellschaft[892].

Etwas anderes kann sich aber daraus ergeben, dass es sich um Ansprüche im Zusammenhang mit einem Gesellschaftsvertrag handelt. Die herrschende Meinung in Literatur und Rechtsprechung geht davon aus, dass für auf dem Gesellschaftsvertrag beruhende Rechte und Pflichten der jeweilige Sitz der Gesellschaft Leistungsort im Sinne des § 269 BGB sein soll[893]. Hintergrund dieser Annahme ist, dass die Gesellschafter bei Gründung einer Gesellschaft einen Gesellschaftssitz als Ort der gemeinsamen Zweckverfolgung vereinbart haben[894]. In einem Vertrag mit der Gesellschaft ist daher dieser Sitz der zentrale Erfüllungsort sowohl für die Leistungen der Gesellschaft als auch für ihre Ansprüche gegen Dritte.

Wenn es um Verpflichtungen geht, welche zwischen zwei Gesellschaften aufgrund eines Vertrags entstehen, ist die Festlegung auf einen der Sitze nicht ganz so einfach. Im Falle des Minderheitenschutzes kann man aber davon ausgehen, dass Erfüllungsort der Sitz der Gesellschaft ist, an wel-

---

890 *Nießen*, NZG 2006, 441, 444.

891 So *Nießen*, NZG 2006, 441, 444.

892 So *Lennerz*, 186; ähnlich im Rahmen eines Vertragskonzerns *Maul*, AG 1998, 404, 408.

893 OLG Jena, NZG 1999, 34, 35; OLG Jena, NZI 1999, 81, 82; *Heinrichs*, in Palandt, § 269, Rn. 14; *Krüger*, in MüKo, § 269 BGB, Rn. 32; *Unberath*, in Bamberger/Roth, § 269, Rn. 22.

894 *Nießen*, NZG 2006, 441, 444.

cher die Minderheiten beteiligt sind. Denn der EuGH bestimmt, dass die besonderen Zuständigkeiten der EuGVO so auszulegen sind, dass der Beklagte vernünftigerweise vorhersehen kann, vor welchem für ihn ausländischen Gericht er verklagt werden kann[895]. Für die aufnehmende Gesellschaft und ihre Aktionäre ist es nur natürlich davon auszugehen, dass für die Schutzansprüche der Minderheit der übertragenden Gesellschaft deren Heimatgerichte zuständig sein könnten[896]. Abgesehen davon begibt sich die ausländische Gesellschaft freiwillig unter Nutzung ihrer europarechtlich gewährten Grundfreiheiten in einen anderen Wirtschaftsraum[897] und muss daher auch damit rechnen, dass fremde Gerichte über aus diesen Handlungen resultierenden Streitigkeiten entscheiden könnten[898].

Für diese Auslegung spricht auch, dass die Minderheitsgesellschafter vor den Folgen der Verschmelzung geschützt werden sollen und die Zuständigkeit der Gerichte ihres Heimatstaates für sie von enormer Bedeutung ist[899]. Dieser Gedanke wird wohl auch hinter § 2 Abs. 1 S. 1 SpruchG stehen, welcher die Zuständigkeit der Gerichte am Sitz der Gesellschaft festlegt[900]. Dies wird sogar noch deutlicher, geht es um ein Spruchverfahren zur Überprüfung der Höhe der Abfindung. Denn das Spruchverfahren kann sich auch nach Vollzug der Verschmelzung schleppend hinziehen. In dem Fall wären die widersprechenden und aufgrund der Hinausverschmelzung ausgetretenen Gesellschafter Beteiligte an einem Verfahren zu ihrem Schutze, welches vor einem ausländischen Gericht stattfindet.

Die deutschen Gerichte sind daher über Art. 5 Nr. 1 lit. a EuGVO international zuständig, da der Erfüllungsort nach dem auf den Minderheitenschutz anwendbarem deutschem Recht am Sitz der deutschen Gesellschaft liegt[901]. Dieses Ergebnis ist an vielen Punkten geprägt von einem minderheitsfreundlichen Ansatz.

---

895 EuGH v. 17.6.1992 (Handte/TMCS) – Rs. C-26/91, Slg. 1992, I-3967, Rn. 18.

896 Siehe hierzu vor allem *Nießen*, NZG 2006, 441, 445.

897 OLG Jena, NZI 1999, 81, 82.

898 *Nießen*, NZG 2006, 441, 445.

899 *Engert*, in Eidenmüller, § 4, Rn. 123, Fn. 258.

900 *Engert*, in Eidenmüller, § 4, Rn. 123, Fn. 258.

901 So im Ergebnis auch *Simon/Rubner*, Institute for Law and Finance, 11/2006, Nr. 53, 1, 13; *Heckschen*, in Widmann/Mayer, § 122h, Rn. 62; a.A. *Müller*, Der Konzern 2007, 81, 85; *Lennerz*, 186 f, welche mangels einer deutschen Zuständigkeit überlegt, ob das deutsche Leitungs- oder Verwaltungsorgan nicht die Pflicht hat, mit dem ausländischen Verschmelzungspartner eine Gerichtsstandsvereinbarung auszuhandeln.

Die örtliche und sachliche Zuständigkeit ergibt sich dann nach § 2 SpruchG, was bestimmt, dass das Landgericht am Sitz des übertragenden Rechtsträgers ausschließlich örtlich und sachlich zuständig ist[902].

vi. Fazit

Für den Fall der Herausverschmelzung aus der Sicht einer deutschen Gesellschaft ist für das Spruchverfahren bezüglich des Nachbesserungsanspruchs der Minderheit das Gericht am Sitz der übertragenden Gesellschaft gem. Art. 5 Nr. 1 lit. a EuGVO international zuständig. Die zu der Bestimmung des Erfüllungsortes anzuwendende lex causa ist in dem Fall deutsches Recht, da für Ansprüche aus dem Minderheitenschutz das Statut der Gesellschaft maßgeblich ist, dem die Minderheit angehört. Wendet man das deutsche Sachrecht an, dann liegt der Erfüllungsort gem. § 269 BGB im Falle von auf dem Gesellschaftsvertrag beruhenden Rechten und Pflichten am Sitz der Gesellschaft. Geht es um Minderheitenschutzansprüche ist an den Sitz derjenigen Gesellschaft anzuknüpfen, welcher die Minderheit angehört. Der allgemeine Gerichtsstand gem. Art. 2 EuGVO befindet sich am Sitz des ausländischen Verschmelzungspartners. Es besteht für den im Spruchverfahren durchzusetzenden Nachbesserungsanspruch keine ausschließliche Zuständigkeit nach Art. 22 Nr. 2 EuGVO.

(ii) Ausländische übertragende Gesellschaft

a. Regelung des § 122h Abs. 2 UmwG

§ 122h Abs. 2 UmwG gibt den Gesellschaftern eines ausländischen übertragenden Unternehmens die Möglichkeit, ein Spruchverfahren vor deutschen Gerichten nach § 15 UmwG durchzuführen, solange ihr Heimatrecht ein solches Kontrollverfahren ebenso kennt und die deutschen Gerichte international zuständig sind. In der Begründung zum Regierungsentwurf wird dazu ausgeführt, dass durch die Regelung Doppelarbeit und sich widersprechende Entscheidungen deutscher und ausländischer Gerichte verhindert werden sollen, solange sowohl deutsche als auch ausländische Anteilsinhaber ein Spruchverfahren begehren[903].

Aufgrund dieses Regelungszwecks wird richtigerweise angenommen, dass § 122h Abs. 2 UmwG nur zur Anwendung kommt, wenn als eine weitere Voraussetzung mindestens eine deutsche übertragende Gesell-

---

902 *Volhard*, in MüKo, AktG, § 2 SpruchG, Rn. 1.

903 Begründung zum RegE, BR-Drucks. 548/06, 34; *Bayer*, in Lutter, § 122h, Rn. 7; zustimmend zu § 6 Abs. 4 S.2 SEAG *Schmidt*, 226.

schaft an der Fusion beteiligt sei[904]. Denn nur in dem Fall sei eine Doppelbelastung der Gerichte mit widersprechenden Entscheidungen möglich, da die Anteilsinhaber der deutschen Gesellschaft nur dann zur Einleitung eines Spruchverfahrens zur Verbesserung des Umtauschverhältnisses berechtigt sind[905].

Der Verweis des § 122h Abs. 2 UmwG auf § 15 UmwG ist sehr weit formuliert, umfasst also auch den § 15 Abs. 1 S. 1 UmwG. Allerdings bedeutet das nicht, dass sich aus der Vorschrift ein materiell-rechtlicher Anspruch auf bare Zuzahlung zugunsten der Anteilsinhaber ausländischer Rechtsträger ergibt[906]. Vielmehr sollte lediglich ein prozessuales Antragsrecht auf die Einleitung eines Spruchverfahrens geregelt werden. Zum einen hätte der deutsche Gesetzgeber nicht die Regelungskompetenz, um den Anteilsinhabern ausländischer Gesellschaften einen Anspruch auf bare Zuzahlung einzuräumen[907]. Außerdem war dies wohl auch nicht seine Absicht. Denn die Gesetzesbegründung beschreibt, dass Vorbildregelung für den § 122h Abs. 2 UmwG der § 6 Abs. 4 S. 2 SEAG war[908]. Und diese Norm verweist für den Parallelfall der SE-Gründung durch Verschmelzung auf § 6 Abs. 4 S. 1 SEAG, welcher ähnlich wie § 15 Abs. 1 S. 3 UmwG lediglich die Festsetzung der baren Zuzahlung durch das Gericht auf Antrag regelt. Die Annahme liegt nahe, dass es sich bei dem Verweis in § 122h Abs. 2 UmwG auf den gesamten § 15 Abs. 1 UmwG wohl um ein redaktionelles Versehen handelt[909]. Letztlich spricht auch der Sinn und Zweck der Norm, Doppelarbeit der Gerichte zu vermeiden, dafür, dass es nur um die Ermöglichung der Konzentration des gesamten Überprüfungsverfahrens bei einem deutschen Gericht ging[910]. Ob den Anteilsinhabern der ausländischen Gesellschaft ein materiell-rechtlicher Nachbesserungsanspruch zusteht, ist von dem Gericht nach dem anwendbaren Recht zu ermitteln, welches sich nach (in diesem Fall deutschem) Internationalen Privatrecht richtet[911].

---

904 *Bayer*, in Lutter, § 122h, Rn. 31.

905 *Bayer*, in Lutter, § 122h, Rn. 31.

906 *Frenzel*, 319 f. ; *Bayer*, in Lutter, § 122h, Rn. 27.

907 Die Ermächtigung des Art. 4 Abs. 2 S. 2 der RL umfasst nur Schutzvorschriften für die Minderheitsgesellschafter der Gesellschaften, die eigenem Recht unterliegen; *Frenzel*, 319 f. ; *Bayer*, in Lutter, § 122h, Rn. 27.

908 *Frenzel*, 319 ; *Bayer*, in Lutter, § 122h, Rn. 27.

909 *Bayer*, in Lutter, § 122h, Rn. 27.

910 *Frenzel*, 319 ; *Bayer*, in Lutter, § 122h, Rn. 27.

911 Siehe hierzu auf S. 188 f.

b. Internationale Zuständigkeit

Eine internationale Zuständigkeit deutscher Gerichte für die Konstellation, in welcher der übertragende Rechtsträger im Ausland sitzt und ein Spruchverfahren in Deutschland durchführen will, könnte sich zum einen aus Art. 2 EuGVO ergeben, wenn die übernehmende Gesellschaft (Beklagte) ihren Sitz in Deutschland hat. Natürlich ist diese Zuständigkeit keine ausschließliche, weshalb die Anteilsinhaber des ausländischen Unternehmens letztlich die Wahl haben, ob sie in Deutschland vor Gericht gehen oder vor ihre eigenen Gerichte, wenn die lex causa ihres Heimatlandes einen inländischen Erfüllungsort annimmt, was über Art. 5 Nr. 1 lit. a EuGVO zu einer internationalen Zuständigkeit ihrer Gerichte führt[912]. Das österreichische Umsetzungsgesetzt zur Richtlinie[913] statuiert in § 2 EU-VerschG[914] eine Zuständigkeit der österreichischen Gerichte für die Überprüfung des Barabfindungsangebots. Eine Zuständigkeit für die Überprüfung des Umtauschverhältnisses für den Fall, dass die übernehmende Gesellschaft dem deutschen Recht unterliegt, wurde vom österreichischen Gesetzgeber nicht gesondert geregelt[915].

Eine weitere Möglichkeit für eine deutsche Zuständigkeit besteht, wenn zwischen den Gesellschaften eine Gerichtsstandsvereinbarung gem. Art. 23 EuGVO dahingehend getroffen wurde[916]. *Müller* hält eine solche Vereinbarung insbesondere für sinnvoll, wenn es um eine Verschmelzung einer deutschen und einer österreichischen Gesellschaft auf eine Gesellschaft in einem Drittstaat geht[917]. Im Falle einer Hineinverschmelzung einer österreichischen Gesellschaft auf eine deutsche ist die Vereinbarung eines deutschen Gerichtsstandes weniger sinnvoll, da in dem Fall lediglich die Anteilsinhaber der österreichischen Gesellschaft den Minderheitenschutz geltend machen, und ihnen dafür vor den österreichischen Gerichten ein Verfahren bereit steht.

---

912 *Simon/Rubner*, Institute for Law and Finance, 11/2006, Nr. 53, 1, 14, welche betonen, dass für den Fall, dass die Anteilsinhaber der ausländischen Gesellschaft ihre Heimatgerichte anrufen, die Absicht des Gesetzgebers, eine Zuständigkeitskonzentration durch § 122h Abs. 2 UmwG zu schaffen, ins Gegenteil verkehrt wird.

913 Bundesgesetz über die grenzüberschreitende Verschmelzung von Kapitalgesellschaften in der Europäischen Union, BGBl I 2007/72.

914 Bundesgesetz über die grenzüberschreitende Verschmelzung von Kapitalgesellschaften in der Europäischen Union (EU-Verschmelzungsgesetz – EU-VerschG), BGBl I 2007/72.

915 *Kaufmann*, in Frotz/Kaufmann, § 12 EU-VerschG, Rn. 6.

916 Begründung RegE. BR Drs. 548/06, 34; *Müller*, Der Konzern 2007, 81, 85; *Simon/Rubner*, Institute for Law and Finance, 11/2006, Nr. 53, 1, 14.

917 *Müller*, Der Konzern 2007, 81, 85.

Kommt man über Art. 2 oder Art. 23 EuGVO zu einer internationalen Zuständigkeit der deutschen Gerichte, dann bleibt zu klären, welches Gericht nach deutschem Recht örtlich zuständig ist. Problematisch erscheint hierbei, dass § 2 SpruchG eine Regelung über die örtliche Zuständigkeit trifft – und zwar am Sitz der übertragenden Gesellschaft. Dieser befindet sich aber in dieser Konstellation im Ausland. Man kommt demnach zu einer internationalen deutschen Zuständigkeit, welche gem. § 122h Abs. 2 UmwG Voraussetzung für die Anwendbarkeit des § 15 UmwG ist, und örtlich sind aber wiederum in Anwendung des § 2 SpruchG die ausländischen Gerichte zuständig.

Liegt keine Gerichtsstandsvereinbarung vor und wurde die Zuständigkeit der deutschen Gerichte lediglich auf Art. 2 EuGVO zurückgeführt, dann kann man über § 2 SpruchG nicht hinwegkommen, da § 2 SpruchG eine ausschließliche örtliche und sachliche Zuständigkeit regelt[918]. Für diesen Fall ist ein Anpassungsbedarf[919] des § 2 SpruchG dahingehend ersichtlich, dass für die hier in Rede stehende Konstellation ausnahmsweise eine Zuständigkeit am Sitz des aufnehmenden deutschen Rechtsträgers besteht, wenn die übertragende ausländische Gesellschaft ein Spruchverfahren vor deutschen Gerichten durchführen will[920]. Gleiches gilt für den Fall einer Gerichtsstandsvereinbarung, da eine solche von der ausschließlichen Zuständigkeitsregel in § 2 SpruchG abweichende Vereinbarung unwirksam wäre[921].

(b) Ausländisches Recht kennt kein Spruchverfahren

Gemäß § 122h Abs. 1 UmwG gelten die §§ 14 Abs. 2, 15 UmwG für die Gesellschafter der übertragenden deutschen Gesellschaft für den Fall, dass das nationale Recht des ausländischen Verschmelzungspartners ein Verfahren zur Kontrolle und Änderung des Umtauschverhältnisses *nicht* vorsieht, nur dann, wenn die Gesellschafter der ausländischen Gesellschaft im Verschmelzungsbeschluss ausdrücklich zustimmen. [922]. Diese Konstellation wird die Regel sein, da den meisten ausländischen Rechts-

---

[918] *Volhard*, in MüKo, AktG, § 2 SpruchG, Rn. 1.

[919] *Müller*, Der Konzern 2007, 81, 85 sieht Anpassungsbedarf, bietet aber keinen Vorschlag dafür. Siehe ähnliches Problem unten auf S. 219.

[920] Vgl. *Frenzel*, 329 für die Hinausverschmelzung auf eine österreichische Gesellschaft. Bayer, in Lutter, § 122h, Rn. 31 ist der Ansicht, dass sich das Problem nicht stellt, da § 122h Abs. 2 UmwG nur zur Anwendung käme, wenn mindestens eine deutsche übertragende Gesellschaft beteiligt wäre.

[921] *Volhard*, in MüKo, AktG, § 2 SpruchG, Rn. 1.

[922] *Müller*, Der Konzern 2007, 81, 84.

ordnungen ein Spruchverfahren fremd ist[923]. Die in dem Spruchverfahren ergehende Entscheidung ist dann für die Zielgesellschaft und alle ihre Gesellschafter gem. Art. 10 Abs. 3 S. 4 der RL bindend[924]. *Müller* weist darauf hin, dass gemäß dem Grundsatz *volenti non fit iniuria* nichts gegen eine solche freiwillige Unterwerfung unter fremde Rechtsregelungen spricht.

Im Umkehrschluss zu § 122h Abs. 2 UmwG ist das deutsche Spruchverfahren Anteilsinhabern einer ausländischen übertragenden Gesellschaft verwehrt, wenn in dem auf die Gesellschaft anwendbaren Recht ein solches Verfahren nicht vorgesehen ist. Auch eine freiwillige Unterwerfung ist unmöglich, die Anteilsinhaber müssen den Schutz ihrer eigenen Rechtsordnung nutzen[925]. Dies entspricht auch Art. 10 Abs. 3 S. 1 der RL, der eine Anwendung eines für innerstaatliche Verschmelzungen geltenden Verfahrens zur Kontrolle und Änderung des Umtauschverhältnisses nur zugunsten von Anteilsinhabern eines Rechtsträgers vorsieht, dessen Rechtsordnung ein solches Verfahren ebenfalls vorsieht.

Bezüglich der Frage, wie die Zustimmung technisch zu erfolgen hat, ist der Wortlaut des § 122h Abs. 1 UmwG missverständlich formuliert. Es heißt dort, dass die Zustimmung "im Verschmelzungsbeschluss" geschehen muss, während die Richtlinie weiter gefasst ist und in Art. 10 Abs. 1 S. 1 der RL eine Akzeptanz "bei der Zustimmung zum Verschmelzungsplan" fordert. Der deutsche Umsetzungsgesetzgeber hatte aber sicher nicht die Absicht, den Richtlinieninhalt bei der Umsetzung einzuschränken. Daher ist der Wortlaut dahingehend auszulegen, dass die Abstimmung über die Durchführung des Spruchverfahrens nicht mit der Abstimmung über den Verschmelzungsplan verbunden sein muss[926], sondern alternativ auch als isolierte Beschlussfassung geschehen kann[927], allerdings zeitgleich.

---

923 Ausnahme: Österreich, siehe oben auf S. 186. Vgl. auch *Simon/Rubner*, Institute for Law and Finance 11/2006, Nr. 53, 1,16.

924 Siehe diese Vorschrift bezüglich des Verhältnisses der Kapitalerhaltungsgrundsätzen zu dem Nachbesserungsanspruch *Vetter*, AG 2006, 613, 622 f.

925 *Müller*, Der Konzern 2007, 81, 85; *Frenzel*, 317 f. Siehe zu der Problematik, ob inländisches Gesellschaftsrecht auf ausländische Gesellschaften anwendbar ist, *Forsthoff*, EWS 2001, 59, 63.

926 So aber *Heckschen*, in Widmann/Mayer, § 122h, Rn. 46; *Marsch-Barner*, in Kallmeyer, § 122h, Rn. 2.

927 *Bayer*, in Lutter, § 122h, Rn. 11; *Drinhausen*, in Semler/Stengel, § 122h, Rn. 7.

(i) Kritik an der Umsetzung

Es stellt sich aber die Frage, inwieweit die ausländischen Gesellschaften der Durchführung dieses ihnen fremden Verfahrens zustimmen werden. Das wird vielfach bezweifelt[928]. *Bayer/Schmidt* rieten dringend davon ab, das System der §§ 6, 7 SEAG eins zu eins zu übernehmen[929]. Die zentrale Kritik der Autoren läuft auf das gewünschte Ziel hinaus, eine Gleichbehandlung der Gesellschafter der übernehmenden und übertragenden Rechtsträger herzustellen[930]. Diese schon für die innerdeutsche Fusion vertretene Forderung[931] ist gerade im Hinblick auf die grenzüberschreitende Fusion von Interesse. Denn einem ausländischen Rechtsträger, dessen Rechtsordnung ein Spruchverfahren nicht kennt, muss genug Anreiz geschafft werden, um ihn zu einer diesbezüglichen Zustimmung zu verleiten. Momentan kann er bei Zustimmung zur Durchführung des Spruchverfahrens letztlich nur verlieren, da das Spruchverfahren ihm nicht nur fremd ist, sondern auch lediglich Nachteile oder zumindest keine Vorteile brächte[932]. Denn bestenfalls bestätigt sich das Umtauschverhältnis, der ausländische Rechtsträger muss aber gem. § 15 Abs. 2 SpruchG die Prozesskosten tragen[933], und im schlechteren Fall ist Ergebnis des Spruchverfahrens ein mit erheblichem Liquidationsabfluss einhergehender Nachbesserungsanspruch[934]. Das erhebliche wirtschaftliche Risiko einer gerichtlichen Veränderung des ausgehandelten Umtauschverhältnisses wird die meisten ausländischen Gesellschaften zu einer Ablehnung des Spruchverfahrens verleiten[935]. Relevant wird für die

---

928 Siehe nur *Bayer/Schmidt*, NJW 2006, 401, 406; *Kiem*, WM 2006, 1091, 1097; zur SE siehe nur *Schmidt*, 227; *Teichmann*, ZGR 2003, 367, 385 ff.

929 *Bayer/Schmidt*, NJW 2006, 401, 406; *Bayer*, in Lutter, § 122h, Rn. 4.

930 *Bayer/Schmidt*, NJW 2006, 401, 406; *dieselben*, NZG 2006, 841, 844; ebenso Handelsrechtsausschuss des DAV, NZG 2006, 737; *Bayer*, in Lutter, § 122h, Rn. 15 m.w.N.

931 *Hommelhoff*, in Jahrbuch der Fachanwälte für Steuerrecht 1995/1996, 629, 655 ff; *Bayer*, ZHR 163 (1999), 505, 548 ff; *derselbe*, Jahrestagung der Gesellschaftsrechtlichen Vereinigung, VGR, Bd. 2, 2000, 35, 52 ff; *derselbe*, ZHR-Sonderh. 71 (2002), 137, 143; zust. *Reichert*, ZHR-Sonderh. 71 (2002), 165, 185 ff; *Bayer/Schmidt*, NZG 2006, 841, 844.

932 Siehe allein *Bayer/Schmidt*, NJW 2006, 401, 406; *dieselben*, NZG 2006, 841, 844; *Vetter*, AG 2006, 613, 622; *Simon/Rubner*, Institute for Law and Finance 11/2006, Nr. 53, 1,16; zur SE schon Scheifele, 245.

933 *Oechsler*, NZG 2006, 161, 164; zur SE *Schwarz*, Art. 25, Rn. 30. Siehe hierzu sogleich.

934 Vgl *Kulpa/Krause*, ZHR 171 (2007), 38, 73, Fn. 208 mit Beispiel; *Frenzel*, 338; siehe zur Abfindung der Minderheitsaktionäre die empirische Untersuchung von *Dörfler/Gahler/Unterstrasser/Winrichs*, BB 1994, 156, 157.

935 Zu den Risiken siehe allein *Vetter*, in Lutter/Hommelhoff, 111, 120 ff; *derselbe*, AG 2006, 613, 622 m.w.N.

ausländischen Gesellschaften auch sein, dass die Dauer des Spruchverfahrens sehr unsicher ist, da es mehrere Jahre in Anspruch nehmen kann. Diese Unsicherheit in Dauer und Ausgang kann alleine an der Börse schon negativ zu Buche schlagen und eine etwaige Eigenkapitalaufnahme erschweren[936]. Das Plus an Aufwand und Kosten und dieses Risiko wird den ausländischen Verschmelzungspartner wohl in der Regel davon abhalten, seine Zustimmung zur Durchführung des Spruchverfahrens zu geben[937].

In den meisten Fällen von grenzüberschreitenden Fusionen wird es ohne eine solche Zustimmung gar kein Spruchverfahren geben, da der Fall, dass beide beteiligten Rechtsordnungen ein Spruchverfahren kennen, die Ausnahme ist. Das lässt den Minderheiten wohl oftmals nur das schwerfällige und unflexible Instrument der Anfechtungsklage übrig, welches *Teichmann* zutreffend als "Damoklesschwert"[938] für die gesamte Transaktion wertet[939].

Um diesen Zustand zu verhindern, sollte es *de lege ferenda* nach Ansicht der Kritiker die Möglichkeit geben, dass das Umtauschverhältnis über das Spruchverfahren auch verschlechtert werden kann[940]. Vorgesehen ist bislang nur eine einseitig zugunsten des deutschen Unternehmens ausschlagende Verbesserung des Umtauschverhältnisses und ein Verbot der *reformatio in peius*[941]. Der Vorteil daran wäre, dass den ausländischen Zielgesellschaften ein Anreiz geschaffen werde, der Durchführung des Spruchverfahrens zuzustimmen, da das Ergebnis des Verfahrens auch für sie einen positiven Effekt haben kann. In der jetzigen Regelung besteht der einzige Anreiz darin, dass mit der Erlaubnis des Spruchverfahrens die Sperrung der Anfechtungsklage mit einherginge. Außerdem sollte

---

936 *Vetter*, AG 2006, 613, 622 m.w.N; vgl. auch *Frenzel*, 338.

937 *Bayer*, in Lutter, § 122h, Rn. 3.

938 Zur SE *Teichmann*, ZGR 2002, 383, 428.

939 Ebenso *Bayer/Schmidt*, NZG 2006, 841, 844; *Müller*, Der Konzern 2007, 81, 84; *ders.*, ZIP 2007, 1081, 1086; *Bayer*, in Lutter, § 122h, Rn. 4.

940 *Bayer/Schmidt*, NJW 2006, 401, 406; *dieselben*, NZG 2006, 841, 844; *Vetter*, AG 2006, 613, 622/625; vgl. *Müller*, ZIP 2007, 1081, 1086; *Bayer*, in Lutter, § 122h, Rn. 4; *Heckschen*, in Widmann/Mayer, § 122h, Rn. 50 ff; kritisch zur Reformatio in peius *Frenzel*, 338; zur SE ebenso *Teichmann*, ZGR 2002, 383, 429; *derselbe*, ZGR 2003, 367, 386; *Schmidt*, 227 f. *Krause/Kulpa*, BB 2007, 38, 73 hingegen sind der Ansicht, die Möglichkeit der reformatio in peius würde nicht zu einer Zustimmung verleiten, da die Gerichte ohnehin zu einer Verbesserung tendieren würden.

941 Dass die reformatio in peius bislang ausgeschlossen ist, ist unbestritten, siehe allein *Krieger*, in Lutter, 2. Auflage 2000, § 307, Rn. 145.

verfahrenstechnisch das Spruchverfahren in ein kontradiktorisches Verfahren umgewandelt werden[942].

De lege lata wird bezüglich der Europäischen Aktiengesellschaft zum Teil vorgeschlagen, dass dieses gewünschte Ergebnis auch auf vertraglicher Basis hergestellt werden könne[943]. So könnten die Verschmelzungspartner im Verschmelzungsvertrag über den Mindestinhalt des Art. 5 der RL hinaus eine Klausel vereinbaren, wonach im Falle eines zu hoch bemessenen Umtauschverhältnisses (als Ergebnis des Spruchverfahrens) den ausländischen Gesellschaftern ein Anspruch auf Verbesserung ihres Umtauschverhältnisses gegen die SE zustehen würde[944].

Zugunsten der Gleichbehandlung der an der Fusion beteiligten Unternehmen sollte darüber hinaus vorgesehen werden, dass das Recht auf Korrektur des Umtauschverhältnisses nicht nur den Anteilsinhabern des übertragenden Unternehmens zustehen sollte, sondern auch denen des übernehmenden Rechtsträgers[945]. Eine solche Erweiterung des Kreises der Antragsberechtigten war zunächst im Diskussionsentwurf zu §§ 6, 7 SEAG enthalten, war aber politisch nicht durchsetzbar[946]. Der Vorschlag

---

942 *Bayer/Schmidt*, NJW 2006, 401, 406; *dieselben*, NZG 2006, 841, 844; *Vetter*, AG 2006, 613, 625; *Bayer*, in Lutter, § 122h, Rn. 4; *Heckschen*, in Widmann/Mayer, § 122h, Rn. 55; zur SE schon *Teichmann*, ZGR 2003, 367, 386 f. m.w.N.

943 *Drinhausen*, in Semler/Stengel, § 122h, Rn. 7; zur SE siehe *Schmidt*, 228.

944 *Schmidt*, 228 m.w.N. Folgte man der hier nicht vertretenen Ansicht, der Inhalt des Verschmelzungsplans sei in Art. 5 der RL abschließend aufgeführt (siehe S. 112), dann wäre eine solche Möglichkeit von vornherein nicht gegeben.

945 So schon zur innerdeutschen Fusion die Beschlussfassung auf dem 63. DJT, 2000 zum Wirtschaftsrecht, 4 (siehe unter http://www.djt.de/files/djt/63/wirtschaftsrecht.pdf, abgerufen am 16.01.2009) und hierzu im Vorfeld *Bayer*, NJW 2000, 2609, 2618; siehe auch den Handelsrechtsausschuss des DAV, NZG 2006, 737 m.w.N; nun zur RL *Bayer*, BB 2006, Heft 7, Die erste Seite; *Bayer/Schmidt*, NJW 2006, 401, 406; *dieselben*, NZG 2006, 841, 844; *Bayer*, in Lutter, § 122h, Rn. 4, 15; *Heckschen*, in Widmann/Mayer, § 122h, Rn. 33; zur SE *Teichmann*, ZGR 2002, 383, 429; *Schmidt*, 223 f.

946 DisskussionsE des SEAG, zu finden unter http://www.bmj.bund.de/files/-/105/Diskussionsentwurf.pdf (aufgerufen am 16.01.2009), zu den Gründen siehe *Schmidt*, 223 f. Bezüglich der Europäischen Aktiengesellschaft wurde zum Teil vertreten, dass eine Ausweitung des Minderheitenschutzes auf die Gesellschafter der ausländischen Gesellschafter kompetenzrechtlich problematisch sei, da Art. 24 Abs. 2 SE-VO es den Mitgliedsstaaten nur erlaubt, den eigenen inländischen Gesellschaften Vorschriften zu erlassen, so *Scheifele*, 245; a.A. *Teichmann*, ZGR 2002, 383, 429, der davon ausgeht, dass die Regelung eines Anspruchs gegen die übertragende deutsche Gesellschaft von der Regelungsermächtigung des Art. 24 Abs. 2 SE-VO zugunsten einer Chancengleichheit beider Aktionärsgruppen erfasst sei.

wurde aber nicht in den Regierungsentwurf übernommen, da man eine grundsätzliche Änderung des UmwG einer punktuellen Änderung vorzog[947].

Vorgeschlagen wird richtigerweise auch, dass es der Zielgesellschaft möglich sein sollte, statt des Barausgleichs zusätzliche Anteile zu gewähren[948]. Das verschaffe den Gesellschaften unter Liquiditätsaspekten mehr Flexibilität. Denn am Anfang des Spruchverfahrens steht das Risiko einer künftigen Zahlung aus dem Eigenkapital in unvorhersehbarer Höhe[949], und am Ende könnte die Zahlungspflicht sogar zu einer existenzgefährdenden Situation für die übernehmende Gesellschaft führen[950].

Teilweise wird davon ausgegangen, dass es richtig gewesen sei, die Änderungswünsche nicht beschränkt auf die grenzüberschreitende Fusion zu übernehmen[951]. Vielmehr sei eine grundlegende Änderung des deutschen Umwandlungs- und Spruchverfahrensrechts nötig[952], da das Gegenteil wohl nicht mit den Besonderheiten des grenzüberschreitenden Sachverhalts zu rechtfertigen wäre[953]. Dass der Gesetzgeber es vorgezogen hat, eine rasche Umsetzung der Richtlinie vorzunehmen, und daher diese wohl mit langem Verhandlungsaufwand verbundenen Änderungen verschoben hat, sei nicht zu bemängeln[954]. *De lege ferenda* wäre aber nun eine rasche Umsetzung der hier genannten Vorschläge in das Umwandlungsgesetz wünschenswert. Denn Hilfslösungen wie die Grün-

---

947 RefE zum SEAG v. 21.6.2004 – Drs. 15/3405; zustimmend der Handelsrechtsausschuss des DAV, NZG 2004, 75, 76.

948 *Bayer/Schmidt*, NJW 2006, 401, 406 m.w.N; *dieselben*, NZG 2006, 841, 844; Handelsrechtsausschuss des DAV, NZG 2006, 737 f; *Bayer*, in Lutter, § 122h, Rn. 4, 16; *ders*, ZHR 172 (2008), 24 ff; kritisch zum Liquiditätsabluss *Heckschen*, in Widmann/Mayer, § 122h, Rn. 52; zur SE so auch *Schmidt*, 225; siehe auch *Vetter*, AG 2006, 613, 622, Fn. 51, der auch eine betragsmäßige Begrenzung ins Spiel bringt; vgl. die Ausführungen von *Teichmann*, ZHR 168 (2004), 8, 42 ff.

949 Ein Verbot, Barzahlungen zu leisten, die 10 % des Gesamtnennbetrags der gewährten Anteile der übernehmenden Gesellschaft übersteigen, gilt hier nicht, vgl. *Heckschen*, in Widmann/Mayer, § 122h, Rn. 51.

950 Handelsrechtsausschuss des DAV, NZG 2006, 737, 738, welcher der übernehmenden Gesellschaft ein Wahlrecht einräumen will, ob man die Nachzahlung bar oder über Anteile gewährt.

951 *Bayer/Schmidt*, NZG 2006, 841, 844 m.w.N.

952 Vgl. *Vetter*, ZHR 168 (2004), 8ff. m.w.N.

953 *Müller*, Der Konzern 2007, 81, 84; vgl. *ders.*, ZIP 2007, 1081, 1086; a.A. bezüglich der Möglichkeit einer reformatio in peius bei der SE *Schmidt*, 228, die davon ausgeht, dass eine Ungleichbehandlung durch die Besonderheiten der grenzüberschreitenden Fusion gerechtfertigt werden würde.

954 Siehe *Müller*, Der Konzern 2007, 81, 84.

dung einer Vorratsgesellschaft als Zielunternehmen sind angesichts der Unsicherheit, ob die (nahezu immer notwendige) Zustimmung des ausländischen Verschmelzungspartners eingeholt werden kann, bei grenzüberschreitenden Verschmelzungen keine Option[955].

Manche Autoren sehen die für die ausländische übernehmende Gesellschaft negative Kostenregelung des § 15 Abs. 2 S. 1 SpruchG als ausschlaggebend für eine Ablehnung des Spruchverfahrens[956]. Sie beruhe auf einer Ungleichbehandlung der Gesellschafter bezüglich der Kostenverteilung[957]. *Oechsler* schlägt daher vor, dass der ausländische Verschmelzungspartner seine Zustimmung mit der Bedingung eines schuldrechtlichen Kostenerstattungsanspruchs gegen die deutschen Gesellschafter verknüpfen können sollte, durch welchen sich die Beteiligten die Kosten teilen[958]. Der Anspruch ginge nach Abschluss der Fusion im Wege der Rechtsnachfolge auf die Zielgesellschaft über.

Den Kosten steht allerdings wiederum der vermögenswerte Vorteil gegenüber, eine aus einer begründeten Anfechtungsklage gegen den Verschmelzungsbeschluss resultierende Registersperre nach § 16 Abs. 2 UmwG verhindern zu können[959]. Das könnte daher möglicherweise dem ausländischen Verschmelzungspartner genug Anreiz sein, der Durchführung des Spruchverfahrens zuzustimmen. Geht man nämlich davon aus, dass mangels einer Zustimmung der ausländischen Gesellschaft ein Spruchverfahren nicht durchgeführt werden kann, dann greift auch nicht der Ausschluss der Anfechtungsklage nach § 14 Abs. 2 UmwG[960]. Denn diese Norm setzt implizit das "Korrelat des Spruchstellenverfahrens" voraus[961]. Wird der Minderheit die Möglichkeit des Spruchverfahrens verwährt, dann muss ihr wenigstens der Schutz durch die Anfechtungsklage wegen eines zu niedrigen Umtauschverhältnisses zustehen[962]. Die Verschmelzung droht daher wegen der Anfechtungsklage zu scheitern (vielleicht aufgrund der Unsicherheit bezüglich der Dauer und des Ergebnisses der Klage sogar von Anfang an) oder zumindest sich auf Jahre wegen der Blockade zu verzögern.

---

955 *Heckschen*, in Widmann/Mayer, § 122h, Rn. 37 f.

956 Zur SE *Schwarz*, Art. 25, Rn. 30; zur RL *Oechsler*, NZG 2006, 161, 164.

957 *Oechsler*, NZG 2006, 161, 164.

958 *Oechsler*, NZG 2006, 161, 164.

959 *Oechsler*, NZG 2006, 161, 164; vgl. ferner *Frenzel*, 337.

960 Siehe *Neye*, DB 2006, 488, 492; *Müller*, NZG 2006, 286, 289; *Drinhausen/Keinath*, RIW 2006, 81, 85; *Oechsler*, NZG 2006, 161, 164.

961 *Teichmann*, ZGR 2002, 383, 428.

962 Scheifele, 244.

Man kann daher hoffen, dass diese Konsequenz einer Ablehnung die ausländischen Partner zu einer Zustimmung gem. Art. 10 Abs. 3 der RL bewegt. Denn die Möglichkeit, die Folgen einer Anfechtungsklage durch das Freigabeverfahren nach § 16 Abs. 3 UmwG abzumildern, wird als wenig effektiv bewertet[963]. Hinter dem Umtauschverhältnis steht eine komplexe Berechnungsmethode[964]. Da das Freigabeverfahren über ein Eilverfahren läuft, wird es den Gerichten kaum möglich sein, das richtige Umtauschverhältnis über die komplizierte Methode nachzurechnen. Es wird ohne nähere Sachprüfung wahrscheinlich noch nicht einmal dazu kommen, die Klage als offensichtlich unbegründet zu bewerten, ebenso verhält es sich mit der Ermittlung des überwiegenden Vollzugsinteresses[965]. Bei Erhebung der Anfechtungsklage wird daher die Verschmelzung aufgrund der jahrelangen Unsicherheit wohl tatsächlich oftmals scheitern, was den ausländischen Verschmelzungspartner zu einer Zustimmung bewegen könnte[966].

Es ist daher wichtig, dem ausländischen Gesellschafter die Vorzüge des Spruchverfahrens nahe zu legen. Leider beschränkt sich das Aufzeigen der Vorzüge momentan auf das Auflisten der nachteiligen Konsequenzen, wenn statt des Spruchverfahrens die Anfechtungsmöglichkeit besteht, welche wiederum vor allem in der überlangen Verfahrensdauer vor

---

963 *Bayer*, ZHR 168 (2004), 132, 160; *Müller*, Der Konzern 2007, 81, 84; Handelsrechtsausschuss des DAV, NZG 2006, 737 f, der für eine Anwendbarkeit des § 246 Abs. 3 S. 5 AktG für das Freigabeverfahren plädiert; *Heckschen*, in Widmann/Mayer, § 122h, Rn. 41; *Vetter*, AG 2006, 613, 624 m.w.N. in Fn. 58. *Vetter* bietet einige Verbesserungsvorschläge, um das Freigabeverfahren effektiver zu gestalten. So sollten freiwillige Spruchverfahren im Rahmen der Interessenabwägung nach § 26 Abs. 3 UmwG berücksichtigt werden, die Gerichte sollten bei der Unternehmensbewertung einen Beurteilungsspielraum der bewertenden Unternehmen und Prüfer und bei Fusionen außerhalb von Konzernlagen einen Verhandlungsspielraum der Verschmelzungspartner anerkennen. Darüber hinaus sollte laut *Vetter* der Kreis der für das Spruchverfahrens Antragsberechtigten auf die der Verschmelzung widersprechenden Gesellschafter reduziert und die Inter-omnes-Wirkung abgeschafft werden, *Vetter*, AG 2006, 613, 622/624.

964 Zu dem so genannten Ertragswertverfahren siehe oben auf S. 128 f.

965 So *Müller*, Der Konzern 2007, 81, 84 m.w.N, der ausführt, dass das überwiegende Vollzugsinteresse nicht auf die Annahme eines Schadensersatzanspruchs nach § 16 Abs. 3 S. 6 UmwG zurückzuführen ist. Denn dieser Anspruch sei im Gegensatz zur erfolgreichen Anfechtungsklage nicht mit einer Inter-omnes-Wirkung versehen. Für eine Ungeeignetheit der Anfechtungsklage bezüglich der Fragen der Unternehmensbewertung sprechen sich auch *Maul/Teichmann/Wenz*, BB 2003, 2633, 2639 aus.

966 Positiv prognostizierend wohl *Müller*, Der Konzern 2007, 81, 84; gegenteilig *Bayer/Schmidt*, NJW 2006, 401, 406; *dieselben*, NZG 2006, 841, 844.

den deutschen Gerichten zu finden sind. Ein Imageschaden der deutschen Gerichtsbarkeit ist damit nicht zu vermeiden. Es ist also zu hoffen, dass der Gesetzgeber möglichst zügig das Spruchverfahren reformiert, um dem ausländischen Partner auch wirkliche Vorteile (wie eine Verbesserung *seines* Umtauschverhältnisses) aufzeigen zu können. Immerhin hat die Furcht vor Bewertungsrügen bei innerdeutschen Fusionen laut *Vetter* dazu geführt, dass man oftmals bestrebt war, alle Beteiligten auf eine NewCo zu verschmelzen, um der Anfechtungsmöglichkeit des übernehmenden Rechtsträgers aus dem Weg zu gehen[967].

(ii) Gemeinsamer Vertreter

Ein weiteres Zugeständnis an die ausländischen Aktionäre ist die Möglichkeit der Bestellung eines gemeinsamen Vertreters gem. § 6c SpruchG. Diese schon von *Teichmann* geforderte prozessuale Beteiligung am Spruchverfahren soll den ausländischen Aktionären wiederum Anreiz sein, ihre Zustimmung zu geben[968]. Er soll vor allem die Aufgabe haben, das ursprünglich festgesetzte Umtauschverhältnis oder das Barabfindungsangebot im Sinne der Aktionäre der übrigen Verschmelzungspartner zu verteidigen[969].

Es geht darum, die Interessen der Aktionäre des ausländischen Verschmelzungspartners gebührend zu berücksichtigen. Bei inländischen deutschen Fusionen existiert schon ein gemeinsamer Vertreter nach § 6 SpruchG, der aber im Gegensatz zum gemeinsamen Vertreter bei grenzüberschreitenden Fusionen zur Wahrung der Interessen aller Anteilsinhaber der *übertragenden* Gesellschaft vorgesehen ist. Er vertritt die Antragsberechtigten, welche aber nicht Antragssteller sind. Demgegenüber soll der gemeinsame Vertreter nach § 6c SpruchG die Interessen der übernehmenden Gesellschaft oder einer ausländischen übertragenden Gesellschaft ohne Antragsberechtigung wahren[970].

---

967 *Vetter*, AG 2006, 613, 622.

968 *Teichmann*, ZGR 2002, 383, 429. Auch die Begründung des RegE zum SEEG, BT-Drs. 15/3405, 58 formuliert den Hintergrund, dass man die Voraussetzungen schaffen wollte, um den ausländischen Verschmelzungspartner zu einer Zustimmung zu bewegen.

969 Vgl. Begründung zum RegE, BR-Drs. 548/06, 46; zur SE siehe *Teichmann*, ZGR 2003, 367, 386.

970 *Simon/Rubner*, Institute for Law and Finance 11/2006, Nr. 53, 1, 15 f, welcher die Erweiterung der Zuständigkeit des gemeinsamen Vertreters auf den übernehmenden Rechtsträger kritisiert, da dieser schon durch den gesetzlichen Vertreter ausreichend geschützt würde. Sie schlagen eine teleologische Reduktion des § 6c SpruchG vor.

Dem gemeinsamen Vertreter steht zur sachgemäßen Erfüllung seiner Aufgabe das Recht zur Teilnahme an sämtlichen Gerichtsterminen, auf Akteneinsicht und Anhörung zu. Demgegenüber wird dem Vertreter die Befugnis abgesprochen, Rechtsmittel einlegen zu können[971]. Diese Beschränkung seiner Rechte begründet sich dadurch, dass der gemeinsame Vertreter nicht die Stellung eines gesetzlichen Vertreters hat und die von ihm Vertretenen keine materielle Anspruchsberechtigung haben[972].

Der gemeinsame Vertreter wird vom Gericht bestellt, nicht von Amts wegen, sondern auf Antrag eines oder mehrerer nicht antragsberechtigter Anteilsinhaber eines Rechtsträgers, in Falle des Antrags allerdings ohne Ermessen[973]. Nehmen die Antragssteller ihren Antrag zurück, kann der gemeinsame Vertreter nicht wie in § 6 Abs. 3 SpruchG für die nationalen Verschmelzungen vorgesehen, das Verfahren fortführen[974].

Zwar ist die prozessuale Beteiligung des ausländischen Partners ein Schritt in die richtige Richtung, es ist aber zu bezweifeln, ob das alleine ihn zu einer Zustimmung zur Durchführung des Spruchverfahrens veranlasst. Denn das bestmögliche Ergebnis auch für den gemeinsamen Vertreter, der die Transitkosten der Fusion für den übernehmenden Rechtsträger nachteilig erhöht[975], die Beibehaltung des vereinbarten Umtauschverhältnis wäre[976]. Ein echtes kontradiktorisches Verfahren mit der Möglichkeit der Verschlechterung des Umtauschverhältnisses wäre hingegen ein echter Anreiz zur Zustimmung[977].

(iii) Internationale Zuständigkeit

Stimmen die ausländischen Gesellschafter der Durchführung des Spruchverfahrens zu, bleibt noch zu klären, welches Gericht für das gewünschte Verfahren zuständig ist. Die übertragende Gesellschaft ist eine deutsche. Für die internationale Zuständigkeit gilt grundsätzlich das auf den S. 183 ff. Gesagte. Im Ergebnis würde sich nach der hier vertre-

---

971 Zum Vertreter nach § 6a SpruchG siehe *Vetter*, in Lutter/Hommelhoff, 111, 130 ff; zum Vertreter nach § 6c SpruchG siehe *Müller*, Der Konzern 2007, 81, 85. a.A. *Wasmann*, in Kölner Kommentar § 6 SpruchG, Rn. 3.

972 *Vetter*, in Lutter/Hommelhoff, 111, 131 f. (zu § 6a SpruchG); a.A. wohl *Frenzel*, 334.

973 *Frenzel*, 333.

974 *Frenzel*, 333.

975 *Frenzel*, 338.

976 *Vetter*, Lutter/Hommelhoff, 111, 131; *derselbe* AG 2006, 613, 622; *Bayer/Schmidt*, NZG 2006, 841, 844; *Heckschen*, in Widmann/Mayer, § 122h, Rn. 54.

977 Auch *Teichmann*, ZGR 2002, 383, 429 sieht die prozessuale Beteiligung als abgeschwächte Lösung gegenüber der von ihm favorisierten eines gleichberechtigten Spruchverfahrens für *alle* Aktionäre mit der Möglichkeit der *reformatio in peius*.

tenen Ansicht über Art. 2 EuGVO eine Zuständigkeit der Gerichte am Sitz der ausländischen aufnehmenden Gesellschaft ergeben, und über Art. 5 Nr. 1 lit. a EuGVO am Sitz der übertragenden deutschen Gesellschaft, wo wiederum gem. § 2 SpruchG auch die ausschließliche sachliche und örtliche Zuständigkeit liegen würde.

Ist man aber im Gegensatz dazu der Meinung, Art. 22 Nr. 2 EuGVO enthielte auch für den hier besprochenen Sachverhalt eine ausschließliche Zuständigkeit der Gerichte am Sitz der beklagten Gesellschaft, dann wären in diesem Fall die Gerichte am Sitz der aufnehmenden Gesellschaft im Ausland ausschließlich zuständig[978]. Es würde sich dann als Folgeproblem ein Spannungsverhältnis zu § 2 SpruchG ergeben, welcher die Gerichte am Sitz der übertragenden deutschen Gesellschaft für ausschließlich zuständig hält, wobei § 2 SpruchG erst zur Anwendung kommt, wenn deutsche Gerichte international zuständig sind[979]. Es wird zum Teil versucht, den Widerspruch so zu lösen, dass Art. 10 Abs. 3 der RL eine international-zivilprozessuale Zuständigkeitsnorm ist, welche für den Fall, dass die Durchführung des Spruchverfahrens von der Zustimmung des ausländischen Verschmelzungspartners abhängt, die deutschen Gerichte für international zuständig erklärte[980]. Folgte man dieser Ansicht, würde die Regelung in Art. 10 Abs. 3 der RL der EuGVO (und damit auch Art. 22 EuGVO) als lex specialis vorgehen.

(2) Abfindungsangebot im Verschmelzungsplan (§ 122i UmwG)

Die zweite Säule des Minderheitenschutzes ist das Abfindungsrecht der dissentierenden Gesellschafter. § 122i Abs. 1 S. 1 UmwG orientiert sich eng an § 7 SEAG und räumt denjenigen Gesellschaftern einer deutschen übertragenden Gesellschaft, welche der Fusion widersprechen[981], ein außerordentliches Austrittsrecht ein, solange die Zielgesellschaft nicht dem deutschen Recht unterliegt. Das Austritts- und Abfindungsrecht ist also richtigerweise begrenzt auf die Fälle der Herausverschmelzung, da

---

978 Siehe zu dem Streit oben auf S. 190.

979 Siehe zum Parallelproblem zur SE *Schäfer*, in MüKo, AktG, Art. 20, Rn. 33.

980 Zur SE *Hügel*, in Kalss/Hügel, §§ 21, 22 SEG, Rn 25; *Schäfer*, in MüKo, AktG, Art. 20, Rn. 33; zustimmend bezüglich der grenzüberschreitenden Fusion wohl *Müller*, Der Konzern 2007, 81, 84; Bayer, in Lutter, § 122h, Rn. 21; zum Streit siehe S. 180 ff.

981 Dass die Abfindung im Gegensatz zur baren Zuzahlung nur widersprechenden Gesellschaftern angeboten wird, sei nach *Schäfer*, MüKo, AktG, Art. 20 SE-VO, Rn. 23 (zur SE) konsequent, da eine Abfindung einen Austritt und ein Austritt einen Widerspruch voraussetzt.

sich nur da die tatsächlichen und rechtlichen Rahmenbedingungen gravierend ändern[982]. Die Ermächtigungsgrundlage für diese Norm findet man in Art. 4 Abs. 2 S. 2 der RL[983].

Die übertragende Gesellschaft muss[984] gem. § 122i Abs. 1 S. 1 UmwG im Verschmelzungsplan oder seinem Entwurf ein Angebot machen, die Anteile dieser Anteilsinhaber gegen eine angemessene Barabfindung zu erwerben[985]. Der Anspruch richtet sich dann, anders als bei innerstaatlichen Fusionen (§ 29 UmwG), gegen den übertragenden Rechtsträger, da der übernehmende nicht deutschem Recht unterliegt, und der deutsche Gesetzgeber ihm daher keine originären Pflichten auferlegen kann[986]. Der Anspruch geht aber mit dem Wirksamwerden der Fusion im Wege der Gesamtrechtsnachfolge gem. Art. 14 Abs. 1 lit. a der RL auf die übernehmende Gesellschaft über[987]. Im Ergebnis ist der Unterschied zwischen § 29 UmwG und der Vorverlagerung in § 122i Abs. 1 S. 1 UmwG aber nicht so groß, da in beiden Fällen das Angebot erst nach Wirksamwerden der Fusion angenommen werden kann[988] und die Pflicht zur Abfindung daher erst die Zielgesellschaft trifft[989], vgl. § 31 UmwG (bzw. §§ 122i Abs. 1 S. 3 i.V.m. § 31 UmwG). Der Vorschlag von *Lennerz*, bei grenzüberschreitenden Fusionen nicht nur den Abfindungsanspruch gegen den

---

982 *Müller*, ZIP 2004, 1790, 1796; *Louven/Dettmeier/Pöschke/*Weng, BB-Spezial 2006, Nr. 3, 1, 14; siehe auch *Behlert*, 169.

983 Begründung zum RegE, BR-Drs. 548/06, 34; *Neye/Timm*, DB 2006, 488, 492; *Frenzel*, 340.

984 *Louven/Dettmeier/Pöschke/*Weng, BB-Spezial 2006, Nr. 3, 1, 14 sprachen sich dagegen aus, das Angebot zum verpflichtenden Inhalt des Plans zu machen. *Louven*, ZIP 2006, 2021, 2025 bewertet die dahingehende Umsetzung in § 122i Abs. 1 UmwG als Richtlinienverstoß. *Forsthoff*, DStR 2006, 613, 615 kritisiert die Vorverlagerung auf den Verschmelzungsplan – zwar nicht als Verstoß gegen die RL aber als Abweichung von deren Konzept.

985 *Frenzel*, 342, der den Verschmelzungsplan als abschließend betrachtet, ist der Meinung, dass diese zusätzliche Angabe dennoch nicht gegen Art. 5 der RL verstößt.

986 *Müller*, Der Konzern 2007, 81, 86; *Simon/Rubner*, Institute for Law and Finance 11/2006, Nr. 53, 1, 12; *Limmer*, ZNotP 2007, 242, 256; *Frenzel*, 341.

987 Begründung zum RegE, BR-Drs. 548/06, 35; vgl. *Limmer*, ZNotP 2007, 242, 256; *Bayer*, in Lutter, § 122i, Rn. 15.

988 *Simon/Rubner*, Institute for Law and Finance 11/2006, Nr. 53, 1, 12. *Schäfer*, MüKo, AktG, Art. 20 SE-VO, Rn. 23 (zur SE) und *Müller*, Der Konzern 2007, 81, 86, gehen davon aus, dass die Annahme des Angebots auch vor Eintragung möglich ist, der Anspruch auf Abfindung in dem Fall zunächst aufschiebend auf die Eintragung bedingt entsteht. *Schäfer* ist der Meinung, dass vor Eintragung zumindest ein Anwartschaftsrecht der Anteilsinhaber besteht.

989 *Müller*, Der Konzern 2007, 81, 86.

übertragenden Rechtsträger zu richten, sondern den Abfindungsprozess sogar schon vor Wirksamkeit der Fusion abzuschließen, ist vom Gesetzgeber zu Recht aufgrund der damit einhergehenden erheblichen Verzögerung nicht übernommen worden[990].

Sinn und Zweck des Abfindungsanspruchs ist es, die Gesellschafter nicht zu zwingen, den Wechsel von Rechten und Pflichten, welche eine Herausverschmelzung ins Ausland mit sich bringt, hinzunehmen. Der deutsche Gesetzgeber weist in seiner Begründung darauf hin, dass darin keine "Negativbewertung" der ausländischen Rechtsordnung enthalten sein soll, sondern der Regelung lediglich die Veränderung der Rechtsstellung der Anteilsinhaber zugrunde liegt[991]. Der Rechtsgedanke entspricht dem § 29 Abs. 1 UmwG, wo es zwar nicht um eine ausländische Rechtsform, aber um den Wechsel in eine andere Rechtsform geht[992]. Auch in dem Fall geht es also um eine Veränderung von Rechten und Pflichten, welcher die Anteilsinhaber der übertragenden Gesellschaft nach Wirksamwerden der Verschmelzung ausgesetzt sind.

Es stellt sich einem die Frage, ob der Gesetzgeber, indem er für die grenzüberschreitenden Fusionen ein gesondertes Austrittsrecht in § 122i UmwG statuiert hat, sich der Meinung angeschlossen hat, dass § 29 UmwG nicht auf diese Konstellationen direkt oder analog anwendbar wäre[993]. Einige Vertreter der Literatur sind nämlich der Ansicht, bei grenzüberschreitenden Fusionen hätte ein Abfindungsrecht sich bereits aus § 29 UmwG ergeben, dessen Anwendbarkeit schon aus dem generellen Verweis in § 122a Abs. 2 UmwG resultiert hätte[994]. Argumentiert wird damit, dass im Falle einer grenzüberschreitenden Herausverschmelzung die Zielgesellschaft unabhängig von der Rechtsform immer

---

990 Kritisch zu dem Vorschlag von *Lennerz* auch *Müller*, ZIP 2004, 1790, 1796. *Lennerz* aus Kompetenzüberlegungen zustimmend *Louven*, ZIP 2006, 2021, 2026.

991 Begründung zum RegE, BR-Drs. 548/06, 34.

992 *Haritz/von Wolf*, GmbHR 2006, 340, 342. *Kallmeyer*, GmbHR 2006, 418, 120 kritisiert diese Erweiterung des Anwendungsbereichs für das Abfindungsrecht von dem bloßen Formwechsel zu der grenzüberschreitenden Fusion generell. Es stelle gerade für die kleinen und mittleren Unternehmen, welche von der RL profitieren sollen, ein Hemmnis dar. Er ist der Ansicht, dem Minderheitenschutz wäre durch die Dreiviertelmehrheit genüge getan.

993 Zu der Problematik, ob § 29 UmwG anwendbar ist auf grenzüberschreitende Verschmelzung siehe *Leutner*, GPR 2006, 32, 35f.

994 *Drinhausen/Keinath*, BB 2006, 725, 731; *Krause/Kulpa*, ZHR 171 (2007), 38, 75 f. plädieren sogar für eine Streichung der Norm, da die Mischtechnik (Verweis und gesonderte Regelung) zu unnötiger Unübersichtlichkeit führte; *Teichmann*, ZGR 2003, 367, 383; *Müller*, Der Konzern 2007, 81, 86, Fn. 51.

einer *fremden* Rechtsform angehören würde[995]. Trotz der Harmonierungsbemühungen sei die rechtliche Ausgestaltung ein und derselben Rechtsform in den jeweiligen Mitgliedstaaten noch sehr verschieden, hinzu kommen die größere Distanz, die fremde Sprache und die steuerlichen Unterschiede[996]. Es ändern sich zumindest die tatsächlichen und rechtlichen Rahmenbedingungen der Gesellschaft[997]. Die Anteilsinhaber der übertragenden Gesellschaft müssen sich somit über die neuen gesetzlichen Regelungen ebenso informieren, als wenn die Gesellschaft einen innerdeutschen Formwechsel anstreben würde[998].

Demgegenüber wird vertreten, dass man bei Bestimmung der "fremden Rechtsform" in § 29 UmwG die ausländische Rechtsform in die Kategorisierung des § 3 UmwG im Wege der Substitution zuordnen muss. Es komme eben nicht auf die Rahmenbedingungen an, sondern lediglich auf die Rechtsform, und § 29 UmwG sei auch nicht analog anzuwenden[999]. Ohne gesondertes Austrittsrecht wäre über den allgemeinen Verweis in § 122a Abs. 2 UmwG demnach § 29 UmwG nur anwendbar, wenn die Zielgesellschaft unabhängig von ihrer Zugehörigkeit zu einer Rechtsordnung anderer Rechtsform wäre.

Ob eine analoge oder direkte Anwendung des § 29 UmwG für grenzüberschreitende Herausverschmelzungen möglich gewesen wäre, kann im Endeffekt dahinstehen. Denn durch die gesonderte Regelung des § 122i Abs. 1 S. 1 UmwG ist der Regelungsinhalt des § 29 UmwG zumindest für Herausverschmelzungen gesondert übernommen worden. Im Falle einer Hineinverschmelzung gilt dagegen immer noch der § 29 UmwG, da hierzu der § 122i UmwG keine speziellere Regelung trifft[1000]. Außerdem würde eine Anwendbarkeit des § 29 UmwG aufgrund von Spezialität für Hineinverschmelzungen, bei denen eine ausländische und eine deutsche übertragende Gesellschaft auf eine deutsche Gesellschaft verschmelzen, zu unangemessenen Ergebnissen führen. Denn in der aufgeführten Konstellation stünde den Anteilsinhabern der deutschen übertragenden Gesellschaft kein Austrittsrecht gegen Barabfindung nach § 122i Abs. 1 UmwG zu[1001]. Dies würde es einfach machen, eine leere Hülle einer aus-

---

995 *Drinhausen/Keinath*, BB 2006, 725, 731.

996 *Müller*, ZIP 2004, 1790, 1796.

997 *Maul/Teichmann/Wenz*, BB 2003, 2633, 2639 m.w.N; zur SE auch *Schmidt*, 229.

998 *Frenzel*, 344.

999 So *Lennerz*, 181.

1000 *Bayer*, in Lutter, § 122i, Rn. 8; *Frenzel*, 345 f.

1001 *Bayer*, in Lutter, § 122i, Rn. 8; *Frenzel*, 346.

ländischen Gesellschaft gesondert als übertragenden Rechtsträger für die Fusion zu gründen, um den § 29 UmwG zu umgehen[1002].

Diese Ausweitung des Abfindungsrechts auch auf grenzüberschreitende Verschmelzungen wird zum Teil als ein mit dem Gedanken des europäischen Binnenmarkts unvereinbares Mobilitätshindernis kritisiert[1003]. Argumentiert wird damit, dass die Abfindungspflicht zu einem "finanziell schwer kalkulierbaren Risiko"[1004] für die Unternehmen führt, und sie vor einer grenzüberschreitenden Fusion mit deutschen Gesellschaften abschrecken könnte. Das Austritts- und Abfindungsrecht würde faktisch aufgrund der Liquiditätsgefährdung die Möglichkeit der Herausverschmelzung behindern[1005].

Müller argumentiert richtigerweise dagegen. Der deutsche Gesetzgeber konnte für die Erweiterung des Abfindungsrechts auf grenzüberschreitende Fusionen auf die Ermächtigung in Art. 4 Abs. 2 S. 2 der RL zurückgreifen. Er hat von dieser Ermächtigung aber auch in legitimer Weise Gebrauch gemacht[1006]. Man könnte zwar in der generellen und rechtsformunabhängigen Gleichstellung der grenzüberschreitenden Herausverschmelzungen mit den innerdeutschen Mischfusionen eine Diskriminierung der ausländischen Gesellschaften sehen[1007]. Zumindest aber muss man wohl bejahen, dass durch die Abfindungspflicht eine unterschiedslose Beschränkung der Niederlassungsfreiheit der Gesellschaften vorliegt. Unabhängig davon, für welchen Eingriff man sich entscheidet, ist aber davon auszugehen, dass er gerechtfertigt ist[1008].

Denn der Schutz der Minderheiten einer Gesellschaft ist vom EuGH in seinen Urteilen Centros und Überseering als ein zwingender Grund des

---

1002 *Bayer*, in Lutter, § 122i, Rn. 8.

1003 Vgl. die gemeinsame Stellungnahme zum RefE von BDA, BDI, DIHK und GDV v. 21.4.2006, 4; kritisch auch der Handelsrechtsausschuss des DAV, NZG 2006, 737, 741.

1004 Siehe die gemeinsame Stellungnahme zum RefE von BDA, BDI, DIHK und GDV v. 21.4.2006, 4.

1005 Handelsrechtsausschuss des DAV, NZG 2006, 737, 741; auch *Vetter*, AG 2006, 613, 623 sieht, dass das Abfindungsrisiko ein Argument für den Sitz der Zielgesellschaft in Deutschland sein könnte.

1006 *Müller*, Der Konzern 2006, 81, 86.

1007 Für eine Diskriminierung vgl. *Hügel*, in Kalls/Hügel, SEK, § 17 SEG, Rn. 26.gucken, welche Argumente und wo Diskriminierung sieht! A.A. *Schmidt*, 233 (zur SE); *Müller*, Der Konzern 2006, 81, 86.

1008 Nimmt man eine Diskriminierung an, dann ist die Frage, ob die Minderheitenschutzrechte unter die öffentliche Sicherheit gem. Art. 46 Abs. 1 EGV fallen. Siehe hierzu den Aufsatz von *Forsthoff*, EWS 2001, 59, 63 ff.

Gemeinwohls anerkannt worden[1009]. Gute Gründe sprechen dafür, dass für die widersprechenden Minderheiten die gezwungene Anteilnahme an der Herausverschmelzung unverhältnismäßig wäre. Aufzuführen sind folgende Unterschiede: räumliche Entfernung, fremde Sprache, steuerliche Andersbehandlung, Änderung der rechtlichen Rahmenbedingungen[1010]. Vergleicht man die Liquiditätsgefährdung mit derjenigen, welche durch die Nachbesserung des Umtauschverhältnisses entsteht, ist der Abfluss hier zumindest einschätzbar, da nur die widersprechenden Gesellschafter abgefunden werden müssen[1011]. Zwar können im Extremfall auch da erhebliche Kosten auf die Gesellschaft zukommen, der Extremfall umfasst aber höchstens 25 % der Gesellschafter, da bei mehr widersprechenden Gesellschaftern die Mehrheit für die Fusion ohnehin nicht gegeben sein würde[1012].

Für die Gewährung eines Austrittsrechts kann man außerdem anführen, dass widersprechende Gesellschafter auf diese Art und Weise austreten können, ohne den Verschmelzungsbeschluss grundsätzlich angreifen zu müssen[1013].

(a) Spruchverfahren

Wie auch bezüglich des Umtauschverhältnisses kann auch die Abfindung im Spruchverfahren gem. § 122i Abs. 2 S. 1 UmwG nur überprüft werden, wenn die Rechtsordnung des ausländischen Verschmelzungspartners ein solches Verfahren kennt oder er der Durchführung des Spruchverfahrens im Verschmelzungsbeschluss ausdrücklich zustimmt. In beiden Fällen folgt daraus, dass eine etwaige Anfechtungsklage nicht darauf gestützt werden kann, dass das Barabfindungsangebot zu niedrig ist, bzw. nicht oder nicht ordnungsgemäß angeboten worden ist.

In Parallele zum Umtauschverhältnis stellt sich auch hier die Frage, inwieweit die ausländischen Gesellschaften, deren jeweiliges Heimatrecht ein solches Verfahren unbekannt ist, der Durchführung zustimmen werden. Wiederum ist Vorteil der Zustimmung, dass den widersprechenden Gesellschaftern das "scharfe Schwert"[1014] der Anfechtungsklage genommen wird. Streitigkeiten über die Höhe der Abfindung können über den

---

1009 EuGH v. 9.3.1999 (Centros)– Rs. C-212/97 = NJW 1999, 2027; EuGH v. 5.11.2002 (Überseering) – Rs. C-208/00 = NJW 2002, 3614.

1010 *Müller*, Der Konzern 2006, 81, 86.

1011 *Vetter*, AG 2006, 613, 623; *Müller*, Der Konzern 2006, 81, 86 f.

1012 *Schmidt*, 233.

1013 *Müller*, Der Konzern 2006, 81, 86.

1014 *Müller*, Der Konzern 2006, 81, 86.

Weg des Spruchverfahrens geklärt werden, ohne dass die Fusion insgesamt blockiert wird. Ob das aber genug Anreiz zur Erteilung der Zustimmung ist, bleibt fraglich. Zur Kritik an der diesbezüglichen Umsetzung der §§ 122h, i UmwG kann ansonsten nach oben verwiesen werden[1015].

Ist der ausländische Verschmelzungspartner übertragende Gesellschaft, und streben deren Gesellschafter ein Spruchverfahren zur Überprüfung der Abfindung an, dann gelten gem. § 122i Abs. 2 S. 2 UmwG dafür die gleichen Voraussetzungen wie in § 122h Abs. 2 UmwG vorgesehen. Die Möglichkeit besteht nur dann, wenn deutsche Gerichte international zuständig sind und das Heimatrecht der ausländischen übertragenden Gesellschaft ein Verfahren wie das Spruchverfahren ebenfalls vorsieht[1016].

Auffällig ist allerdings, dass § 122i Abs. 2 S. 2 UmwG lediglich auf § 34 UmwG verweist. Möglicherweise hat der deutsche Gesetzgeber eine Anwendbarkeit des § 29 UmwG für ausländische übertragende Gesellschaften mit dessen Auslassung in dem Verweis ausschließen wollen[1017]. Das mag seinen Grund darin haben, dass er den ausländischen Gesellschaftern keine Schutzrechte zubilligen wollte, welche ihnen ihr Heimatrecht verwehrt[1018].

(b) Einschränkung für börsennotierte Gesellschaften?

Empfohlen wird, dass man auf das komplexe Schutzsystem verzichten sollte, wenn es um die Fusion von börsennotierten Gesellschaften geht[1019]. Vorgeschlagen wird, dass die Pflicht gem. § 122i Abs. 1 UmwG, in den Verschmelzungsplan immer ein Abfindungsangebot aufzunehmen, wenn die übernehmende oder neue Gesellschaft nicht deutschem Recht unter-

---

1015 Siehe hierzu oben auf S. 210 ff; außerdem *Schmidt*, 232 ff; *Schäfer*, in MüKo, AktG, Art. 20 SE-VO, Rn. 36 ff (zur SE).

1016 Siehe S. 209 ff.

1017 So *Weng*, 292 f.

1018 *Engert*, in Eidenmüller, § 4, Rn. 121; *Geyrhalter/Weber*, DStR 2006, 146, 148 f; *Müller*, Der Konzern 2007, 81, 88. *Geyrhalter/Weber* halten dagegen, dass die Pflicht auf ein solches Angebot als Planinhalt anhand beider Rechtsordnungen zu untersuchen wäre, da diese sich an dem Punkt des Verfahrens kumulieren müssen und sich § 29 UmwG als strengere Regelung dann durchsetzen würde (a.A. wird hier vertreten auf S. 201 m.w.N.). Letztlich lassen die Autoren die Anwendbarkeit des § 29 UmwG offen.

1019 Vgl. den Disskussionsbeitrag von *Bayer* auf dem Symposion "Europäische AG und der Diskussionsentwurf zum deutschen Begleitgesetz" am 9.5.2003, ZGR 2003, 647, 648 (im Anschluss an das Referat von *Kalss*); *Bayer/Schmidt*, NZG 2006, 841, 844; vgl. auch *dieselben*, NJW 2006, 401, 406; Handelsrechtsausschuss des DAV, NZG 2006, 737, 741; *Vetter*, AG 2006, 613, 623; *Bayer*, in Lutter, § 122i, Rn. 6.

liegt, für diese Konstellationen entfällt[1020]. Argumentiert wird damit, dass die dissertierungswilligen Minderheiten, sobald die Zielgesellschaft an einem organisierten Markt zum Handel zugelassen wird, ihre "aufgezwungenen" Anteile dieser Gesellschaft verkaufen können. Die Harmonisierung des europäischen Kapitalmarktrechts reicht mittlerweile weit, die Aktionärsrechte-Richtlinie[1021] ist am 3. August 2007 in Kraft getreten. Die jetzige Regelung müsse als Misstrauen gegenüber den einheitlichen europäischen Kapitalmarktstandards gewertet werden[1022]. Verzichte man demnach auf die Pflicht zum Abfindungsangebot für börsennotierte Gesellschaften, dann würde "das Abfindungsinteresse dissentierender Minderheitsgesellschafter (...) mit dem Kapitalerhaltungsinteresse der übernehmenden Gesellschaft liquiditätsschonend und zu minimalen Transaktionskosten zum Ausgleich gebracht werden"[1023].

Problematisch ist an dieser Ansicht, dass sich die Unternehmensbewertung nicht lediglich nach dem Börsenkurs richtet, und daher der Schutz des Aktionärs möglicherweise nicht mit der Veräußerung an der Börse befriedigt sein könne[1024]. In Deutschland ist zur Bestimmung der angemessenen Abfindung die typischerweise nach der Ertragswertmethode vorgenommene Unternehmensbewertung maßgeblich, allerdings wird hier nur das übertragende Unternehmen bewertet[1025]. Der so ermittelte Betrag muss nicht notwendigerweise mit dem Börsenkurs deckungsgleich sein, welcher lediglich als Untergrenze sicherer Bestand der Rechnung ist[1026]. *Müller* weist darauf hin, dass zum Zeitpunkt des Verkaufs der Aktien der Kurs möglicherweise schon beträchtlich abgerutscht ist, da die Wirkungen der Verschmelzung ab dem Zeitpunkt ihres Bekanntwerdens berücksichtigt werden, und auf dem Markt die Fusion möglicherweise negativ beurteilt wurde. Dann würde der Kursrückgang

---

1020 *Krause*, in Gesellschaftsrecht in der Diskussion 2006, 39, 48 beschränkt das, indem er eine Gleichwertigkeit der inländischen und ausländischen börsennotierten Gesellschaft voraussetzt. Zur Bestimmung des unbestimmten Rechtsbegriffs bietet er einen Rückgriff auf § 3 Abs. 2 AktG ("börsennotiert") oder auf § 2 Abs. 7 WpÜG ("organisierter Markt") an.

1021 RL 2007/36/EG des europäischen Parlaments und des Rates v. 11. Juli 2007 über die Ausübung bestimmter Rechte von Aktionären in börsennotierten Gesellschaften ABL. EG L-184, v. 14.7.2007, 17.

1022 *Vetter*, AG 2006, 613, 623.

1023 So der Handelsrechtsausschuss des DAV, NZG 2006, 737, 741; wohl ebenso *Krause*, in Gesellschaftsrecht in der Diskussion 2006, 39, 48.

1024 *Müller*, Der Konzern 2007, 81, 87.

1025 IDW-Standard, Grundsätze zur Durchführung von Unternehmensbewertungen, WPg 2005, 1303 ff.

1026 *Müller*, Der Konzern 2007, 81, 87 mit zahlreichen Nachweisen.

aufgrund des schlechten Images der Fusion (vielleicht auch aufgrund der Durchführung eines langwierigen Spruchverfahrens zur Nachprüfung des Umtauschverhältnisses) insbesondere auch dem schützenswerten Minderheitsgesellschafter schaden, welcher die Fusion von Beginn an ablehnte und ihr sogar aktiv widersprach[1027]. Richtiger wäre es daher nach *Müller*, die Bewertung allein auf die Vermögens- und Ertragslage des übertragenden Rechtsträgers im Zeitpunkt der Beschlussfassung über die Verschmelzung abzustellen[1028]. Diese Methode müsste ohnehin für die Ermittlung des Umtauschverhältnisses angewandt werden, daher hielte sich der zusätzliche Aufwand in Grenzen.

Das BVerfG hat in seinem Beschluss v. 27.4.1999[1029] die langjährige und auf eine BGH-Entscheidung[1030] zurückgehende Praxis beendet, den Börsenkurs im Spruchverfahren unbeachtlich zu lassen, indem es darin einen Verstoß gegen den durch Art. 14 GG garantierten Schutz der deutschen Anteilsinhaber sah. Es wurde festgestellt, dass sich der auszugleichende Vermögensverlust der Minderheit ihr vor allem als Verlust des Verkehrswertes darstelle.

Mit dieser minderheitenfreundlichen Rechtsprechung kann aber sicherlich nicht dahingehend argumentiert werden, dass aufgrund der Maßgeblichkeit des Börsenkurses das Austrittsrecht als ein Schutzinstrument der Minderheiten zugunsten der Möglichkeit, bei Ablehnung der Fusion die Anteile an der Börse zu veräußern, wegfallen kann.

Im Ergebnis muss man eine Abwägung treffen zwischen den Interessen der Minderheit auf Schutz vor unhinnehmbaren Veränderungen ihrer Rechte und Pflichten auf der einen Seite und dem Interesse auf Schonung der Liquidität der Unternehmen auf der anderen Seite. Das Austrittsrecht auf die Fusion von nicht-börsennotierten Verschmelzungen zu beschränken, ist durchaus vertretbar. Denn dass aufgrund einer Entscheidung der Unternehmensführung, welche gegen den Willen einiger Gesellschafter durchgesetzt wurde, der Börsenkurs eventuell absinkt, gehört zum System der Marktwirtschaft und genügt nicht alleine als Argument für das Bestehen des Austrittsrechts.

1027 *Müller*, Der Konzern 2007, 81, 87.

1028 *Müller*, Der Konzern 2007, 81, 87.

1029 1 BvR 1613/94=ZIP 1999, 1436 ff; hierzu *Neye*, EWiR 1999, 751 f. m.w.N; vorher schon BayObLG v. 29.9.1998 – 3 Z BR 159/94=ZIP 1998, 1872 ff; vgl. auch den Handelsrechtsausschuss des DAV, NZG 2006, 737, 741.

1030 Vgl. BGH, WM 1967, 479.

(c) Internationale Zuständigkeit

Die internationale Zuständigkeit der Gerichte für die Durchführung des Spruchverfahrens zur Prüfung der Abfindungshöhe richtet sich wie schon bei der Nachbesserung des Umtauschverhältnisses nach der EuGVO. Der besondere Gerichtsstand nach Art. 5 Nr. 1 EuGVO bestimmt sich, wie oben festgestellt, nach deutschem Recht. Die herrschende Meinung in Literatur und Rechtsprechung geht davon aus, dass für auf dem Gesellschaftsvertrag beruhende Rechte und Pflichten der jeweilige Sitz der Gesellschaft Leistungsort im Sinne des § 269 BGB sein soll[1031]. Im Falle des Minderheitenschutzes kann man aber davon ausgehen, dass Erfüllungsort der Sitz der Gesellschaft ist, an welcher die Minderheiten beteiligt sind. Denn der EuGH bestimmt, dass die besonderen Zuständigkeiten der EuGVO so auszulegen sind, dass der Beklagte vernünftigerweise vorhersehen kann, vor welchem für ihn ausländischen Gericht er verklagt werden kann[1032].

Problematisch ist nun beim Abfindungsanspruch, dass die widersprechenden Gesellschafter das im Verschmelzungsplan gemachte Angebot erst nach Bekanntgabe der Eintragung der Fusion annehmen können, vgl. § 122i Abs .1 S. 3 i.V.m. § 31 S. 1 UmwG. Wirkung der Eintragung ist aber zum einen, dass die Zielgesellschaft Rechtsnachfolgerin der übertragenden Gesellschaft ist – gem. § 122a Abs. 2 i.V.m. §§ 19 Abs. 3, 20 Abs. 1 Nr. 1 UmwG geht das Vermögen einschließlich der Verbindlichkeiten des übertragenden Rechtsträgers auf den Rechtsnachfolger über[1033]. Zum anderen erlischt der übertragende Rechtsträger per Gesetz gem. § 122a Abs. 2 i.V.m. §§ 19 Abs. 3, 20 Abs. 1 Nr. 2 UmwG.

Für die Bestimmung des Erfüllungsortes gem. Art. 5 Nr. 1 EuGVO bedeutet das, dass nun lediglich der Sitz der Zielgesellschaft als Anknüpfungspunkt in Frage käme, da die ursprüngliche Gesellschaft der fraglichen Minderheit erloschen ist. Auch der allgemeine Gerichtsstand nach Art. 2 EuGVO verweist die Minderheiten auf eine Klage vor den Heimatgerichten der Zielgesellschaft. Das hätte zur Folge, dass zu dem Zeitpunkt, an welchem die widersprechenden Gesellschafter ihren Anspruch zum ersten Mal geltend machen können, eigentlich kein inländi-

---

1031 OLG Jena, NZG 1999, 34, 35; OLG Jena, NZI 1999, 81, 82; *Heinrichs*, in Palandt, § 269, Rn. 14; *Krüger*, in MüKo, § 269 BGB, Rn. 32; *Unberath*, in Bamberger/Roth, § 269, Rn. 22.

1032 EuGH v. 17.6.1992 (Handte/TMCS) – Rs. C-26/91, Slg. 1992, I-3967, Rn. 18.

1033 Bekanntmachung der Eintragung und Wirksamwerden richten sich nach den allgemeinen Vorschriften des UmwG, siehe *Neye/Timm*, DB 2006, 489, 493.

scher Gerichtsstand mehr bestünde[1034]. Und selbst wenn man zu einer internationalen Zuständigkeit deutscher Gerichte käme, würde § 2 Abs. 1 S. 1 SpruchG eine örtliche ausschließliche Zuständigkeit bestimmen, welche am Sitz der Zielgesellschaft im Ausland läge[1035].

Dieses Ergebnis ist unbefriedigend, da die Begründung für die Existenz des Abfindungsanspruchs ist, dass die Herausverschmelzung den Gesellschafter mit vollkommen veränderten Umständen im Ausland konfrontiert, zu deren Akzeptanz er nicht gezwungen werden sollte. Daher kann er sich angemessen abfinden lassen und aus der Zielgesellschaft austreten. Es scheint diesem Sinn und Zweck nicht zu entsprechen, die dissentierenden Gesellschafter zu zwingen, die Überprüfung ihrer ihnen nach ihrem Heimatrecht zustehenden Abfindung nun vor ausländischen Gerichten zu erzwingen.

Einige Lösungen wurden in die juristische Diskussion geworfen, den Fall betreffend, dass die ausländische Gesellschaft der Durchführung des Spruchverfahrens zustimmen muss. Bezüglich der Parallelnorm für die SE wurde vorgeschlagen, dass Art. 25 Abs. 3 S. 4 SE-VO eine international-zivilprozessuale Zuständigkeitsnorm ist, welche die deutschen Gerichte für international zuständig erklärte[1036]. Es wird auch aus der Bindungswirkung des Zustimmungsbeschlusses eine internationale Zuständigkeit hergeleitet[1037]. Zum Teil wird es hingegen favorisiert, den Zustimmungsbeschluss als Antrag auf Abschluss einer Gerichtsstandsvereinbarung mit den Abfindungsberechtigten der übertragenden Gesellschaft auszulegen[1038]. Im Falle einer Anerkennung des Spruchverfahrens durch den ausländischen Verschmelzungspartner müsste dessen Wille auch umfassen, dass ein Gerichtsstand nach § 2 Abs. 1 S. 1 SpruchG in Deutschland begründet ist. Im Falle einer Verschmelzung durch Neugründung sei auch die Zielgesellschaft aufgrund der Universalsukzession gem. Art. 14 der RL (bzw. § 20 Abs. 1 Nr. 1 UmwG) an diesen Antrag gebunden[1039].

1034 So auch *Oechsler*, NZG 2006, 161, 164, welcher allerdings nicht die EuGVO anwendet, sondern mit § 2 SpruchG argumentiert.

1035 *Schäfer*, in MüKo, AktG, Art. 20 SE-VO, Rn. 33 (zur SE); *Oechsler*, NZG 2006, 161, 164.

1036 Zur SE *Hügel*, in Kalss/Hügel, §§ 21, 22 SEG, Rn 25; *Schäfer*, in MüKo, AktG, Art. 20 SE-VO, Rn. 33; zustimmend bezüglich der grenzüberschreitenden Fusion wohl *Müller*, Der Konzern 2007, 81, 84.

1037 *Bayer*, in Lutter, § 122i, Rn. 26.

1038 *Oechsler*, NZG 2006, 161, 164 f; *Frenzel*, 324 ff, siehe zu dem Streit oben auf S. 180 ff.

1039 Siehe hierzu die Darstellung auf S. 181ff.

Es wäre zu begrüßen, wenn der Gesetzgeber de lege ferenda hierfür eine Lösung trifft. Orientieren könnte er sich dabei an Art. 8 Abs. 16 SE-VO, welcher eine inländische Sitzfiktion für Altschulden kodifiziert[1040].

7. Ausblick aus dem Verfahren

Für die Eintragung und Bekanntmachung der Verschmelzung gelten für jede der beteiligten Gesellschaften die Regelungen ihres Heimatrechts – speziell die Umsetzungsnormen zu Art. 3 der Publizitätsrichtlinie, vgl. Art. 13 S. 1 der RL[1041]. Der Zeitpunkt, an welchem die grenzüberschreitende Fusion wirksam wird, richtet sich hingegen gem. Art. 12 S. 1 der RL lediglich nach dem auf die Zielgesellschaft anwendbaren Recht, wobei das zweistufige Kontrollverfahren nach Art. 11 der RL abgeschlossen sein muss. Ist die Zielgesellschaft eine deutsche, wird die Verschmelzung somit gem. § 20 Abs. 1 UmwG mit der Eintragung in deren Register wirksam[1042].

Die Rechtsfolgen der Verschmelzung werden in Art. 14 der RL aufgeführt[1043]:

- Universalsukzession (Abs. 1 lit. a für die Verschmelzung durch Aufnahme/Abs. 2 lit. a für die Verschmelzung durch Neugründung)
- Gesellschafterwerdung (Abs. 1 lit. b/Abs. 2 lit. b)
- Erlöschen der übertragenden (Abs. 1 lit. c) oder sich verschmelzenden (Abs. 2 lit. c) Gesellschaften

Art. 14 Abs. 3 der RL enthält einen Vorbehalt für besondere nationale Formalitäten und Absatz 5 Klarstellungen darüber, dass die Rechte und Pflichten der Gesellschaften aus Arbeitsverträgen oder Beschäftigungs-

---

1040 So *Oechsler*, in MüKo, AktG, Art. 8 SE-VO, Rn. 58; vgl. auch *Oechsler*, NZG 2006, 161, 164. *Weng*, 314 spricht sich für eine international-zivilprozessuale Zuständigkeitsnorm in § 122i Abs. 2 S. 1 UmwG aus. Dass im Falle einer österreichischen übertragenden Gesellschaft die inländische Zuständigkeit gewahrt bleibt, davon gehen *Kaufmann*, in Frotz/Kaufmann, § 12 EU-VerschG, Rn. 15 aus.

1041 Umgesetzt wurde die Eintragung einer grenzüberschreitenden Fusion in § 122l UmwG, wobei dessen Abs. 3 die Mitteilung im Gegensatz zur RL nicht explizit als unverzüglich voraussetzt, vgl. *Bayer/Schmidt*, NJW 2006, 401, 404. Siehe zu § 122l UmwG ausführlicher *Neye/Timm*, DB 2006, 489, 493; vgl. auch S. 170. Die Bekanntmachung der Eintragung richtet sich nach § 122a Abs. 2 i.V.m. § 19 Abs. 3 UmwG.

1042 *Bayer/Schmidt*, NJW 2006, 401, 404; *Bayer*, in Lutter, § 122l, Rn. 23. Mehr zum Wirksamwerden der Fusion bei *Behrens*, 139 ff.

1043 Mehr zu den Wirkungen bei *Behrens*, 142 ff; vgl. auch *Bayer*, in Lutter, § 122l, Rn. 25; *Frenzel*, 390 ff.

verhältnissen auf die Zielgesellschaft übergehen. Die Rechtsfolgen der Verschmelzung folgen damit dem Vorbild der Art. 29 SE-VO und Art. 33 SCE-VO[1044]. Hat die Zielgesellschaft ihren Sitz in Deutschland, richten sich die Rechtsfolgen der grenzüberschreitenden Fusion nach § 122a Abs. 2 i.V.m. § 20 UmwG. Eine gesonderte Umsetzung des Art. 14 der RL war entbehrlich.

Besonders zu begrüßen ist die Regelung des Art. 17 der RL, die erklärt, dass eine grenzüberschreitende Verschmelzung, einmal wirksam, nicht mehr für nichtig erklärt werden kann. Der dadurch garantierte absolute Bestandsschutz dürfte eine Rückabwicklung – ob nun ex tunc oder ex nunc – generell ausschließen[1045]. Auch der Bestandsschutz musste im deutschen Recht nicht gesondert umgesetzt werden, da er ohnehin dem § 20 Abs. 2 UmwG zu entnehmen ist[1046].

Wie die Mitbestimmung der Arbeitnehmer in der Zielgesellschaft aussieht, bestimmt sich nach den Regelungen in Art. 16 der RL[1047]. Man erkennt schnell, dass in der Richtlinie der für die SE gefundenen Kompromiss in leicht abgewandelter Form übernommen wurde, diese Änderungen bedeuten aber "ein Mehr an Flexibilität und ein Weniger an Zeitverlust"[1048].

Art 16 Abs. 1 der RL sieht als Grundregel vor, dass für die Zielgesellschaft die Regelungen der Mitbestimmung gelten sollen, welche das Recht des Mitgliedstaates bereithält, in welchem der Sitz der Gesellschaft liegt. Von dieser Grundregel wird aber in den folgenden Absätzen weitgehend abgewichen. Denn an die Stelle des "Sitzlandprinzips" tritt gem. Art. 16 Abs. 2 der RL die Verhandlungslösung in den Fällen, in denen

---

1044 Art. 14 Abs. 5 der RL verhindert die Entstehung eigener Aktien und folgt dem Modell des Art. 19 Abs. 2 VRL.

1045 *Bayer/Schmidt*, NJW 2006, 401, 404 m.w.N, welche hervorheben, dass die Regelung im Gegensatz zu Art. 30 SE-VO eine erfreuliche Klarheit beinhaltet.

1046 *Drinhausen/Keinath*, BB 2006, 725, 730.

1047 Vertiefend zum Mitbestimmungsmodell der Richtlinie *Forsthoff*, DStR 2006, 613, 615 ff; *Louven/Dettmeier/Pöschke/Weng*, BB Spezial 2006, Nr. 3,1, 14 ff; *Koppensteiner*, Der Konzern 2006, 40, 50 f; *Drinhausen/Keinath*, RIW 2006, 81, 85; *Müller*, ZIP 2004, 1790, 1795; *Wiesner*, DB 2005, 91; *Heuschmid*, AuR 2006, 184; *Nagel*, NZG 2006, 97 und vor allem *Behrens*, 177 ff; *Weng*, 323 ff; *Beutel*, 221 ff; *Kleinhenz*, 309 ff; zur Umsetzung des Mitbestimmungsmodells siehe vor allem *Teichmann*, Der Konzern 2007, 89 ff; *Krause/Janko*, BB 2007, 2194 ff; zur Umsetzung ins österreichische Recht in den §§ 258 ff des Arbeitsverfassungsgesetz (ArbVG, BGBl I 2007/77) vgl. *Zeiler/Laimer*, in Frotz/Kaufmann, 199 ff.

1048 *Bayer*, BB 2006, Heft 7, Die erste Seite.

- eine der beteiligten Gesellschaften in den sechs Monaten vor Veröffentlichung des Verschmelzungsplans im Durchschnitt mehr als 500 Arbeitnehmer beschäftigte und außerdem nach nationalem Recht der Mitbestimmung unterlag

oder

- die Zielgesellschaft nach dem auf sie anwendbarem Recht keiner oder einer verminderten Mitbestimmung unterliegt (lit. a)

oder

- die Zielgesellschaft nach dem auf sie anwendbarem Recht ausländischen Arbeitnehmern nicht die gleichen Mitbestimmungsrechte gewährt wie den Beschäftigten im Sitzstaat (lit. b).

Sofern also nach Art. 16 Abs. 2 der RL erforderlich, werden nach Offenlegung des Verschmelzungsplans von den Leitungs- oder Verwaltungsorganen der beteiligten Gesellschaften Verhandlungen[1049] über die Mitbestimmung eingeleitet, vgl. Art. 16 Abs. 3 lit. a der RL i.V.m. Art. 3 Abs. 1 SE-Richtlinie[1050]. Scheitern die Verhandlungen, so greift als Auffangregelung das weitestgehende Mitbestimmungsmodell der beteiligten Verschmelzungspartner, wenn mehr als ein Drittel aller Arbeitnehmer der Zielgesellschaft vor der Fusion einer Mitbestimmung unterlag, vgl. Art. 16 Abs. 3 lit. e und h der RL[1051].

1049 Auf den Ablauf der Verhandlungen wird hier nicht näher eingegangen. Mehr zur Unternehmerischen Mitbestimmung der Arbeitnehmer, siehe allein *Frenzel*, 285 ff.

1050 Richtlinie 2001/86/EG des Rates v. 8.10.2001, ABl. EG L-294 v. 10.11.2001, 22-32.

1051 Bei der SE griff die Auffangregelung mit der Maximallösung schon bei einem Viertel ein (Art. 7 Abs. 2 UnterAbs. 1 lit. b SE-RL). Eingeführt wurde in Art. 16 Abs. 4 der RL auch eine Möglichkeit, das Verfahren zu beschleunigen.

C. Ausblick

Kurz vor dem In-Kraft-Treten der Richtlinie zur grenzüberschreitenden Verschmelzung am 15.12.2005 gelang es dem EuGH, den europäischen Gesetzgeber durch seine Rechtsprechung zu überholen. Er hatte in der Rechtssache SEVIC zu entscheiden, ob die Art. 43 und 48 EGV dahingehend auszulegen sind, "dass es im Widerspruch zur Niederlassungsfreiheit für Gesellschaften steht, wenn einer ausländischen europäischen Gesellschaft die Eintragung ihrer angestrebten Verschmelzung mit einer deutschen Gesellschaft in das deutsche Handelsregister gemäß den §§ 16 ff. UmwG versagt wird, weil § 1 Abs. 1 Nr. 1 UmwG nur eine Umwandlung von Rechtsträgern mit Sitz im Inland vorsieht"[1052]. In seiner Entscheidung vom 13.12.2005 entschied der EuGH, dass die (in Deutschland bis dato übliche) generelle Eintragungsversagung der Hereinverschmelzung einer Gesellschaft aus einem anderen Mitgliedsstaat auf eine deutsche Gesellschaft gegen die Niederlassungsfreiheit verstoße[1053].

Auch wenn es sich bei dem der Sevic-Entscheidung zugrunde liegenden Sachverhalt um Kapitalgesellschaften handelte, umfasst die Niederlassungsfreiheit gem. Art. 43, 48 EGV auch die Verschmelzung unter der Beteiligung von Personengesellschaften[1054]. Denn der EuGH spricht in seinem Urteil nur von der Niederlassungsfreiheit von "Gesellschaften" und Art. 48 Abs. 2 EGV erstreckt die Niederlassungsfreiheit gem. Art 43 EGV auf Gesellschaften bürgerlichen Rechts, die einen Erwerbszweck verfolgenden – also auch auf Personengesellschaften. Handelsgesellschaften werden auch im deutschen Umwandlungsgesetz als verschmelzungsfähig angesehen, siehe § 3 Abs. 1 Nr. 1 UmwG. Zumindest für die OHG, KG und GmbH & Co. KG sollten also künftig transnationale Fusionen mit Berufung auf SEVIC möglich sein. Obwohl der deutsche Umsetzungsgesetzgeber in der Begründung zum Regierungsentwurf als ein Ziel angibt, den Anforderungen der Sevic-Entscheidung genügen zu wollen[1055], verpasst er leider die Chance, die Regelungen der Richtlinie

---

1052 Vorlage vom LG Koblenz v. 16.9.2003 – 4 HK.T 1/03 = ZIP 2003, 2210.

1053 EuGH v. 13.12.2005 ("Sevic") – Rs. C-411/03 = NJW 2006, 425 mit BB-Kommentar *Schmidt/Maul*, 13 f. Siehe zu der SEVIC-Entscheidung *Bayer/Schmidt*, ZIP 2006, 210 ff; *Teichmann*, ZIP 2006, 355; *Bungert*, BB 2006, 53 ff; *Oechsler*, NJW 2006, 812 ff; *Kieninger*, EWS 2006, 49 ff; *Siems*, EuZW 2006, 135 ff; *Kappes*, NZG 2006, 101 ff; *Sedemund*, BB 2006, 519 ff; *Gottschalk*, EuZW 2006, 83 f; außerdem zu dem Schlussantrag von *Tizzano* siehe *Drygala*, ZIP 2005, 1995 ff; *Sinewe*, DB 2005, 2061 ff: *Kraft/Bron*, IStR 2006, 26 ff; *Kuntz*, EuZW 2005, 524 ff.

1054 *Bayer/Schmidt*, ZIP 2006, 210, 212; *Geyrhalter/Weber*, DStR 2006, 146, 151; *Kallmeyer/Kappes*, AG 2006, 224, 228; *Bayer*, in Lutter, § 122a, Rn. 12.

1055 Begründung zum RegE, BR-Drs. 548/06, 20.

(möglicherweise angepasst) auch auf die Fusionen der Personengesellschaften erweitert umzusetzen[1056].

Das bedeutet, dass die Sevic-Entscheidung von entscheidender Bedeutung bleibt, bildet sie doch die Grundlage, die Personengesellschaften zur grenzüberschreitenden Verschmelzung innerhalb der EU zuzulassen[1057]. Trotzdem die grenzüberschreitende Verschmelzung von Personengesellschaften daher grundsätzlich möglich sein muss, wurden aber bei der Umsetzung der 10. Richtlinie[1058] keinesfalls die Regelungen – wo möglich – auf diese erweitert. Es ist daher nicht klar, welche verfahrensrechtlichen Anforderungen an eine grenzüberschreitende Fusion mit Beteiligung einer Personengesellschaft zu stellen ist[1059]. Der EuGH macht in der Sevic-Entscheidung hierzu keinerlei Angaben.

Um den Personengesellschaften eine rechtssichere Möglichkeit zu geben, sich grenzüberschreitend zu fusionieren, ist der Gesetzgeber gefragt. In der Begründung zum Regierungsentwurf des Umsetzungsgesetzes führte er aus, dass er, falls der von ihm favorisierte Weg über eine Verordnung nicht eingeschlagen werde, einen kollisionsrechtlichen Ansatz nach Schweizer Vorbild bevorzugte[1060]. Der Lösung solle außerdem der Vorschlag des Deutschen Rates für Internationales Privatrecht zugrunde gelegt werden[1061]. Dieser empfahl eine Regelung bezüglich des auf diejenigen Gesellschaften anwendbaren Rechts, welche eine Verbindung zum Recht mehrerer Staaten aufweisen[1062].

Am 7. Januar 2008 wurde nun vom Bundesjustizministerium ein Referentenentwurf für ein Gesetz zum Internationalen Privatrecht der Gesellschaften, Vereine und juristischen Personen veröffentlicht[1063], nach welchem gem. § 10a Abs. 1 RefE EGBGB die Voraussetzungen, das Ver-

---

1056 Bedauern darüber äußern auch *Kallmeyer/Kappes*, AG 2006, 224, 237; *Drinhausen/Keinath*, BB 2006, 725, 732; *Haritz/von Wolf*, GmbHR 2006, 340, 341; zur grenzüberschreitenden Spaltung auch *Louven*, ZIP 2006, 2021, 2023 m.w.N.

1057 *Bayer/Schmidt*, ZIP 2006, 210, 212.

1058 A.A. *Behrens*, 37 ff, der davon ausgeht, dass die Beteiligungsfähigkeit von Personengesellschaften in der RL weder positiv noch negativ geregelt wird.

1059 Siehe vor allem *Audretsch*, 88 ff.

1060 Begründung zum RegE, BR-Drs. 548/06, 20.

1061 In *Sonnenberger/Bauer*, Beilage zu RIW 4/2006, 21.

1062 **Art. 2 Anzuwendendes Recht** (1) Gesellschaften unterliegen dem Recht des Staates, in dem sie in ein öffentliches Register eingetragen sind.(…) **Art. 5 Grenzüberschreitende Verschmelzung** (1) Die Voraussetzung, das Verfahren und die Wirkung der grenzüberschreitenden Verschmelzung unterliegen für jede der beteiligten Gesellschaften dem nach Art. 2 zu bestimmenden Gesellschaftsstatut. (…)

1063 Der Referentenentwurf ist veröffentlich worden unter www.bmj.de.

fahren und die Wirkungen einer Verschmelzung für jede beteiligte Gesellschaft dem nach Art. 10 RefE EGBGB anzuwendenden Recht unterliegt. Nach Art. 10 Abs. 1 RefE EGBGB gilt für die Gesellschaften das Recht des Staates, in welchem sie in ein öffentliches Register eingetragen sind. Das in der Begründung zum Referentenentwurf so genannte "Gesellschaftsstatut" ist folglich das (Sach-)Recht ihres Gründungsstaates[1064]. § 10a Abs. 1 RefE EGBGB setzt damit in Anlehnung an die Vereinigungstheorie auf eine Kumulation der Gesellschaftsstatute[1065]. Eine Ausnahme davon gilt gem. § 10a Abs. 3 RefE EGBGB für den Zeitpunkt des Wirksamwerdens der Umwandlung, welcher sich lediglich nach dem Gesellschaftsstatut der Zielgesellschaft richtet[1066].

So sehr die kollisionsrechtliche Kodifikation der Gründungs- und der Vereinigungstheorie zu loben ist[1067], bleibt dennoch auch in Zukunft die Schwierigkeit bestehen, dass die grenzüberschreitende Verschmelzung unter der Beteiligung von Personengesellschaften einem sehr kompliziert zu ermittelnden Verfahren unterworfen sein wird[1068]. Denn für die Fusion der Personengesellschaften ist das Recht weder durch eine Richtlinie harmonisiert worden, noch wurden für das deutsche Sachrecht spezifische verfahrensrechtliche Vorschriften für die grenzüberschreitende Fusion von Personengesellschaften entwickelt. Das bedeutet, dass aufgrund der notwendigen Kumulation der jeweiligen Heimatrechte die Ausgestaltung des Verfahrens immer davon abhängen wird, welchem Recht die andere Gesellschaft unterworfen ist. Und wenn nicht beide Gesellschaftsstatute die Regelungen der 3. Richtlinie auch für die Personengesellschaften umgesetzt haben, wird die Kumulation unweigerlich zu einigen Kollisionen führen. Die Rechtsunsicherheit bestand dadurch, dass es im Verschmelzungsverfahren vom

---

1064 Begründung zum RefE EGBGB (www.bmj.de), 8 f. Zu beachten ist, dass Art. 10 Abs. 1 RefE EGBGB eine Sachnormverweisung darstellt, da laut Begründung die Wahl des Registrierungsorts als Rechtswahl gem. Art. 4 Abs. 2 EGBGB angesehen werden kann.

1065 Begründung zum RefE EGBGB (www.bmj.de), 13.

1066 Begründung zum RefE EGBGB (www.bmj.de), 13.

1067 Viele Autoren hielten die Vereinigungstheorie schon länger für die aus dem Anwendungsbereich der Richtlinie heraus fallenden transnationalen Fusionen von Personengesellschaften für sinnvoll: *Gottschalk*, EuZW 06, 83; *Schmidt/Maul*, BB 2006, 13; *Kappes*, NZG 2006, 101; *Siems*, EuZW 06, 135; *Teichmann*, ZiP 2006, 355; *Oechsler*, NJW 2006, 812; *Drygala*, ZIP 2005, 1995; *Geyrhalter/Weber*, DStR 2006, 146; *Louven/Dettmeier/Pöschke/Weng*, BB-Special 2006, Nr.3, S.1; *Simon/Leuering*, NJW Spezial 2006, Nr. 2, 75; *Bungert*, BB 2006, 53; *Bayer/Schmidt*, ZIP 2006, 210 ff; *Bayer*, BB 2006, Heft 7, Die erste Seite; *Leible/Hoffmann*, RIW 06, 161.

1068 Vgl. *Bayer*, in Lutter, § 122a, Rn. 13.

Im Kollisionsfall ist man gezwungen, den schwierigen IPR-rechtlichen Weg der Anpassung gehen[1069]. Denn soweit die jeweiligen Gesellschaftsstatute einander nicht entsprechen, führt eine Kumulation der Regelungen entweder zu Regelungslücken oder zu widersprüchlichen Normhäufungen. Eine Anpassung sieht dann vor, dass entweder die Rechtsfrage nach nur einer der kumulierend berufenen Rechtsordnungen gelöst wird (kollisionsrechtliche Lösung), oder besondere auf die transnationale Verschmelzung zugeschnittene Sachnormen *für den Einzelfall* formuliert werden, um die sich widersprechenden nationalen Vorschriften anzugleichen (materiellrechtliche Lösung)[1070]. Das führt im Ergebnis dazu, dass für jede grenzüberschreitende Verschmelzungskombination, je nachdem welchem Recht der Verschmelzungspartner unterliegt, möglicherweise andere verfahrensrechtliche Voraussetzungen zu beachten sind und es vom Einzelfall abhängt, wie bei einer Differenz der gemeinsam berufenen Rechtsordnungen eine Anpassung auszusehen hat[1071]. Aufgrund der damit einhergehenden Rechtsunsicherheit und mangelnden Vorhersehbarkeit und aufgrund des zur Ermittlung des Verfahrens erhöhten Aufwandes (=erhöhte Kosten) ist eine grenzüberschreitenden Verschmelzung unter der Beteiligung von Personengesellschaften wohl oftmals für die Unternehmen nicht sonderlich attraktiv.

Bestechend wäre daneben daher die Möglichkeit, zugunsten einer europaweiten Rechtssicherheit die Verfahrensregelungen der Richtlinie heranzuziehen, wobei aber zu klären bliebe, wie man dieses Ziel dogmatisch erreichen könnte.

Forsthoff schlug vor, die Regelungen über die richtlinienkonforme Auslegung des § 1 Abs. 1 UmwG zur Anwendung gelangen zu lassen. Es wären dann die Wertungen, die in der Richtlinie enthalten sind, in die Abwägung im Rahmen der Niederlassungsfreiheit gem. Art. 43, 48 EG einzubeziehen, die man bei § 1 UmwG seit SEVIC ohnehin treffen muss[1072]. So könnten die Regelungen die Durchführung der transnationalen Fusionen erleichtern und somit der Verwirklichung der Niederlassungsfreiheit gem. Art. 44 Abs. 1 EG dienen. *Kallmeyer/Kappes* gingen sogar noch weiter und nahmen an, dass die Richtlinie ausnahmsweise eine unmittelbare Wirkung entfalten würde, da ihre Regelungen hinrei-

---

1069 Siehe zur Anpassung *v. Hoffmann/Thorn*, 230 ff.

1070 *Kindler*, in MüKo, IntWR, 4. Aufl. 2006, IntGesR, Rn. 866.

1071 Siehe hierzu auch *Grundmann*, § 26, Rn. 898.

1072 *Forsthoff*, DStR 2006, 617; *Forsthoff*, in Hirte/Bücker, Grenzüberschreitende Gesellschaften, 1. Aufl. 2005, § 2, Rn. 73.

chend bestimmt seien[1073]. Ein weiterer Weg wurde in der Anwendung allgemeiner Rechtsprinzipien bei der Auslegung des § 1 UmwG gesehen[1074].

Kann man über eine europarechtskonforme Auslegung des § 1 UmwG zu einer Anwendung der Regelungen der Richtlinie gelangen kann? Die Richtlinie enthält nicht wenige Sachvorschriften, welche konkrete Voraussetzungen für das Verfahren der grenzüberschreitenden Fusion treffen. Diejenigen Vorschriften anzuwenden, welche auch auf Personengesellschaften passen, genieße den Vorteil, dass sie europaweit akzeptiert und bekannt wären. Außerdem könnte man die Menge der Diskrepanzen in den Regelungen der verschiedenen Rechtssysteme eingrenzen, die auf der Basis der Vereinigungstheorie den komplizierten Weg der Anpassung gehen müssten[1075]. Andererseits würde das bloße Streichen derjenigen Paragraphen, welche nur auf Kapitalgesellschafen passen, dazu führen, dass das von der Richtlinie gestellte Verfahren zerstückelt und nicht sinnvoll getrennt werden würde. Die dadurch entstehenden Lücken würde wiederum nationales Recht füllen müssen, wobei das anwendbare Recht im konkreten Fall dann dennoch über die Vereinigungstheorie (bzw. § 10a Abs. 1 RefE EGBGB) zu ermitteln wäre.

Es bleibt den verschmelzungswilligen deutschen Personengesellschaften also vorerst nur, sich trotz § 1 UmwG ("Rechtsträger mit Sitz im Inland") auf ihr aus der Niederlassungsfreiheit resultierendes Recht zu berufen, sich grenzüberschreitend zu verschmelzen. De lege lata (und auch nach § 10a Abs. 1 RefE EGBGB) müssten sie demnach die Vorschriften des UmwG für die nationale Verschmelzung kumuliert mit denen des Heimatrechts des ausländischen Verschmelzungspartners einhalten.

1073 *Kallmeyer/Kappes*, AG 2006, 224 und 231. Diese Möglichkeit wird auch von *Bungert* erwähnt, der sie aber ablehnt und stattdessen durch eine europarechtskonforme Auslegung zur Anwendung von § 1 UmwG kommen will, siehe *Bungert*, BB 2006, 53, 54.

1074 Erwähnt in *Heuschmid*, AuR 2006, 121ff.

1075 Diese Annahme setzt den Idealfall voraus, dass die europarechtskonforme Auslegung der Regelungen des Heimatrechtes der ausländischen Gesellschaft auch zu einer Anwendung der Richtlinie gelangt – in einer auf die Personengesellschaften abgewandelten Form. *Koppensteiner*, Der Konzern 2006, 40 seinerseits verdeutlicht das Verfahren der transnationalen Verschmelzung auf der Grundlage der SEVIC-Entscheidung anhand einer beispielhaft herangezogenen Verschmelzung zweier Kapitalgesellschaften aus Österreich und Deutschland, wie es bei der bloßen Anwendung der Vereinigungstheorie zu beachten wäre. Siehe auch *Geyrhalter/Weber*, DStR 2006, 146, 148ff

D. Thesen

1. Eine Mehrfachanknüpfung ist für das Merkmal in Art. 1 der RL, dass die Gesellschaften verschiedenem Recht unterlägen, europarechtlich nicht sachgerecht. Unterliegen die Gesellschaften demselben Recht, ist die Durchsetzung der Verschmelzungsfreiheit am effektivsten gewährleistet, wenn die Anwendung der Regelungen für die nationale Verschmelzung durch den Schutz der Niederlassungsfreiheit garantiert wird (S. 61 ff.).

2. Eine Europäische Aktiengesellschaft (SE) mit Sitz in Deutschland kann Beteiligte an einer grenzüberschreitenden Verschmelzung auf der Basis der 10. Richtlinie sein, solange das Verschmelzungsprodukt keine neu gegründete SE darstellen soll. Denn in dem Fall ist die SE mangels spezialgesetzlicher Regelungen in der SE-VO vom Anwendungsbereich der Richtlinie mit umfasst. Die SE kann demnach sowohl übertragender Rechtsträger innerhalb einer grenzüberschreitenden Fusion sein, als auch übernehmender. Letzteres ist der Fall, da die Verschmelzung auf eine SE im Wege der Aufnahme nicht von Art. 17 Abs. 2 SE-VO umfasst ist, der normiert, dass die aufnehmende SE neu gegründet werden muss (S. 75 ff.).

3. Der Richtlinie liegt eine schon bekannte und bewährte europäischen Systematik zugrunde mit den Verfahrensschritten Plan, Bericht, sachverständige Prüfung und Beschluss. Hintergrund dieses Modells ist zum einen der Gedanke, dass die schutzbedürftigen Gruppierungen der beteiligten Gesellschaften (Aktionäre, Gläubiger und Arbeitnehmer) durch gezielte Information geschützt werden können (S. 88 ff.). Zum anderen geht es darum, dass die Aktionäre ihre Letztentscheidungskompetenz fundiert wahrnehmen können (S. 169 f.).

4. Für die Ermittlung des (für die Verschmelzungspartner jeweils anwendbare) innerstaatlichen Rechts, auf welches in Art. 4 Abs. 1 lit. a und b der RL für das Verschmelzungsverfahren Bezug genommen wird, ist die Gründungstheorie anzuwenden (S. 92 f.). Der Rückgriff auf das innerstaatliche Recht (Art. 4 Abs. 1 lit. b der RL) folgt den Vorgaben der Vereinigungstheorie. Zwar wird diese Vorgehensweise in der Richtlinie nicht explizit vorausgesetzt, aber an verschiedenen Stellen angedeutet (S. 95 ff.).

5. Der Verschmelzungsplan ist eine neue Kategorie. Im Gegensatz zu dem aus § 5 UmwG bekannten Verschmelzungsvertrag hat er die Rechtsnatur eines körperschaftlichen Organisationsaktes ohne schuldrechtliche Wirkungen. (S. 101 f.).

6. Die Gesellschaften können ihre Verschmelzungspläne zugunsten der Privatautonomie um weitere, als die in Art. 5 der RL geforderte Angaben ergänzen (S. 108). Ebenso können die Mitgliedstaaten den nach Art. 5 der RL vorgegebenen Mindestinhalt des Verschmelzungsplans erweitern. Letzteres ergibt sich aus der Eigenart einer Richtlinie, die im Gegensatz zu einer Verordnung vorsieht, in innerstaatliches Recht eingefügt zu werden (S. 108 ff.).

7. Art. 5 der RL kodifiziert für den Verschmelzungsplan nicht die Einhaltung einer bestimmten Form, weshalb ein Rückgriff auf die nationalen Formvorschriften möglich und nötig ist. Im Falle der Beteiligung einer deutschen Gesellschaft ist der Verschmelzungsplan daher gemäß § 6 UmwG notariell zu beurkunden (S. 116 ff.).

8. Der Gesetzgeber wählte in § 122c Abs. 1 UmwG statt "Leitungs- oder Verwaltungsorgan", wie es die Richtlinie in Art. 5 der RL fordert, die engere Formulierung "Vertretungsorgan". Der § 122c Abs. 1 UmwG sollte daher für die Beteiligung einer nach dem monistischen System organisierten Europäischen Aktiengesellschaft mit Sitz in Deutschland über die richtlinienkonforme Auslegung bzw. eine Rechtsfortbildung dahingehend korrigiert werden, dass die Aufstellungskompetenz dem Verwaltungsrat zukommt (S. 119 f.).

9. Der deutsche Gesetzgeber entschied sich in § 122c UmwG dazu, die Pflichtangaben des Verschmelzungsplans für grenzüberschreitende Verschmelzungen gesondert aufzulisten. Es wäre zugunsten der inländischen Rechtsklarheit vorzugswürdig, in § 122c UmwG nur einen Verweis auf § 5 UmwG einzubauen und in § 5 UmwG die Neuregelungen (mit Ausnahme der Angabe nach Art. 5 S. 2 lit. j der RL) mit aufzunehmen (S. 122 ff.).

10. Ob die in § 6 UmwG geforderte notarielle Beurkundung auch im Ausland vorgenommen werden kann, sollte vom Gesetzgeber kodifiziert werden. Es wäre sinnvoll, im Falle der Gleichwertigkeit der ausländischen Beurkundung eine Auslandsbeurkundung zuzulassen (S. 126 ff.). Fordern beide berufenen Rechtsordnungen die notarielle Beurkundung, sollte man eine Doppelbeurkundung vermeiden. Das könnte dadurch erreicht werden, dass die eine Beurkundung voraussetzenden Mitgliedstaaten eine Regelung dahingehend anfügen, dass im dem Falle die (gleichwertige) Beurkundung in einem der beiden Staaten ausreicht (S. 129 f.).

11. Da die zuständige Behörde im Sitzstaat der Zielgesellschaft die abschließende Entscheidung über die Fusion trifft, ist im Falle eines Widerspruchs innerhalb der verschiedensprachlichen Versionen des

Verschmelzungsplans keinesfalls diejenige in der Amtssprache des Mitgliedstaates der Zielgesellschaft maßgeblich. In dem Fall scheitert der Verschmelzungsplan vielmehr an dem Merkmal der Gemeinsamkeit (S. 130).

12. Sinn und Zweck des Berichts des Leitungs- oder Verwaltungsorgans gem. Art. 7 der RL haben sich nicht unerheblich gewandelt. Ehemals nur zur Unterrichtung und Meinungsbildung der Gesellschafter vorgesehen, dient der Bericht nun auch als Informations- und Schutzinstrument für die Gläubiger und Arbeitnehmer der Gesellschaften (S. 136 f.). Ein durch die Heimatrechte zugelassener Verzicht des Verschmelzungsberichtes durch die Gesellschafter (z.B. § 8 Abs. 3 UmwG) ist dennoch richtlinienkonform, da auch ohne diesen den Arbeitnehmern genügend Schutz durch Information in der Richtlinie gewährt wird (S. 137 ff.). § 122e Abs. 3 UmwG sollte daher modifiziert oder ganz gestrichen werden (S. 143).

13. Der gemeinsame Bericht gem. § 8 Abs. 1 S. 1 Hs. 2 UmwG ist nicht von der Richtlinie ausgeschlossen und für deutsche Gesellschaften möglich, wenn auch das Recht der ausländischen Gesellschaft diesen erlaubt (S. 143 f.).

14. Es ist davon auszugehen, dass die Handlungen des Nachprüfens und der Einsichtnahme in Unterlagen für den Sachverständigen zugunsten einer effektiven Prüfung von dessen Auskunftsrecht mit umfasst sein sollten (S. 145 f.).

15. Die Vorabbescheinigung entfaltet für die Kontrollstelle der übernehmenden oder neuen Gesellschaft Bindungswirkung (S. 158 f.). Der Prüfungsumfang der Kontrollstelle der Zielgesellschaft ist auf die Vollzugsphase der Gründung beschränkt (S. 159 f.).

16. Die Vorabbescheinigung sollte über eine Eintragungsbescheinigung gem. § 122k Abs. 2 S. 5 UmwG hinaus auch die Form eines Beschlusses mit Tatbestand und Entscheidungsgründen annehmen (S. 164 ff.). Dass der deutsche Gesetzgeber bei der Umsetzung von Art. 10 und 11 der RL die vorgesehene Zweistufigkeit für den Fall der Hineinverschmelzung durch Aufnahme auf eine Stufe reduziert hat, ist mit Sinn und Zweck der Vorabbescheinigung zu vereinbaren (S. 165 f.).

17. Die Vorschriften zur Kontrolle des Umtauschverhältnisses fallen unter die Ermächtigung des Art. 4 Abs. 2 S. 2 der RL, da dem Begriff "abgelehnt" schon Genüge getan wird, wenn eine Ablehnung einzelner Punkte trotz Zustimmung zum Großen und Ganzen geäußert wurde (S. 171 f.).

18. Für den Zustimmungsvorbehalt soll das gleiche Mehrheitserfordernis gelten wie für die Zustimmung des Plans. Zwar regelt der Wortlaut nicht eindeutig eine Koppelung der Mehrheitserfordernisse von Verschmelzungsplan und des Zustimmungsbeschlusses zur Durchführung eines Spruchverfahrens. Es wäre allerdings nicht sachgerecht, wenn angesichts des großen finanziellen Risikos, welches eine Abänderung des Umtauschverhältnisses mit sich bringen würde, eine einfache Mehrheit genügen würde (S. 173).

19. Die Formulierung des Art. 10 Abs. 3 S. 1 der RL "bei dem Gericht, das für diese Gesellschaft zuständig ist" enthält keine besondere Zuständigkeitsregel für das Spruchverfahren, welche gem. Art. 67 EuGVO neben der EuGVO anwendbar wäre. Der Zustimmungsbeschluss der Anteilsinhaber des ausländischen Rechtsträgers ist aber aufgrund dieser Formulierung wohl in der Regel als ein Antrag auf Abschluss einer Gerichtsstandsvereinbarung auszulegen. Dieser muss aber von den anspruchsberechtigten Anteilsinhabern der deutschen übertragenden Gesellschaft in der Form des Art. 23 Abs. 1 S. 3 lit. a-c EuGVO angenommen werden (S. 150 ff.).

20. Für den Anspruch auf Verbesserung des Umtauschverhältnisses, welcher im Spruchverfahren durchzusetzen ist, ergibt sich keine ausschließliche internationale Zuständigkeit aus Art. 22 Nr. 2 EuGVO (S. 184 f.). Für den Fall der Herausverschmelzung aus der Sicht einer deutschen Gesellschaft ist für das Spruchverfahren bezüglich des Nachbesserungsanspruchs der Minderheit das Gericht am Sitz der übertragenden Gesellschaft gem. Art. 5 Nr. 1 lit. a EuGVO international zuständig (S. 191 ff.). Für die dem Minderheitenschutz entspringenden Ansprüche ist das Statut der Gesellschaft maßgeblich, der die Minderheit angehört. Man sollte an der Stelle auf eine Kumulation des jeweils auf die Verschmelzungspartner anwendbaren Rechts verzichten (S. 192 f.).

21. Das auf die streitige Verpflichtung anwendbare Recht, welches zur Bestimmung des Erfüllungsortes in Art. 5 Nr. 1 lit. a EuGVO herangezogen werden soll, muss über das Kollisionsrecht ermittelt werden. Sind mehrere Qualifikationen möglich, ist dem Art. 5 Nr. 1 lit. a EuGVO aber keine Beschränkung dahingehend zu entnehmen, dass man an die vertragliche gebunden ist (S. 186 ff.).

22. § 2 SpruchG sollte dahingehend angepasst werden, dass für die Hineinverschmelzung in der Konstellation, in der die ausländische übertragende Gesellschaft das ihrem Heimatrecht unbekannte Spruchverfahren durchführen möchte, die internationale Zuständigkeit der deutschen Gerichte besteht (S. 199 f.).

23. Die Durchführung des Spruchverfahrens wird meistens von der Zustimmung des ausländischen Verschmelzungspartners abhängig sein, dem aber aus dieser Zustimmung (abgesehen von der Blockade der Anfechtungsmöglichkeit) nur Nachteile erwachsen. Man sollte daher in das Spruchverfahren einen Anreiz zur Zustimmung einbauen: Neben der Zulässigkeit der *reformatio in peius* sollte der Kreis der Antragssteller auf den übernehmenden Rechtsträger erweitert werden. Außerdem sollte das Verfahren in ein kontradiktorisches umgewandelt werden und der Zielgesellschaft sollte es möglich sein, statt des Barausgleichs zusätzliche Anteile zu gewähren (S. 199 ff.).

24. Die Ausweitung des Abfindungsrechts auch auf grenzüberschreitende Verschmelzungen ist trotz der damit einhergehenden Liquiditätsgefährdung für die Zielgesellschaft mit dem Gedanken des europäischen Binnenmarkts zu vereinbaren und verstößt nicht gegen die europarechtliche Niederlassungsfreiheit (S. 213 f.).

25. Die Pflicht gem. § 122i Abs. 1 UmwG, in den Verschmelzungsplan ein Abfindungsangebot aufzunehmen, wenn die übernehmende oder neue Gesellschaft nicht deutschem Recht unterliegt, sollte für den Fall entfallen, dass an der Fusion ausschließlich börsennotierte Unternehmen beteiligt sind (S. 215 ff.).

26. Es wäre zu begrüßen, wenn der Gesetzgeber de lege ferenda eine Lösung für das Problem finden würde, dass für das Spruchverfahren zur Überprüfung der Abfindung kein inländischer Gerichtsstand besteht. Eine Möglichkeit wäre eine Sitzfiktion für Altschulden (S. 219 ff.).

Literaturverzeichnis

Audretsch, Claudia: Die grenzüberschreitende Verschmelzung von Personengesellschaften – Regelungsvorschläge unter Berücksichtigung der Interessen der Gesellschafter, Gläubiger und Arbeitnehmer, Berlin 2008

Bamberger, Heinz Georg/Roth, Herbert: Kommentar zum Bürgerlichen Gesetzbuch, München, zitiert als: *Bearbeiter*, in Bamberger/Roth,
Band 1: §§ 1-610, CISG, 2. Auflage 2007
Band 3: §§ 1297-2385, EGBGB, CISG, 2. Auflage 2008

Bayer, Walter: Aktionärsklagen de lege lata und de lege ferenda, NJW 2000, S. 2609-2619

Bayer, Walter: Aktionärsrechte und Anlegerschutz, ZHR-Sonderheft 71 (2002), S. 137-163

Bayer, Walter: Fehlerhafte Bewertung – Aktien als Ausgleich bei Sachkapitalerhöhung und Verschmelzung?, ZHR 172 (2008), S. 24-41

Bayer, Walter: Aktuelle Entwicklungen im Europäischen Gesellschaftsrecht, BB 2004, S. 1-11

Bayer, Walter: Die EuGH-Entscheidung "Inspire Art" und die deutsche GmbH im Wettbewerb der europäischen Rechtsordnungen, BB 2003, S. 2357-2366

Bayer, Walter: Die Kontrollfunktion der aktienrechtlichen Anfechtungsklage – Rechtsdogmatische Grundlegung, in: Jahrestagung der Gesellschaftsrechtlichen Vereinigung, VGR, Bd. 2, 2000, S. 35-56

Bayer, Walter: Diskussionsbeitrag auf dem Symposion "Europäische AG und der Diskussionsentwurf zum deutschen Begleitgesetz" am 9.5.2003 (im Anschluss an das Referat von *Kalss*), aufgeführt bei *Christoph Teichmann*: Bericht über die Diskussion, ZGR 2003, S. 647-649 (hier S. 648)

Bayer, Walter: Grenzenlose Mobilität in Europa - Verschmelzungsrichtlinie in Kraft, BB 2006, Heft 7, Die erste Seite

Bayer, Walter: Kapitalerhöhung mit Bezugsrechtsausschluß und Vermögensschutz der Aktionäre nach § 255 Abs. 2 AktG - Kritische Betrachtung der lex lata und Überlegungen de lege ferenda, ZHR 163 (1999), S. 505-553

Bayer, Walter/Schmidt, Jessica: Der Regierungsentwurf zur Änderung des Umwandlungsgesetztes, NZG 2006, S. 841-846

Bayer, Walter/Schmidt, Jessica: Der Schutz der grenzüberschreitenden Verschmelzung durch die Niederlassungsfreiheit, ZIP 2006, S. 210-213

Bayer, Walter/Schmidt, Jessica: Die neue Richtlinie über die grenzüberschreitende Verschmelzung von Kapitalgesellschaften, NJW 2006, S. 401-406

Behnke, Thorsten: Das Spruchverfahren nach §§ 306 AktG, 305 ff. UmwG - ein Beitrag zum Konzernrecht, Frankfurt am Main 2001, zitiert als: *Behnke*

Behrens, Frithjof Olaf: Die grenzüberschreitende Verschmelzung nach der Richtlinie 2005/56/EG (Verschmelzungsrichtlinie), Göttingen 2007, zitiert als: *Behrens*

Behrens, Peter: Die Umstrukturierung von Unternehmen durch Sitzverlegung oder Fusion über die Grenze im Licht der Niederlassungsfreiheit im Europäischen Binnenmarkt (Art. 52 und 58 EWGV), ZGR 1994, S. 1-25

Behrens, Peter: Identitätswahrende Sitzverlegung einer Kapitalgesellschaft von Luxemburg in die Bundesrepublik Deutschland, RIW 1986, S. 590-594

Beitzke, Günther: Internationalrechtliches zur Gesellschaftsfusion, in: Probleme des Europäischen Rechts: Festschrift für Walter Hallstein zu seinem 65. Geburtstag, Frankfurt am Main 1966, S. 14-35, zitiert als: *Beitzke*, in FS Hallstein

Beul, Carsten Rene: Zulässigkeit internationaler Fusionen, IStR 2003, S. 737-738

Beutel, David: Der neue rechtliche Rahmen grenzüberschreitender Verschmelzungen in der EU : Einflüsse des Gemeinschaftsrechts auf die Schaffung nationaler Rechtsgrundlagen grenzüberschreitender Verschmelzungen unter Beteiligung deutscher Kapitalgesellschaften, München 2008, zitiert als: *Beutel*

Birk, Dieter: Zuzug und Wegzug von Kapitalgesellschaften, IStR 2003, S. 469-473

Bron, Jan: Grenzüberschreitende Verschmelzung von Kapitalgesellschaften in der EG, Halle 2005, zitiert als: *Bron*

Brück, Alexandra: Rechtsprobleme der Auslandsbeurkundung im Gesellschaftsrecht, DB 2004, S. 2409-2412

Bundesvereinigung der Deutschen Arbeitgeberverbände (BDA)/Bundesverband der Deutschen Industrie (BDI)/Deutscher Industrie- und Handelskammertag (DIHK)/Die Deutschen Versicherer (GDV): Gemeinsame Stellungnahme vom 21.4.2006 zum Referentenentwurf des BMJ eines Zweiten Gesetzes zur Änderung des Umwandlungsgesetzes und zur Umsetzung der Richtlinie 2005/56/EG, elektronische Version am 16.3.2007 abgerufen am 16.01.2009 unter www.bdi-online.de/

Bungert, Hartwin: Entwicklungen im internationalen Gesellschaftsrecht Deutschlands, AG 1995, S. 489-509

Bungert, Hartwin: Grenzüberschreitende Verschmelzungen – Anmerkung zur SEVIC-Entscheidung des EuGH, BB 2006, S. 53-56

von Busekist, Konstantin Philip: Umwandlung einer GmbH in eine im Inland ansässige EU-Kapitalgesellschaft am Beispiel der englischen Ltd., GmbHR 2004, S. 650-659

Deutscher Notarverein: Stellungnahme vom 28.4.2006 zum Referentenentwurf eines Zweiten Gesetzes zur Änderung des Umwandlungsgesetzes, elektronische Version am 16.1.2008 abgerufen am 16.01.2009 unter www.dnotv.de/

Dörfler, Wolfgang/Gahler, Wolfgang/Unterstrasser, Stefan/Winrichs, Robert: "Probleme bei der Wertermittlung von Abfindungsangeboten.", BB 1994, S. 156-162

Dorr, Robert/Stukenborg, Gabriele: "Going to the chapel": Grenzüberschreitende Ehen im Gesellschaftsrecht – Die ersten transnationalen Verschmelzungen nach dem UmwG (1994), DB 2003, S. 647-653

Drinhausen, Florian: Regierungsentwurf eines Zweiten Gesetzes zur Änderung des Umwandlungsgesetzes - ein Gewinn für die Praxis, BB 2006, S. 2313-2317

Drinhausen, Florian/Kleinath, Astrid: Die grenzüberschreitende Verschmelzung inländischer Gesellschaften nach Erlass der Richtlinie zur grenzüberschreitenden Verschmelzung von Kapitalgesellschaften in Europa, RIW 2006, S. 81-87

Drinhausen, Florian/Kleinath, Astrid: Referentenentwurf eines Zweiten Gesetzes zur Änderung des Umwandlungsgesetzes – Erleichterung grenzüberschreitender Verschmelzungen für deutsche Kapitalgesellschaften? BB 2006, S. 725-732

Drygala, Tim: Die Mauer bröckelt- Bemerkungen zur Bewegungsfreiheit deutscher Unternehmen in Europa, ZIP 2005, S. 1995-2000

Drygala, Tim: Kurzkommentar zur EuGH- Entscheidung vom 13.12.2005, EWiR 2006, S. 25-26

Düwell, Franz Josef: Der Entwurf eines Zweiten Gesetzes zur Änderung des Umwandlungsgesetzes, FA 2006, S. 140-142

Ebenroth, Carsten Thomas/Auer, Thomas: Zur Möglichkeit einer identitätswahrenden Verlagerung des Verwaltungssitzes und des Satzungssitzes einer GmbH mit deutschem Personalstatut in einen anderen EG-Staat, JZ 1993, S. 374-376

Eidenmüller, Horst: Ausländische Kapitalgesellschaften im deutschen Recht, München 2004, zitiert als: *Bearbeiter*, in Eidenmüller

Fleischmann, Michael: Der Zusammenschluss der Daimler Benz AG und Chrysler Corp. zur DaimlerChrysler AG aus steuerlicher Sicht, in DB 1998, S. 1883-

Forsthoff, Ulrich: Die Tragweite des Rechtfertigungsgrundes aus Art. 46 Abs. 1 EG für die Niederlassungsfreiheit, die Dienstleistungsfreiheit und für Gesellschaften, EWS 2001, S. 59-65

Forsthoff, Ulrich: Internationale Verschmelzungsrichtlinie: Verhältnis zur Niederlassungsfreiheit und Vorwirkung; Handlungszwang für Mitbestimmungsreform, DStR 2006, S. 613-618

Franz, Theresa: Berührt Hughes de Lasteyrie du Saillant die durch den Wegzug veranlasste Besteuerung von Kapitalgesellschaften in Deutschland? EuZW 2004, S. 270-272

Frenzel, Ralf: Grenzüberschreitende Verschmelzung von Kapitalgesellschaften – Zur Umsetzung der Zehnten Gesellschaftsrechtlichen Richtlinie in deutsches Recht, Hamburg 2008, zitiert als: *Frenzel*

Frischhut, Markus: Grenzüberschreitende Verschmelzungen von Kapitalgesellschaften – ein Überblick über die Zehnte Gesellschaftsrechtliche Richtlinie, EWS 2006, S. 55-60

Frotz, Stephan/Kaufmann, Alexander: Grenzüberschreitende Verschmelzungen – Praxiskommentar, Wien 2008, zitiert als: *Frotz/Kaufmann*

Fuchs, Mirjam: Die Gründung einer Europäischen Aktiengesellschaft durch Verschmelzung und das nationale Recht, Konstanz 2004 (elektronische Version zu finden unter http://kops.ub.uni-konstanz.de/volltexte/2005/1458/pdf/Fuchs.pdf, abgerufen am 16.04.2009), zitiert als: *Fuchs*

Geiger, Rudolf: EUV, EGV - Vertrag über die Europäische Union und Vertrag zur Gründung der Europäischen Gemeinschaft, 4. Auflage 2004, München, zitiert als: *Geiger*

Geimer, Reinhold: Das Fehlen eines Gerichtsstandes der Mitgliedschaft als gravierender Mangel im Kompetenzsystem der Brüsseler und der Luganer Konvention, in: Festschrift für Helmut Schippel zum 65. Geburtstag, S. 869-886, zitiert als: *Geimer*, in FS Schippel

Geimer, Reinhold: Internationales Zivilprozessrecht, 5. Auflage 2005, Köln, zitiert als: *Geimer*

Geimer, Reinhold/Schütze, Rolf A.: Europäisches Zivilverfahrensrecht, 2. Auflage 2004, München, zitiert als: *Bearbeiter*, in Geimer/Schütze

Gesellschaftsrechtliche Vereinigung (Hrsg.): Gesellschaftsrecht in der Diskussion 2006, Köln 2007, zitiert als: *Bearbeiter*, in Gesellschaftsrecht in der Diskussion 2006

Geyrhalter, Volker/Weber, Thomas: Transnationale Verschmelzungen- im Spannungsfeld zwischen SEVIC Systems und der Verschmelzungsrichtlinie, DStR 2006, S. 146-151

Goette, Wulf: Auslandsbeurkundungen im Kapitalgesellschaftsrecht, DStR 2004, S. 709-713

Goutier, Klaus/Knopf, Rüdiger/Tulloch, Anthony: Kommentar zum Umwandlungsrecht: Umwandlungsgesetz - Umwandlungssteuergesetz, 1 Auflage 1996, Heidelberg, zitiert als: *Bearbeiter*, in Goutier/Klaus/Tulloch

Gottschalk, Eckart: Anmerkung zur EuGH-Entscheidung vom 13.12.2005, EuZW 2006, S. 83-84

Grabitz, Eberhard/Hilf, Meinhard: Das Recht der Europäischen Union, Band III: EGV, München 2007, zitiert als: *Bearbeiter*, in Grabitz/Hilf *von der Groeben, Hans/Schwarze, Jürgen*: Kommentar zum Vertrag über die Europäische Union und zur Gründung der Europäischen Gemeinschaft, Band 4 (Art. 189 - 314 EGV), 6. Auflage 2004, zitiert als: *Bearbeiter,* in Groeben/Schwarze

Grohmann, Uwe/Gruschinske, Nancy: Grenzüberschreitende Mobilität von Kapitalgesellschaften in Europa (Die Richtlinie zur grenzüberschreitenden Verschmelzung von Kapitalgesellschaften), GmbHR 2006, S. 191-194

Großfeld, Bernhard: Europäische Unternehmensbewertung, NZG 2002, S. 353-358

Großfeld, Bernhard: Internationales Umwandlungsrecht, AG 1996, S. 302-307

Großfeld, Bernhard/Jasper, Dieter: Identitätswahrende Sitzverlegung und Fusion von Kapitalgesellschaften in die Bundesrepublik Deutschland, RabelsZ 1989, S. 52-71

Grothe, Helmut: Die "ausländische Kapitalgesellschaft & Co.", Köln 1989, zitiert als: *Grothe*

Grundmann, Stefan: Ausbau des Informationsmodells im Europäischen Gesellschaftsrecht, DStR 2004, S. 232-236

Grundmann, Stefan: Europäisches Gesellschaftsrecht, Heidelberg 2004, zitiert als: *Grundmann*

Grundmann, Stefan: Systembildung und Systemlücken in Kerngebieten des Europäischen Privatrechts, Tübingen 2000, zitiert als: *Grundmann,* Systembildung und Systemlücken in Kerngebieten des Europäischen PrivatR

Halász Christian,/Kloster, Lars: Fortschreitende Europäisierung des Rechts grenzüberschreitender Unternehmenszusammenschlüsse, DStR 2004, S. 1324-1328

Handelsrechtsausschuss des DAV: Stellungnahme zum Diskussionsentwurf eines Gesetzes zur Ausführung der Verordnung (EG) Nr. 2157/2001 des Rates vom 8. 10. 2001 über das Statut der Europäischen Gesellschaft (SE), NZG 2004, S. 75-86

Handelsrechtsausschuss des DAV: Stellungnahme zum Regierungsentwurf eines Zweiten Gesetzes zur Änderung des Umwandlungsgesetzes, NZG 2006, S. 737-744

Haritz, Detlef/von Wolff, Bodo: Internationalisierung des deutschen Umwandlungsrechts. Zum Entwurf eines Zweiten Gesetzes zur Änderung des Umwandlungsgesetzes, GmbHR 2006, S. 340-345

Herrler, Sebastian: Ermöglichung grenzüberschreitender Verschmelzungen von Kapitalgesellschaften durch Änderung des Umwandlungsgesetzes – Umsetzung der Verschmelzungsrichtlinie unter Vernachlässigung der primärrechtlichen Rahmenbedingungen, EuZW 2007, S. 295-300

Heuschmid, Johannes: Unternehmensmitbestimmung nach der Richtlinie zur grenzüberschreitenden Verschmelzung von Kapitalgesellschaften, AuR 2006, S. 184-192

Hirte, Heribert/Bücker, Thomas: Grenzüberschreitende Gesellschaften: Praxishandbuch für ausländische Kapitalgesellschaften mit Sitz im Inland,
1. Aufl. 2005, Köln, zitiert als *Bearbeiter*, in Hirte/Bücker, 1. Aufl. 2005,
2. Aufl. 2006, zitiert als *Bearbeiter*, in Hirte/Bücker

Hirte, Heribert/Mock, Sebastian: Zur Zulässigkeit der grenzüberschreitenden Umwandlung, EWiR 2003, S. 595-596

Hobe, Stephan: Europarecht, 3. Auflage 2006, Köln/Berlin/München, zitiert als: *Hobe*

v. Hoffmann, Bernd/Thorn, Karsten: Internationales Privatrecht einschließlich der Grundzüge des Internationalen Zivilverfahrensrechts, 9. Auflage 2007, München

Hoffmann, Jochen: Die Bildung der Aventis S.A. – ein Lehrstück des europäischen Gesellschaftsrechts, NZG 1999, S. 1077-1085

Hommelhoff, Peter: Informationspflichten und Minderheitenschutz, in Jahrbuch der Fachanwälte für Steuerrecht 1995/1996, S. 629-662

Horn, Norbert: Internationale Unternehmenszusammenschlüsse, ZIP 2000, S. 473-485

Ihrig, Hans-Christoph/Wagner, Jens: Das Gesetz zur Einführung der Europäischen Gesellschaft (SEEG) auf der Zielgeraden, BB 2004, S. 1749-1759

Kaligin, Thomas: Das internationale Gesellschaftsrecht der Bundesrepublik Deutschland, DB 1985, S. 1449-1456

Kallmeyer, Harald: Das neue Umwandlungsgesetz. Verschmelzung, Spaltung und Formwechsel von Handelsgesellschaften, ZIP 1994, S. 1746-1759

Kallmeyer, Harald: Europa-AG - Strategische Optionen für deutsche Unternehmen, AG 2003, S. 197-203

Kallmeyer, Harald: Grenzüberschreitende Verschmelzungen und Spaltungen?, ZIP 1996, S. 535-537

Kallmeyer, Harald: Stellungnahme der Centrale für GmbH Dr. Otto Schmidt vom 16.3.2006 zum Referentenentwurf eines Zweiten Gesetzes zur Änderung des Umwandlungsgesetzes, GmbHR 2006, S. 418-421

Kallmeyer, Harald: Umwandlungsgesetz: Kommentar. Verschmelzung, Spaltung und Formwechsel bei Handelsgesellschaften, 3. Aufl. 2006, Köln, zitiert als: *Bearbeiter*, in Kallmeyer

Kallmeyer, Harald/Kappes, Stephan: Grenzüberschreitende Verschmelzungen und Spaltungen nach SEVIC-Systems und der EU-Verschmelzungsrichtlinie, AG 2006, S. 224-238

Kalss, Susanne/Hügel, Hanns (Hrsg.): Europäische Aktiengesellschaft- SE-Kommentar, Wien 2004, zitiert als: *Bearbeiter*, in Kalls/Hügel

Kappes, Stephan: Zulässigkeit grenzüberschreitender Verschmelzungen, NZG 2006, S. 101-103

Kegel, Gerhard/Schurig, Klaus: Internationales Privatrecht, 9. Auflage, München 2004, zitiert als: *Kegel/Schurig*

Kiem, Roger: Die Regelung der grenzüberschreitenden Verschmelzung im deutschen Umwandlungsgesetz, WM 2006, S. 1091-1099.

Kieninger, Eva-Maria: Grenzüberschreitende Verschmelzungen in der EU- das SEVIC-Urteil des EuGH, EWS 2006, S. 49-54

Kleinhenz, Holger Michael: Die grenzüberschreitende Verschmelzung unter Beteiligung deutscher Unternehmen nach Umsetzung der Richtlinie 2005/56/EG, Berlin 2008, zitiert als: *Kleinhenz*

Kloster, Lars: EU-grenzüberschreitende Verschmelzung sind (steuerneutral) durchführbar, GmbHR 2003, S. 1413-1417

Kloster, Lars: Grenzüberschreitende Unternehmenszusammenschlüsse, Hamburg 2004, zitiert als: *Kloster*

Kluge, Norbert/Stollt, Michael: Die Europäische Aktiengesellschaft (SE) – Perspektiven für eine Europäische Unternehmensmitbestimmung, Brüssel 2006, zitiert als: *Bearbeiter*, in Kluge/Stollt

Koch, Eckart: Globalisierung der Wirtschaft: Über Weltkonzerne und Weltpolitik, München 2000, zitiert als: *Koch*

Koppensteiner, Hans-Georg: Internationale Unternehmen im deutschen Gesellschaftsrecht, Frankfurt am Main 1971, zitiert als: *Koppensteiner*

Koppensteiner, Hans-Georg: Zur grenzüberschreitenden Verschmelzung, Der Konzern 2006, S. 40-55

Kraft, Gerhard/Bron, Jan: Grundfreiheiten und grenzüberschreitende Verschmelzung im Lichte aktueller EuGH-Rechtsprechung (Sevic), IStR 2006, S. 26-32

Krause, Nils/Janko, Markus: Grenzüberschreitende Verschmelzungen und Arbeitnehmer-mitbestimmung, BB 2007, S. 2194-2197

Krause, Nils/Kulpa, Normann: Grenzüberschreitende Verschmelzungen - Vor dem Hintergrund der "*Sevic*"-Entscheidung und der Reform des deutschen Umwandlungsrechts, ZHR 171 (2007), S. 38-78

Krause, Rainer: Grenzüberschreitende Verschmelzungen – Gesellschaftsrechtliche Aspekte, in: Jahrestagung der Gesellschaftsrechtlichen Vereinigung, VGR, Band 12, 2007, S. 39-55

Kronke, Herbert: Deutsches Gesellschaftsrecht und grenzüberschreitende Struktur-änderungen, ZGR 1994, S. 26-46

Kropff, Bruno/Semler, Johannes(Hrsg.): Münchener Kommentar zum Aktiengesetz, zitiert als: *Bearbeiter*, in MüKo, AktG
Band 8: §§ 278-328, 2. Auflage 2000
Band 9/1: §§ 327a-327f AktG, WpÜG, SpruchG, 2. Auflage 2004
Band 9/2: §§ 329-410 AktG, SE-VO, SEBG, Europäische Niederlassungsfreiheit, Die Richtlinien zum Gesellschaftsrecht, 2. Auflage 2006

Kropholler, Jan: Europäisches Zivilprozessrecht, 8. Auflage 2005, Frankfurt am Main

Kuntz, Thilo: Zur Möglichkeit grenzüberschreitender Fusionen, EuZW 2005, S. 524-528

Lawall, Lars: Umwandlungsrecht: Grenzüberschreitende Verschmelzung innerhalb der Europäischen Wirtschaftsgemeinschaft, IstR 1998, S. 345-351

Leible, Stefan/Hoffmann, Jochen: Grenzüberschreitende Verschmelzungen im Binnenmarkt nach "Sevic", RIW 2006, S. 161-168

Lennerz, Ursula: Die internationale Verschmelzung und Spaltung unter Beteiligung deutscher Gesellschaften, Köln 2001, zitiert als: *Lennerz*

Leutner, Gerd/Wagner, Thomas: Verabschiedung der EG-Verschmelzungsrichtlinie, GPR 2006, S. 32-37

Limmer, Peter: Grenzüberschreitende Umwandlungen nach dem Sevic-Urteil des EuGH und den Neuregelungen des UmwG, ZNotP 2007, S. 242-257

Louven, Christoph: Umsetzung der Verschmelzungsrichtlinie, ZIP 2006, S. 2021-2028

Louven, Christoph/Dettmeier, Michael/Pöschke, Moritz/Weng, Andreas: Optionen grenzüberschreitender Verschmelzungen innerhalb der EU-gesellschafts- und steuerrechtliche Grundlagen, BB-Special 2006, Nr. 3, S. 1-16

Lutter, Marcus: Empfehlen sich für die Zusammenfassung europäischer Unternehmen neben oder statt der europäischen Handelsgesellschaft und der internationalen Fusion weitere Möglichkeiten der Gestaltung auf dem Gebiete des Gesellschaftsrechts? Gutachten H für den 48. Deutschen Juristentag, in: Verhandlungen des 48. Juristentages, Band I, München 1970

Lutter, Marcus: Umstrukturierung von Unternehmen über die Grenze - Versuch eines Resümees, ZGR 1994, S. 87-93

Lutter, Marcus/Hommelhoff, Peter: Die Europäische Gesellschaft – Prinzipien, Gestaltungsmöglichkeiten und Grundfragen aus der Praxis, 2005 Köln, zitiert als *Bearbeiter*, in Lutter/Hommelhoff

Lutter, Marcus/Hommelhoff, Peter: GmbH-Gesetz, 16. Auflage 2004, Köln, zitiert als: *Bearbeiter*, in Lutter/Hommelhoff, GmbHG

Lutter, Marcus/Hommelhoff, Peter: SE-Kommentar, Köln 2008, zitiert als: *Bearbeiter*, in Lutter/Hommelhoff, SE-Komm

Lutter, Marcus/Winter, Martin: Umwandlungsgesetz: Kommentar, 3. Auflage 2004, Köln, zitiert als: *Bearbeiter*, in Lutter, 3. Aufl. 2004, 4. Auflage 2009, zitiert als: *Bearbeiter*, in Lutter

Manz, Gerhard/Mayer, Barbara/Schröder, Albert: Europäische Aktiengesellschaft - SE, 1. Auflage 2005, Baden-Baden, zitiert als: *Bearbeiter*, in Manz/Mayer/Schröder

Martens, Klaus-Peter: Fusionsmodelle, in: Festschrift für Martin Peltzer zum 70. Geburtstag, Köln 2001, zitiert als: *Martens*, in FS Peltzer

Martin, Christopher: Das US Corporate Governance System - Verlust der Vorbildfunktion? NZG 2003, S. 948-952

Maul, Silja: Gerichtsstände und Vollstreckungsfragen bei konzernrechtlichen Ansprüchen gegenüber einem herrschenden Unternehmen im EG-Ausland, AG 1998, S. 404-413

Maul, Silja/Teichmann, Christoph/Wenz, Martin: Der Richtlinienvorschlag zur grenzüberschreitenden Verschmelzung von Kapitalgesellschaften, BB 2003, S. 2633-2641

Meilicke, Wienand: Erste Probleme mit § 16 SpruchG, NZG 2004, S. 547-552

Meilicke, Wienand/Rabback, Dieter E.: Die EuGH-Entscheidung in der Rechtssache Sevic und die Folgen für das deutsche Umwandlungsrecht nach Handels- und Steuerrecht, GmbHR 2006, S. 123-127

Müller, Hans-Friedrich: Der Schutz der Minderheitsgesellschafter bei der grenzüberschreitenden Verschmelzung, Der Konzern 2007, S. 81-88

Müller, Hans-Friedrich: Die grenzüberschreitende Verschmelzung nach dem neuen Richtlinienentwurf der EU-Kommission, ZIP 2004, S. 1790-1797

Müller, Hans-Friedrich: Die grenzüberschreitende Verschmelzung nach dem Referentenentwurf des Bundesjustizministeriums, NZG 2006, S. 286-290

Nagel, Bernhard: Die Richtlinie zur grenzüberschreitenden Verschmelzung, NZG 2006, S. 97-101

Neumayer, Karl H.: Betrachtungen zum internationalen Konzernrecht, ZVglRWiss 83 (1984), S. 129-177

Neye, Hans-Werner: Das neue Umwandlungsrecht vor der Verabschiedung im Bundestag, ZIP 1994, S. 917-920

Neye, Hans-Werner: Die neue Richtlinie zur grenzüberschreitenden Verschmelzung von Kapitalgesellschafen, ZIP 2005, S. 1893-1898

Neye, Hans-Werner: Kurzkommentar zum BVerfG, Beschl. v. 27.4.1999 – 1 BvR 1613/94= ZIP 1999, 1436 ff, EWiR 1999, S. 751-752

Neye, Hans-Werner: Zur europarechtlichen Zulässigkeit der Eintragung einer Zweigniederlassung einer Gesellschaft in einem Mitgliedstaat bei Gründung der Gesellschaft in einem anderen Mitgliedstaat, EWiR 1999, S. 259-260

Neye, Hans-Werner/Timm, Birte: Die geplante Umsetzung der Richtlinie zur grenzüberschreitenden Verschmelzung von Kapitalgesellschaften im Umwandlungsprozess, DB 2006, S. 488-493

Nießen, Tobias: Internationale Zuständigkeit im Spruchverfahren, NZG 2006, S. 441-445

Oechsler, Jürgen: Die Richtlinie 2005/56/EG über die Verschmelzung von Kapitalgesellschaften aus verschiedenen Mitgliedstaaten, NZG 2006, S. 161-166

Oechsler, Jürgen: Die Zulässigkeit grenzüberschreitender Verschmelzungen – Die SEVIC-Entscheidung des EuGH, NJW 2006, S. 812-814

Oplustil, Krzysztof: Selected problems concerning formation of a holding SE (societas europaea), GLJ 2003, Vol. 4 No. 2, 107-126

Oplustil, Krzysztof/Schneider, Maximilian: Zur Stellung der Europäischen Aktiengesellschaft im Umwandlungsrecht, NZG 2003, S. 13-17

Oppermann, Thomas: Europarecht, 3. Auflage 2005, München, zitiert als: *Oppermann*

Palandt, Otto: Bürgerliches Gesetzbuch, 68. Auflage 2009, München, zitiert als: *Bearbeiter*, in Palandt

Pluskat, Sorika: Der neue Entwurf für eine europäische Verschmelzungsrichtlinie – Transnationale Fusionen in Europa damit in greifbare Nähe gerückt? EWS 2004, S. 1-8

Rebmann, Kurt/Säcker, Franz Jürgen/Rixecker, Roland: Münchener Kommentar zum Bürgerlichen Gesetzbuch, zitiert als: *Bearbeiter*, in MüKo, Band
Band 2: §§ 241-432, 5 Auflage 2007
Band 10: Art. 1-46 EGBGB, IPR, 4. Auflage 2006
Band 11: IntGesR, Art. 50-237 EGBGB, 3. Auflage 1999
Band 11: IntWR, Art. 50-245 EGBGB, 4. Auflage 2006

Reichert, Jochem: Aktionärsrechte und Anlegerschutz – Stellungnahme zu den Vorschlägen der Corporate Governance Kommission, ZHR-Sonderheft 71 (2002), S. 165-201

Rickford, Jonathan: The Proposed Tenth Company Law Directive on Cross Border Mergers and its Impact in the UK, European Business Law Review (EBLR) 2005, S. 1393-1414

Riegger, Bodo/Wasmann, Dirk: Kölner Kommentar zum Spruchverfahrensgesetz, 1. Auflage 2005, Köln-Berlin-München, zitiert als: *Bearbeiter*, in Kölner Kommentar

Riesenhuber, Karl: Die Verschmelzungsrichtlinie: "Basisrechtsakt für ein Europäisches Recht der Strukturmaßnahmen", NZG 2004, S. 15-22

Rixen, Siegfried/Böttcher, Reinhard: GmbH International. Erfahrungsbericht über eine transnationale Verschmelzung, GmbHR 1993, S. 572-575

Rubner, Daniel: Grenzüberschreitende Verschmelzungen nach Umwandlungsgesetz, NJW-Spezial 2007, Nr. 5, S. 219-220

Sagasser, Bernd/Bula, Thomas/Brünger, Thomas: Umwandlungen: Verschmelzung, Spaltung, Formwechsel, Vermögensübergang. Zivil-, Handelsbilanz- und Steuerrecht, 3. Aufl. 2002, München, zitiert als: *Bearbeiter*, in Sagasser/Bula

Samson, Christophe/Flindt, Sybille: Internationale Unternehmenszusammenschlüsse, NZG 2006, S. 290-296

Schäfer, Hans-Bernd/Ott, Claus: Lehrbuch der ökonomischen Analyse des Zivilrechts, 4. Auflage 2005, Berlin, zitiert als: *Schäfer/Ott*

Schaumburg, Harald: Grenzüberschreitende Umwandlungen, GmbHR 1996, S. 501-514

Scheifele, Matthias: Die Gründung der Europäischen Aktiengesellschaft, Frankfurt am Main 2004, zitiert als: *Scheifele*

Schervier, Joachim: Beurkundung GmbH-rechtlicher Vorgänge im Ausland, NJW 1992, S. 593-598

Schlosser: Bericht zur EuGVÜ v. 9.10.1978, ABl. EG 1979 C-59/71, S. 151 = BT-Drucks. 10/61, S. 31-83, zitiert als: Bericht *Schlosser*

Schmidt, Andreas: Unternehmensbewertung ausländischer Gesellschaften, DB 1994, S. 1149-1155

Schmidt, Claudia/Maul, Silja: BB-Kommentar zum EuGH-Urteil vom 13.12.2005 (SEVIC), BB 2006, S. 13-14

Schmidt, Jessica: "Deutsche" vs. "britische" Societas Europaea (SE), Jena 2006, zitiert als: *Schmidt*

Schmitt, Joachim/Hörtnagl, Robert/Stratz, Rolf-Christian: Umwandlungsgesetz – Umwandlungssteuergesetz, 5. Auflage 2009, München, zitiert als: *Bearbeiter*, in Schmitt/Hörtnagl/Stratz

Schröder, Werner: Die Auslegung des EU-Rechts, JuS 2004, S. 180-186

Schwarz, Günter Christian: Verordnung (EG) Nr. 2157/2001 des Rates über das Statut der Europäischen Gesellschaft (SE)- (SE-VO), München 2006, zitiert als: *Schwarz*

Schwarz, Günter Christian: Zum Statut der Europäischen Aktiengesellschaft - Die wichtigsten Neuerungen und Änderungen der Verordnung, ZIP 2001, S. 1847-1861

Schwimbersky, Sandra: SEs in Europe- Established, in preparation, anounced interest, sold shells, liquidated and failed, abgerufen am 16.01.2009 unter http://www.seeurope-network.org/homepages/seeurope/file_uploads/sefactsheetslong0606.pdf, zitiert als: *Schwimbersky*

Sedemund, Jan: EU-weite Verschmelzungen: Gesellschaftsrechtliche Vorgaben und steuerliche Implikationen des SEVIC-Urteils des EuGH vom 13.12.2005, BB 2006, S. 519-522

Semler, Johannes/Stengel, Arndt: Umwandlungsgesetz, 1. Auflage 2003, München, zitiert als: *Bearbeiter*, in Semler/Stengel, 1. Aufl. 2003,
2. Auflage 2007, zitiert als: *Bearbeiter*, in Semler/Stengel

Siegwart, Hans/Baudenbacher, Carl: Mega-Fusionen, 2. Aufl. 1999, Bern, Stuttgart, Wien, zitiert als *Bearbeiter*, in Siegwart/Baudenbacher

Siehr, Kurt: Internationales Privatrecht, Heidelberg 2001, zitiert als: *Siehr*

Siems, Mathias M.: SEVIC: Der letzte Mosaikstein im Internationalen Gesellschaftsrecht der EU? EuZW 2006, S. 135-140

Simon, Stefan/Leuering, Dieter: Grenzüberschreitende Verschmelzungen, NJW Spezial 2006, Nr. 2, S. 75-76

Simon, Stefan/Rubner, Daniel: Die Umsetzung der Richtlinie über grenzüberschreitende Verschmelzungen ins deutsche Recht, Institute for Law and Finance, No. 53 (11/2006), S. 1-21

Sinewe, Patrick: Eintragungsfähigkeit grenzüberschreitender Verschmelzungen, DB 2005, S. 2061-2062

Sonnenberger, Hans Jürgen/Bauer, Frank: Vorschlag des Deutschen Rates für Internationales Privatrecht für eine Regelung des Internationalen Gesellschaftsrechts auf europäischer/nationaler Ebene, Beilage 1 zu RIW 2006, Heft 4, S. 1-24

Spahlinger, Andreas/Wegen, Gerhard: Deutsche Gesellschaften in grenzüberschreitenden Umwandlungen nach "SEVIC" und der Verschmelzungsrichtlinie in der Praxis, NZG 2006, S. 721-728

Spahlinger, Andreas/Wegen, Gerhard: Internationales Gesellschaftsrecht in der Praxis, München 2005, zitiert als: *Bearbeiter*, in Spahlinger/Wegen

v. Spindler, Joachim: Wanderungen gewerblicher Körperschaften von Staat zu Staat als Problem des internationalen Privatrechts, Berlin 1932, zitiert als: *v. Spindler*

Streinz, Rudolf: Europarecht, 7. Auflage 2005, Heidelberg, zitiert als: *Streinz*

Streinz, Rudolf: Vertrag über die Europäische Union und Vertrag zur Gründung der Europäischen Gemeinschaft, 3. Auflage München 2003, zitiert als: Streinz, EUV/EGV

Teichmann, Christoph: Binnenmarktmobilität von Gesellschaften nach "Sevic", ZIP 2006, S. 355-363

Teichmann, Christoph: Die Einführung der Europäischen Aktiengesellschaft, ZGR 2002, S. 383-464

Teichmann, Christoph: ECLR- Minderheitenschutz bei Gründung und Sitzverlegung der SE, ZGR 2003, S. 367-401

Teichmann, Christoph: Minderheitenschutz bei Gründung und Sitzverlegung der SE, ZGR 2003, S. 367-401

Teichmann, Christoph: Mitbestimmung und grenzüberschreitende Verschmelzung, Der Konzern 2007, S. 89-98

Theisen, Manuel/Wenz, Martin: Die Europäische Aktiengesellschaft: Recht, Steuern und Betriebswirtschaft der Societas Europaea (SE), 2. Auflage 2005, Stuttgart, zitiert als: *Bearbeiter,* in Theisen/Wenz

Triebel Volker,/von Hase, Karl: Wegzug und grenzüberschreitende Umwandlungen deutscher Gesellschaften nach Überseering und Inspire Art, BB 2003, S. 2409-2417

Vetter, Jochen: Ausweitung des Spruchverfahrens, ZHR 168 (2004), S. 8-54

Vetter, Jochen: Die Regelung der grenzüberschreitenden Verschmelzung im UmwG, AG 2006, S. 613-626

Wachter, Thomas: Kurzkommentar zum Schlussantrag des Generalanwalts Tizzano zur grenzüberschreitenden Verschmelzung v. 7.7. 2005, EWIR 2005, S. 581-582

Walter, Andreas: Praxis in der Ausbildung - Der erfolgreichste Weg ist der Umweg: Creating DaimlerChrysler, JuS 2003, S. 206-208

Wenglorz, Georg: Die grenzüberschreitende "Heraus"-Verschmelzung einer deutschen Kapitalgesellschaft: Und es geht doch! BB 2004, S. 1061-1066

Weng, Andreas: Zulässigkeit und Durchführung grenzüberschreitender Verschmelzungen, Berlin 2008, zitiert als: *Weng*

Wenz, Martin: Einsatzmöglichkeiten einer europäischen Aktiengesellschaft in der Unternehmenspraxis aus betriebswirtschaftlicher Sicht, AG 2003, S. 185-196

Widmann, Siegfried/Mayer, Dieter: Umwandlungsrecht: Umwandlungsgesetz, Umwandlungssteuergesetz, Loseblattsammlung, zitiert als: *Bearbeiter*, in Widmann/Mayer

Wiedemann, Herbert: Rechtsethische Maßstäbe im Unternehmens- und Gesellschaftsrecht, ZGR 1980, S. 147-176

Wiesner, Peter M.: Die grenzüberschreitende Verschmelzung und der neue Mitbestimmungskompromiss, DB 2005, S. 91-94

Ziegler, Thomas: Gesellschafts- und steuerrechtliche Probleme der Fusion zwischen deutschen und französischen Aktiengesellschaften, Stuttgart 1997, zitiert als: *Ziegler*

Zweigert, Konrad/Kötz, Hein: Einführung in die Rechtsvergleichung, 3. Auflage 1996, Tübingen, zitiert als *Zweigert/Kötz*